21世纪汉语言专业规划教材
专题研究教材系列

新编语用学概论

XINBIAN YUYONGXUE GAILUN

何自然　冉

北京大学出版社
PEKING UNIVERSITY PRESS

图书在版编目(CIP)数据

新编语用学概论/何自然,冉永平编著.—北京:北京大学出版社,2009.9
(博雅语言学教材系列)
ISBN 978-7-301-15729-9

Ⅰ.新… Ⅱ.①何…②冉… Ⅲ.语用学—教材 Ⅳ.H030

中国版本图书馆 CIP 数据核字(2009)第 167077 号

书　　　名:	新编语用学概论
著作责任者:	何自然　冉永平　编著
责 任 编 辑:	严胜男
标 准 书 号:	ISBN 978-7-301-15729-9/H·2308
出 版 发 行:	北京大学出版社
地　　　址:	北京市海淀区成府路 205 号　100871
网　　　址:	http://www.pup.cn
电 子 邮 箱:	zpup@pup.pku.edu.cn
电　　　话:	邮购部 62752015　发行部 62750672　编辑部 62752028
	出版部 62754962
印 刷 者:	北京虎彩文化传播有限公司
经 销 者:	新华书店
	650 毫米×980 毫米　16 开本　25 印张　410 千字
	2009 年 9 月第 1 版　2024 年 7 月第 10 次印刷
定　　　价:	58.00 元

未经许可,不得以任何方式复制或抄袭本书之部分或全部内容。
版权所有,侵权必究　　举报电话: 010—62752024
　　　　　　　　　　　电子邮箱: fd@pup.pku.edu.cn

前 言

《新编语用学概论》是继2001年湖南教育出版社出版的《语用学概论》(修订本)之后的又一次改版本。这应当算是本书的第三个版本了。在此版本中作者对全书作了较大的调整，由北京大学出版社出版。

新编本与前两个版本的体例没有变化，全书共11章，比2001年修订本增加了章节，并对有关章节的标题和内容作了适当的调整。例如除关联论之外，还增加了顺应论、模因论等与理解语言、使用语言和诠释语言有关的内容。

随着思维、文化因素在言语交际中的作用日益受到重视，语用学在近一二十年发展很快，在宏观的语用学、跨学科的语用学、哲学的语用学和语言学的语用学等学科领域里都出现了很多新的课题，本书也相应做了一些内容上的更新。

世界著名系统功能语言学家韩礼德说过，把语言学分为英语语言学、汉语语言学等是不利于语言学作为一门统一学科发展的。根据这个道理，我们再次强调这个新编本的读者对象：本书为大专院校语言学专业（包括中文系及外语院系语言学专业）和其他文、史、哲等专业的本科生和研究生而编写，也适用于中学汉语和外语教师、翻译界人士以及一般语言工作者和爱好者阅读。

我们诚恳地希望得到国内外语言学及应用语言学界专家、学者和广大读者的指导、批评和支持。

何自然　冉永平
2008年6月10日
于广州白云山

自 序

在传统的语言学研究中,由于受数学与逻辑学的影响,人们往往只强调语言的形式分析,以期发现语言内部具有普遍性的抽象规则。于是,他们忽略那些涉及语言使用而无法作形式化分析的、看似不符合常理的语言现象,并将其统统放入"废物箱"。如今,它们却成了语用学研究的主要内容。不仅如此,语用学的研究范围还在不断扩展,成长为一门独立的学科。1977年,国际刊物《语用学学刊》(*Journal of Pragmatics*)正式出版发行;1986年,国际语用学学会(International Pragmatics Association,简称 IPrA)宣告成立,每两年举行一次国际语用学研讨会,到2007年7月,这个著名的国际学术盛会已举行了十届,每届的主题与研讨重点都不相同,且与会者日众,第十届会议时与会者达1200多人;1991年3月,国际语用学学会主办的刊物《语用学》(*Pragmatics*)正式出版发行;2004年,语用学的国际刊物《跨文化语用学》(*Intercultural Pragmatics*)在美国创刊发行。这些都标志着语用学的迅速发展。

语言学的语用学有着深厚的哲学渊源。语言哲学研究的根本目的在于揭示语言的普遍性特征。语言哲学关心什么是意义、词语如何获得意义。于是,词语之间的关系、它们的意思(sense)、它们的指称(reference)以及存在这些词语的那种语言等,成为哲学家们着重探讨的问题。什么是意义、真理、指称、言语行为等已成为语言哲学的重要议题,并出现了很多有待语言学家解决的重要语言问题。语言哲学的研究成果不仅为语言学的语用学奠定了理论基础,而且促使语言学家重新认识语言及其研究方法,尤其是语言的运用与理解。可以说,哲学家对语言研究的成果是推动语用学发展的直接动力。

符号学以符号或标记作为研究对象,研究它们如何产生意义。它涉及人类所有的符号系统,包括语言、手势、图像、路标等,符号学关心的就是"这些符号的意义以及在一定语境下所传递的信息"(Innis,1985:vii)。从符号的一般理论出发,符号学试图回答什么是符号?为什么会有符号存在?不同符号之间存在什么关系?符号有什么作用?等等。其实,交际中符号产生意义所依靠的是认知、心理、社会、文化以及语境等因素的相互作用。有了符号学,也就有了研究符号理解和意义产生的心理学;符号学同社会学、人类学、人类文化方法论(ethnomethodology)等学科的关系都密不可分。语用学也与符号学发生关系,因为它探讨符号如何在语境和使用中产生意义(Smith & Leinonen,1992)。正因为语用学研究如何表达意义,研究哪些因素影响意义形成和理解,它也就成了符号学的一个分支,即研究人类使用语言的标记系统。

1. 语用学的学科性质

列文森(Levinson)曾在《语用学》中讨论过语用学在语言学理论中的作用。他认为,普通语言学理论必须把语用学融合进去,作为完整的语言学理论的一个组成部分或层面。他指出:"要构建完整的有关语言能力的理论,找出其组成部分或层面间的逻辑排序至关重要。比如,乔姆斯基(Chomsky)就精彩地论述了句法学在排序方面先于音系学,因为音系描写必须参照句法范畴。与此相反,句法范畴却与音系无关,所以句法学独立于音系学,而音系学则依赖于句法学,只有参照句法结构及其内容才能描述音系特征。假如乔姆斯基的这种观点是正确的话,是否也可能存在某种已被接受的语法成分依赖于语用学呢?或者说某种语法成分的存在涉及语用因素?如果是这样的话,在逻辑排序方面语用学必定先于这种成分;这样语用学就必须包括在完整的语言能力的理论之中。"(Levinson,1983:34)语用学必须是任何全面、综合的语言学理论的重要组成部分(Stemmer,1999)。

乔姆斯基本人确实认为普通语言学理论应该包括语用学,认为语用学不但是这个完整理论的一个组成部分或层面,而且是它的中心及关键组成部分。作为研究语言的完整学科,语言学应该涉及语言系统本身和语言使用两方面,包括话语的产出与理解。乔姆斯基指出,语言能力(competence)包括语法能力和语用能力,后者可以帮助语言使用者利用一些非语言信息(如背景知识、信念等)去使用和理解语言。例如:

| 自 序 |

(1) Today was a disaster.
今天真失败。

如果甲作完讲座后就对他的朋友乙说了上面的话语,乙就会通过背景知识去推断该话语的含意:甲对今天的讲座不满意。在这里,如果没有语用学的介入,我们就难以获取类似话语传递的语用信息。再如:

(2) Golf plays John.
高尔夫玩了约翰。

从生成语法的角度看,类似话语不具备语义完整性,但在特定语境下却可以传递字面意义以外的交际信息,即"约翰不擅长打高尔夫",而这种信息必须依靠非语言因素才能获取。所以,语法能力和语用能力只有互相合作才能帮助人们成功地使用语言和理解语言。

乔姆斯基也同意语用学研究涉及大脑机制,特别是神经机制,这一点正好符合语用学研究的一个主要方向——认知语用学,因为语言使用与理解不可能脱离人的认知。这在某种程度上也说明了语用学与生成语法之间的共性。国际著名语用学者卡斯顿(Carston,2000:91)指出:"生成语法和认知语用学都属于认知科学。正如其他的认知科学一样,它们都致力于在认知层面作出解释,而不在行为层面进行解释。"尽管我们可以从行为层面的研究中获取认知层面的某些解释,但总的说来,后者的解释力更强。而乔姆斯基的生成语法和斯珀伯与威尔逊(Sperber & Wilson,1986a,1995)的认知语用学理论(即关联理论)都是对认知系统的研究,都旨在寻求"生成性",所以生成语法和认知语用学都力求在语言表达上做到完全明确,而不是依靠语言使用者的直觉去解决问题。这种认识是否可以缩小语用学和转换生成语法之间的鸿沟,值得继续探讨。

语用学是以语言使用和语言理解为研究对象的学问,它反映人们使用和理解语言的客观规律,是一个动态的知识体系。从广义上讲,语用学的科学性是毋庸置疑的。但也有学者认为,只有那些可以形式化并且可以进行推理运算的知识体系才算是科学。不过,这样狭义的科学观也不能说语用学是不科学的。凡是对语用学有全面了解的学者都知道,这门学科已出现许多分支,除了跨文化语用学(cross-cultural pragmatics)、社会语用学(societal pragmatics)、语际语用学(interlanguage pragmatics)、发展语用学(developmental pragmatics)、临床语用学(clinical pragmatics)等属于非形式化的语用研究外,近年来也出现了与形式语用学(formal pragmatics)有关的计算语用学(computational pragmatics)和实验语用学(experimental pragmatics)等。目前有学者认为,现代语言学的科学精神在于它的研究对象、方法和手段在某种程度上与自然科学相似,但是,"语言毕竟是各个民族的语言,还要承认语言毕竟是人的语言,还要重视语言科学某些方面的人文因素和特点。"(于根元,1999:304)因此,结合社会、文化、认知等语境因素研究语言使用和理解的语用学对整个语言科学的贡献是显而易见的。

语言学的两大流派——形式主义和功能主义之间的相互关系,是语言研究者应该考虑的问题。这不仅涉及语言学这两大流派的内在联系,而且涉及语言学事业本身的前途和发展。尽管语言学研究中的形式主义和功能主义在研究方法上存在诸多不同,但它们对语言本质的理解不应该存在根本不同;相反,它们应该互为补充,构成一个完整的语言学理论,而不应该为形式而形式,或为功能而功能。"形式主义的语言研究,成就无疑是巨大的。其中一些真知灼见必然会成为日后语言研究发展的基础。但语言与思维、文化的密切联系毕竟是客观现实,所以到了一定的阶段,形式研究本身也必须考虑到思维、文化的因素,而纯形式研究的久已踏步不前,也就不难理解。"(程雨民,转引自熊学亮,1999:i)在当今语言学的研究背景下,语用学已经发展成了一门独立的学科,其中提出的理论或原则对语言使用和语言理解的研究也日趋深刻,那些从形式的角度研究语言的学者应该从中得到一些启发,同样,从语用的角度研究语言的学者也应该从句法学、音系学等研究中汲取一些营养。实际上,无论从什么角度去研究语言,都必然会揭示一些只有从该角度才能获取的认识,所以,无论转换生成语法、系统功能语法、语用学、会话分析、语篇分析,还是社会语言学、心理语言学等,都应平等地存在于语言学研究之中,形成相互补充的格局。尽管这些学科的研究方法不尽相同,但是它们对语言本质的认识和理解应该是相通的,我们没有理由把任何一个语言学研究角度拒绝于语言学领域之外。我们渴望语言学研究中选择不同路向的学者最终能够分工合作,取长补短,为发展中国的语言科学,为推动语言研究走向繁荣作出贡献。

2. 语用学在中国

2.1 语用学的引进

在20世纪80年代，中国学者开始评介列文森(Levinson)、利奇(Leech)等著名学者的语用学研究成果。前者从哲学的高度论述了语用学的研究课题，如指示语、前提、蕴涵、言语行为等，理论性较强，但仅在有限的论题内展开探讨；而后者比较突出的地方是对语用学的某些原则作了具体描写，如在介绍格赖斯(Grice,1975)合作原则的同时，还对语言使用中的得体性和礼貌原则等进行了讨论，提出了人际交往中的人际修辞问题。

90年代以来，中国从事语用学研究的学者通过多种渠道，尤其是利用国际互联网的信息交流，获取了大量有关语用学的资讯，并及时跟踪国际语用学的最新发展，密切与国外学者的交流与合作。由于对外学术联系得到加强，中国学者引进国外语用学理论的范围就更加宽广。近年来，国内一些著名的出版社不断加强国际合作，成功地引进了一批包括语用学在内的外国语言学及应用语言学方面的原版著作，国内读者有更多、更直接的机会接触国外的先进成果，这对中国语言学研究的普及和深入作出了重大贡献。

为了深入研究语用学，人们注意了解和研究西方的语言哲学，比如弗雷格(Frege)、罗素(Russel)、斯特劳逊(Strawson)、唐奈兰(Donnellan)、戴维森(Davidson)、格赖斯(Grice)、奥斯汀(Austin)、塞尔(Searle)等语言哲学家的观点和思想经常被引用和评论。人们谈论语用学时，已不再泛泛地提及莫里斯(Morris)符号学中的语用学，而是根据语用学与语言、社会、文化、交际等语境制约因素之间的密切联系，从语言使用和语言理解方面，按语用语言学(pragmalinguistics)、社交语用学(sociopragmatics)、认知语用学(cognitive pragmatics)等方面来分析语用问题与语用现象。因此，人们现在谈论语用学时，其内容已不再局限于英美学者提出的某些特定课题。当然，对一些具有新意的论题，如近年来语用学结合认知研究、认知语言学理论等，谈论较多的是所谓"新格赖斯会话含意理论"，或斯珀伯和威尔逊(1986a,1995)提出的"关联理论"(参阅第十章)，后者的影响远远超出语用学的范围，它还对言语交际理论不断产生影响。

自90年代开始，日本、西欧的一些语用学观点和理论得到进一步的介绍和评论,如小泉保的《言外言语学:日本语语用论》(1990)、维索尔伦的《语用学新解》(Verschueren,1999)等。维索尔伦认为语用学实际上是一种语言顺应理论,言语交际过程就是选择语言进行顺应的过程(参阅第十章)。所谓语言顺应,是指说话时所使用的语言要顺应不同的交际对象和环境,要根据不同的说话对象和环境选择顺应性的语言,要明确作出语言顺应的时效:临时性的顺应还是永久性的顺应,并决定语言顺应的程度、顺应所达到的目的、顺应过程和结果等。

尽管语用学研究尚未形成一个统一、公认的范围,但这门学科本身早已表明,它是与语言应用有关的一门学问;而语言应用必然关系到人们心理上的认知,关系到社会和文化,关系到人与人之间在不同场合下的交往、协商与顺应等。我们完全可以说,语用学实际上是语言和文化交际中的认知科学和社会科学,语用学研究当然也离不开这些领域。可以预见,有关语言使用和理解的语用学理论、研究视角、研究方法等还将不断出现,并影响和推动中国的语用学研究。

2.2 语用学的发展与主要成果

国外不断发展的语用学理论和研究议题推动了中国语用学的进步。多年来,国内学者一方面不断吸收国外的研究成果,扩大学科视野,提高和深化对语用学的认识,另一方面,积极运用国外语用学的理论,或借鉴各种成果,进行以汉语、汉文化为基础的语用学研究。此外,也有部分学者积极努力,试图完全根据汉语或汉文化中的各种语用现象进行创新研究。

20世纪80年代初的改革开放为中国的语言学发展创造了良好的时代条件,语言学各分支学科的研究得到重视,进而推动各学科的迅速发展。1980年,《国外语言学》(即现在的《当代语言学》)第三期发表了题为"语用学"(胡壮麟)的综述文章,这是第一篇介绍语用学的文章,很多读者从此了解了什么是语用学。至今,《外语教学与研究》、《外国语》、《现代外语》等一些有影响的外语界学术刊物已发表了很多语用学的研究论文,我们无法在此一一列举,这些都足以说明中国学者,尤其是外语界学人在语用学研究上所取得的成果。

此外,随着《语用学概论》于1988年在中国率先出版,其他的语用学专著接踵而来。例如,《语用学概要》(何兆熊,1989)及修订本《新编语用学概要》(2000)、《语用学在语文教学中的运用》(王建华,1993)、《中国语用学思想》(陈宗明,1997)、《语用学与英语学习》(何自然,1997)、《汉语文化语用学》(钱冠连,1997)、《信息语用学》(陈忠,1997)、《认知语用学概论》(熊学亮,1999)、《汉语语用学》(左思民,2000)、《语用学教程》(索振羽,2000)、《语用预设的语篇功能》(苗兴伟,2000)、《语用学——理论及应用》(姜望琪,2000)、《交际语用学》(康家珑,2001)、《英汉语码转换的语用学研究》(于国栋,2001)、《教学语用学》(戈玲玲,2002)、《当代语用学》(姜望琪,2003)、《当代语用学》(何自然、陈新仁,2004)、《反讽话语的认知语用研究》(文旭,2004)、《国际交流语用学》(胡庚申,2004)、《中华文化与汉语语用》(刘伯奎,2004)、《会话信息过量现象的语用研究》(陈新仁,2004)、《语用修辞探索》(李军,2005)、《汉语话语中推理照应的语用研究》(莫爱屏,2005)、《跨文化语用学——语料收集方法研究》(洪岗,2005)、《"这"、"那"的指示功能研究》(王道英,2005)、《言语攻玉——语用策略精例阐析》(白晓明,2006)、《认知语用学——言语交际的认知研究》(何自然,2006)、《语用学:现象与分析》(冉永平,2006)、《语用学纵横》(冉永平、张新红,2007)、《隐喻话语理解的语用认知研究》(徐章宏,2007)、《关联与顺应:翻译过程研究》(李占喜,2007)、《语用策略》(刘森林,2007)等。还有一些成果涉及语用学与语言哲学之间的交叉,如《语言哲学》(陈嘉映,2006)、《语言:人类最后的家园》(钱冠连,2005)、《语言符号学》(王铭玉,2005)、《现代西方语用哲学研究》(郭贵春、贺天平,2006)、《理解的条件——戴维森的解释理论》(叶闯,2006)等。此外,还出版了一些语用学研究论集,如《语境研究论文集》(西桢光正,1992)、《语用研究论集》(中国社科院语言所,1994)、《会话含意理论的新发展》(徐盛桓,1996)、《语用问题研究》(徐盛桓,1996)、《语用·认知·交际》(张绍杰、杨忠,1998)、《语用学:语言理解、社会文化与外语教学》(陈治安等,2000)、《语用学探索》(何自然,2000)、《语用与认知——关联理论研究》(何自然、冉永平,2001)、《语用学研究:文化、认知与应用》(《外国语言文学》编辑部,2006)、《语用学采撷》(熊学亮、曲卫国,2007)等。这些成果充分说明,近三十年来中国学者在语用学研究方面所取得的丰硕成果。

另外,中国语用学顺利发展的重要见证就是从1989年开始的每两年一届的全国语用学研讨会。1989年11月,在广州外国语学院召开了中国首届语用学研讨会,陈楚祥教授作了题为《语用学在中国的起步》的报告,这篇由钱冠连教授执笔写成的报告第一次总结了语用学这门新兴学科在中国的成长；1991年在山东大学召开了第二届全国语用学研讨会；1993年7月在山西师范大学召开了第三届全国语用学研讨会；1995年7月在云南师范大学召开了第四届全国语用学研讨会；1997年在东北师范大学召开了第五届全国语用学研讨会；1999年7月在西南师范大学召开了第六届全国语用学研讨会；2001年8月在苏州大学召开了第七届全国语用学研讨会；2003年12月在广东外语外贸大学召开了第八届全国语用学研讨会；2005年7月在复旦大学召开了第九届全国语用学研讨会；2007年7月在南京大学召开了第十届全国语用学研讨会。可以说，语用学在中国的发展生机蓬勃。

凡有益于语用学这门学科的发展，引进来能为我所用的语用理论与观点，我们都应该及时评介。借鉴国外同行已经取得的研究成果，研究我们自己的语用现象，可以避免不必要的理论重复，同时还可以帮助实现我们的语用研究与国际同步。在取得成绩的同时，我们应该充分认识到我们的不足，在研究方法、语料来源等方面与国外语用学研究相比，还有一段差距。我们应加强与国际学者之间的广泛合作，更多地走出去，参与国际交流，扩大学术视野，这样才能产生出更多的与国际接轨的研究成果；我们应该加强基于汉语和汉文化中语用现象的创新性研究，努力创建具有国际影响的语用学理论及模式；我们还应该加强外语界和汉语界同仁之间的交流与紧密合作，相互取长补短，既善于掌握汉语的第一手资料，又熟悉国外语用学的发展趋势，这样才能真正推动中国语用学向前发展。

何自然　冉永平
2008年6月
于广州白云山

目 录

第一章 什么是语用学 /1
1.1 引 言 / 1
1.2 语用学的起源 / 4
1.3 语用学的定义 / 7
1.4 语用学和语义学 / 10
1.5 语用学的发展 / 14
  1.5.1 英美学派和欧洲大陆学派 / 14
  1.5.2 描写语用学 / 15
  1.5.3 形式语用学 / 17
  1.5.4 发展缘由 / 18
1.6 语用学的研究范围 / 21
  1.6.1 跨文化语用学 / 21
  1.6.2 认知语用学 / 23
  1.6.3 计算语用学与网络语用学 / 24
  1.6.4 语用学与语际语用学、语言教学 / 26
  1.6.5 语用学与翻译 / 28

第二章 指示语及其指示信息 /30
2.1 引 言 / 30
2.2 什么是指示语 / 31
2.3 人称指示 / 32
  2.3.1 第一人称指示 / 34
  2.3.2 第二人称指示 / 35

2.3.3 第三人称指示 / 37
2.4 时间指示 / 39
2.4.1 时间单位 / 40
2.4.2 时间修饰语 / 41
2.4.3 时间指示副词 / 42
2.4.4 语用时间指示 / 44
2.5 地点指示 / 45
2.5.1 象征用法与手势用法 / 46
2.5.2 视角标准 / 47
2.5.3 "来"与"去"的指示意义 / 48
2.6 话语/语篇指示 / 51
2.7 社交指示 / 54
2.7.1 敬语、谦语与称谓语 / 55
2.7.2 语法形式和社交指示 / 58
2.8 小 结 / 60

第三章 会话含意 /62

3.1 引 言 / 62
3.2 什么是含意 / 63
3.3 合作原则 / 66
3.3.1 合作原则及准则 / 66
3.3.2 格林对合作原则的重释 / 69
3.3.3 合作原则的违反 / 70
3.4 会话含意 / 74
3.4.1 会话含意的推导 / 74
3.4.2 会话含意的种类 / 79
3.4.3 会话含意的特征 / 82
3.5 格赖斯的贡献与合作原则的不足 / 87

第四章 礼貌现象的语用研究 /91

4.1 引 言 / 91
4.2 礼貌的界定 / 92

目 录

 4.3 礼貌是一种语用现象 / 95
 4.4 莱可夫的礼貌观 / 96
 4.5 布朗和列文森的面子观 / 98
 4.6 利奇的礼貌观 / 101
  4.6.1 礼貌原则 / 101
  4.6.2 礼貌原则与合作原则的关系 / 104
  4.6.3 礼貌原则的特征 / 107
 4.7 面子威胁行为与调控策略 / 113
  4.7.1 利益中心原则与面子威胁现象 / 113
  4.7.2 调控策略 / 115

■ 第五章 前提关系 /120

 5.1 引 言 / 120
 5.2 前提、含意、蕴涵与断言 / 121
 5.3 前提的语义分析 / 124
  5.3.1 前提触发语 / 127
  5.3.2 前提的语义特征 / 130
  5.3.3 前提的语义分析缺陷 / 131
 5.4 前提的语用特征 / 134
  5.4.1 前提的合适性 / 135
  5.4.2 前提的共知性 / 136

■ 第六章 言语行为 /142

 6.1 引 言 / 142
 6.2 言语行为的语用特征 / 144
 6.3 奥斯汀的言语行为理论 / 146
  6.3.1 施为句 / 147
  6.3.2 言语行为三分说 / 154
 6.4 塞尔的间接言语行为理论 / 157
  6.4.1 实施言语行为的规则与条件 / 157
  6.4.2 以言行事行为的类别 / 162
  6.4.3 间接言语行为 / 163

6.5 言语行为的表现方式 / 168
    6.5.1 通过逻辑—语义表现言语行为 / 168
    6.5.2 通过句法结构表现言语行为 / 169
    6.5.3 通过语境信息表现言语行为 / 170
    6.5.4 通过感情意义表现言语行为 / 171
6.6 言语行为理论争鸣 / 173

第七章 模糊限制语与语用含糊 /177

7.1 引 言 / 177
7.2 模糊限制语 / 177
    7.2.1 模糊限制语的类型 / 178
    7.2.2 模糊限制语的使用功能 / 184
7.3 语用含糊 / 189
    7.3.1 语用含糊的类型 / 190
    7.3.2 刻意言谈与随意言谈 / 194
    7.3.3 语用含糊现象 / 197
    7.3.4 语用含糊的作用 / 201

第八章 会话结构及其语用研究 /204

8.1 引 言 / 204
8.2 会话中的结构 / 206
    8.2.1 预示语列 / 206
    8.2.2 插入语列 / 211
    8.2.3 停顿 / 213
8.3 会话结构的语用分析 / 216
    8.3.1 提问的语用功能 / 216
    8.3.2 附加信息的语用功能 / 222
    8.3.3 会话修正的语用功能 / 224
    8.3.4 语码转换及语码混用的语用功能 / 227
    8.3.5 话语标记语的语用功能 / 231
    8.3.6 情态动词的语用功能 / 235
    8.3.7 条件句的语用功能 / 241

目录

  8.3.8 否定句的语用功能 / 244

第九章 跨语言与跨文化的语用研究 /251
 9.1 引　言 / 251
 9.2 语际语用学 / 252
  9.2.1 什么是语际语用学 / 252
  9.2.2 语际语用学的主要内容 / 253
 9.3 社交文化语用研究 / 259
  9.3.1 英汉语用差异 / 260
  9.3.2 语用失误 / 268
  9.3.3 语用失误与外语教学 / 275
  9.3.4 离格英语 / 280
  9.3.5 跨文化交际的语用移情 / 283

第十章 语言顺应论与关联理论 /290
 10.1 引　言 / 290
 10.2 语言顺应论 / 290
  10.2.1 语用综观论 / 290
  10.2.2 语言选择及其特性 / 291
  10.2.3 语言顺应论例释 / 296
  10.2.4 小结 / 298
 10.3 关联理论 / 299
  10.3.1 关联理论的交际观 / 299
  10.3.2 关联理论的语境观 / 307
  10.3.3 关联性、认知努力与语境效果 / 311
  10.3.4 关联原则、最大关联与最佳关联 / 317
  10.3.5 关联理论与格赖斯语用论 / 320
  10.3.6 关联理论的价值与不足 / 323

第十一章 语言使用与模因现象 /328
 11.1 什么是模因 / 328

11.2 模因对语言使用的影响 / 330
11.3 语言模因的复制与传播 / 333
　11.3.1 教育和知识传授促成的模因 / 333
　11.3.2 语言运用过程促成的模因 / 335
　11.3.3 交际和交流过程促成的模因 / 335
11.4 语言模因复制和传播的方式 / 337
　11.4.1 重复 / 338
　11.4.2 类推 / 339
11.5 语言模因对修辞的影响 / 341
　11.5.1 模因是驱动修辞的原动力 / 342
　11.5.2 模因的复制特点影响辞格形成 / 342
　11.5.3 模因驱动修辞的创新与变异 / 344
11.6 语言模因的修辞效应 / 345
　11.6.1 赶时髦——效应之一 / 345
　11.6.2 语码混用——效应之二 / 347
　11.6.3 类比——效应之三 / 348
　11.6.4 嵌进——效应之四 / 348
11.7 研究语言模因的意义 / 349
　11.7.1 模因与翻译 / 350
　11.7.2 模因与语言教学 / 350
11.8 小　结 / 353

■ **参考书目** /354
■ **人名对照表** /367
■ **常用术语对照表** /369
　Ⅰ. 汉—英术语对照表 / 369
　Ⅱ. 英—汉术语对照表 / 374

第 一 章　什么是语用学

1.1 引　言

请看以下的日常用语：

(1) 丈夫：我去办公室啦。
　　妻子：老公，今天是星期天。
(2) 丈夫：看一下有没足球比赛。
　　妻子：喂，今天是星期天！
(3) 父亲：今天哪儿也不想去。
　　女儿：老爸，今天是星期天。

面对不同的语境条件，"今天是星期天"可传递不同的语用信息。例(1)中，假设丈夫潜心事业，天天伏案工作，星期天也不例外，妻子出于关心和体贴，见丈夫星期天吃过早饭后又准备到办公室，于是对丈夫说："老公，今天是星期天。"此时说话人的目的就在于提醒并劝告丈夫：今天是星期天，别去办公室，该好好休息一下。例(2)中，假设丈夫平时不爱干家务活，但答应妻子星期天帮忙做点家务，但星期天到了，丈夫十点后才起床，接着打开电视，想看足球比赛，于是妻子生气地说："喂，今天是星期天！"此时说话人的目的就在于提醒丈夫：星期天啦，该干点家务活啦；同时也埋怨丈夫：就知道看电视，也不主动干点家务活。例(3)中，假设父亲曾答应女儿星期天带她去公园游玩，但到了星期天，父亲却把此事给忘了，于是女儿说："老爸，今天是星期天。"此时说话人的目的显然在于提醒对方：今天是星期天，你说过星期天带我去公园玩；也可表示建议：今天是星期天,咱们去登白云山吧。以上是同一个话语在不同语境下可能传递的隐含信息,类似信息远不是其表面意义,我们还可设想更多的情景。离开了特定的语境条件,"今天是星期天"只能表达"说话人说这句话的当天是一个星期七天中的第一天"的历法时间信息。类似现象是语用学涉及的议题之一。

在现实交际中,也存在为了传递同一信息,在不同语境条件下说话人采取不同话语的情况。例如:

(4) 甲:下午踢球去吗?
    乙:我好久都没踢啦。
(5) 甲:下午踢球去吗?
    乙:晚上还有考试。
(6) 甲:下午踢球去吗?
    乙:哎,昨天把腿拉伤了。

在例(4)—(6)中,面对说话人的邀请或请求,乙采用了不同的方式或策略进行回绝,但都不是直接表示拒绝。间接地向对方提供信息是日常言语交际中常见的。再如例(7),针对网友的各种提问,赵宏博都进行了直接回答,但在涉及隐私方面的问题时,却作了间接性应答。

(7) 网　友:想知道你们在生活中是不是恋人?在国外双人滑都是情侣,你们是不是情侣?
    赵宏博:我们是冰上情侣,这已经回答很多次了。可以这么说,我们在很多比赛当中,因为想要表现好一个节目,可能会有一个很明确的主题,像《图兰朵》它也有一个很明确的主题:爱情的故事。很多人认为我们在冰上表现的爱情这么完美,肯定现实中也是恋人。我们现在还是要跟大家说我们是冰上的情侣,但场下我们是非常要好的朋友,可以说是无话不谈的朋友。(选自 http://sports.sina.com.cn,2004年12月21日)

该网友很想知道我国著名花样(双人)滑冰选手申雪、赵宏博是否已成生活中的一对情侣。面对这样的提问,赵宏博巧妙地进行了回答,而不是简单地使用"是"或"不是"。

以上现象在日常言语交际中十分常见,它们都是语用学关注的诸多议题之一。据此,我们不难看出,说话人等交际主体传递的信息往往不限于话语本身的字面意义,而是其在一定语境条件下的交际信息;有时由于说话场合不同,甚至会出现与前后话语毫不相干的情况。在这种情况下,听话人就需推知说话人的言下之意、弦外之音;要明白说话人到底是直言不讳,还是指桑骂槐,或是声东击西。不仅话语如此,其他形式的信息传递也可从语用学的角度加以阐释。例如:

(8)

刘守卫漫画——长了毒瘤该切就切,这难道还需要理由吗?
(选自 http://sports.sina.com.cn,2005 年 5 月 11 日)

这幅漫画仅在于说明病人身上的毒瘤吗?或仅在于大夫对病人的劝说吗?2005年,深圳健力宝足球俱乐部在超级联赛中一场未胜,主教练决心狠抓球队管理,希望根除球队的不良陋习,提升球队的战斗力,但为此与队中几名老队员同时也是主力队员之间产生了较为严重的隔阂,甚至有人说他们操纵年轻队员,不让年轻队员在比赛中进球,而俱乐部高层领导却对此显得优柔寡断,顾虑重重,态度不鲜明。基于这样的语境信息,作者的目的在于表现其喻意,球队的不良习性必须彻底根除,不能犹豫,不能手软,否则只能给俱乐部带来危害。这也是一种以语境为基础,需要推导的隐含信息。

以上现象都是语用学的研究范围。

1.2 语用学的起源

语用学所涉及的某些内容早在古希腊、罗马时期就引起学者们的注意,曾在论辩术的名义下得到论述。对语言使用及其影响因素的探讨,最早可以追溯到古代演讲与论辩的演说家。古代修辞学关注的是如何构建符合逻辑的篇章,以及有效使用语言的交际行为。现在看来,那些与论辩术有关的古代修辞学涉及如何将语言形式与语境因素结合起来的语用考虑,比如,听众具有什么样的特征、演说的目的是什么等问题。

作为语言学的一个分支学科,语用学是在20世纪70年代末、80年代初才得到人们的普遍认可。可以说,它的起源与以下研究有关(Smith & Leinonen,1992):(a) 对符号与意义的符号学研究;(b) 语言哲学研究;(c) 对语言形式的功能语言学研究。

在西方哲学的发展历程中,如果说柏拉图和亚里士多德完成了将人类思考的重心从一个世界(神学)转移到人类自身生存的世界,如果说笛卡儿和康德完成了将人类思考的重心从外部世界转移到人类自身的意识世界,那么语言哲学完成了将人们的思考重心转移到人类所使用的符号上。这就是20世纪的"语言学转向",其主要代表人物包括罗素(Russell)、摩尔(Moore)、皮尔斯(Peirce)以及维特根斯坦(Wittgenstein)等(黄晖,1989)。他们以及莫里斯(Morris)、奥斯汀(Austin)、塞尔(Searle)等现代哲学家对语用学的产生与发展起了较大作用。

早期的哲学研究为语言使用的探索奠定了基础。20世纪30年代,西方哲学家将研究的重点转向语言符号,开始了具有哲学意义的语言研究,出现了符号学。语言哲学与符号学之间存在密切联系,语言只是一种符号,因此从广义的角度来说,语言哲学只是符号学的一个部分;而狭义的符号学主要以语言符号为对象,从句法学、语义学和语用学三个方面对语言进行研究。可见,语用学最早是哲学家所研究的符号学下面的一个分支,也就是说,语用学源于哲学家对语言的研究。

作为一门独立的学科,符号学始于20世纪初期。索绪尔(Saussure)和皮尔斯是现代符号学的奠基人,他们分别使用了 semiology 与 semiotics 的术语。前者认为,语言是一种表达观念的符号系统,而且是该系统中最重要的,他侧重于探讨符号的社会功能,以期建立一种符号学,以使语言得到科学的描述,"因此,我们可以设想有一门研究社会生活中符号生命的科学;它将构成社会心理学的一部分,因而也是普通心理学的一部分;我们管它叫符号学(semiology,来自希腊语 semeion'符号')。……语言学不过是这门一般科学的一部分"(高名凯,1982:38)。皮尔斯对符号学最重要的贡献在于提出了符号、符号对象和符号解释(或理解)的三元关系,对后来符号学发展为一门独立的学科起到了很大作用。现代符号学的另一位代表人物是莫里斯,他在《符号理论基础》(1938)、《符号、语言与行为》(1946)等著作中提出了有关符号的系统化理论,其中最有影响的就是对符号学的三分法,即把符号学分为符号关系学、语义学、语用学。符号关系学研究符号之间的形式关系;语义学研究符号与符号所指对象之间的关系;语用学研究符号与符号解释者(或理解者)之间的关系。这样,作为符号学的一个分支,"语用学"这一术语就被正式提出来了。

后来,莫里斯在《符号、语言与行为》(1946)中将语用学重新定义为:语用学是符号学的一部分,它研究符号的来源、应用及其在行为中出现时所产生的作用或效果。可以说,它们是最早的两个语用学定义。与后来列文森(Levinson,1983)、利奇(Leech,1983)、斯珀伯和威尔逊(Sperber & Wilson,1986a,1995)等进行的现代语用学研究相比,莫里斯的语用学思想显得更为宽泛。但不可否认的是,莫里斯的思想对语用学的发展起了重要作用。

莫里斯对符号学三个部分的划分还得到另一位哲学家和逻辑学家卡纳普(Carnap)的支持和发展。他的观点颇接近莫里斯的早期看法,他认为,如果一项研究明确地涉及语言使用者,我们就把它归入语用学领域;如果我们从语言使用者那里只摘取一些词语及词语所指的对象来进行分析,我们就处于语义学的领域;如果从词语所指对象中抽象出词语之间的关系来进行分析,我们就处于(逻辑)句法学的领域了(Carnap,1948)。当然,他对莫里斯的观点也有所补充,认为语用学除了研究使用者和词语的关系之外,还应包括词语的所指。其次,他还提出了区分纯理论(或形式)研究和描写性(或实验性)研究的必要性。因此,在卡纳普看来,存在纯语义学、纯句法学以及语用学。他倾向于把一切实验性(即真实的语言)研究都归入语用学,也可将描写语义学看成语用学的一部分。卡纳普的观点实际上是缩小了语用学的研究范围,进一步明确了研究对象,即研究语言使用者和词语之间的关系以及所指关系。

后来,卡纳普的学生巴尔-希列尔(Bar-Hillel)在莫里斯和卡纳普等人研究成果的基础上,对语用学的具体对象提出了建议。他认为,语用学的研究对象应该是 I（我）,here（这里）,now（现在）之类的指示词语,如果不知道它们使用的语境,听话人便无从获知其确切意义（Bar-Hillel, 1954）。他比较了如下三个话语：

(9) Ice floats on water.
　　冰块漂在水面上。
(10) It's raining.
　　正在下雨。
(11) I am hungry.
　　我饿了。

例(9)涉及一般性常理,无论在什么条件下人们对其理解应是一致的;但对话语(10)的理解,我们就必须知道该话语所提现象（下雨）发生的地点、时间等语境信息;对话语(11),我们应首先了解说话人是谁、事情发生在什么时候。巴尔-希勒尔认为,例(9)是陈述句;例(10)、(11)是带有指示词语的句子,属于语用学的研究对象。

巴尔-希勒尔的见解使语用学的研究有所突破,他把语用学的研究对象具体化了,但却把语用学的研究范围只限于指示词语的调查和分析,未免太狭窄了。其实,交际中尤其是日常言语交际中,很多话语或结构的理解都离不开使用的语境,否则便无从得知其确切意义,但它们也可能不带有指示词语,如"Light, please!"（请开灯！/请关灯！/借个火！）类似话语也是语用学研究的对象。可见,指示词语只是语用学关注的诸多现象之一,而不是语用学的全部。比如,奥斯汀（Austin, 1962）、塞尔（Searle, 1969）的言语行为理论（speech act theory）也是语用学研究中有影响的早期课题之一,在恰当的语境条件下,借助某一话语,说话人可以进行许诺、发出邀请、实施拒绝、伤害别人、引发或避免冲突等,传递字面意义以外的隐含信息,即交际信息。

如上所述,自 20 世纪 30 年代末开始,皮尔斯、莫里斯和卡纳普等把语用学作为符号学的一部分,其研究仅限于哲学,这可算是语用学发展的第一个阶段。后来,从 20 世纪 50 年代初到 60 年代末,以奥斯汀、塞尔和格赖斯等为代表的语言哲学家对言语行为（参阅第六章）和会话含意理论（参阅第三章）的探索,使语用学有了突破性进展,他们的研究成果基本上奠定了语用学的理论基础,这可算是语用学发展的第二个阶段,此时的语用学研究仍限于哲学范围之内。正是因为哲学家对语言的探讨,为70年代语用学成为语言学的一门独立学科准备了条件。70年代以后,特别是1977年在荷兰正式出版发行了《语用学学刊》(*Journal of Pragmatics*)以后,语用学作为语言学的一门新兴学科才得到确认。经过哲学家和语言学家们的不断充实和发展,进入八九十年代以后,语用学得到了迅速发展,丰硕的研究成果足以说明它的发展日臻完善,已成为一个相对独立、颇具前景的研究领域。今天,再也没人怀疑它的学科地位。

1.3 语用学的定义

下面以讨论语用学的定义为主线,从而折射出各类学者对语用学的不同认识。

作为一个分支学科,语用学与语言学中其他学科之间存在相关之处。难怪,格林(Green,1996)认为,语言语用学(linguistic pragmatics)是涉及语言学、认知心理学、文化人类学、哲学(包括逻辑学、语义学、行为理论等)、社会学(包括人际动态学、社会规约等)和修辞学等的一门交叉学科,有些方面属于认知科学的范畴。因而,如何定义,自然涉及不同的视角。格林本人将信念、意图与语用学结合起来,关注说话人是如何采取一定行为去达到某种目的;进而认为,语用学研究有目的的人类行为及其理解。这是一种广义的语用观。

翻开诸多的语用学著作,我们可发现不同视角的定义。列文森在《语用学》中用了近50页的篇幅来讨论语用学的定义。什么是语用学呢?最笼统的定义就是"从功能的角度研究语言"(Levinson,1983:7),但这并没有将语言语用学和心理语言学、社会语言学等学科区分开来。从话语理解的角度来说,语用学就是利用语境去推导意义的学问。下面我们再列举几个有代表性的定义,以帮助读者从中总结语用学关注的普遍问题及其涉及的普遍因素,从而加深对语用学的理解与认识。

定义一:"语用学研究语言结构中被语法化或被编码的语言和语境之间的关系。"(Levinson,1983:9)

这一定义指出,语用学研究的对象就是语言和语境之间的、与语法和编码有关的某些关系。也就是说,它研究语言结构的某些方面,比如指示词语、前提、言语行为等。该定义把语用学的探索范围限定在纯语言问题之内。显然,这一定义具有不完备性。

定义二:"语用学研究语义学理论不涉及的意义的方方面面。"(Levinson,1983:12)

如果语义学仅限于研究真实条件的话,该定义就可简单表示为:语用学=意义-(减去)真实条件。这样该定义就显得过于宽泛,因为一个话语的交际内容可涉及以下方面:真实条件、蕴涵、规约含意、前提、合适性条件、一般会话含意或特殊会话含意,以及根据话语结构进行的推理等,且其中的某些方面在一定语境中是可取消的。

定义三:"语用学研究语言理解所必需的语言和语境之间的关系。"(Levinson,1983:21)

该定义从话语理解的角度出发,实际上指出了推理在语用学中的重要性。在一定语境中,某一语言形式的理解涉及对它的前提、含意、施为用意及其别的语用含意等的推导。该定义不是简单地根据编码与非编码来区分语用学和语义学之间的差异,因此它不同于定义一。然而,该定义也就等于说,语用学研究语境对说话人意义(或话语意义)的制约作用。但又存在什么是语境的问题,这又似乎回到了定义二。

定义四:"语用学研究语言使用者将语句和恰当地使用该语句的语境结合起来的能力。"(Levinson,1983:24)

这一定义得到了更多的认可,因为它包含了语言能力,同时也隐含了语言使用者(比如说话人)的认知能力。更重要的是,它提到了语言使用中最关键的一个方面:恰当性或合适性。

据此,似乎很难给语用学下一个准确的、全面且统一的定义,更不可能使一个定义包揽语言使用或语言理解涉及的诸多方面,如语言结构的语境依赖性、语言使用的原则性、非字面意义的语用推理等,但这并非说明语用学就是一个杂乱无章的"废物箱"。相反,不同的定义正好说明语用学涉及的内容多种多样,而且不同定义代表人们对语用学的不同认识与研究视角。

从交际主体——说话人(或作者)和听话人(或读者)的角度来说,语用学应该涉及两种意义,即说话人希望传递的意义以及听话人所理解的意义,也即话语生成和话语理解。有学者认为,语用学应更多地关注说话人借助话语传递的交际信息(即说话人意义),而不应把焦点放在该话语中的局部词汇或结构上。对说话人意义的研究离不开语境,否则就不能恰当地理解说话人在特定语境中传递的交际信息。在一定的语境条件下,说话人希望通过话语传递什么信息或意图,语境如何对所言内容(即话语本身的字面意义)产生影响,说话人往往需要根据交际对象、时间、地点等语境因素去构建希望传递的内容或信息。所以,语用学需要研究一定语境条件下的说话人意义。

另一方面,为了获知说话人希望传递的交际信息,听话人也需要对说话人提供的话语进行以语境为基础的推理,也就是说,通过推理获取话语字面意义以外的相关信息,即隐含信息。因此,语用学也离不开对语用推理的研究。所以,语用学可以定义为"研究如何通过话语的明说内容传递更多的信息"(Yule,1996:3),也就是说,语用学是研究说话人如何通过话语的字面意义传递言外之意的。这涉及话语的理解。

不过,以上定义中仍有一个问题没有解决,即如何在话语的明说内容(the said)和非明说信息(即隐含信息)之间进行选择,也就是说,说话人将哪些内容通过话语明确地表示出来,又将哪些信息隐含起来。这涉及诸多因素,比如交际双方的社交距离、亲疏程度等。所以,语用学还需要考察交际双方的社交距离对话语生成的影响。

语用学是对语言的动态描写与解释,因而它具有很强的语境依赖性。会话等言语交际就是一个受制于多种语境因素的动态过程,这是人们普遍认同的观点。在会话等社交应对中,哪些因素制约着人们的语言选择与理解,这是一个值得探讨的问题。英国学者托马斯(Thomas,1995)认为,言语交际、意义生成等都是一个动态过程,意义不只是词义,也不只是由说话人单方面生成的,或由听话人独自解释的。因而,托马斯更强调语用学的动态研究,包括对话语生成者传递意义和话语接受者理解意义的研究,该过程涉及说话人和听话人之间的意义磋商,以及语境(包括物质的、社会的、语言的)和话语的潜在意义之间的协调。于是,她提出了"动态语用学"(dynamic pragmatics)的新概念。

与诸多定义不同的是,托马斯认为语用学研究既要考虑说话人,又要考虑听话人,还要顾及话语的作用和影响意义的其他语境因素,简单而言,语用学的研究对象就是说话人和听话人之间、话语和语境之间的互动关系。可见,她更强调语用研究的动态特征,也即语用研究是动态的而非静态的。她坚持认为,语用学同音位学、句法学、语义学、话语分析等一样,都是语言描写的一个层面,有自己的理论、研究领域与方法。语用学所探讨的问题,如语境意义、言语行为、含意、间接性以及说话人和听话人之间的意义磋商等,都是语用学所特有的。使用语言的过程不只是社会、语境等参数的静态反映,而是力求注意语言的变化,这预示着,语用学不单纯是关于意义的一门学科,而是以意义的产生和理解为对象,从而揭示交际中人们是如何进行磋商、产生意义的,也即语用学是以言谈应对中的意义为对象的双向动态研究(冉永平,1998)。

此外,布莱克莫尔(Blakemore,1992)等从话语理解的角度指出,听话人的语言知识和世界百科知识之间存在一定差异,这也隐含了语义学与语用学之间的差异。这一观点其实体现了她对语用学的认识,她从认知心理学的角度对话语理解进行过一系列探索,最后对话语理解进行系统的认知语用分析(参阅第十章)。

从以上所列举的定义中,我们发现语用学涉及的问题与现象很多,既可从说话人的角度出发,也可从听话人的角度出发,也就是说,语用学既可探讨话语生成,也可以话语理解为重点。在什么条件下,说话人会选择具有特定意义的某个结构或话语,以及在什么条件下,听话人会以某种方式去理解该意义而不是以别的方式,这是一种广义的语用观。为此,史密斯和莱因诺宁(Smith & Leinonen,1992)认为,语用学研究的问题包括意向性、前提、会话原则与含意、意义表达的恰当性、说话人和听话人选择意义、表达意义和理解意义的制约因素,以及交际行为的控制与管理等,这不同于列文森(Levinson,1983)提出的指示语、会话含意、前提、言语行为、会话结构等主要议题。列文森的研究从语言实际出发,更接近使用中的语言,讨论对象更具体,而史密斯和莱因诺宁更强调语言的使用过程,内容更宽泛,却体现了语用研究的动态性。

1.4 语用学和语义学

语义学与语用学是语言学的两个主要分支学科,都涉及意义的传递与提取。然而,两者之间的分界至今仍是众说纷纭,见仁见智。它们在语言学领域中的争论持续不断,主要涉及对意义探索的交叉界面问题。

自列文森推出《语用学》以后,语用学通常被理解为研究语义学不涉足的那部分意义。进而,从广义的角度来说,语义学主要研究非语境意义

(Lyons,1977;Levinson,1983),而语用学则研究语境意义,即话语在特定语境中所传递的交际信息。例如:

非语境意义	可能出现的语境意义
"灯!"=说话人在说"灯"。	"灯!"="关灯!";"开灯!"
"送这些东西干啥?"=说话人想知道对方送这些东西的目的。	"送这些东西干啥?"=说话人感谢对方送来的礼物。
"小孩就是小孩。"=小孩就是小孩,不是大人。	"小孩就是小孩。"=小孩很顽皮。

如前面各种定义所示,语用学关注的是话语在一定语境中的意义,它与说话人的交际意图密切联系。为此,美国语言哲学家菲尔莫尔(Fillmore)将它与句法学、语义学之间的关系表示为(Kasher 1998:386):

句法学　　　[(语法)形式]
语义学　　　[(语法)形式,功能]
语用学　　　[(语言)形式,功能,情景或语境]

由此可见,句法学研究语法形式;语义学研究语法形式及其潜在的交际功能;语用学则涉及语言形式、语言形式产生的交际功能以及产生交际功能的语境或情景,也即语用学关注的是语境化意义。

根据符号学的三分法(参阅 1.2),语用学研究词语之类的符号与使用者之间的关系。这就意味着,我们要区别对待语言本身,即抽象的语言能力,和说话人与听话人对抽象语言能力的运用,也即要区别语言能力和语言运用能力。它们之间的不同实际上也是语义学与语用学的差异问题。但是关于语义学与语用学之间的关系与区别,在语言学界的长期争论中,存在以下三种观点(Leech,1981:319—320):

(a) 语用学是语义学的一部分;
(b) 语义学是语用学的一部分;
(c) 语用学与语义学互不相同,但又互为补充。

第一种观点主要以 20 世纪 60 年代后期兴起的生成语义学派为代表,他们认为,语言表达的各种意义基本上都可用句子的语义结构式或逻辑式来表达;第二种观点主要以维特根斯坦、奥斯汀、塞尔等语言哲学家为代表,比如维特根斯坦在晚期提出"意义就是使用"的观点,语言的意义只能在语言的使用中出现,而意义问题的关键就在于语言的意向性,或在于语言使用者(说话人)的话语所包含的意向内容,或语言接受者(听话人)所获取的话语所包含的意向内容;后来,奥斯汀(Austin,1962)不满意语言哲学对所指意义、陈述的真实与谬误的传统研究,提出了以言行事的语用观。在奥斯汀研究成果的基础上,塞尔(Searle,1969,1975)指出,"语言理论是行为理论的一部分",也就是说,在某种意义上他已把整个语言学看成了语用学。因此,从语用学的角度去考虑意义,语义学就自然属于语用学的范畴。

如果我们接受奥斯汀、塞尔和格赖斯等语言哲学家对语用学的有关精辟论述(将在后面不同章节分别介绍),如果考虑到人们并不赞同脱离现实生活的语言环境去孤立地研究抽象的语言能力,如果承认语言研究中必须涉及人的因素,我们就会同意上述第三种观点,把语用学视为一个相对独立的研究领域。这是人们普遍认同的一种观点。

语用学和语义学又是怎样互不相同,但又互为补充的呢?

我们可从意义理论的角度分析这个问题。根据莫里斯与卡纳普的符号学定义,语义学指的是狭义的语义学,即逻辑语义学,它研究句子和词语本身的意义,研究命题的假设条件,因此语义学研究的意义是句子的认知意义,不受语境的影响。而语用学也研究意义,但它研究的是句子在使用中(即话语)的意义;语用学也研究条件,但它研究的是传递语言信息的合适性条件,即语境条件。因此,语用学研究的意义是话语行为的意义,是在语境中才能确定的意义。可见,从意义理论的整个体系来看,语用学与语义学同处于一个意义集合之中(互补关系),即都研究意义,但又各司其职(互不相同)。利奇(Leech,1981)采纳了语义学与语用学之间互补的观点,这也是人们普遍坚持的观点,因为语义和语用是语言系统中的两个不同组成部分,既彼此独立又互为补充。另外,互补性也是当今语言学研究中广泛使用的一个原则。

前面(1.1)例(1)—(3)中,"今天是星期天"这个话语就能说明语义学和语用学的某些关系与不同。从语义学去理解,这句话的意义是"说话人说这句话的当天是一个星期七天中的第一天";但从语用学去理解,这句话的意义还要结合语境才能作进一步的认识:语境一可表达"劝告"这一行为意义;语境二可表达"抱怨",而语境三则表示"提醒"或"建议"。这就是语用学考察的意义。又如,甲对乙说"老张昨天买了一辆本田轿车",这时乙可能有两种反应:一是,"你怎么知道的?"显然,乙是对该命题(信息)

的真假提出疑问。此时,如果甲坚信自己的话为真,自然会提出"真"的证据来满足乙的询问。第二种反应是,乙可能相信该命题是真的,但不明白甲的用意,于是提出"你给我说这个干啥?"之类的问题。这是对甲说话动机的询问,即想了解话语行为的意义,此时甲就得向乙讲清楚传递该信息的意图。再如,当甲对乙说"你真是个笨蛋"时,乙很可能会生气地反问对方:"你什么意思呀?"此时乙想知道的,自然不是词典里关于"笨蛋"的意思,而是质问甲"你为什么骂人"这样的言语行为意义。

从以上乙的不同反应中,我们看到语义学和语用学研究意义的不同平面。英国语言学家利奇用动词 mean(表示/意味或意指)的两种用法,巧妙地区分出这两个平面;在《语用学原则》(1983)中,他指出:语义学揭示的意义是二元关系的句子意义(sentence meaning),解决"X 表示什么"(What does X mean?)的问题;而语用学揭示的意义却是三元关系的说话人意义(speaker meaning),解决"通过 X,说话人意指什么"(What did you mean by X?)的问题。可见,虽然语义学与语用学都是以意义为研究对象,但前者研究的是语言片段(如话语)的字面意义、抽象意义,而后者研究的重点是"用意",是语言片段在特定语境条件下的交际意义。

由此可见,语用学关注的意义涉及说话人传递某一意义的意图,该意图可能很明显,也有可能不明显,听话人对该意义的理解自然就离不开语境;语用意义涉及说话人、听话人等语境因素的相互影响与制约。所以,判断一个意义是否属于语用学范围,需要考虑如下问题(Leech,1981):

(a) 是否考虑了说话人或听话人?
(b) 是否考虑了说话人的意图,或听话人的理解?
(c) 是否考虑了语境?
(d) 是否考虑了通过使用语言或依靠使用语言而实施某种行为?

可见,语用学与说话人、听话人、意图、理解、语境、行为等密不可分。如果对以上问题的回答有一个或多个是肯定的,我们就有理由认为讨论的是语用问题,而不是语义问题。格林(Green,1989,1996)指出,有必要将句子意义与说话人用句子表达的意义或话语意义(即说话人意义)区分开来。语义学的任务就是根据真实条件解释句子意义,不涉及真实条件的解释一般不属于语义学的范畴,比如,某一话语表达的"许诺"、"预测"、"询问"、"建议"等就是语用学问题。

总的说来,语义学和语用学都涉及意义。前者关注的是来自语言知识的那部分意义,即抽象的非语境意义;后者关注的是仅仅依靠语言知识无法获取的,还需参照各种语境因素的意义,因此语用学讨论的是说话人的话语意义,而不是孤立的词义或句子意义,涉及特定时间、场合等的特定交际目的。对语义学与语用学之间差异、联系的讨论,与其说是为了解决这两门学科之间的分界问题,还不如说在于促进人们对不同意义的了解,加深对语言性质和功能的认识;同时,从不同的角度探讨语义学与语用学之间的关系也会促使人们加深对话语理解,尤其是推理过程的认识。自从20世纪80年代中期,斯珀伯(Sperber)和威尔逊(Wilson)提出关联理论(参阅第十章)以来,继格赖斯的理论之后,语用学研究的重点继续围绕话语理解展开,也有学者,如英国的语用学者卡斯顿(Carston,1998)便从关联理论的角度探讨语义学与语用学之间的差异。并指出从关联理论的角度看,语义学与语用学之间的差异其实就是话语理解中解码与推理这两种认知过程之间的差异。解码过程是依靠自发的语言系统、句法分析或语言感知模块进行的,该过程其实就是话语中句子的语义表征或逻辑形式;而推理过程是一个语用过程,它将语言表征与其他可及信息结合起来,该过程受关联原则的制约和引导。

1.5 语用学的发展

1.5.1 英美学派和欧洲大陆学派

列文森(Levinson,1983)把语用学研究分成了两大流派:英美学派和欧洲大陆学派。前者主张狭义的语用学研究,比较接近传统的语言学,与句子结构和语法研究有关,对语用学的范围有较为严格的限定,比如指示语、会话含意、前提、言语行为、会话结构等;后者主张泛式的语用学研究,对语用学的范围理解较广,甚至包括话语(或语篇)分析、人类文化学、社会语言学、心理语言学等的某些议题。二十多年来,欧洲大陆学派的语用学研究成果较为丰富,主要反映在国际语用学学会(IPrA)的《语用学》(*Pragmatics*)[①]、在荷兰出版的《语用学学刊》(*Journal of Pragmatics*)

[①] 国际语用学学会(IPrA)曾不定期出版语用学论文集,但从1991年3月改为季刊《语用学》(*Pragmatics*),从较广的范围登载语用学论文,将语用学视为语言和交际在认知、社会、文化等方面的功能综观。

以及"语用学及其他"(*Pragmatics and Beyond*)系列丛书之中。

究竟如何确定语用学的研究范围,至今尚无定论。不过,从戴维斯(Davis,1991)选编的《语用学读本》中,我们可找到有关这一问题的较为中肯的意见,而且从中我们找到了语用学必须包含的内容。关于语用学的研究范围,戴维斯主张收窄莫里斯的观点:"语用学是研究符号的有生命方面,即……研究符号作用下出现的所有心理、生理和社会现象"(Morris,1971:43),因为这一个观点会引起人们的误解,以为语用学包括所有的人类活动,比如从打棒球到股市炒股,都可能被误认为是语用学的研讨对象。戴维斯从两方面给语用学下了定义:一方面,语用学研究人们如何理解和运用语言;另一方面,语用学研究在理解和运用语言时的心理认知。语用学是语言学家的研究对象,同时又是心理学家的研究对象。为此,语用学的研究范围包括说话人意义和说话人所指、指示词语、直接与间接言语行为、会话含意、关联理论、前提、随意用法等。戴维斯确定的语用学研究范围基本上属于英美学派的观点,只是按欧洲大陆学派的主张作了适当的拓宽。

我们应注意国际语用学会秘书长维索尔伦(Verschueren)对语用学作出的重要贡献。其专著《语用学新解》(1999)以新的视角来解释语用学,体现了他本人多年来的研究成果。他似乎并不讲究语用学是否划分出所谓英美学派、欧洲大陆学派,他注意到语用学不仅超出了语音学、音系学、形态学、句法学、语义学等的范围,也不是像神经语言学、心理语言学、认知语言学、社会语言学、人类语言学等那样属于跨学科性质的学科。他主张从一种功能综观的角度去看待使用中的语言,也即语用学就是研究语言使用的,着眼于研究语言使用的特征和过程。同时,我们应注意维索尔伦的两个重要思想:综观论和顺应论。他进一步指出,语用学是从认知、社会和文化的角度对语言使用这种行为的综观;语用学关注的焦点就是语言的使用,尤其是语言形式与策略的选择过程,而选择则是从语境、语言结构等出发,根据不同的心理意识程度动态地进行某种顺应。不过,《语用学新解》及维索尔伦的其他研究却比较接近欧洲大陆语用学学派的观点,主张泛式的语用学。

1.5.2 描写语用学

描写语用学不是语用学的一个分支,而是一种研究方法,主要是对语境条件下的语言使用加以描写、分析与阐释,它是经验性的,对象是使用中的自然语言,尤其是动态条件下的话语,分析的基础是语境条件或语境因素。由于语境在自然语言的理解和运用中所起的制约作用,描写语用学还需要对句子和结构意义的语境制约因素进行解说,任何一种语言形式或结构的选择都不是任意的。如果说描写语法讲的是人们遣词造句的"语法能力"(即抽象的、独立于语境之外的语调、音位、句法、语义等知识),那么,描写语用学就是研究人们为达到某一特定交际目的的"语用能力"(即在语境中恰当使用语言和正确理解语言的能力),它关注语言使用。正如卡纳普(Carnap,1948)所言,所有描写性研究,无论是句法学的、语义学的还是语用学的,都具有语用的性质。

  从 20 世纪 70 年代开始,语用学研究主要以描写语用学为主。当时描写语用学发展的原因之一,是乔姆斯基的语言观所引发的争论。乔氏的语言理论着眼于内在化语言(internalized language)的研究,他认为语言是存在于语言掌握者大脑中的某一机制,因而致力于探索语言内部构造的逻辑体系。很长一段时间内,他将研究范围限于语法范畴之内,认为语法是对大脑中语言机制的描写,从而把语言学狭隘地看做是"认知心理学的一个分支"(Chomsky,1972)。乔氏把语言看做是抽象的东西,是心灵的能力,不强调语言的应用与交际功能,主张语言与语言使用者分离,结果遭到另一些语言学家的指责,说他企图"把社会语境排除出语言研究之外"(Halliday,1974);说他的理论给语言研究划定了一些人为的界限,排除了诸如语言说理、语言环境、社会交际、指示语、模糊语、讽刺语、话语类型、语体变化等方面的研究内容(Lakoff,1974);还说他把语言学只局限于研究人类思维普遍特征,势必排斥了与社会语言学有关的研究课题(Hymes,1974)等。这一来,乔姆斯基的对立面纷纷起来唱对台戏,焦点集中在语言的交际功能,研究语言与语境、语言与文化关系的论著也就多了,语用学因此应运而生,并得到了迅速发展。以前人们即使提到语用学,也只是把它看做是一个使用方便的废物袋,凡不符合理论的或无法用理论解释的语言事实都可以丢进这只废物袋,但如今不同了,语用学的学科地位已无人怀疑,描写语用学已成为语言研究中最富有生气的领域之一。至今,绝大多数语用学研究以使用中的语言现象为基础,以语境为依托,对语言现象进行描写、分析与解释。

1.5.3 形式语用学

由于语用学内容的丰富性、多样性、动态性与实用性，因而它不但受到哲学家、逻辑学家、语言学家的关注，而且还受到心理学家、社会学家等的重视，他们从不同学科出发，探讨其中感兴趣的问题，从而使语用学得到很大发展，出现了多种研究重心和研究方法。

语用学是一门实用学，研究语言的实际运用与理解，及其使用的合适性与得体性，且以分析解释语用现象的功能为焦点，因此就研究方法来说，目前语用学主要采用的是描写、分析与解释的方法，也有部分实验性研究和调查。当然，有的研究也强调形式化的语用分析。比如，西方语言学中的蒙塔古语法（Montague grammar）就是按照形式语义学的模型理论[1]进行纯语用学即形式语用学研究的。它是语用学研究的一种新视角、新尝试，融会了形式语义学、计算语言学、逻辑学、人工智能等研究成果，目的在于对语境、指示信息、显性意义、隐含意义、前提、命题态度等语用现象、语用机制进行统一的形式化处理。

早在20世纪50年代，巴尔-希勒尔（Bar-Hillel,1954）等就提出了纯语用学和描写语用学之分，而后莫里斯和卡纳普也认同了类似的研究方法（Schillp,1963）。后来，著名的逻辑学家蒙塔古（Richard Montague）又接受了莫里斯和卡纳普关于符号的逻辑哲学研究，也肯定了巴尔-希勒尔的指示语理论，对人称代词、指示代词、情态词、时态等的语义解释及其使用的语境进行形式化处理，通过逻辑符合、变数、常数、标记方式从句法到语义，从语义到语用的"造型"，与我们所理解的语言语用学有很多不同之处，但是这种形式语用学从功能的角度运用模型理论语义学来构造话语，又与我们所理解的语用学发生关系。形式语用学的另一位学者英国的盖兹达（Gazdar,1979）也曾利用形式语义学的方法，比如利用语码或代码模

---

[1] 所谓"模型理论"（model theory）就是在对句子进行语义解释之前，先明确世界上有哪些可能的实体，以及研究意义和实体之间存在的关系。比如，"上海是座城市"的意义为真，因为上海作为城市的确实存在；而"长江是一座城市"则为假，因为长江不是城市。但在某些句子模型中，无论放入什么样的实体，句子的意义都是真的。比如，在"如果X是一座城市，世界就至少有一座城市"一句中，X代入任何词语，句子意义都是真的。这说明，句子的真与假是以句子模型为转移的。作为形式语义学的一种，模型理论语义学（Model-Theoretical Semantics）正是按照上述道理，运用数学符号和公式对语义解释进行形式化的处理。

式(code model)去分析语用问题,强调其形式化处理。他认为,如果语用学这一领域不坚持形式化的方法,就会使研究脱离语言学的范围。

虽然形式语用学已出现一段时间,但从目前的研究现状看,基本上还是在形式语义学的影响下展开的,如卡德蒙(Kadmon,2000),所参照的理论包括话语表达论(discourse representation theory)、文档变化语义论(file change semantics)、分布系统论(theory of distributed system),以及动态语义论的延伸等。当然,作为新兴领域,形式语用学还未形成统一的研究范围与议题,也缺乏一致的研究目标与程序,但已取得一定成果,且多次召开形式语用学的研讨会,如 2001 年 3 月在德国的洪堡[①]和 2003 年 9 月在意大利的维罗纳[②]召开的会议。

然而,语用学毕竟是有关语言使用与理解的实用学,虽然形式化方法具有操作上的规范性,但它却不能直接解决在不同语境条件下如何使用和理解语言,也很难体现语用研究的动态特征。语用研究能否真正走向形式化,能走多远,我们认为首要问题就是解决语境因素的形式化处理,否则可操作性就会大大降低,不能说明语言的实际运用;另外,语用学离不开对话语理解的探讨,其中语用推理是一个复杂的认知过程,且因人而异,如何进行形式化处理是值得深入探讨的难题。

1.5.4 发展缘由

下面从语用学的特征出发,分析语用学的解释力及其吸引力,以帮助解读语用学发展的真正原因。此处不涉及其他学科对语用学的影响。

A. 随着对音位学、句法学、语义学等学科认识的深入,人们意识到有的语言现象只能从语用学的角度才能得到满意的解释,对语言现象的语用研究可以弥补传统语言研究以及理论语言学的不足。例如,甲走进乙的办公室,觉得房间里有点热,便对乙说:

(12) 这里太热啦。

在字面上,此话语的意思就是"说话人所在的地方太热"。如果当时说话人的确感觉很热,这句话就为真,反之为假。但此类似分析并未涉及说话

[①] 消息源自 http://www.sfs.nphil.uni-tuebingen.de/linguist/issues/12/12-316.html.

[②] 消息源自 http://www.dcs.qmul.ac.uk/~graham/veronaPeople/.

人的交际用意(即使用该话语的意图)。如果乙听到此话语以后,不考虑甲的意图,他的反应只可能是"对,这里很热"。乙无动于衷,甲说这句话也就毫无意义了。因此,乙必须从语用用意的角度,考虑甲说这句话的行为意义,甲的目的在于请求对方把房间弄得凉爽一些,比如打开空调、打开门窗,或建议换个地方等。此时,如果乙乐意,他的反应就会是打开窗户,或打开空调等。可见,面对交际中一定语境下的类似话语,只有从语用学的角度才能寻求到合理的解释。

B. 从语用学的角度去解释使用中的很多语言现象比从语义学的角度去解释显得更充分、更简便。在许多情况下,真实条件语义学不能解决意义的语用问题。比如"有人摔倒了",真实条件语义学告诉我们,"在某人讲述这句话之前的某个时候,某个有知觉的男人突然摔倒了"。要确定某一话语的命题内容,必须了解说话人是谁,对象是谁,以及说话的时间,但真实条件语义学却无法说明其中指示代词"有人"的指示信息,并无法获知说话人希望借此传递的意图。因此,语义学难以对使用中的话语(而不是句子)在语境条件下作出充分解释,不能阐明说话人的交际意图,这就只能依靠语用学来解释了。比如以上话语"有人摔倒了",说话人可借此提醒对方:"小心路滑,有人都摔跤了";也可表示一种抱怨:"这条路太滑了,有人摔跤了,也没人来修补。"这就是同一话语在不同语境中的不同用法,显然语义学无法对此进行解说,因为交际中话语传递的信息并非等同其字面意义。

又如,下面对话乙的话语中出现了两个"有的",其语义成分并不一致。

(13) 甲:这里有人抽烟吗?
乙:有的抽,有的不抽。

从语用学的角度去理解,乙的话语中两个"有的"分别指一些吸烟的人和一些不吸烟的人。这是通过语境揭示的,"有的"的意义始终是"部分但非全部"。如果按语义学的要求,就可能要在数量上和所指意义上进行两种解释。再如:

(14) 有的 1 角硬币被售货机退出来了。

(15) 有的,可能是全部 1 角硬币都被售货机退出来了。

根据语义学,以上两个"有的"需要分别作两种解释:例(14)表示"部分但非全部"的意义;而例(15)表示"有的,可能是全部"的意思。但从语用学来看,"有的"的意义仍是"部分但非全部"。我们可以设想:当我们把1角硬币投入自动售货机时,有几个被机器退了出来,这时我们会使用话语(14);但当我们一个接一个地把1角硬币投进去后都被退了出来,我们就会使用话语(15)了。这只是因为语境不同,"有的"在数量上产生的意义差异罢了。

C. 句子意义与说话人使用该句子表示的交际意义或隐含信息之间往往是有差异的,语用学可帮助解说如何对类似差异进行补缺。我们把它称为"信息照应"(information bridging),这涉及语用推理。语用学能够合理解释类似的信息照应,以及话语之间的无关联现象等。表面上,下例中甲、乙的话语之间看似无多大联系,但从语用的角度看却十分正常。

(16) 甲:这是谁买的馒头?
　　　乙:你吃吧。

此处甲的句子意义(即字面意义)只表明他想知道是谁买的馒头,面对询问,乙却答非所问。从语用学的角度分析,甲的用意在于想吃馒头,因为自己饿了,这样乙的应答就顺理成章了。再如,以下的对话,我们只能从语用的角度去寻找它们之间的联系。

(17) 甲:桌上的苹果到哪去了?
　　　乙:刚才我饿了。
(18) 甲:桌上的苹果到哪去了?
　　　乙:孩子们刚在屋里玩。
(19) 甲:桌上的苹果到哪去了?
　　　乙:刚吃饭就饿了。

D. 语言使用中的语境因素可使人们对交际中的话语作出不同反应,动态语境能让话语或语言结构的功能发生变化,从而体现语言运用的灵活性、多变性、丰富性。如上例(17—19)中,同样是面对"桌上的苹果到哪去了?"的提问,却出现了不同的反应,因为语境条件不同。例(17)中,乙表明是他把桌上的苹果吃了,因为他刚才饿了;例(18)中,乙暗示可能是孩子们把桌上的苹果吃了,因为他们刚在屋里玩;例(19)中,乙显然在责备对方,刚吃了饭又要吃苹果。类似语用分析与语境密不可分。语境既包括语言语境,也包括非语言语境,狭义的语境仅指上下文,但交际往往还涉及情景知识、背景知识,以及交际双方之间的相互了解。近年来还出现了认知语境(参阅第十章)。

由于语境对语言使用与理解的制约作用,语言结构或话语的功能也会发生变化。语用学告诉我们,一般认为适用于非正式场合的结构或话语,也可以在语境允许的情况下用于正式场合;相反,在语境不允许的情况下,越是使用礼貌的结构,越会得出相反的结果。比如在宴会上主人劝酒,用通俗语体的结构也很得体:

(20) 再来一杯酒!

在文明交往的环境中说一些不文明的话,哪怕用最得体、最有礼貌的方式来掩饰粗鲁都是徒劳的。例如:

(21) 小王,能不能请你不要在吃饭的时候抠脚趾?

类似的"俗话"雅说是很少见的,也许是出于讽刺,或为了达到某种劝说效果,故意来一个"语惊四座"。不管怎样,我们想指出的是,语言结构或话语的语体规则,归根到底还是受语境的制约,是一个语用问题。

1.6 语用学的研究范围

1983年,第一批语用学教材《语用学》(Levinson)与《语用学原则》(Leech)面世。此后较长时期内,人们围绕他们提出的主要议题展开研究。近年来,除了对指示语、会话含意、前提、言语行为、会话结构等进行描写、分析与解释外,语用学的研究领域不断得到扩充,出现了一些新的交叉研究。下面简要列举几种跨面研究,帮助读者了解语用学的发展概况。

1.6.1 跨文化语用学

跨文化语用学(cross-cultural pragmatics)就是研究在使用第二语言或外语进行跨文化交际时出现的语用问题(参阅第九章)。20世纪80年代末、90年代初,出现了对比语用研究,主要探讨跨语言、跨文化交际中出现的语用差异、语用近似、语用失误以及本族语者对语用失误的容忍性。1989年,布卢姆-库尔卡(Blum-Kulka)、豪斯(House)和卡斯珀

(Kasper)在《跨文化语用学》的研究文集中,讨论了跨文化、跨语言交际中"请求"和"道歉"等言语行为的语用问题。其内容可归纳为四个主要方面:言语行为的语用研究、社交-文化的语用研究、对比语用研究和语际语(或中介语)的语用研究[①]。不同语言中的"请求"、"道歉"等言语行为可体现不同的民族文化特色。因此,进行对比语用学研究十分必要。对两种语言的语用成分进行系统的对比,有助于了解两种语言在含意、前提、施为用意、类比结构在会话中的应用等方面的异同,从而有利于正确理解和运用这两种语言。从人类语言学的角度去进行对比语用学研究,更具社会意义,它可增进不同民族之间语言、文化的相互了解与交流。

语用范围内的跨文化研究必然涉及英汉等不同语言之间的语用差异,目标就是通过英、汉语用对比,探讨跨文化交际的制约因素。这可从语用语言学和社交语用学两方面进行。

A. 语用语言学范围内的跨文化研究

从语言的各个层面对比英汉等不同语言之间在语用上的差异。同一词语的不同文化内涵、同类篇章的不同结构、操不同语言的说话人在表达同一事物时的逻辑思维方式等存在差异,其中也存在语用差异。因此,在英汉等不同语言的相互交际、翻译时,应注意其中存在的各种语用差异及语用等效。

B. 社交语用学范围内的跨文化研究

社交语用学首先要研究干扰交际的文化因素。操外语的人存在一个依附于什么样的文化背景(母语的文化还是外语的文化)进行交际的问题。正是文化依附所出现的矛盾,会干扰跨文化交际的顺利进行。比如,用外语进行跨文化交际时,会遇到一系列难题:谈话时使用的外语是否"地道"?称呼对方时,该按中国人的习惯还是外国人的习惯?与外国人相遇,该用什么方式打招呼?应在什么时候,以什么方式向外国人表示感谢、道歉或提出请求?是否需按外国人的方式对待禁忌语与隐私?用外语交谈时,什么时候可以开玩笑?开什么玩笑?等等。

---

① 编者在前言中指出,要研究跨文化交际中的语用问题,就要研究言语行为理论;所谓社交-文化语用学就是研究不同语境下的社交语用问题;此外,言语行为的不同表现反映不同的文化特征,因此必须研究对比语用学;编者还介绍了跨语言的语际语用学,研究如何在运用第二语言(或外语)时做到言有所为。

总的来说,说话和其他行为一样,学洋人学不到家会出洋相,而学洋人学得太逼真又会成为假洋鬼子,怎么办?这正是语用学与跨文化交际学需要研究解决的难题。在英语已成为国际化语言的今天,重新认识和评价"中国英语"(China English)的作用和意义,探讨"中国英语"作为英语变体的可接受性问题,对中国的英语教学、国际经济文化交流等都具有现实意义。

1.6.2 认知语用学

语用学和认知科学之间的关系十分密切。我们认为,语用学实际上是语言与文化交际中的认知科学和社会科学。很多学者从认知心理的角度出发,将语用学视为认知科学的一部分,并认为语用理论是一种交际理论,同时交际理论又是一种认知理论(Sperber & Wilson,1995;Marmaridou,2000)。

语用学尤其是认知语用学(cognitive pragmatics)的研究成果表明,语言使用取决于交际双方之间的相互假设和推理、对特定交际语境的了解、一般的背景知识,以及有关语言使用的认知语境假设等。语言现象、非言语现象以及推理来源、语用照应等的使用构成了一系列重要的认知现象,对类似现象的语用研究属于认知科学范畴。此外,语言和推理之间密不可分,这是语用现象中必然出现的,它为语用学与其他认知科学研究之间的相互作用提供了可能。

认知语用学这一术语出现于 20 世纪 80 年代中后期,是近年来国外语言学中涌现出的一个新兴方向,也是语用学发展的主要趋势。同普通语用学一样,认知语用学的历史渊源最早可以追溯到 20 世纪三四十年代的符号学,以皮尔斯和莫里斯为代表,前者提出了语言符号指代事物的心理表征和心智概念,他强调符号的心理表征或心理处理,后者提出了有关解释者或理解者的行为概念。

当然,认知语用学是一个十分宽泛的领域,如同什么是语用学一样,不同的学者有不同的看法。因此,目前缺乏统一界定,但并不能因此否认认知语用研究的存在。指示结构、言语行为、前提以及含意等语用现象都离不开推理这样的信息处理过程。话语的交际意义往往会超出其编码信息,是认知努力之后产生的意义,认知努力必然涉及推理,而推理本身就是一个认知过程。所以,这就是为什么有学者认为,认知语用学是一门超符号学,"把这种符号和交际意图之间的、在历时过程中逐渐趋向固定化的关系看成'超符号'关系,研究这种超符号关系的学科就是认知语用学"(熊学亮,1999:1),这样的认识自然有其道理。从广义的角度看,认知语用学就是根据认知科学的方法和理论框架,去研究语言运用的语用问题(Kasher,1991a,1991b)。

认知语用学不应该被看成一门独立的语用学分支,它是一种研究视角或对语用现象的认知综观,从认知的角度去分析语言使用和语言理解中的语用,因为交际活动存在认知基础,而语言交际又离不开认知基础。目前在语用与认知交叉研究方面,人们借用最多的就是关联理论及其推理模式。列文森(Levinson,1989)评论说,关联理论试图将语用学研究的重点转移到认知的一般理论上去,故西方语言学界称之为"认知语用学"。当然,关联理论不应是认知语用学唯一的理论基础,还应从认知语言学、认知心理学等学科中借用理论模式,共同构建语用现象解释的综合理论框架。

我们认为,语用与认知的交叉研究应是今后语用学中颇具潜力的研究领域。语用与认知相结合,对如何学习外语、如何成功地进行跨文化等研究也具有重要意义。总的来说,语用学是一门年轻的学科,但其成果却表明该学科已经走向成熟。以上介绍可以帮助大家简单了解语用学的主要议题,为把握该学科的走向与发展趋势提供了一定线索,除了可以帮助了解语用学的过去与现在,更重要的是可以通过它们预示该学科的未来。梅伊(Mey,1993:310)指出:"总的来说,现在的主要问题也许不在于语用学取得了什么样的成果,而是其发展是否朝着正确的方向迈进,也即语用学的前途是否光明……"国际语用学的发展概貌与研究主题也为中国语用学研究提供了重要参考,能够帮助我们正确把握它的发展方向。只有在了解国际语用学相关信息之后,在积极引进国外语用学理论与思想以及研究方法的同时,才能更好地结合汉语中的语用现象,推动汉语文化语用学的新发展。

1.6.3 计算语用学与网络语用学

计算语用学(computational pragmatics)就是从计算的视角去研究语言使用和语境之间的关系,重要目的之一是建立对话话语(dialogue utterance)和对话语境(dialogue context)之间关系的计算模型(computational modelling)。在第十届国际语用学研究会(2007年7月8日—13日,瑞典哥德堡)上,计算语用学和网络语言的语用探索是学者们关注的新兴议题,如斯特芬·拉森(Staffan Larsson)和罗宾·库珀(Robin Cooper)

第一章
什么是语用学

等著名学者就计算语用学与对话、机助网络交际、基于语料库的语用学研究（corpus-based pragmatics）等进行了讨论，涉及如何借助现代计算机科学发展的信息处理手段，尝试新的语料分析方法，以及如何借助国际互联网，收集各种交际场合下的新兴语言现象。具体而言，学者们试图回答以下重要问题：(a) 什么是计算语用学？(b) 计算语用学的跨学科性，也即，它与人工智能、人工生命（artificial life）、非计算语用学、心理语言学、会话分析、语篇分析、修辞学以及人机互动等领域之间的关系是什么？(c) 计算语用学与计算语言学之间的关系是什么？计算语用学与计算语义学和计算句法学之间的相互联系如何？(d) 执行与计算对话形式模式的可行性问题是否重要？原因是什么？形式语用学和计算语用学之间的关系是什么？(e) 实证对计算语用学是否重要？实证有什么作用？(f) 计算语用学分析对话的主要路径有哪些？如何比较这些路径？等等。

借助计算机网络所进行的人际交往和信息传递就是机助交际（computer-mediated communication，简称 CMC），如互联网。CMC 出现于 20 世纪 60 年代，但 90 年代中期以后随着现代科技的迅速发展，全球范围内的 CMC 变得日益频繁，QQ 聊天与论坛、BBS 论坛、博客（Blog）论坛与回应、MSN 交流、电子邮件、视频对话、声讯对话等已成为重要的 CMC 形式，它们与电话、电视等一样成为人们日常生活与工作中不可缺少的交际手段，这说明交际已超出时空限制、地域限制；同日常语用现象一样，CMC 也具有语境的互动性。因此，在第十届国际语用学研究会的主旨发言中，国际著名学者苏珊·赫林（Susan Herring）提出了"机助交际语用学"，她根据网络聊天、BBS 论坛和博客等语料，考察了言语行为的主要表现，并对以日常言语交际为基础的言语行为理论提出了挑战，因为她发现网络聊天中的言语行为类型主要是"询问"（inquiry）、"提供信息"（inform）和"指引"（direct），BBS 中的言语行为类型主要为"提供信息"和"断言"（claim），博客中的言语行为类型则主要是"断言"、"解释/说明"（elaborate）和"反应"（react）。另外，在布朗（Brown）和列文森（Levinson）人际交往模式的基础上，赫林提出了 CMC 的礼貌模式，并分析了网络交际的新兴礼貌形式和礼貌的性别差异等。这说明，网络交际的很多问题都可从语用学的视角开展研究。

另外，CMC 交际中的人际关系构建及其言语行为类型、手机电话交流中的人际关系维护、网上群体讨论（group discussion）的互动特征、特定

CMC(如网上房屋买卖等)中言语行为的实施与接受,以及 CMC 中的电子信息衔接(e-cohesion)也是目前人们关注的重要议题,如衔接指称、网络交际中的词汇衔接与语法衔接等。人机互动的语用问题,也是计算语用学和网络语用学关注的主要问题,类似多学科视角探讨有利于建立人机互动交际的会话模式及语境模型。简言之,将语用学的研究对象从日常言语交际扩展到电子邮件、BBS 及博客等网络交际,扩大了语用学的研究范围,以特定语域为对象的研究可对语用学理论提出挑战,有助于修正或补充语用学理论。

1.6.4 语用学与语际语用学、语言教学

1977 年,国际语用学刊物《语用学学刊》(*Journal of Pragmatics*)创刊号指出,语用学能对语言提出一系列重要问题,它将为语言实践的研究建立可能的理论基础,进而帮助人们更加深刻地了解人类的相互作用。此后,语用学的方法与原则不再仅应用于语言学的诸多核心学科(如音位学、句法学、语义学等)和边缘学科(如社会语言学、心理语言学等),而且还广泛地应用于同话语理解有关的领域,比如文学、修辞学等的研究;语言交际的实用性研究,以及语言教学、语言习得等与语用学之间的联系日益密切。

语际语(又称中介语)是语用学涉及的另一重要领域,即语际语用学(interlanguage pragmatics),也称中介语语用学,出现于 20 世纪 80 年代末 90 年代初。它研究人们使用第二语言(或外语)时的语用行为过程,探讨该行为过程同使用者的母语和第二语言之间的关系。类似研究也属语言的跨面研究(参阅第九章),它涉及两种语言,其理论与实践来自跨文化语用学;但语际语用学与第二语言习得研究有关,故它又着重研究人们在特定语境场合下如何产生和理解第二语言的言语行为,研究第二语言操作者在习得和使用第二语言时的语际语或中介语的行为模式。在语际语本身的研究中,以往成果多集中于语际音位学、语际形态学、语际句法学和语际语义学等方面,但现在又出现了语际语用学的研究课题,比如探讨人们运用第二语言时的认知能力,为实施第二语言言语行为的中介语语用能力,与第二语言语用失误有关的中介语语用分析,语言、社会与文化等因素引发的正向迁移与负向迁移,以及使用第二语言交际的交际效果等。总之,语际语用学是语用学中的一个新兴领域,也是第二语言习得研究的新发展,有很多议题值得我们去关注。

另外,语言教学及学习的语用学研究也是长期以来受到关注的主要方面。在语言教学方面,语用学可用来解释语言结构的功能问题,即对语言进行语用分析,解决语言结构的差异及其使用原则,这种研究称为语用语言学。此外,语用学还可用来解决外语教学、外语学习中因文化差异而引起的语用失误,探讨语用的社会因素,这种研究称为社交语用学(参阅第九章)。在语言教学尤其是外语教学中,这方面的研究成果对口语教学、听力教学、阅读教学、写作教学等具有重要的指导作用,有效地利用语用知识去指导语言实践是目前外语教学、对外汉语教学中应当加强和提倡的。语言能力强的人,语用能力不一定就强;语言知识高深的人,不一定能在跨文化交际中取得成功。类似结论可以引起大家在外语教学、对外汉语教学中对文化因素的重视。

外语教学、对外汉语教学的任务之一就是培养学生使用目标语的交际能力,语用能力是其核心部分。威多森(Widdowson,1989)认为,能力包括知识和技能,前者主要指语法能力,后者相当于语用能力。语用能力可分为语用语言能力和社交语用能力。语用语言能力以语法能力为基础,涉及语言的使用规则,不仅指正确地利用语法规则遣词造句的能力,而且包括在特定语境条件下正确地利用语言形式,实施某一交际功能的能力。社交语用能力主要指根据一定的社会文化规则得体地进行交际的能力,这要求人们注意跨文化交际中的语用差异。因此,在外语教学、对外汉语教学中,我们应要求学生在使用目标语时充分考虑社会文化语境因素,恰当地将所掌握的词语、语法规则运用到恰当的交际场合,才能进行有效的交际。同时,也应要求学生在理解外语时,了解并运用合理的语用知识,获取字面意义以外的语境信息。

课堂互动性语言及语际语用学研究是涉及课堂教学与学习、语言能力表现与实施等的交叉研究。近年来,进一步受到学者们关注的主要议题包括:父母—儿童交际互动对语言习得的影响、父母对儿童语言社会化(socialization)的影响与作用、外语或第二语言学习中的语用意识(pragmatic awareness)及男女语用意识差异、语用意识表现、特定言语行为习得、外语阅读推理中的概念收缩(concept narrowing)与概念扩展(concept broadening)、学习者的特定言语行为(如请求)或策略使用的语用能力表现、课堂应答中的社会价值观、课堂教学中教师对学生应答的反馈、外语教学或学习中的语用能力调查等。

1.6.5 语用学与翻译

翻译是涉及多学科的交叉领域,可以说它与语用学结合的前景喜人,因为它们都涉及语境条件下的语言使用与信息理解,尤其是语言选择与表达的恰当性。近年来,越来越多的译界学者探索文化与翻译、翻译中的语用等效与语用对比等,努力寻求一种与语言学理论相结合的译论;同时,更多学者注意到翻译中的语用问题、认知问题,尤其是关联理论(参阅第十章)面世以来,译界有学者把翻译视为一种涉及大脑机制的明示—推理过程。作为一种言语交际过程,翻译不仅涉及语码,更重要的是需要根据动态语境进行语用推理,而推理所依据的是关联性。因此,作为一种交际的翻译,对原语的理解和翻译时语码的选择所依据的也是关联性(Gutt,1991)。

中国译界有学者主张在译文中适度使用符合汉语习惯的、西化的表现法。"翻译时,有时不是找不到中国的表现法才使用外国表现法,而是有意识引进我们能接受的外国表现法,从而丰富祖国的语言"(黄家修、谢宝瑜,1990)。比如,在翻译"as poor as a church mouse"、"as timid as a rabbit"、"to look for a needle in a hay stack"等类似成语时,人们总倾向于用汉语中现成的成语处理,分别译为"一贫如洗"、"胆小如鼠"、"大海捞针"。可是,从语用学来看,中国人阅读外国作品时大都有"移情"的心理准备,知道自己在读译本,译本涉及外国人,外国人说的是外语,那么是否必须西译汉化,值得研究。英国语言学家艾奇逊(Aitchison,1981)指出,"一种语言能接受它准备接受的外国成分",所谓外国的影响"往往能加快一种语言内部的变化",这在理论上容忍了汉译西化的观点。为此,如果将以上成语分别译为"穷如教堂老鼠"、"胆小如兔"、"草堆寻针",也并非不恰当,或不应受到什么指责。此类形式与意义都达到等值的西化式译文,不但不拙劣,反而可给人以新鲜感,也许还丰富了汉语表达。

当然更多学者主张"西译汉化"。由于汉英两种语言互译时可能出现相互渗透现象,一方面应尊重英语的规律和特点,另一方面也应考虑原文作者的意图和读者的寻求。"西化"或"汉化"都存在积极面,我们应该警惕绝对化,避免走极端。

此外,交际中的语用移情和离格也是翻译中值得注意的现象(何自然,1991,1993),它们涉及"中国英语"(China English)和"中国式英语"

(Chinglish)。如果从语用学和翻译的角度来处理中国式英语或中国英语,有利于促进翻译研究,促进翻译与语用学的结合,其意义十分重大。瓦尼(Varney,1991)强调说,因错译而导致的中国式英语,有时候要比地道的英语更具表现力、影响力。比如,操英语的本族人通常不会将 litter(杂乱、纸屑)用做动词,因而在公园等公共场所的告示牌上可见"The dropping of litter is prohibited"(禁止乱扔纸屑果皮),但中国式英语的说法是"Do not litter",与标准英语相比,中国式英语更直接。瓦尼指出,在中国北戴河附近一个公园内曾出现过这样的告示语"No smoking in the park or you will be punished"(公园里禁止吸烟,否则罚款),其中 punished(处罚、惩罚)显得比操英语的本族人通常使用的 prosecuted 有力得多,但在英语国家中类似说法却难以发现;他还进一步表达了对某些中国式英语的赞赏,比如在云南出席一个正式宴会之前,他的中国同事问他是否要打扮得漂亮一些,其中使用了中国式英语"going away on holiday clothes"(穿上节日盛装去),类似说法既表达了盛装或靓装的意思,又富有中国色彩,为此他认为这个说法应载入英语词典。

可见,翻译理论与语用学的结合涉及翻译时如何正确处理文化差异问题。译者的任务之一就是引导读者去接受异域文化,使其头脑中显现的意象或形象、联想尽可能接近于原作所期待的效果。简言之,语用学和翻译实践与理论之间联系密切,这方面成果早已面世,如伽特(Gutt,1991)、赫珂(Hickey,2001)等人的成果,它们之间存在广泛的结合空间。

思考题

1. 什么是语用学?
2. 试述语用学的哲学基础和发展历史。
3. 如何认识语用学在语言学中的学科地位?
4. 分析语用学和语义学的关系和区别。
5. 语用学发展的主要动因有哪些?
6. 与形式语用学相比,为什么描写语用学能得到迅速发展?
7. 国内、国际语用学研究取得的主要成果有哪些?
8. 如何从语用学的角度去认识语言的跨面研究?包含哪些主要方面?
9. 结合自己的学习与工作,谈谈语用学的实际意义。
10. 根据语用学的研究现状和主题,预测它未来的发展趋势。

第 二 章　指示语及其指示信息

2.1 引　言

请看下例：

(1) a. 我们今天的生活很幸福。
　　b. 今天我们有三节课。
　　c. 你今天是球打得最好的一天。

(2) 坐在床上一睁眼，就见秀姑在外面探头望了一望。凤喜对她招招手，让她走了进来。秀姑轻轻的问道："你见着他没有？"凤喜只说了一声"见着了"。（选自张恨水《啼笑因缘》）

(3) 凤喜笑道："人家初来，又是个姑娘，别和人家闹，人家怪不好意思的。"刘将军道："有什么怪不好意思？要不好意思，就别到人家家里来。我瞧你这样子，倒是有点儿吃醋。"凤喜见他脸上并没有笑容，就不敢做声。（选自张恨水《啼笑因缘》）

(4) 主持人：在法庭上和接受我们记者采访的时候，三位女孩都宣称自己当时不知道到云南是去贩毒，是毒贩唐媚骗了她们。但是警察的调查指出，她们在走之前就已经知道此行的目的，警察提供的证据之一是她们的藏毒方式：她们是把三百多克海洛因吞进肚子里带回成都的。
　　记　者：那么大的一块东西，怎么吞下去的？
　　余晓琴：包着的我不知道，给我们的时候已经是包装好了的。

记　者:多大一块?

余晓琴:那么长，一个一个的。(选自中央电视台"社会记录"节目)

离开特定语境，以上画线部分的所指信息是不确定的、含糊的。例(1a)中"今天"可指现阶段或这些年，具有所指时间信息的含糊性;例(1b)中"今天"可指说话的当天，或仅指说话的当天上午或下午;例(1c)中"今天"可指说话当天进行比赛的某个时段。例(2)中"他"是一个常见的人称代词，但其指示对象却不是任何的第三者，而是该语境中交际双方明知的"家树"。例(3)中"人家"所指代的信息并非完全相同，前三个"人家"的指示对象相同，指"秀姑"，第四个"人家"则指别人，包括刘将军本人。例(4)中"那么大的一块东西"和"那么长"究竟表示多大、多长，离开了该语境是难以判定的。类似画线部分就是本章涉及的议题——指示语、指示现象及其语境条件下的指示功能。

2.2　什么是指示语

指示语是语用学的一个重要议题，指在语境中才能确定其所指对象或所指信息的词语或结构。英语名叫 deixis(也叫 indexical 或 indexical expression)，来自希腊语，意思就是利用语言进行"指点"(pointing)或"标示"(indicating)。语用学研究语境条件下的语言使用与理解，而指示语可通过语言结构直接反映语言与语境之间的关系，尤其是语言使用与理解的语境依赖性。因而，从狭义的角度讲，语用学就是指示语研究。

指示语是日常语言交际中十分常见的现象。语言哲学家巴尔-希列尔(Bar-Hillel,1954)曾指出，指示及指示性是自然语言固有的、不可避免的特性;人们所讲的 90% 以上的陈述句都包括说话人、听话人、时间、地点等的指示信息，如 I(我)，you(你)，this(这个)，here(这里)，now(现在)，yesterday(昨天)等，只有获知类似词语的指示内容后，才能完整理解话语意义。例如:

(5) 我饿了。

(6) 下周在这里见我。

(7) 一会儿有人要发表讲话。

例(5)、(6)的理解需知道说话人是谁、什么时候说的;例(6)的理解还需知道

"下周"所指的时间信息,以及"这里"表示的地点信息;例(7)的理解,除了时间信息以外,还需知道"有人"指的是谁。可见,此处的"我"、"下周"、"在这里"、"一会儿"、"有人"都涉及字面意义以外的语境指示信息,它们都是些具有指示功能的语言形式,因此通称为"指示语",包括指示代词、人称代词、物主代词、时态、某些情态助动词和表示移动的动词、时间和地点副词、某些称谓,以及在特定语境中表示事物和人的社交关系的词语或结构。

语用学发展至今,指示语是必不可少的重要议题之一。指示语可划分为如下五类(Fillmore,1971a;Levinson,1983):

(a) 人称指示(person deixis)
(b) 时间指示(time deixis)
(c) 地点指示(place deixis)
(d) 话语/语篇指示(discourse/text deixis)
(e) 社交指示(social deixis)

在特定语境中我们需要知道说话的时间、地点等指示信息,但重要的是,说话人希望通过某一话语传递什么交际用意。如例(5),说话人仅在陈述"我饿了"吗?是否暗示对方应找个地方吃饭?因此在对指示语描写时,我们需要考虑说话人的意图或交际用意。

在现实社会中,语言的指示信息不明确,或有意无意地在指示信息上含糊其辞,会带来负面的社会效果。例如:

(8) 包装纸上注明的"当日产品,保证新鲜",使人不可置信,因为上面看不到生产的日期。没有日期的"当日",岂不是天天是"当日"?这样的产品,又怎么能"保证新鲜"呢?只有注明生产日期的"当日产品"才算是名副其实。(选自《不知当日为何日》,上海《新民晚报》,1985 年 10 月 18 日)

此外,在街上的小店铺里我们常见到类似"本店转让、全部半价、最后两天"的用语,但却没有标注具体日期,显然"最后两天"是蓄意使用的,具有欺骗顾客之嫌。此类例子足以说明指示信息的重要意义。

2.3 人称指示

人称指示语就是言语交际中用以表示说话人、听话人或第三者的词语或结构,可分为三类:第一人称指示语,包括说话人(如"我"、"我们"、"咱们"等),也可能包括听话人(如"我们"、"咱们"等);第二人称指示语,包括听话人(如"你"、"您"、"你们"等);第三人称指示语(如"他"、"她"、"他们"、"她们"、"那些人"、"有人"等),既不包括说话人也不包括听话人,因此在言语活动中,它一般不是交际的直接参与者,但在特定语境中可用来借指说话人或听话人(如"有人"、"有些人"等)。语言中的代词系统是语用学上典型的人称指示语,但我们不能因此而把语法上的代词概念同语用上的人称指示语混同起来。人称指示语是以说话人为基础的,听话人理解话语时自然要对人称指示作相应的变换,这已成为一条交际的准则。列文森(Levinson,1983:68)曾转引过这样的故事:一位先生或者因为担心妻子不懂这条交际规则,或者因为自己不相信这条准则,竟然在给妻子写的一张便条中将关键的一个人称指示改以妻子(听话人)为基础,这当然是可笑的。下面是这个故事的大意:

(9) 一位教书先生发现自己把一双舒适的拖鞋忘在家里了,于是派了一位学生带着他给妻子的一张便条去取拖鞋。他在便条上写道:"把'你的拖鞋'(your slippers)给这位学生,让他给我送来。"当学生问他为什么写'你的拖鞋'时,他说:"哎呀!如果我写'我的拖鞋'(my slippers),她就会读成'我的拖鞋',也就会把她的拖鞋送来,我拿了她的拖鞋有啥用呢?所以我写了'你的拖鞋'。她读到'你的拖鞋'时,自然就会把我的拖鞋送来了。"

再看以下的幽默性对话。这位学生想逃课,因此冒充同寝室的一位同学,给老师打电话替自己请假,但却在慌乱中弄错了人称指示语,结果暴露了自己。

(10) 张山(在电话中):老师,张山生病,因此他让我告诉您他今天不来上课了。
　　 教　师:行吧。你是谁?
　　 张山:这是<u>我的</u>室友。

按照上面提到的准则,最后的回答应是"这是<u>他的</u>室友",这样就可能成功地欺骗老师,达到逃学的目的。可见,指示语的使用与理解涉及一定的语境条件。

2.3.1 第一人称指示

汉语中的第一人称指示语包括"我"、"我们"、"咱"、"咱们"。在特定语境中,它们的指称对象往往是确定的。"我"和"咱"通常单指说话人,不包括听话人;而"我们"在多数条件中有两个用法:(a)包括谈话对方(如听话人),对方可以在现场,也可以不在现场,甚至根本不存在;(b)不包括谈话对方,只表示说话人一方。一般来说,第二种用法不适用于汉语中的"咱们"。同样,英语中的人称指示语也存在单指与复指之分,而且复指词语也有以上两种用法,但有的语言(如马拉提语 Marathi)却用不同形式表示这两种用法。这说明第一人称指示语"我们"也存在所指对象的不确定性,其所指对象取决于具体的语境条件。例如:

(11)(甲问同班同学乙)今天老师要求<u>我们</u>什么时候交课题设计?

(12)<u>我们</u>明天要上白云山,你去不去?

例(11)中"我们"显然包括了听话人;而例(12)中"我们"并不包括谈话的对方。在汉语普通话中,尤其是口语中可用"咱们",包括谈话的对方或听话人一方,但正式场合中常用"我们"。例(12)可扩展如下:

(13)我们明天要上白云山,你要有空,<u>咱们</u>一块儿去好吗?

其中"我们"并不包括对方,但"咱们"却可包括对方。

英语中的第一人称指示语 we(我们)只有一种形式,不能将汉语中"我们"、"咱们"可能表示的语用指示信息都直接表现出来,但却存在某些间接的表现形式。比如将 let us 缩写成 let's,适用于包括谈话对方的场合,形式上相当于汉语中的"让咱们/让我们",在语用上也等于"咱们/我们……吧",带有建议或提议的意思;但例(15)的英语表达式就显得很不自然,因为其中 let's 并不包含谈话的另一方。

(14) Let's go to the cinema.
　　　咱们/我们看电影去吧。

(15) ? Let's go to see you tomorrow.

但夸克等人(Quirk 等,1973,1985)发现,let's 在通俗的口语中有时却可表示单指,也就是说,它可以不包括谈话的对方,等于 let me,相当于汉语中的"让我"或"让我……吧"。

(16) Let's give you a hand.
　　＝Let me give you a hand.
　　让我帮你吧。／我帮你吧。

在语用上,第一人称复指代词"我们"或"咱们"借指单数的功能在汉语中是常见的。无论"我们"还是"咱们"都可以用做单数代词,借指"我"。例如:

(17) 看过前面摆出的种种材料,我们(＝我)有些初步意见……
(18) 咱们(＝我)是个计算机盲,不会拨弄那玩意儿。

类似例(17)的用法,常见于报告、学术论文或著作之中。这也许是出自报告人或作者的谦虚,从而提高所指内容的认同性或可接受性,这涉及说话人的意图与目的;或因某种原因不宜用个人口吻说话,这涉及特定的语境条件。再如:

(19) 学点语言学——这就是我们对语言教师,特别是外语教师的要求。
(20) 本文只对乔姆斯基的转换生成语法作一概述,有关它的近期新发展我们准备另文介绍。

以上例子表明,交际中第一人称指示语所体现的功能仅非句法上的单指与复指问题,其用法也非语法所规定,比如"我们"就不一定包括说话人和听话人,它的指示功能受制于语境条件。无论在汉语还是英语中,第一人称指示语的使用都十分广泛,有的直接体现了说话人和听话人之间的关系,而有的涉及说话人的观点、态度和话语意图。

2.3.2 第二人称指示

如前所示,在语用上第一人称代词"我"、"咱"以及英语中的 I 单指说话人,在一定语境中它的指称关系是确定的。但汉语中第二人称代词的单指与复指是通过"你"和"你们"进行区分的,而英语中的 you(你/你们)就不一样了,既可单指一个听话人,也可复指多个听话人,因此在没有语言提示的情况下它的指称对象具有不确定性,一般需要依赖特定的情景才能确定是单指还是复指。听话人就是说话人希望与之进行交谈的对象,听话人可以不在场(如打电话、写信),也不一定存在(如对已故者的悼词等),只要在传递信息时有合适的所指对象即可,但交际中更多的是现

场所指。例如:

(21) I'm glad that you received my invitation.
我很高兴你/你们接受了我的邀请。

(22) 刘志彬把旅行箱的拽把折叠好,挑剔地打量着这间屋子。
"够简陋的,没有电视没有卫生间还收20块钱,真宰人。"
"中国这条件你就凑合吧。"白丽好脾气地说,"哪能和外国比呢?这就不错了,比你在大学住的集体宿舍强多了。"(选自王朔《人莫予毒》)

例(21)中 you(你/你们)是指一个人、几个人,还是所有在场的听话人,仅根据以上话语结构本身难以断定,只有在语境(即情景)下才能确定其具体所指对象;例(22)中,"你"却可以表示单指,所指对象就是"刘志彬"一人。当然,英语中说话人可采用类似 all of you 或 some of you 的语言结构来标示复指关系。例如:

(23) I'm glad that all of you received my invitation.
我很高兴你们都接受了我的邀请。

根据其中的语言提示 all of you 可知 you 表示复指关系,指所有在场的听话人,但也有可能不包括旁听者或说话人的随行者。此外,借助于说话人的手势或眼神,英语中的 you 和汉语中的"你/你们"在同一话语中还可指称不同对象。例如:

(24) You$_1$ vacuum the floor while you$_2$ wash the dishes, and you$_3$ clean the table.
你$_1$把地上的灰尘吸一下,你$_2$洗碗,你来$_3$擦桌子。

(25) 你$_1$去买菜,你俩$_2$去买啤酒,我来接待客人。

第二人称指示信息有时可通过第一人称指示语来表达。汉语的"我们"、"咱们"和"你们"都可用来借指"你"或"你们",这说明第一人称指示语也具有社交指示的功能(参阅2.7),表明人际关系等社交因素是制约语言选择的重要因素。例如:

(26) 我相信,我们(=你们)每个青年同志一定不会辜负党和国家对我们(=你们)的期望。

(27) (你)要记住,我们(=你)是学生,我们(=你)的主要任务是

第二章 指示语及其指示信息

学习。

(28) 先生，咱们(＝你们)这儿有海尔冰箱卖吗？

(29) 咱们(＝你，对小孩)别哭，妈妈出去就回来。

类似用法具有语用上的"移情"功能，可让听话人产生一种亲切感。在正式场合多出自师长、领导之口，如例(26)、(27)；而在非正式场合，则为顾客、父母所乐于使用，如例(28)、(29)。

第二人称指示语还可以泛指任何人，这时用单数代词表示。例如：

(30) 你想在事业上取得成功，你就得好好学习，下一番苦功。

(31) 他那刻苦钻研的精神你不能不佩服。

这里的"你"可指代任何人。但有时"你"实际上只表示第一人称的"我"。例如：

(32) 这个人性格内向，不善言表；你(＝我)问他十句，他才答你(＝我)一句。

英语中的第二人称指示也存在泛指的情况，但主要出现在口语中，在书面语中则常用第三人称指示语 one。例如：

(33) You never know what you can do till you try.
尝试之后，你才可知道自己能做什么。

(34) You/One cannot lose what you/one never had.
你/人们不可能失去还未曾拥有过的东西。

最后需要指出的是，第二人称指示语在汉语和一些欧洲语言中有"你"—"您"、ты—вы(俄语)、tu—vous(法语)、du—Sie(德语)之分，分别用于不同的场合和表现不同的情感，后者多表示敬称，带有尊敬的意味。由于这些指示语的使用主要取决于社交场合和谈话双方之间的关系，因而也可将其归入"社交指示"中讨论(参阅 2.7)。

2.3.3 第三人称指示

汉语中第三人称指示语包括"他"、"她"、"他们"、"她们"、"它们"、"那人"、"这些人"、"有人"等，英语中第三人称指示语有 he/him, she/her, they/them, those people, that person, somebody 等，多指说话人和听话人以外的第三者,但在实际的语言使用中它们的所指关系却并非如此简单。

下面首先讨论英语中第三人称指示语借指说话人的情况。当双方不是面对面地进行交谈时,比如打电话、网络交流、广播等,说话人进行自我介绍时一般不采用第一人称指示语,而是采用第三人称指示。例如:

(35) a. Hello, this is John Smith.
　　　你好,这是约翰·史密斯。
　　b. John Smith [is] speaking.
　　　这是约翰·史密斯在说话。

此例中的 this 属于第三人称指示语,在以下情况下它可用来借指第一人称:(a) 非书面通信交谈;(b) 非面对面的口头交谈;(c) 说话人知道对方能够根据名字认出自己。当然,在面对面的自我介绍中,当然说话人也可以使用"I'm John Smith"(我是约翰·史密斯/我名叫约翰·史密斯),且多数情况下,人们也这样说。不过,在汉语中人们一般不会使用第三人称指示语去表示说话人。

所谓"面对面"交谈就是双方在一起进行言谈,但不一定指双方必须互相看着,比如当人们在黑暗中进行交谈时,尽管互相看不见,但仍是面对面,因而不会用"This is John Smith"(这是约翰·史密斯)的方式来自我介绍,不然就把对方当瞎子看待了。菲尔莫尔(Fillmore, 1971a)还指出,就是在电话中交谈,如果对方是一位完全陌生的人,说话人不会冒昧地使用"This is John Smith"之类的话语,因为这会违反上述情况(c),会使听话人感觉不快。在英语或汉语交际中,无论在面对面或不是面对面的交谈中,对完全陌生的人,最合适的自我介绍用语通常是这样的话语:

(36) a. My name is John Smith.
　　　我的名字叫约翰·史密斯。
　　b. 我名叫李四。/我是李四。
　　c. 我姓李,名四。

另外,英语中的第三人称指示语 it 在 "It's me"([那]是我)中使用,也是说话人向听话人介绍自己的一个常用语,但只限于说话人认为对方能根据声音识别自己时才使用的。同样,汉语中的类似话语"(那/这)是我"与英语中"It's me"的使用场合基本相同:(a)对方必须十分熟悉说话人,能从声音中辨认出说话人;(b)用于电话交谈或其他不是面对面的交谈,说话人深信对方能够根据声音识别自己;(c)用于黑暗中面对面的谈话或见面时因说话人外貌变化很大,对方几乎认不出说话人的时候。

第三人称借指说话人不一定只限于代词,专名和称谓名词作为第三人称指示语借指说话人的情况也较普遍。比如幼儿与父母之间的话语最为典型。

(37) 咱们(=你)别哭,妈妈(=我)出去就回来。(母亲对孩子)
(38) Coco wants an ice-cream, Mummy.
妈咪,可可想吃冰淇淋。(孩子对母亲;可可想……=我想……)

另外,我们也需要注意第三人称指示语借指听话人的情况。专名和称谓名词也可以借指听话人。比如幼儿与父母、幼儿与长辈之间的言谈。

(39) 谁欺负宝宝(=你)了,叔叔找他说理去。
(40) 天快黑了,狗娃(=你)该回家了。

在表示第三人称泛指时,英语中常用 one(ones),相当于汉语中的"人们"、"人人"、"每人"等第三人称指示语。例如:

(41) One has to do one's best.
人人都必须尽力而为。
(42) This book gives one the truth of life.
此书可向人们揭示生活的真谛。

2.4 时间指示

时间指示就是交际中说话双方用话语传递信息时所涉及的时间信息,它常以说话人的说话时刻为依据。由于语境不同,说话人使用时间指示语表达的指示信息也不一样。要准确理解时间指示信息,必须考虑到说话人使用的是哪一类时间指示、在什么场合、用什么时态的动词来配合等。

与英语相比,汉语中的时间指示更复杂,因为时间信息的体现方式更多,除了直接表示时间指示信息的时间副词或结构以外,在缺少时间副词的情况下时间指示信息则是通过一些常见的助词(比如"过"、"了"等)体现的,另外"曾经"、"已经"也是常见的时间指示词语。一般情况下,时间副词"今天"指说话当天,"现在"表示说话时刻,"昨天"表示说话的前一天,同样"上个月"指说话的前一个月,而"下周"就一定指说话之后的一周。再如,"曾经"表示时间一般不是最近,"已经"所表示的时间一般在不久之前。但在具体的交际语境中,它们所指示的时间信息并非如此,有时具有时间所指的不确定性,比如例(1)中的"今天"(参阅 2.1):

    (1) a. 我们今天的生活很幸福。
        b. 今天我们有三节课。
        c. 你今天是球打得最好的一天。

正如本章开始所指出,a 中"今天"可指现阶段或这些年;b 中"今天"可指说话的当天,或仅指说话的当天上午或下午;c 中"今天"可指说话当天进行比赛的某个时段。再如,"现在"可指示"今天"、"此时此刻"、"本周"、"这个月"、"今年"、"本世纪"等。因此,时间指示信息的确定离不开特定的语境条件。

2.4.1 时间单位

    时间单位可分为历法时间单位和非历法时间单位。时间单位就是指国际通行的历法——公历,它的起点与终点是固定的,一个大的时段由一定数量的小时段组成。比如历法年(如 1999 年,2005 年)由月份(如 1 月、2 月……12 月)组成;月份又由日子(如 1 月 1 日、1 月 2 日…… 1 月 31)组成。历法年、历法月份都有固定的命名,但不同语言可因文化差异而不同。历法年的起点是 1 月 1 日,终点是 12 月 31 日,如果在 2005 年说"去年",一般就是指 2004 年 1 月 1 日开始、12 月 31 日结束的历法年。星期由七天(星期日、星期一、星期二…… 星期六)组成,也有固定的命名,英语中通常将"星期天"作为一周的第一天,但在实行五天工作制地区的人们却习惯于将"星期一"作为一周的第一天。季度也可看做历法时间单位,一年分为春、夏、秋、冬四季,一般认为每个季节有三个月,但季度的起点和终点并非严格按照月份起止来划分,因而无所谓哪个季节是起点,哪个季节是终点。人们往往以本地区的气候来区分哪月属于什么季节或季度,且每个季度的长短也不尽一致;有的地区不一定有四个季度或四季不明显。

    非历法时间不存在固定的起点与终点。比如"学年"就是一个非历法时间,可指 2005 年 9 月 1 日到 2006 年 8 月 31 日;从 2006 年 2 月到 2007 年 2 月也是非历法年份。再如,从 2006 年 1 月 20 日到 2 月 20 日的时间可看成一个非历法的月份。将历法时间单位和非历法时间单位区别开来,对理解时间指示信息有重要作用。例如:

(43) a. 一周后发生了交通事故。
　　　b. 第二周发生了交通事故。

上例中,"一周后"是非历法时间单位,而"第二周"则属于历法时间单位。例(43a)表示交通事故发生在某时刻的七天以后;但(43b)表明交通事故发生在某时刻之后的第二个星期,间隔的天数可以是三天,也可能四天,还可能是六天。因此,对于交际中出现的时间指示信息,我们需要首先明确它究竟是历法时间还是非历法时间。

2.4.2　时间修饰语

时间修饰语就是那些与表示时间信息的名词联系在一起的词语,包括一些代词或副词,如"这……"(这周、这个月)、"前……/……前"(前几年、一年前、一个月前)、"……以后"(一周以后、两年以后)等,以及英语中的 this, next, last 等;汉语中也有时间名词用做修饰语的,如"今天晚上"、"昨天上午"、"本世纪初期"等。这说明,英、汉语存在不尽相同的时间修饰语,用法也是多种多样的,它们与某一时间名词共同构成时间指示语,其时间指示信息需要结合一定的语境条件才能确定,或需要结合一定的时间参照点。

汉语的"这周"、"今年"、"今天下午"、"本世纪"等都是从说话人出发,以说话时刻为参照点。比如,"这周"、"本周"就是指说话人说话时所在的星期;"这周四"、"本周四"也指说话人说话时所在的星期,说话时刻可以在星期四之前,也可在星期四之后,但如果说话当日是星期四,就不能使用"这周四"和"本周四"。因此,含有修饰语的时间指示语的情况比较复杂,具体情况需视语境才能决定。无论是在汉语还是英语中,如果说话当日是星期三,人们多倾向于使用"明天"或英语中的 tomorrow,一般不会使用"这周四"、"本周四",即英语中的 this Thursday,来讲述第二天的事情。不过,如果是在星期二谈论星期四的事情,人们可选择"这周四"、"本周四"或"后天"。需要指出的是,根据国际惯例,尽管一周的起点是星期天,但在汉语中很多人还是习惯于将星期一视为一周的第一天。

另外,在汉语中"今天"还可用于修饰"早上"、"上午"、"下午"、"晚上"等,构成"今天早上"、"今天上午"、"今天下午"、"今天晚上"之类的时间指示语,相当于英语中的 this morning, this afternoon, this evening,但英语中一般不用 this night 和 this day 来表示说话的当晚和当天,而采用 tonight 和 today。以上时间指示语都是以说话人所处的时间为参照点,所表示的指示信息是比较明确的。

另外,汉语中的"下……"(下月、下季度)和"上……"(上月、上季度)分别相当于英语中的 next 和 last。前者表示说话人所指的时间处于某一历法时间单位的后一个单位,即表示将来;后者表示说话人所指的时间处于某一历法时间单位的前一个单位,表示过去。"周"、"月"、"年"、"天"等常与以下时间修饰语连用,体现一定的时间指示系列。

过去 ←——说话时刻——→ 将来

上上周	上周	这周/本周	下周	下下周
上上月	上月	这月/本月	下月	下下月
前 年	去年	今年/本年	明年	后 年
前 天	昨天	今天	明天	后 天

不难看出,汉语中"上"与"下"分别指示过去和将来或未来;同样"前"与"后"也具有相同的时间信息指示。

2.4.3 时间指示副词

我们仅以汉语中常见的"已经"、"曾经"为例,探讨时间副词所表达的时间指示信息。根据《现代汉语八百词》(增订本,1999),"已经"表示事情完成,时间一般在不久以前;而"曾经"表示从前有过某种行为或情况,时间一般不是最近。例如:

(44) a. 这本书我已经买到了,不用你费心了。
　　　b. 这本书我曾经买过好几回,都没买到。

据此,我们发现"已经"和"曾经"都涉及过去的时间指示信息,表示已然态,即表示某一行为、动作或情况在说话时刻之前进行、存在、发生或完成(曹凤霞,2002)。在实际使用中,"已经"与"曾经"有三种用法:

第二章
指示语及其指示信息

(a) 不与其他时间副词共现,只表示过去的已然,而且暗示过去一度如此,现动作已结束或状态不复存在。例如:

(45) 你才二十八岁,我都已经五十了。(不再是四十九岁)

(46) 他曾经学过俄语,后改学英语。(不再学俄语)

例(45)中,"已经"不能替换成"曾经";例(46)中,"曾经"不能替换成"已经"。有时"曾经"可换成"已经",但意义会发生变化。例如:

(47) a. 他的胃病已经好了。(他得过胃病,但现在没有胃病了)
　　　b. 他的胃病曾经好了。(他得过胃病,但现在可能又有胃病)

此类例子说明,"已经"和"曾经"是不能任意替换,但它们都表示过去发生的事情,所表示的时间信息指向过去。

(b) 与其他时间副词或表示时间信息的结构共现。例如:

(48) 当知青那些年头,咱们也曾潇洒过。

(49) 刚才,小张曾表扬你的勇敢。/刚才,小张已经表扬了你的勇敢。

(50) 十天前,我们就已经停工了。

一般而言,"曾/曾经"与表示久远的时间词语或结构共现,如例(48);但也可与表示近指时间信息的词语共现,如例(49)出现了"刚才"与"曾"共现,这说明"曾/曾经"不一定比"已经"表示的时间指示信息更久远,如例(50)。再如:

(51) a. 昨天我曾去过广州。
　　　b. 前天我已去过广州。

(c) "已经"和"曾经"还可用来指示将来的信息,表示将来的已然态。例如:

(52) 等你高中毕业,他大学都已经读完了。

(53) 再过二十年,我们可以自豪地说:我们曾经奋斗过。

总的来说,时间副词"已经"和"曾经"都表示已然态。"已经"既可表示过去的已然,也可表示现在的已然,时间一般在不久以前或现在,并能与表示过去、现在和将来的时间副词或时间指示结构共现;与特殊将来时间副词或时间指示结构共现也能表达特殊的已然。"曾经"多表示过去的已然,时间一般不在最近;当与时间副词或时间指示结构共现时,可表最近或很久以前的已然。但它们也可表示将来的已然或已然态。

其实,在英语中,"已经"和"曾经"的时间指示信息更多地体现为一种时态标志,也就是说,时态具有时间指示的功能。时态是表示说话行为与时间指示关系的重要标志,换句话说,要正确理解时间指示的语用意义,不能单靠时间指示本身,还要依赖动词时态的配合。有时时态本身就是时间指示,其选择取决于语境要求。例如:

(54) A: Have they ever been there before?
　　　　他们以前曾去过那里吗?
　　B_1: Yes, they were there yesterday.
　　　　是的,他们昨天在那里。
　　B_2: Yes, they go there every summer.
　　　　是的,他们每年夏天都去那里。
　　B_3: Yes, they have been there twice.
　　　　是的,他们已经去过两次。

由此例可见,汉语中的时间副词"已经"和"曾经"在英语中体现为一种时态标志,传递过去的时间指示信息。B_1使用时间指示语 yesterday 配以 be 的过去时态,表达一个过去特定时间内发生的行为;B_2使用 every summer 配以 go 的一般现在时态,表达习惯性行为;B_3使用 twice 配以 be 的现在完成时态,表示到目前为止,在过去不确定时间内发生过两次这样的行为。由此可见,英语等语言中时态具有时间的指示功能,而汉语中多数情况下会出现一定的时间副词,比如"已经"和"曾经"等,直接表示时间信息。

2.4.4　语用时间指示

汉语中,我们常见一些涉及时间信息的词语或结构,比如表示时间长短、年龄大小等,但它们所指示的时间信息往往带有一定程度的含糊,或指向一定范围与程度的时间信息;同时在话语理解中听话人一般也不会刻意探求类似词语或结构的精确信息。例如:

(55) 甲:你今年多大了?

乙：唉，已到<u>而立之年</u>了。(三十岁左右)
(56) 小尼姑<u>年方二八</u>，正青春被师傅削去了头发……(十六岁左右)
(57) 好教材，<u>十年磨一剑</u>，哪有这样容易。(表示时间长)
(58) 昙花一现，黄粱一梦，<u>十年</u>后又是一条好汉。(表示时间短)

　　此外，汉语中的"不惑"、"知天命"、"耳顺"、"花甲"、"古稀"等都指示一定的时间信息，这体现了字词可以指示年龄上特有的语用时间(余维，1997)。不仅如此，汉文化中的春节、元宵节、清明节、端午节、中秋节等传统节日，以及春、夏、秋、冬、立春、春分、立夏、夏至、立秋、秋分、立冬、冬至等二十四节气，也涉及一定范围的时间指示信息，因而，也属于时间指示语。

　　另外，我们还需注意，一些日常用语也隐含了一定的时间指示信息，并体现出语言或文化差异，比如汉语中的问候语"早上好/早晨好"与英语中 good morning 之间所指示的时间信息并非完全等值，折射出一定的语用差异。一般来说，汉语中的"早上/早晨"指上午 8 点之前，而英语中的 morning 则指示上午 12 点之前的时间信息，由此可见日常用语所隐含的语用时间指示信息。

　　以上例子说明，不同语言与文化之间的差异必然会体现一定的语用差异。再如，英语中的 now 就是一个含糊性的时间指示语，因具体语境而确定其意义，如在汉语中它可以表示"此时此刻"、"现阶段"、"目前"等类似的时间指示信息，可表示言语行为的瞬间，也可表示期间，存在所指时间信息的长短问题。类似现象可视为因语言差异而引发的时间指示信息差异。

2.5 地点指示

　　地点指示或空间指示表示话语所涉及的地点或空间信息。地点指示信息来自话语中有关物体的方位或说话人和听话人双方所处的位置。物体的方位有些从物体本身可以表示出来，但由于说话人或听话人所处位置与物体的方位不同，话语会因此产生歧义，导致交际双方的误解。此外，一些表示状态或移动的动词，为表示事物的准确位置和方向，通常要求不同的地点指示进行配合。因此，结合语境正确地理解和表达话语的地点指示信息，是语用学的重要研究课题之一。

汉语中常见的地点指示语包括"这里/这儿/这边"、"那里/那儿/那边"、"这个地方"、"那个地方"、"在楼上"、"在外面"等;在一定语境中,指示代词"这"与"那"也具有地点指示语的功能,既可单独进行地点信息的指示,如例(59)、(60),也可与其他表示地点的词语共现,起地点修饰的作用,如例(61)。

(59) 这就是我们居住的城市。
("这"指示城市,表示说话人说话时所处的地方,表近指)

(60) 我以为这儿没有她的一点痕迹,那些甜蜜的信我都烧掉了,可我烧不掉记忆。
("这儿"指示说话人说话时刻所处的地点,表近指)

(61) 下次再也不去那个鬼地方了,连喝水都成困难。
("那个+鬼地方"表示说话人所指的某个地方,表远指)

英语中常见的地点指示语包括副词(如 here, there)和指示代词(如 this, that)等。无论在英语还是汉语中,地点指示语所表示的指示信息都带有一定的含糊性,也即它们所表示的地点信息存在地方大、小的问题。比如,"这里"可表示"这个房间"、"这所学校"、"这个地区"、"这个国家"等,而非仅指说话人说话时刻所处的具体位置;"那里"可表示"那个房间"、"那所学校"、"那个地区"、"那个国家"等。又如,当读者从一封远方的朋友寄来的信中读到"这里已经开始下大雪了,你们那里呢?"时,就需根据具体情况判定。"这里"显然不是指读者所在的地方,而是该朋友所在的地方,也即从读者的角度来说属于远指;而"那里"则指读者所在的地方,从读者的角度来说属于近指。

2.5.1 象征用法与手势用法

地点指示可分为象征用法和手势用法。象征用法也就是非手势用法,如上例(59—61)中的时间指示语或结构。要确定某一词语或结构的指示信息,听话人必须了解或推测说话人的信念、意图;同时英、汉语中都存在一些所指信息含糊的词语或结构,比如汉语中的"这个地方"和英语中的 this spot 等,所指示的信息相当含糊,有时只有借助一定的手势才能判定其所指内容。例如:

(62) 小王你坐这儿,小张你坐这儿,小刘你坐那儿。

(63) 把书放在这个位置,不是那个位置。

伴随说话人的手势,例(62)中两个"这儿"可指向离说话人较近的两个不同地方,表近指,"那儿"指向离说话人较远的地方;同样,例(63)也可能伴随说话人一定的手势。

总之,象征用法是指说话人在说话时刻所处位置在内的较笼统的地理或空间信息,是听话人熟悉的,或在一定语境下能够辨认或构想出来的地点;而手势用法指听话人在场的情况下,以说话人说话时刻所处的位置或方位为基准,说话人利用手势向听话人指点的方位。手势用法和象征用法的区别可用这样一个例子加以说明:如果说话人在一所大学进行讲演,当他使用"这位女士"的字眼时,听众会自然地随着说话人的目光或手势去搜寻他所指向的人物,这就属于手势用法;但当讲演者使用"这所大学"时,听众自然不会作出类似反应,因为大家知道讲演者所指的地方就是他所在的大学,这就是象征用法。

2.5.2 视角标准

地点指示语也可是由"介词+方位名词"组成表示地理或空间位置的介词短语,或是由"介词+物体"等组成表示方位的介词短语,如"在……中"、"在……上"、"在……下"等。这类地点指示语的语用指示信息随说话人或听话人作为观察者在说话时刻所处的不同位置而变化。比如甲、乙两人围着一棵树相对而立,甲这边的树下有一只小猫,这时作为观察者,甲会使用话语(64),但从乙的角度来说,他会改用话语(65)。

(64) 树前面有一只小猫。
(65) 树后面有一只小猫。

可见,地点指示语的语用指示信息是以说话人所处的方位为基准而进行转移的。当物体本身存在明确的上、下、左、右、前、后等方位指向时,情况比较复杂。比如图1上有三个孩子,两旁是男孩(三毛、三娃),中间是一个女孩(可可),此时说话人拿着图片对听话人说:

(66) 三毛在可可的左边。

图 1

作为观察者,听话人该把穿白色上衣的男孩看做是三毛,还是把穿斜纹黑上衣的男孩看做是三毛呢?答案是模棱两可的,这取决于观察者是以物体本身的左方作为参照标准,还是以观察者自己的左方作为参照标准。再看图2:

图 2

　　如果说话人问"谁站在车后,男孩还是女孩",听话人作为观察者应该如何回答?如果说话人又问"谁站在车前,男孩还是女孩",听话人作为观察者又应该如何回答呢?这当然仍取决于观察者是以汽车作为参照物,还是以正对自己的画面作为参照物。可见,交际中地点指示语所表示的地点信息或空间信息并非固定不变,而是取决于特定的语境条件。

2.5.3 "来"与"去"的指示意义

　　汉语中的"来"与"去"、"带来"与"带去"或"带走"、"到达"与"离开"

等,英语中的 come 与 go,bring 与 take,arrive 与 leave 等,都属于移位性动词,具有较强的方位指示。其中"来"、"带来"以及 come 与 bring 表示向着说话人在说话时刻所处的方位移动,或表示说话人说话时刻处于移动方位的终点;而"去"、"带去"、"带走"以及 go 与 take 表示向着与说话人在说话时刻所处的方位不同的方向移动,或表示说话人在说话时刻不是处于移动终点。以上是它们在多数情况下的用法。

在使用以上移动性动词描述事件时,其内在的地点指示意义十分重要。下面我们以"X 来到了 Y?"这个句型为例,进行简要分析。假定 X 是移动实体,Y 是目的地,时间是说话时刻前的过去(=当时),则"X 来到了 Y?"只适用于下面四种语境:

(a) 说话人在说话时刻身处 Y 地;
(b) 听话人在说话时刻身处 Y 地;
(c) 说话人在当时身处 Y 地;
(d) 听话人在当时身处 Y 地。

现假设 X=张三,Y=李四,时间=昨天,按句型可得:

(67) 张三昨天来到了广州。

这句话适用于上述四个语境。即(a)说话人此时在广州说这件事;或(b)听话人此时在广州,说话人对他说这件事;或(c)说话人昨天在广州,那时张三曾来过;或(d)听话人昨天在广州,那时张三曾来过。正因为该话语可用于上述四种场合,它是一个歧义句,歧义的原因是前提不同。不过,不是所有带"来"、"带来"或 come,bring 等的句子都必然有四种不同的语用意义。比如,甲在北京通过电话告诉在广州的朋友乙说"张三昨天来到了北京",此时听话人乙就没有在北京。总的来说,在绝大多数情况下,"来"、"带来"及英语 come,bring 等表示向着说话人说话时刻所处的方位或终点移动。

就移动的起点与终点来说,我们可大致将英、汉语中的移动动词分为三类:

第一类:表示移动起点的,如"去"(go)、"离开"(leave)、"带去/带走"(take)等;

第二类:表示移动终点的,如"来"(come)、"到达"(arrive)、"带来"(bring)等。

例如：

(68) a. 小张是 12 点回去的。
　　 b. 小张是 12 点回来的。

例(68a)中,"回去"强调起点;(68b)中,"回来"强调的是终点。这两个句子都是对的,但因地点指示信息不同,引起了时间指示信息的差异:前者表示 12 点出发回家,后者表示 12 点回到家。

第三类:不明确表示移动起点或终点的,如"旅行"(travel)、"来去/往来"(come 和 go 的另一用法)等。例如:

(69) a. 马路上车辆来来去去,热闹非凡。
　　 b. People kept coming and going all day.
　　　　整天人们往来不断。

此例中,虽然"来来去去"、coming 与 going 没有明确表示移动的起点和终点,但我们仍可感受到两个动词的不同移动方向。

如果处理不善说话人或听话人所在方位或地点的参照关系、移动方向、移动终点,便会出现所用话语的语用失误。例如:

(70) a. ＊请到那里来。
　　 b. ＊请把书带来那里。
　　 c. ＊Let's come over there.
　　 d. ＊Please go here.

上例将地点指示关系处理错了。要从一个地点出发(移动起点)到达第二个地方(移动终点),用"去"(go)、"离开"(leave)强调起点,用"来"(come)、"到达"(arrive)、"带来"(bring)强调到达终点。如果在到达第二个地方后再到第三个地方,首先得从第二个地方出发,是一个新的移动起点,此时只能用"去"(go)或"离开"(leave)之类的动词。可见,移动动词的内在指示关系十分重要。

通过以上例释可发现,移动动词的内在指示意义十分丰富,这里仅介绍了它们的部分指示意义,读者还可就英、汉语中移动动词的其他用法进行对比研究。总的来说,分析以上地点与方位指示语的时候,我们需要首先分析发出行为的移动实体的人称指示关系,即发出行为的是说话人、听话人,还是第三者;其次,需了解目的地与地点指示的关系,即目的地是说话人所在地、听话人所在地,还是第三者所在地;最后,还需了解发出行为的时间指示关系,即行为发生在说话时刻之前还是之后。否则,可能出现地点指示语使用的语用失误。

2.6 话语/语篇指示

话语指示或语篇指示语指在说话或行文过程中传递某一信息或某类信息的词语或结构。话语指示多强调会话、访谈等口头交际中出现的表示信息的指示语,而语篇指示多强调书面语篇中出现的表示信息的指示语。由于交际涉及一定的时间和地点,所以话语指示或语篇指示与时间指示、地点指示有着密切关系,有时话语指示本身就是表示时间信息或地点信息的词语或结构。英、汉语中都存在一定的话语指示语或语篇指示语,如 earlier 和 later,the preceding... 和 the following...,the next... 和 the last...,the former 和 the latter,above 和 below,this 和 that 等,以及汉语中的"前者"与"后者"、"前面那个"与"后面那个"、"上次"与"下次"、"前文/上文"与"下文"、"上面一段"与"下面一段"、"原来那句话"、"下一章节"等等。这些指示词语可分别传达前述话语的信息或后述话语的信息;它们可单独使用,也可成对使用,在连续性话语中起着承上启下的作用或信息指向的作用。

在韩礼德与哈桑(Halliday & Hasan,1976)看来,语篇与非语篇的根本区别在于是否具有语篇性(texturality),而语篇性主要是由衔接关系体现的,因而照应、替代、省略、连接词和词汇衔接等语篇衔接手段被视为语篇分析的主要内容之一。在特定语境中,部分体现语篇衔接关系的词语或结构也可视为一种语篇指示语或话语指示语,如 the preceding...(前者/前文),the following...(后者/下文)等。无论是语篇指示语,还是会话等言语交际中出现的话语指示语,所指示的信息都来自于语境。例如:

(71) She discovered "baby bulbs" and "kiddie bulbs" and "mummy and daddy bulbs" — *the latter* snuggling cozily together.
她发现了"球茎花宝宝"、"球茎花娃娃"和"球茎花爸爸妈妈"——后者总是亲密地拥抱在一起。

此例中,"后者"就是一个话语指示语,指"球茎花爸爸妈妈"。类似指示信息的识别依赖特定的语境条件,甚至离不开百科知识等非语言语境信息。

话语指示可指向前述信息或后述信息,常见的指示语有 next 和 last, the preceding 和 the following 等,以及汉语中的"前者"与"后者"、"上文"与"下文"、"另文"等。例如:

(72) 年龄可以是<u>这样</u>(标题,选自《广州日报》,2005年6月3日)

(73) ……充满怨气地说:"我不会做对不起自己良心的事,我只做自己应该做的事。<u>还是那句话</u>,如果想赶我走就直接告诉我,用不着找这样那样的理由,只要你跟我说一声,我也不会赖在那里。既然大家在一起过得不开心了,OK,我走就是了,用得着这样吗?"(选自《大佬要和中邦对抗到底,走穴旅游加告状走着瞧》,http://sports.sina.com.cn,2005年6月1日)

例(72)中,"这样"所指向的信息就是下面文章所要讲的内容;例(73)中,"还是那句话"所指向的就是随后的话语信息与观点。再如:

(74) <u>前面所涉及的内容</u>不包括指示语的人际功能,我们将<u>另文</u>再叙。

(75) 有的事情很难一次就说得很清楚,<u>下次会谈</u>再讨论。

上例中的画线部分都属于话语指示语,表示前指信息(例(74)中"前面所涉及的内容")或后指信息(例(74)中"另文"和例(75)中"下次会谈")。我们认为,无论前指还是后指都是说话人或作者所发出的一种信息指向,在话语理解中对听话人或读者的理解具有一定的信息导向作用。

交际中我们还可发现很多类似"这个/这些……"(this.../these...)、"那个/那些……"(that.../those...)等形式,甚至单独使用"这"、"那"或 this 和 that 进行信息指示的现象。例如:

(76) 我这次给大家介绍的就<u>这些</u>。

(77) 刚才大家所提的<u>那些</u>问题,我们一定答复。

(78) I bet you haven't heard <u>this</u> story...
我敢说你没听过这个故事……

(79) <u>That</u> was the funniest story I've ever heard.
那是我听到的最滑稽的事情。

从以上例释不难发现,话语指示语所指示的信息并不等于某一语言

第二章
指示语及其指示信息

结构表达的语义信息。此外,我们还应注意话语指示不同于话语的前后照应或指代关系。话语的前后照应或指代是互指关系,如例(80)中的"那些问题"与"它们"、"大家"与"你们",它们往往具有结构上的等同关系,是互指关系;而话语指示或语篇指示却不是语言结构上的指代关系,因而不是结构上的等同关系,所指示的信息往往需要依赖更多的语境才能确定,如例(81)中的"这个问题"指的就是甲所反映的整个问题,而不是其中的某个词语。

(80) 刚才<u>大家</u>所提的<u>那些问题</u>,我们一定答复,因为<u>它们</u>是<u>你们</u>最关心的。

(81) 甲:最近小区里外来人员很多,感觉很不安全,希望物业公司管一管。
乙:我们已经把<u>这个问题</u>跟公司领导讲了。

无论是汉语还是英语中,当某一指示语指向前指信息时所涉及的时间信息往往是过去,而当它们指向后指信息时所涉及的时间信息往往是将来或现在。另外,英语中的指示代词 that 和 this 作为话语指示语所具有的指前、指后功能并不是绝对的,其中 this 往往兼有指后和指前的两种功能。当 this 用于指前,时态往往受到一定的限制,而当 that 用于指前时,常使用一般时态。例如,刚听完课的学生说:

(82) <u>This</u> has been an interesting course.
这是门很有趣的课程。

(83) <u>That</u> was a brilliant lecture.
那是个非常不错的讲座。

在很多情况下,英语中的指示代词 that,this 和 it 的用法不完全等同于汉语中的"那个"、"这个"和"它",也即它们不是纯粹的话语指示用法。例如:

(84) A:I've never seen him.
我从来没见过他。
B:<u>That</u>'s a lie.
你在撒谎。

(85) A: It is fine, isn't it?
　　　天气不错吧?
　　B: Yeah, not bad.
　　　对呀,很好。

例(84)中,that 并不指代 A 的话语"I've never seen him",而是指 A 使用该话语时表达的言语行为。难怪,莱昂斯(Lyons,1977)把 that 这类用法称为非纯粹的语篇指示(impure textual deixis)。例(85)中,前一个 it 表示天气,并非话语指示,后一个 it 属于语法结构要求。同样,英语中 this 也有多种用法,如指示用法、前指用法、后指用法和元指用法(meta-phoric use)。因此,不能仅根据语言形式断定某一词语或结构是否属于指示语,需要参照一定的语境条件。再如,下例中 it 也只能通过话语语境进行类比,才能了解其指示意义:

(86) The man who gave his paycheck to his wife was wiser than the man who gave it to his mistress.
　　　把存折交给自己妻子的男人比把存折交给情人的男人要明智。
(87) Slice the onion finely, brown it_1 in the butter and then place it_2 in a small dish.
　　　把洋葱切成片,用黄油上色,然后放进小盘子。

例(86)中 it 与前面的 his paycheck 并不构成互指关系,即不属于前指现象,因为前后的 the man 是不同的人物主体。例(87)中的两个 it 也隐含了不同的话语指示信息:it_1 指 sliced onion,不应与前面未切片的 the onion 互指,而 it_2 不但不能与 the onion 互指,而且与 it_1 也不是同一回事,因为 it_1 只是 sliced onion(切片后的洋葱),而 it_2 已经是 sliced and browned onion in the butter(切片并用黄油上色的洋葱)。类似现象说明,只有根据语境才能揭示交际中某一词语或结构的话语指示信息,也即指示语及其指示信息的确定具有语境依赖性。

2.7　社交指示

社交指示语及其在交际中的指示功能也是语用学研究的一个重要课题。社交指示语体现于交际双方所使用的多种语言手段之中,意在适应社交的不同需要,尤其是人际关系的需要,包括权势、地位、职位、亲疏等关系。为此,虽然社交指示语是一种语言表现,但它们体现的却是社会文化等因素对语言交际的影响与制约,也是人际关系在语言使用中的实际体现。在一定程度上,社交指示语可视为人称指示语的一部分,因为它们体现的主要是人际关系。在一定语境中,人称代词、称谓语以及非正式用语等的使用都体现为一种社交指示信息。例如:

(88) 秉　宽:二老太太吉祥,七爷吉祥,王总管吉祥!
　　　白文氏:秉宽,你跟着老七到这边来了?(选自《大宅门》第28集)

上例中,说话人(秉宽)虽然是在向对方表示问候,但"二老太太"、"七爷"、"王总管"等称谓的使用以及对方(白文氏)直接使用的"秉宽";体现出双方不平等的社会地位,反映了特定背景下的人际关系,因而也属于社交指示的探索范围。类似现象在汉语文化中十分普遍,且体现形式多样,各类称谓语的使用更是纷繁复杂。

社交指示的表现形式与探索方式是多种多样的。探索的方式之一是根据人际交往中所出现的敬语和谦语,去分析社交指示信息的表达;方式之二可从语法的角度去研究某些语法形式的社交指示功能,比如研究代词系统或某种句型的言语行为功能及其在社交场合下的运用规则;另一种方式是从功能的角度研究"劝告"、"召唤"、"感谢"、"自我介绍"、"请求"等行为应采取什么样的表现形式,才能符合社交的需要;另外还可从社交语境的角度去研究言谈双方的身份和背景,决定应采用什么样的言语表现形式和表达什么样的言语行为才算得体、合适等。下面我们从不同角度分析较为典型的社交指示语及其社交指示信息。

2.7.1　敬语、谦语与称谓语

社交指示语的使用与不同民族的社会文化有着密切联系。汉语文化崇尚礼貌、谦让,这突出地表现在谦语和敬语的选用上。因此,无论是书面语还是口语交际中,我们都可发现带有礼节性的谦称词语和敬称词语。比如,说话人把自己谦称为"愚"、"小生"、"臣"、"仆"、"妾"、"鄙人"、"下官"、"奴才"、"不才"等;把听话人尊称为"阁下"、"先生"、"君"、"公"、"卿"等;将听话人的儿女称为"令爱"、"令郎"、"令嗣"、"公子"等;将自己的妻子称为"内人"、"荆妇"、"山妻"等,而将别人的妻子称为"令助"、"邑君"、

"德配"等。此外,说话人在涉及自己时,常冠以"寒"、"敝"之类带有贬义的字词,如"寒舍"或"陋室"(指自己的住宅)、"敝姓"(指说话人的姓氏);表示对听话人的敬称时冠以"尊"、"贵"之类带有褒义的字词,如"贵姓"(指听话人的姓氏)、"贵体"(指听话人的身体)等。类似词语的选择与使用涉及交际双方或多方人际关系的展现或维护,体现了汉语文化交际中的社交文化习俗与规约。再如,汉语中为了表示对听话人的尊敬,说话人一般会选择"您"之类的敬辞,而非"你/你们"。在汉语文化中,称呼语的选择与对方的年龄或辈分密切联系,比如小孩可能将20—40岁左右的人叫"叔叔"或"阿姨",将老年人称为"爷爷/姥爷"或"奶奶/姥姥"等,而且多属于非亲属辈分关系。

当然在不同语言与文化中,以上谦称和敬称的表现形式是不一样的。比如,日语中この人、わたし等人称代词常用在同辈之间或同辈以下;お前、おれ等只用在上对下的场合;而きみ、ぼく等则是适用于上对下以及亲朋好友之间的男子用语;而わたし、あなた、この方等人称代词的使用范围很广,带有敬意,因而属于尊敬类人称指示语。此外,日语中为了体现敬称,人们往往在姓氏后面加上"先生",表示对长者的称谓,在平辈或晚辈的姓氏后面加上さん等表示敬称。类似用法在现代日语中十分常见,与汉语中的谦语与敬语一样,它们的出现也体现了制约交际的社交指示信息。在欧美等西方文化中,表示敬谦用法的词语要少得多,因为西方人崇尚平等与自由,既不喜欢贬低自己,也不偏爱恭维别人。在英语等西方语言中,常见的是将 I(我)说成 we(我们),以表说话人或作者的谦虚,或使讲话内容或写作内容更易于对方接受。

此外,英语中的 Your Honor(先生、阁下)和 His/Her Honor(先生、阁下)也是表示尊称或敬称的用语。前者一般用来直接称呼或当面称呼地位较高、职务显赫的法官或高级官员等,后者则用于对他们的间接称呼与提及,比如 His Honor the Mayor(市长先生)。另外,可用 Sir(先生、阁下)称呼陌生男子、上级、长辈或从事某一职业者(比如警察)等,表示尊敬。在很多较为正式的公函中,常见到 Dear Sir, My Dear Sir 或 Dear Sirs 等用语,一方面它们可用做称呼语,另一方面还可表示尊敬之意。

汉语的称谓语也可表达一定的社交指示信息,如"先生"、"太太"、"小姐"、"师傅"等,可以单独使用,表示尊敬;不过近年来也出现了一些变化,如当"小姐"指"三陪小姐"时,则体现为一种贬义。与姓连用的可以是称号,也可以是一般的职业名称,通常带有尊敬的意思,比如"李司机"、"张木匠"、"王会计"、"刘老师"等,但也有一定习惯上的限制,比如人们不会说"李农民"、"张工人"、"陈演员"等。此外,汉语称谓中人们一般不习惯先说称号,后说人名,除非称号很长。下例(89a)常见于书面语或报告,而(89b)多用做称呼语。

(89) a. <u>中华人民共和国国家主席胡锦涛</u>
     b. <u>胡锦涛主席</u>

亲属称谓也需以谈话双方的关系和身份为依据,才能反映出不同的社交指示信息。比如,英语中小孩称呼自己的母亲为 mummy(妈咪),可是在外人面前称呼自己的母亲就需用 my mummy(我的妈咪)。母亲呼唤孩子当然多用亲昵的口吻,比如对名叫 Elizabeth 的女儿,一般只称其为 Liz。可是有这样一个例子:母亲唤女儿帮助晒衣服,女儿呆在房子里做自己的事,就是不愿意出来。从以下母亲的呼唤变化中,我们看到母亲在一刹那间感情变化的过程:

(90) Liz... Elizabeth... Elizabeth Anne... Elizabeth Anne Warner!

一开始母亲亲切地叫女儿(Liz)帮忙,女儿不应,于是母亲用女儿的正式名字(Elizabeth)呼唤,女儿还是不理睬,母亲有点不高兴了,于是加上女儿的中名(Anne,名与姓之间的名字,一般以与孩子关系密切的父系或母系亲人的名字命名),可女儿对这不寻常的呼唤仍旧不理睬,这下母亲可真的火了,最后把女儿的"名—中名—姓"(Elizabeth Anne Warner)全都叫出来了。女儿究竟出来没有呢?根据话语本身,不得而知,但母亲动用了她认为最有力的呼唤(因为只有在非常正式或庄重的场合才会呼唤全名。照理,这时被呼唤的人非得应声露面不可了)。

父母对孩子的态度还反映在"物主代词+称谓"的社交指示语中。当孩子的表现令父母满意时,父亲可能会对做母亲的妻子说一句赞赏孩子的话。例如:

(91) a. Look at what <u>my daughter</u> did.
       瞧,我女儿表现多好!
     b. 瞧,<u>我女儿</u>表现多乖啊!

可是当孩子做了什么不恰当的事情或表现不好时,父亲就会改变物主代词的人称,使类似的话成了一道要求妻子劝止孩子胡闹的命令。例如:

(92) a. Look at what <u>your daughter</u> did.
瞧,<u>你女儿</u>干的啥!
b. 你看看,<u>你儿子</u>搞的啥名堂!

另外,会话等言语交际的场合还存在正式与非正式、严肃与随便之分,必然会影响说话人对适宜于该语境的语体、语言形式等的选择。比如,在非正式场合中使用能体现随意、友好的人际关系的词语或语气,这也涉及社交指示信息。总的说来,社交指示语的表现形式与双方的身份、社交地位、人际关系以及说话人的交际目的等密切相关。

2.7.2 语法形式和社交指示

人称指示语的使用涉及单、复数问题,也即它们的使用受制于一定的语法约定。关于代词系统的社交指示功能,在"人称指示"(2.3)一节中已略有提及,比如第一人称复数代词借指说话人或听话人,具有明显的社交指示功能。我们也指出,第一人称复数代词常见于报告或学术专著中,但这不是绝对的,同一个报告或同一部专著,报告人或作者可同时使用第一人称复数或单数代词。这里的选择具有不同的社交效果;复数可以表现出报告人或作者的谦逊态度,但单数却又可以体现报告人或作者要对自己阐述的观点负责,常见于报告或专著的"前言"、"后记"之中。例如:

(93) <u>我</u>认为外国学者的学说,也跟一般引进的东西一样,需放在各种检查仪之下检查一番。
(94) <u>我</u>对自己的译文常感到不如意,明眼的读者还会发现<u>我</u>自己未曾察觉的错误、毛病……
(95) a. <u>我们</u>是学生,<u>我们</u>的主要任务是学习。(老师对学生)
b. <u>你们</u>是学生,<u>你们</u>的主要任务是学习。(老师对学生)

如果将例(93)中的"我"改为"我们",就成了作者的谦辞,无伤大雅;但如果把例(94)中的"我"改为"我们",语气就大相径庭了,原来明白地表示个人承担责任的恳挚之词,因此变成了暧昧的谦辞,其社交效果自然大不一样。例(95)中,老师显然不是学生,因此按照语法约定,老师应该使用话语(95b),因为说话人本身不是学生;但现实交际中(95a)却十分常见,是说话人的一种"移情"说法,具有明显的社交指示功能,可缩短说话人和听话人之间的心理距离,增加该话语可接受性与劝说力,而(95b)的社交指示功能却不同。

汉语中存在"你"与"您"之分,一般认为后者是前者的敬称,且用法相对固定;欧洲语言的拉丁语中也存在 T-V (即 tu 和 vos)之分,但其应用颇为复杂,且随时代的变化还不断变化。不过,无论是汉语中的"你"与"您"还是欧洲语言中的 T-V,它们的社交指示功能取决于社交场合、说话人与听话人之间的感情,因此可以体现包括人际关系在内的社交指示信息。类似研究也可视为社会语言学的部分内容。社会语言学从社会的角度研究社交需要的语言特征与表现,而语用学却离不开话语等语言结构在特定语境下的具体应用,重点在于研究语言功能的社会特征。这就是说,语用学要在表达相同功能的各种表现形式中根据语境区分出这些形式所表现的社交指示信息。比如,英、汉语中表示"请求"这种言语行为,可供选择的语言手段很多,其中"Would you mind...?"与汉语中的"介意……吗?/……介意吗?"是一个很有礼貌、得体的用语,可是当我们向公共汽车售票员买票,或搭乘出租车去机场时,就不能使用与社交场合不相称的如下话语:

(96) a. Would you mind selling me a ticket to the railway station?
　　　b. 卖给我一张去火车站的车票介意吗?
(97) a. Would you taking me to the airport?
　　　b. 介意带我去机场吗?

显然,"Would you mind...?"与汉语中的"介意……吗?/……介意吗?"都不适用于请求对方履行自己职责时使用。只了解言语表达方式的功能而不注意它的社交信息,就会造成语用失误。上述话语只能使售票员和出租车司机难堪,而不会觉得说话人彬彬有礼。只有当说话人想买票或想乘出租车去机场,而对方有意不理睬,不为你服务时,说话人才会选择类似话语。

又如表示感谢时,英语中常用"Thank you",它适用于答谢赠送、赞扬、问候,或答谢对方为自己做事情等场合。别人给自己倒了茶,当然可用"Thank you"进行答谢。但当说话人只是问对方是否想喝茶时,这时只需表态。如果想喝,就应一声"Yes, please";如果不想喝,就说"No, thank you"便可,这里的"Thank you"是表态不喝之后对别人的关心表示感谢。按汉语的习惯,人们往往用"谢谢"来表示想喝,此时如果用英语直接说成"Thank you",对方就会纳闷,不明白说话人究竟是想喝还是不想喝。当对方用"Thank you"表示谢意之后,我们可用"You are welcome"(不用谢)进行回应。但"You are welcome"的社交指示信息和语用范围是有局限的。当对方对你的馈赠表示感谢之后,或你为对方代劳而得到对方道谢之后,用"You are welcome"进行应答是合适的;但当你赞扬别人,向别人问候而得到对方感谢之后,使用 You are welcome 就不合适了。可见,语言使用受制于语境条件。只掌握语言表达方式及其功能,而未能注意它们的社交指示信息和语用范围,就会导致语用失误。语用失误是语用学的应用研究课题之一(参阅第九章)。

以上各种情况说明,指示语及其指示信息与社交语境之间存在密切联系。所谓社交语境,指的是识别交际双方的社交身份、他们之间的社会关系,以及与其他人或物之间关系的条件与因素。只要明确了社交语境,说话人就可以决定采取什么语言形式或言语行为,这是社交语用学研究的主要内容(参阅第九章)。列文森(Levinson, 1983)认为,社交指示应只限于研究与社交语境有关的问题,菲尔莫尔等对社交指示的研究范围太宽,并主张将部分内容纳入言语行为的考察范围(参阅第六章)。我们认为,社交指示涉及的问题不应只限于社交语用学之中,它们也与语用语言学研究有关,因此菲尔莫尔列出反映社会信息的各个方面,亦无可厚非;而列文森的目的在于将社交指示作为一个独立的研究课题,使它有别于其他指示语,有别于语用学的其他领域,这也是不无道理的。因此,我们从多个角度讨论了社交指示及其指示信息,以让读者有一个较为全面的认识;同时也列举了汉、英两种语言中的部分例子,在于引导读者更多关注不同语言之间的语用差异与语用趋同。

2.8 小 结

以上我们讨论了人称指示、时间指示、地点指示、话语指示/语篇指示和社交指示等在语境条件下的语用指示信息问题。从中不难发现,指示语绝非只包括少数几个词语(如人称代词、时间副词、地点副词),同时仅依靠交际的时间和地点等线索去理解它们的指示信息也是不够的。早在1954年,巴尔-希列尔就指出,对指示语的解释不能根据简单的规则系统,甚至对here(这里)和you(你/你们)之类的指示词语的理解都需要对说话人交际时的信念、意图等进行推测。

  需要注意的是,获知说话人使用某一指示语希望传递的指示信息,必须进行以语境为基础的识别或推导。语法特征(比如词性)只能对指示语可能指代的对象或内容提供一定的制约,语言语境有助于明确指示语可能指代的前指信息或后指信息,或某一特定信息,而客观环境等非语言语境则使指示语的信息指示情况更加复杂,并可产生指示信息的不确定性。但是,起决定作用的主要是说话人的交际意图或目的,该意图最终决定指示语的所指信息,听话人必须对说话人的信念与交际意图进行推测,才能有效地理解交际中指示语的指示信息。

思考题

1. 为什么说指示语属于语用学的研究范围?
2. 什么是指示语和指示信息?举例说明。
3. 试述指示语的种类?举例说明。
4. 比较指示语的语法分析和语用分析的显著差异。
5. 就汉语中的移动动词"来"和"去"与英语中的come和go进行语用对比。
6. 举例分析汉语中"我/我们"与"咱/咱们"的语用指示信息,尤其是它们的语用差异。
7. 结合汉语文化中的谦称性词语和敬称性词语,分析汉语中社交指示语的文化渗透。

第三章 会话含意

3.1 引言

请看下例:

(1) 甲:晚上看电影去吗?
    乙:我妈从北京来了。

(2) 年轻女子:你爸爸知道你抽烟吗?
    男孩立刻回答:你在半路上和陌生男子说话,你丈夫知道吗?(选自周琪《童言童心》)

(3) 鲁四凤:(回过头)哼,妈是个本分人,念过书的,舍不得把自己的女儿叫人使唤。

    鲁　贵:什么脸不脸?又是你妈的那一套!你是谁家的小姐?——妈的,底下人的女儿,帮了人就失了身份啦。

    鲁四凤:(气得只看父亲,忽然厌恶地)爸,您看您那一脸的油……(选自曹禺《雷雨》)

以上话语在日常言语交际中十分常见。例(1)中,甲邀请乙晚上看电影,但乙并没有直接接受或拒绝,而是告诉对方"我妈从北京来了"的信息,从而间接回绝了对方的邀请,这是一种隐含信息;例(2)中,年轻女子的目的不是询问而是责备或劝戒,男孩也知道了对方这一用意,但他并不领情,却反问对方,以表示"我抽烟不关你的事情"的隐含信息;例(3)中,面对父亲的责骂,女儿鲁四凤很气愤,但无可奈何,不过她通过提示"您看您那一脸的油",表示了对父亲的厌恶与不满,这也是一种隐含信息。

由此可见，很多交际信息不是直接表述的，而是隐含的、间接的。类似隐含信息就是语用学关注的语用含意，这不同于话语的字面意义或非语境意义（即"含义"）。

3.2 什么是含意

含意（implicature）是一种受制于语境的、说话人交际意图的隐含信息，因而是语用的，也称语用含意。简言之，语用含意就是某一话语在特定语境中所隐含的言下之意、弦外之音，也等于说话人等交际主体的交际用意。

语用学可以帮助我们正确理解说话人在一定语境下希望传递的真正意思或用意。在特定语境中，句子本身的字面意义（即编码意义）与说话人使用该句子（即话语）传递的实际意义很多时候是不等同的，听话人在话语理解时还需结合说话人的交际意图，参照相关的语境信息或百科信息等。例如：

(4) 小王：下午去老张家吗？
    小刘：他家买了条狼狗。
(5) 李瑞环同志一次访问香港时，一记者问：您刚才在讲话中强调了团结的重要性，这是不是指香港人不够团结？李瑞环答：如果我祝你身体健康，是不是指你身体不健康呢？（选自《揭秘我国外交部发言人：如何说"不"是基本功》，选自《人民日报》海外版，2005年5月26日）
(6) Virginia：Do you like my new hat?
        我的新帽子好看吗？
    Mary：Oh, it's pink.
        喔，是粉色的。

对此类话语，听话人是怎样透过表面意义去正确理解说话人真正的交际意义呢？我们又是如何去理解其中的应答呢？如果仅根据话语的表面意义，前后话语之间的字面意义或逻辑关系并没有什么联系，可是为什么从语用的角度看却是正常、可接受的呢？这一连串问题可以在语用含意或会话含意理论中找到答案。在一定语境条件下，例(4)—(6)中的应答可分别传递以下隐含信息：

(7) 我不去老张家。

(8) 强调团结的重要性并非指香港人不团结。

(9) Virginia doesn't like Mary's new hat.
弗吉尼亚不喜欢玛丽的新帽子。

以上信息显然不是话语的字面意义，而是在特定语境下传递的字面意义以外的交际信息，即语用含意。作为语用学研究的重要内容之一，语用含意给使用中的语言现象或事实提供了功能方面的解释，因为它不是从语言系统内部（语音、语法、语义等）去研究语言本身表达的意义，而是一种根据语境所获取的交际信息，属于话语的言下之意、弦外之音。因而，美国语言哲学家格赖斯（Grice，1975）认为，在正常的会话中话语传递的交际信息可能比其字面意义丰富得多。

语用含意属于语境意义，也是说话人意义。因此，托马斯（Thomas，1995）认为，语境意义和话语意义是等同的。交际中，只有明白了词义、指称意义和结构意义，排除了其中的语义模糊或歧义以后，我们才能进入语境意义或话语意义的层面，也即获取语境中说话人所传递的真正意义。表面模糊的词语、所指和结构是很多的，对听话人来说，离开语境就可能导致意义的不确定性。著名心理学家米勒（Miller，1974）指出，很多情况下，误解的产生并非听话人不了解单词词义或语法结构，而是由于没能了解说话人的语用含意。由此可见语用含意在交际中的重要性。

语用含意的重要价值可以从以下几方面反映出来：

A. 语用含意揭示的不是说话人讲了些什么，而是告诉人们该话语可能意味着什么。例如：

(10) 老师：怎么迟到了？
学生：百货大楼前抓了一个小偷。

(11) 甲：几点钟了？
乙：不过，邮车刚来过。

仅从表面上看，例(10)中学生的回答似乎答非所问；但通过语用含意去理解，学生显然是想通过该话语表达这样的信息：经过百货大楼时，看抓小偷耽误了时间。例(11)中，交际双方都知道邮车每天大概什么时候送邮件来,这是双方的一个共知前提。乙不知道现在的准确时间,但根据他提供的信息,甲可从中推断出现在的大致时间。这样的含意从乙的话语本身是找不到的。从此类例子可以看出,语义学只能给交际提供有限的解释,它只解决人们说了什么,而无法解决话语可能意味着什么,而语用含意正好可以回答这个问题。

B. 语用含意不是解释同一词语、结构或话语可以表示多少种语义信息,而是指它们在语境中可能传递什么样的"说话人意义"。例如:

(12) 灯!

(13) 快,火!

例(12)仅有一个词"灯",根据词典释义,"灯"就是用于照明或做其他用途的发光的器具,这是它在任何条件下的基本语义。但在不同语境中,该话语却可传递不同的说话人意义,即隐含信息,如"请开灯"、"请关灯"、"借一下你的灯"或"我看见远处有灯"。比如,当一位教授在演示厅进行讲演时,为了让大家更好地看清楚图片投影,于是说"灯!",此时他的用意就是"请关灯",这要根据当时的语境条件确定。同样,例(13)中"火"也可能传递不同的语境信息,如"快,借一下你的打火机"、"快出发,有地方着火啦",或"快跑,大楼着火啦"等。它们都是不同语境条件下的说话人意义,话语理解时,听话人就要根据不同的场合进行识别,判定说话人希望借此表达的确切含意。不仅如此,同一话语在不同语境中也可能隐含不同的说话人意义。再如:

(14) a. 父亲:可可,你在干什么?
女儿:喔,知道啦。
b. 父亲:可可,你在干什么?
女儿:在写作业。

例(14a)中,父亲的话语并非询问,而是提醒女儿该看书学习了,这是一种语用含意。通过女儿的回答可知,她显然理解了父亲的用意;而例(14b)中父亲的用意仅在于询问,从而知道女儿现在干什么。可见,以上现象告诉我们,某一词语、结构或话语传递的说话人意义或交际信息都以语境为基础,只有语境因素的变化才可能引起含意上的差异。

C. 语用含意的推导有助于组成广义的同义结构群,丰富词语的释义。例如,下面的句子是具有相同功能的结构,不过有的必须结合语境,才能确定它们在交际中的语用含意。

(15) a. 我希望你把门关上。
 b. 请把门关上。
 c. 能把门关上吗?
 d. 感觉风大了点儿。
 e. 豆豆,进屋以后应该做什么?
 f. 现在正开着空调呢。

例(15a)与(15b)是直言不讳的"指使"或"命令";(15c)是表示"请求"的常用结构,比(15a)与(15b)有礼貌些;(15d)是以陈述的形式,间接地隐含了关门的请求;(15e)是对小孩说的话,通过大人进屋后随手关门这样的"提示"表示说话人的意图;教导小孩进屋要随手关门;(15f)也是通过陈述的形式,提醒对方把门关上,以免冷气外流。如果离开语境,不从含意上推导,很难想象(15a-f)会是具有相同交际功能的结构群。根据语用含意推导而组成广义的同义结构群,也可以从间接言语行为的角度进行分析(参阅第六章)。

3.3 合作原则

3.3.1 合作原则及准则

请看下例:
一位女士正坐在公园的长石凳上休息,一条小狗躺在凳子前不远处,此时一位老者走了过来,也在石凳上坐下休息。于是出现了如下对话片段:

(16) a. 老者:你的狗不咬人吧?
 女士:不咬人。

于是这位男士弯下腰去逗躺在地上的那条小狗,突然他的手被咬了一下。

(16) b. 老者:哎哟!……喂,你说过你的狗不咬人!
 女士:是呀,我的狗不咬人。咬你的那条狗不是我的。

根据情景语境,老者认为:(a)那位女士有一条狗;(b)地上躺着的狗是那位女士的。这位女士有条狗是真的,她没撒谎,老者的理解也是对的,但误认为那条狗是这位女士的。从信息传递的角度来说,该女士应该提供足量的信息,即讲明那条狗不是她的。如果这样,就不会出现(16b)的结果了。又如,当张三问李四是否喜欢北京时,而李四则说:

(17) 北京就是北京。

从逻辑语义的角度而言,该话语没有任何交际价值,它同"小孩就是小孩"、"美国就是美国"等一样,可称为"同义反复现象"(tautology)。但当类似话语在会话中出现时,听话人会认为说话人仍是合作的,且希望传递话语表面意义以外的一定信息,即语境条件下的含意。比如,例(17)可隐含"北京是一座国际大都市"或"北京有很多文化遗址"之类的语用信息。

可见,交际涉及说话人和听话人之间是否合作,比如是否提供了真实信息、足量信息,是否直接传递了用意或提供了相关信息等。

格赖斯于1967年在哈佛大学作了三次演讲[①]。他指出,为了保证会话等言语交际的顺利进行,说话人和听话人双方必须共同遵守一些基本原则,特别是"合作原则"(cooperative principle);并认为,言语交际中人们总是互相合作的,双方都有这样一个共同愿望:双方的话语都能互相理解,共同配合。因此,人们遵守一定的合作原则,以求实现该愿望。那么,在会话言谈中人们是如何遵守合作原则,达到相互了解、彼此配合,从而顺利实现交际呢?不管说话人和听话人的文化背景如何,他们都遵守"合作原则"这一基本原则,"根据会话目的或交流方向,提供交际所需的话语或信息"(Grice,1975:307—308)。

合作原则包括四个范畴,每个范畴又包括一条准则和一些次准则。

A. 量准则(Quantity Maxim):所提供的信息应是交际所需的,且不多也不少。
  (a) 所提供的话语应包含交际目的所需要的信息;
  (b) 所提供的话语不应超出所需要的信息。

例如:

(18) 我家有三口人。

[①] 可参阅 Cole & Morgan (1975),Cole (1978)。讲座及其他相关论文收入 *Studies in the Way of Words* (Grice, 1989)。

如果该话语包括的信息是说话人提供的全部信息,即说话人家里只有三个人而不是一个人,这表明说话人遵守了量准则。

  B. 质准则(Quality Maxim):所提供的信息应是真实的。
   (a) 不要说自知是虚假的话;
   (b) 不要说缺乏足够证据的话。
 例如:

(19) 语用学是语言学的一个分支学科。

如果语用学的确是语言学的分支学科,且说话人又可举证说明,这表明说话人遵守了质准则。

  C. 关系准则(Relevant Maxim):所提供的信息要关联或相关。
 例如:

(20) 张三:听说你找到一份工作?
   李四:没错。

此例中,面对张三的询问,李四进行了直接回答,也就是说,李四所提供的信息与张三的询问之间是相关的。这说明李四遵守了关系准则。

  D. 方式准则(Manner Maxim):提供信息时要清楚明白。
   (a) 避免晦涩;
   (b) 避免歧义;
   (c) 要简练(避免啰嗦);
   (d) 要井井有条。
 例如:

(21) 学徒:师傅,这机器怎么操作?
   师傅:第一开电源,第二拉下操纵杆,第三直接添加材料。

此例中,师傅按照机器的操作顺序告诉了对方,简单明了。这表明说话人遵守了方式准则。

  以上是合作原则的基本内容。根据该原则的实质,听话人要不断理解对方说话时的目的与动机。其实合作原则是有关特殊情况(即会话)中的合作原则,它的四个准则,即关于会话的准则,很容易使读者认为它们是一些不切实际的认识,或毫无用处的规则,因为人们可发现很多违反该原则的日常言语交际现象。这说明,合作原则并不是人们交际时必须遵守的原则。

格赖斯在1967年的演讲中没有提到与交际关系十分密切的其他原则,如"礼貌原则"(politeness principle)。说话人不遵守合作原则,有时是由于礼貌上的需要,所以在讨论合作原则的同时,也需要考虑礼貌原则(参阅第四章)等人际关系的制约性因素。在遵守合作原则的各项准则时,不同的说话人、不同的场合都会有不同的选择与侧重。在有的语境中,说话人可能会特别注意方式准则,强调信息表达的清楚、完整,而把话语的真实性或信息量方面的准则放在次要地位;在其他语境中,说话人很可能把重点放在质准则上,强调说话要有根据,而对话语是否完整、是否合乎语法等准则却不大重视。下面我们引用一位学英语的中国学生与一位他认识不久的英国教师之间的对话作为例子:

(22) English teacher:Oh, what beautiful handwriting!
英国教师:哇,这么漂亮的书写!
Chinese student:No, no, not at all. You are joking.
中国学生:哪里,哪里,一点也不漂亮,你在开玩笑。

类似言谈在跨文化交际中比较常见。面对英国教师的赞扬,中国学生觉得不好意思,于是按照汉语交际的习惯,连忙谦虚地说:"No, no, not at all. You are joking."英国教师听后,就不再说话,耸了耸肩走开了。此例说明,交际中具有不同文化背景的说话人在遵守合作原则时可能存在差异。那位英国教师首先考虑的是质准则,他说的是真话,且言出有据;而学生在应答中强调了礼貌中的谦虚,撇开了质准则,因为学生对自己书法的否定是不真实的。结果,双方应该共同遵守的合作原则受到了干扰,教师的真话学生没有当真,于是教师不高兴地走开了。

3.3.2 格林对合作原则的重释

合作原则面世多年来,受到相关学者的普遍关注,褒贬意见各异。比如,美国学者格林(Green,1996)将格赖斯提出的合作原则通过陈述句式,更笼统地重新表述为:人们会根据自己的目标行事。这说明合作原则不应仅限于言语交际或言语行为。她又根据合作原则的四大准则,将它们重新表述为以下对应的四个范畴与准则:

A. 量准则

（a）行为者会尽可能多做事情，以实现当前目标；
（b）行为者不会做超出需要的事情。
B. 质准则：行为者不会欺骗对方，因此行为者会尽可能说真话。
（a）行为者不会说自认为虚假的事情；
（b）行为者不会说缺乏足够证据的事情。
C. 关系准则：行为者的行为将会与他的意图相关、有联系。
D. 方式准则：行为者会对具有共同目标的对方清楚地表现自己的行为。
（a）行为者不会向对方掩饰自己的行为，因此为了交际需要，行为者不会说话晦涩；
（b）行为者会采取一定的行为，以便毫不含糊地再现自己的交际意图；
（c）行为者不会把过多的精力花在不必要的行为上；
（d）行为者会有序地实施某一计划，以增加实现某一目标的最大可能性。

经过以上重释后，合作原则及其准则既可适用于以会话为基础的言语交际，也可包括非语言交际。除了会话中说话人和听话人之间应相互合作以外，做别的事情或进行其他形式的交际，双方也应彼此配合，否则就如同交际双方不合作时，话语可能产生语用含意一样，也存在其他原因或意图。

3.3.3 合作原则的违反

格赖斯提出了合作原则这一有关人类交际的总原则。但同时他又指出，在现实交际中人们并不都严格遵守该原则。例如，说话一方可能说谎，而听话的另一方又没察觉，竟然当真对待，虽然这时言谈可以进行下去，但结果却让听话人上当受骗。这表明说谎的一方违反了合作原则，而当真的一方却遵守着合作原则，且误以为对方也一直在遵守合作原则。当然，说话人不遵守合作原则，并不都是为了说谎，有时可能因为礼貌或特定语境的需要，说了一些违反合作原则的话。当另一方察觉到对方没有遵守合作原则时，他就应该越过对方话语的表面意义，去领会说话人借助该话语希望表达的深层次意义或言下之意，从而体会出说话人在什么地方体现了合作，于是就产生了会话含意理论。

违背合作原则的情况与方式是多样的。说话人可以故意暗中违背准则,从而误导听话人,比如说谎就违反了质准则的第一条次则。格赖斯认为,交际双方应遵守合作原则,尤其是质准则,违反该准则(比如说谎)就等于违背道德,但不遵守其他准则最多被视为轻率或无礼。合作原则的遵守不仅表现在会话之中,而且在行为上也需要合作(Green,1996)。在量准则方面,假如修理汽车时我需要四枚螺丝,当然希望对方递来四枚而不是两枚或六枚。在质准则方面,如果我做蛋糕需要糖,就不会希望对方递给我盐;如果我要匙子,就不会希望对方给我一把变魔术用的橡胶匙。在关系准则方面,如果我要调和做蛋糕的面粉,就不会希望对方递过来一本书或一块布。在方式准则方面,我当然希望我的伙伴讲清楚他能做些什么事情,并且把事情做得井井有条。因此,格林(参见 3.3.2)对合作原则的重释就注意到了非会话中的合作现象。

言语交际中双方违反合作原则的情况不像会话之外的其他活动那么直接。格赖斯概括了四类情况:

第一类:说话的一方悄悄地,不让听话人发觉他违反了合作原则,从而将听话人引入歧途,上当受骗。有意说谎就属此类情况,此时说话人违反了质准则,而听话人没有觉察,并误以为说话人遵守了合作原则。

第二类:说话人宣布不愿合作,不遵守准则。如果有人向他提问,他会表示不愿作答,或表示他不能说更多的话。

第三类:说话人可能面临一种顾此失彼的局面。比如根据交际要求,说话人想遵守质准则,但与此同时他可能会违反其他准则。

第四类:说话人可能有意不遵守某一准则,但他相信听话人会觉察到这一点,并认为对方仍会继续合作;而听话人也知道说话人并不是存心蒙骗自己。

下面我们对以上各类违反合作原则的情况分别进行例释。

(23)(一位农夫见到萨姆说:)

"Hey, Sam, my horse's got distemper. What did you give yours when he had it?"

"嗨,萨姆,我的一匹马得了瘟热病。你以前遇到这种情况给马吃的什么?"

"Turpentine," grunted Sam.

"松脂。"萨姆咕噜道。
（一周以后他们又见面了，于是那位农夫对萨姆大声地说：）
"Sam, I gave my horse turpentine like you said and it killed him."
"萨姆，照你的说法，我也给马吃了松脂，结果马死了。"
"So did mine,"nodded Sam.
"我的马也死了。"萨姆点头道。

此例中，农夫的真正目的不仅是向萨姆了解治马病用什么药，而且更想了解治疗的结果，但通过询问他实际上只达到了一半的目标。萨姆并没有满足他希望了解治疗结果的要求，没有完全提供交谈目的所需要的全部信息，从而违反了量准则，结果农夫因未觉察到这一点而受骗上当了。这属于违反合作原则的第一类情况。

第二类违反合作原则的情况比较直接。说话人清楚地表明他不愿意合作，故不会产生误会。例如：

(24) 记者：局长先生，请讲一下此次事故的原因以及谁应当承担责任，好吗？

局长：此事不便透露，待结果出来后再说。

第三类违反合作原则的情况是由于说话人顾此失彼，引致无法满足对方的要求。例如：

(25) 甲：小张几点去的机场？

乙：上午早些时候。

乙的应答显然违反了量准则，因为他并没有提供甲希望获取的小张去机场的准确时间，乙的难处在于，他的确不知道小张动身的确切时间，但又不想随便说谎，也不想有意违反合作原则而直说"不知道"。于是乙只好放弃量准则，以求遵守质准则，他的应答实际上等于说："我不知道小张去机场的准确时间。"再看一位外国游客 A 与中国导游 B 告别时的对话：

(26) A：Thank you very much for what you've done for me.

谢谢你帮我做了这么多事情。

B：Not at all. This is the least I could do.

不用谢，这么点小事。

中国导游B按照汉语的交际习惯,尽量表现出谦虚和礼貌,但违反了质准则。其实他为外国游客A做了很多工作,对这种感谢他应受之无愧,但因恪守礼貌原则,他不得已而说假话,放弃了质准则。这也是跨文化交际中的一种语用失误(参阅第九章)。

第四类违反合作原则的情况是,说话人总的来说遵守了合作原则,但他未能真正恪守某些准则。可以说,他是有意不遵守某项准则,让听话人通过话语的表面意义,推导其隐含的语用信息,即含意。因此,严格地说,第四类情况其实不应算作违反合作原则,因为只要听话人了解话语的含意所在,会话就可以继续下去,交际双方就能相互配合,达到预期目标。

在有些交际场合中,说话人不可能同时遵守所有的准则。如果两条准则相互抵触,说话人就可能违反其中的一条。比如,在有的情况下,说话人很难不说一些缺乏足够证据但又是交际所需的话语;同样,如果说话人认为听话人缺乏某方面足够的背景知识,他有可能提供更多的信息,从而显得啰嗦甚至晦涩,出现违反方式准则的现象。有时因种种原因,说话人会在某些话语之前、之中或之后插入或附加一定的结构或词语,可直接表明自己违反某一准则。例如:

(27) a. 关于此事,我不便说得更多。　　　(违反量准则(a))
　　　b. 也许我没必要说这些。　　　　　　(违反量准则(b))
　　　c. 不知道此事是否真实,但……　　　(违反质准则(a))
　　　d. 我没有证据,但……　　　　　　　(违反质准则(b))
　　　e. 我知道说这些事情毫无关系,但……(违反关系准则)

此外,言语交际中的委婉语和夸张、讽刺等手法都涉及违反质准则,以避免直接地讲述某事。例如:

(28) 白发三千丈,缘愁似个长。
(29) 你烧的菜真好吃。

白发怎能有三千丈呢?显然例(28)属于夸张用法,违反了合作原则中的质准则;在一定语境下,例(29)可理解为"你烧的菜真难吃",属于反语,同样违反了质准则。反语的作用在于产生幽默感与讽刺性,有时比正说更有力量。

总的来说,合作原则制约着会话、访谈等互动性言语交际,一般情况下说话人会尽可能地遵守该原则及其准则,并且也希望对方能够遵守。不过,以上情况说明,交际中更多的是违反合作原则并产生语用含意的情况。斯珀伯和威尔逊(Sperber & Wilson,1982,1986a)认为关系准则是合作原则的中心问题,并试图证明在不需要违反合作原则及其准则的情况下,也可能产生含意,也即交际不是一个简单地遵守或违反合作原则的过程,话语理解更不需要以此为出发点(参阅第十章)。

3.4 会话含意

3.4.1 会话含意的推导

在会话等言语交际中,说话人应该遵守合作原则及其准则,要提供真实、足量、相关、简明的信息,这是格赖斯为人际交际所设置的理想化路径。该理论吸引人的地方是违反合作原则中某条或多条准则后可能产生的会话含意,且与特定语境密切联系,也就是说,含意的产生与准则的违反有关。

在一定语境中,某一话语所隐含的语用信息(即含意)不是其字面意义。当说话人故意违反合作原则的某一准则时,就可能产生会话含意。例如:

(30) 甲:小张好像还没有女朋友。
乙:你不知道,他最近周末经常往外语学院跑。

乙的回答表面上违背了关系准则,没有直接告诉甲小张是否有女朋友。但如果甲认为乙遵守了合作原则,他就会认为对方的回答是相关的、真实的、完整和清楚的。然而,乙的话语却可能产生多种理解,也就是说,甲可推导出如下不同的隐含信息:

a. 小张的女朋友在外语学院。
b. 小张周末忙于去外语学院学英语,没时间找女朋友。
c. 小张周末忙于去外语学院学英语,觉得没必要找女朋友。

再如:

(31) 甲:看见我的自行车吗?
$乙_1$:看看车棚。
$乙_2$:我刚回来。
$乙_3$:没有看到。

此例中,乙₁表面上违反了关系准则和量准则的第一条次则,因为他没有直接回答"看到了"或"没有看到"。但乙₁却希望甲进行如下推导:

  a. 甲的自行车在车棚。

  b. 车棚就在附近,自行车可能在车棚。

  同样,乙₂也没有直接回答甲的提问,答非所问,显然违反了关系准则。通过告诉对方"我刚回来"的信息,乙₂希望对方推导出类似的隐含信息:乙₂不知道甲的自行车在哪里,因为他刚回来。乙₃的回答可能表示,他没有理解甲询问的真正目的,也可能是他的确不知道甲的自行车在什么地方,而隐含了"我不知道你的自行车在哪儿,你自己找吧"的类似信息。从句法的角度来看,乙₃的回答更正确。但句法标准并不是衡量使用中某一话语恰当与否的尺度。

  下面我们进一步对言语交际中违反合作原则及含意推导进行例释,以加深对该原则及其准则的理解与认识。

  A. 利用量准则推导的语用含意

  (a) 故意违反量准则的第一条次则。比如,某教授应邀写信推荐他的学生担任校学生会主席,但他觉得该学生并不太适合担任此项工作,但又不好推辞,于是"例行公事"向有关方面提供了如下信息:

(32) 我认识××同学已有三年时间,在我所讲授的课程考试中取得
   了较好成绩,平时作业也很认真。此外,该同学足球踢得不错,
   是校足球队前锋队员。

如果这位教授认为该学生不适合担任学生会主席,他可以拒绝推荐,不予合作,但他还是写了类似推荐信,从行为本身来说是合作的。作为老师,对自己学生的情况当然十分熟悉,完全可向有关方面提供具体的相关信息,但他却有意违反了量准则,没有直接提供交际所需要的信息。对方一旦接到类似的推荐信,自然会推导出这样的含意:××同学不适合担任校学生会主席。

  (b) 故意违反量准则的第二条次则。请看下面这则笑话:

(33) 父亲:儿子,历史考得怎么样?
   儿子:考得一般,因为题目中出现了一些在我出生之前发生的
   事件。

按照问—答的句式要求,儿子只需应答"考得一般"足矣,但他却附加了一句多余信息。从该多余信息中,父亲会作出这样的推导:儿子认为历史考试成绩不理想并不是自己的过错,而是因为试题考了一些孩子出生前的历史事件。

另外,像"战争就是战争"、"孩子就是孩子"、"足球就是足球"之类的同义反复句也违反了量准则的第二条次则。从语义信息的表征来看,这类句子毫无意义,但从语用学的角度看,在特定语境中,我们不难推导出这样的语用含意:"战争总是残酷的,无谓伤感","孩子总是顽皮的,不要过多责备","足球如同游戏,因而存在很多不规范现象"。

B. 利用质准则推导的语用含意

(a) 故意违反质准则的第一条次则,也即说话人故意说一些不符合事实的话或提供一些不符合事实的信息,让听话人推导出语用含意。反语、隐喻、弱陈、缓叙、夸张等修辞手段所传递的交际信息往往不是字面意义,属于语言的非刻意用法,因此涉及违反质准则的第一条次则。例如:

(34) 张三是个好朋友。(反语:张三是个坏朋友)

(35) 老王只是喝多了点。(缓叙:老王喝得酩酊大醉)

(36) 刘小三跑起来跟兔子似的。(夸张:刘小三跑得很快)

例(34)是一个反语,其语用含意与该句子的字面意义刚好相反:张三是一个(背信弃义的)坏朋友;例(35)是一种缓叙,即有意对事情进行较低的估计,因此它的语用含意实际上是:老王已酩酊大醉,大发酒疯了;例(36)是一个隐喻,据此推导出来的语用含意是:刘小三跑起来的姿势很像兔子。

(b) 故意违反质准则的第二条次则,往往指说话人说一些缺乏诚意或缺乏足够证据的话,从而让听话人推导出某种肯定或否定的含意。例如:

(37) 甲:纽约是美国的首都,对吗?

　　乙:我说,青岛在青海哟。

乙故意违反了质准则,说一些没有根据的话来暗示甲的错误。从乙的话语中,甲可推导出含意:纽约怎么是美国的首都呢?

C. 利用关系准则推导的语用含意

例如：

(38) 陈女士：知道吗？张总最近经常带个女的到办公室。
　　　肖女士：最近天气不错，下午逛街去。

此例中，陈女士在办公室公开谈论张总，涉及张总的个人隐私，但肖女士觉得在办公室谈论张总不妥，以免影响自己在公司的发展，于是答非所问，转移话题，从而隐含这样的语用信息：小心办公室有别的同志，别在此谈论张总。肖女士的话语也可能隐含其他意思：我对张总的隐私不感兴趣，或在办公室不适宜谈论个人隐私。

下面对话中母亲的干预也应看做是她有意违反关系准则，让儿子从中推导出"不能去玩"的语用含意：

(39) 儿子：妈，我到楼下去踢会儿球？
　　　母亲：钢琴练了没有？

D. 利用方式准则推导的语用含意

(a) 故意违反方式准则的第一条次则。例如：

(40) 丈夫：给儿子买点什么东西吃吧！
　　　妻子：记住别买 candy（糖果）。

(41) A：Let's get the kids something.
　　　咱给小孩买点什么吧。
　　 B：Okay, but I veto C-H-O-C-O-L-A-T-E.
　　　可以，但不准买 C-H-O-C-O-L-A-T-E（巧克力）。

类似例(40)和(41)之类的话语在英、汉语日常交际中都比较常见。父母都很关爱自己的儿女，比如为了保护好牙齿，往往不让他们多吃糖果、巧克力之类的东西，为了不在小孩面前直接提及糖果、巧克力，以免小孩听到后哭闹要吃，于是故意使用晦涩的语句，或使用小孩不易听懂的语词。例(40)中妻子使用了 candy，而例(41)中 B 故意按字母念出"巧克力"这个单词，目的都是不让孩子听懂，或给孩子制造听力方面的困难。这种有意使用的晦涩、含糊的词语的真正含意是什么，父母之间当然是心领神会的。

(b) 故意违反方式准则的第二条次则。使用歧义句就属于类似情况。例如：

(42) 学生：老师，怎么分工？
　　　老师：第一组和第二组的三个同学打扫教室，其余同学打扫演
　　　　　 示厅。

此例中，老师的话语带有歧义，比如"第一组和第二组的三个同学"可切分为并列关系，表示"第一组"和"第二组的三个同学"，也可切分为偏正关系，表示"第一组和第二组"的"三个同学"；此外，"其余同学"也可能存在歧义。这些都是因为词语本身或结构造成的歧义现象，往往需要一定的语境条件才能区分，不同的人可能会有不同的理解。很多时候，产生语用含意的歧义结构大都是为了某种目的而故意安排的，只有获知有关说话人的情况后才能推导出话语真正的含意。例如：

(43) 公司经理：你曾担任过什么职务吗？
　　　面试人员：车间副主任兼领班。

此例中，公司经理询问面试者有关他以前的工作经历，以获取更多信息，再决定是否录用。但面试者使用了会产生歧义的"副主任兼领班"，这可切分为"副主任"与"领班"，也可理解成"副主任"与"副领班"。类似模棱两可的话语可隐含说话人的特定语用目的，比如抬高自己的身价，以增加被公司录用的可能性。

(c) 故意违反方式准则的第三条次则的情况，就是说话啰嗦，不简练。例如：

(44) 老张：唉，最近家里事情很多，小孩要开学了，读初中，学费跟小
　　　　　 学比翻了一番，今年果树也不好，没有收成，都不知咋办，
　　　　　 上次买农药的钱还是借的。（被打断）
　　　老黄：还钱的事不用急，我家最近没大的开支。

此例中，老张借了老黄家的钱，且到该归还时间了，但他家目前经济十分拮据，根本不可能及时归还，但见到老黄后又不要好意思直接提及此事，于是转弯抹角，把自己家的困难说了一大堆，意思就是希望晚些时间再还老黄的钱，老黄也从中推导出了此话的语用含意。

(d) 故意违反方式准则中第四条次则的情况，就是提供信息时顺序混乱，缺乏条理性。这种情况涉及说话人的思路，如果说话顺序混乱，可能被对方认为思路不清晰。因此，相对而言，违反该次则的情况较为少见。

3.4.2 会话含意的种类

会话含意可分为一般会话含意(简称"一般含意")和特殊会话含意(简称"特殊含意")。下面我们举例说明什么是一般含意和特殊含意。

A. 一般含意(generalized implicature)

一般含意指说话人在遵守合作原则中某项准则的情况下,话语通常带有的某种含意。例如:

(45) 张三有一个儿子和一个女儿。

该话语的一般含意是:张三只有一个儿子和一个女儿,不多也不少。这是说话人在遵守量原则的情况下,该话语所带有的一般性含意。如果张三有两个儿子和一个女儿,说话人自然不会使用以上话语,否则他就违反了合作原则,令别人受骗。又如,例(46)遵守了质准则,并带有一般含意:说话人相信并有证据表明大象比蚂蚁大;例(47)的一般含意为:说话人不知道李四是否有孩子,且很想知道。

(46) 大象比蚂蚁要大。
(47) 李四有孩子吗?

以上情况说明,在正常情况下,当说话人作出断言,对方就相信该断言是真的;当说话人提问,对方就认为他希望获取某种信息。再如:

(48) a. 开门。
    b. 走到门面前,拿出钥匙,然后把钥匙放进门上的锁孔,向右转动一下钥匙,再推一下,门就开了。

例(48a)的一般含意是:说话人知道听话人无需像(48b)那样详细指点,就能把门打开。

格赖斯(Grice,1975)认为,一般含意是指在一般(即非特殊)情况下与某一语言形式有关的含意。比如,英语中不定冠词 a/an 或汉语中"一个"的一般会话含意就是,所修饰的名词不是"根据一定语境可识别的某人或某物"。因此,下面的例(49a)隐含的一般含意是:那辆车不是约翰的,也不是说话人或听话人的;例(49b)隐含的一般含意是:与小黄一起出去的不是他的妻子、女朋友、姐妹或母亲,也不可能是说话人或听话人;例(49c)的一般含意是:说话人坐在那里休息的院子不是他的院子,那个推门进来的小男孩也不是他的孩子。例(50)的一般含意是：一些学生还没有回家。

  (49) a. A car ran over John's cat.
     一辆汽车从约翰的猫身上碾了过去。
    b. 昨下午小黄跟一个女人在一起。
    c. 我坐在一家院子里休息的时候，一个小男孩推门进来了。
(50) 一些学生已经回家了。

  根据以上例释可见，识别一般含意的过程是相同的，不需要特殊的语境知识，也不需要判定说话人是否违反了合作原则及其次则。也就是说，当推导出来的话语字面意义以外的隐含意义不需要依赖特殊的语境时，此时的会话含意就是一般含意。

  B. 特殊含意(particularized implicature)

  一般情况下，说话人会遵守合作原则，如故意违反其中的某项或多项准则，其目的就是让听话人推导出话语的语用含意。理解和推断上例(45)—(50)所隐含的一般含意，不需要特殊的语境。然而，很多时候言语交际都是在特殊的语境条件下进行的，也就是说，听话人需要依赖特殊的语境，才能正确理解话语传递的交际意图。

  特殊会话含意是指在会话等言语交际中，说话人明显或有意违反合作原则的某项准则，从而使听话人不得不依赖特定的语境条件去推导话语所隐含的信息，这样依靠特殊的语境推导出来的会话含意就是特殊含意。可以说，特殊含意是根据特定的时间、地点、人物、目的等语境因素作出的一种推断，以上 3.1，3.2，3.3，3.4.1 节中很多例子所隐含的信息就是特殊含意，即说话人借助某一或某些话语希望传递的交际意图。再如：

  (51) 小冯：今晚到我家打牌怎么样？有时间吧？
     老彭：我姐姐一家人来了。

此例中，小冯向老彭发出邀请，然而老彭却答非所问，违反了合作原则中的关系准则。从字面上看，以上问与答之间一点不相关，因为根据问—答的句式要求，老彭只需回答"可以，有时间"或"不行，没时间"即可。对于老彭的回答，小冯需要进行必要的假设：如果老彭晚上要陪姐姐一家人，

他就没有时间打牌。因此,老彭实际上拒绝了小冯的邀请。再看下例:

（52）李小姐:经理最近怎么啦,老爱发脾气。
王先生:走,咱们喝咖啡去。
（53）甲:日本的首都在哪里?
乙:在平壤。

例（52）违反了合作原则中的关系准则,而例（53）却违反了质准则。但在特定语境条件下,它们都传递了一定的特殊会话含意。例（52）中,王先生答非所问,可能隐含这样的特殊含意:他不想评论自己的老板,或老板就在附近,怕他听到以后影响自己今后在公司的发展等;例（53）中,乙故意将日本的首都说成平壤,可能传递这样的特殊含意:他觉得对方实在太无知,就连日本的首都在哪里也不知道。可见,特殊会话含意与违反准则有关。

C. 规约含意(conventional implicature)

既然特殊含意受制于特定的语境条件,且随语境的变化而变化,因而属于非规约含意。与之对应的是规约含意或常规含意。它不需要考虑特定的语境因素是,某一词语、结构或话语在任何条件下都可能隐含的信息(如英语中的 but,even,therefore,yet,because 等,汉语中的"然而"、"但是"、"因此"、"总是"、"因为"等),凭借人们的直觉便可以把握,不属于语用意义。例如:

（54）He is an Englishman; he is, therefore, brave.
他是个英国人,因此很勇敢。
（55）a. Would you please pass me the salt?
把盐递给我好吗?
b. 请把书带给小马,行吗?

例（54）中,关联词语 therefore 表示因果关系的规约含意,它不同于 because(因为)。在"A because B"的句式中,B 是 A 的原因,但在"B,therefore A"的句式中就只能隐含或预设 B 是 A 的原因。例（55）中,无论是英语的"Would you please…?"还是汉语的"请……,行吗?",这种句型在任何条件下都表示一种请求,因而属于常规性的规约含意。

此外，规约含意与特殊含意等非规约含意的区别还表现在：某一语言形式的规约含意与说话人是否遵守合作原则无关，它具有不可取消性；而特殊含意之类的非规约含意是话语在特定语境中产生的含意，它与违反合作原则的某一项准则有关，且具有不确定性、可取消性等特征（参阅3.4.3）。我们应当注意，不要将规约含意、会话含意和一般含意所具有的特征作为它们的界定标准。格赖斯（Grice，1978）本人并不希望如此。列文森（Levinson，1983）指出，规约含意是指非真实条件下的推断，它不依靠是否符合合作原则中的某一准则来推导，而是体现在特定的词项或短语之中，所以不应属于语用含意的讨论范围。

总的来说，一般含意与特殊含意相对应，规约含意与非规约含意相对应。一般含意是说话人在遵守合作原则中某一准则时带有的含意；特殊含意是说话人有意违反合作原则的某一准则时，在特定语境中推导出来的含意，属于非规约含意。规约含意不是一种语用含意，不涉及违反合作原则及其准则，不一定必须出现在会话之中，其理解也不需要特殊的语境，也就是说，它与是否遵守合作原则的某一准则无关，且不依赖特定的语境条件，是一些体现在词语、短语甚至句子中的含意；而且规约含意不具备特殊含意所具有的特征（参见3.4.3）。

3.4.3 会话含意的特征

通过以上例释可知，会话含意的产生与推导必须依赖语境条件。当说话人讲出话语 P 时，隐含了 Q，条件是：(a) 听话人认为说话人遵守了各项准则，或至少遵守了合作原则；(b) 为了使说话人所讲的话语 P 与条件(a)一致，听话人有必要认为说话人相信 Q；(c) 说话人也希望听话人能凭直觉领会或推导条件(b)。

会话含意是可以推导的，但也可以被取消，或得到加强。在格赖斯看来，会话含意具有以下五个特征：可取消性（can-cellability）、不可分离性（non-detachability）、可推导性（calculability）、非规约性（non-conventionality）、不确定性（indeterminary）（Levinson，1983：114—118）。下面分别讨论这五个特征。

A. 可取消性

可取消性或可否定性是会话含意的最重要特征，指会话含意是可以被取消的或否定的，且方式是多种多样的。一般来说，可取消性是由两个因素引起的：一是说话人在原有话语中附加一个分句、词语或结构，表明（或暗示）自己要取消原有话语的语用含意；二是在特定语境中话语表明（或暗示）说话人意欲取消它的语用含意。

(a) 通过附加分句、词语或结构来取消含意。例如：

(56) a. 他打赌赢了 50 元。

　　　b. 他打赌<u>至少</u>赢了 50 元。

　　　c. 他打赌赢了 50 元，<u>其实赢了 80 元</u>。

　　　d. 他打赌赢了 50 元……<u>不，可能是 60 元</u>。

话语(56a)隐含了这样的信息：他打赌只赢了 50 元，不多也不少；但(56b)通过附加"至少"、(56c)通过附加"其实赢了 80 元"的信息，取消了(56a)所隐含的信息；(56d)中也因为附加了"……不，可能是 60 元"的修正结构，(56a)的含意也被取消了。再看以下甲和乙之间的对话：

(57) 甲：晚会怎么样，见到小陈了吗？

　　　乙：见到了，还带了个女朋友。

　　　甲：女朋友？怎么样？漂亮吗？

　　　乙：漂亮，<u>至少觉得不难看</u>。

其中"至少觉得不难看"是乙附加的，意欲取消或否定自己刚说的有关小陈女朋友外貌的含意。在日常言语交际中，类似情况是比较常见的。

(b) 话语的语用含意可能在特定语境中被取消。例如，某高校规定获取学士学位的最低标准是 150 个学分，但部分老师并不清楚这一规定。下面是一位教师与该校学位管理员之间的一段对话：

(58) 管理员：这些学生都修够 150 个学分吗？

　　　老　师：张三 156 学分，李四 152 学分，王五 150 学分……

教师想告诉对方的含意本是"张三只修了 156 学分，李四只修了 152 学分，王五只修了 150 学分……"但在该语境中此含意却被取消了，因为学位管理员关心的是学生是否达到 150 学分的毕业标准，而不是实际学分数；而教师的目的却不是要告诉对方每个学生实际取得的学分数，他也只是想说他们已经达到标准罢了。

B. 不可分离性

会话含意是运用合作原则中的各项准则①，尤其是准则的违反，根据话语的语义内容，再结合语境推导出来的，因此它依附于特定的语境信息，而不仅是话语形式及其语义内容的直接再现。我们不可能通过同义互换将依附于话语内容的语用含意从话语中分离出来。如果话语在特定语境中产生了语用含意，则无论使用什么样的同义结构或形式，含意都将始终存在。比如，大家都知道"张三是个呆子"，但偏要嘲笑说"张三很聪明"，这当然是反语，其含意仍是"张三很愚蠢"。如果不说"张三是个呆子"，而改说下面任何一个话语，其含意始终存在。

(59) a. 张三是个天才。
　　　b. 张三智力超群。
　　　c. 张三思维敏捷。
　　　d. 张三反应很快。

再如，在某教授举行讲座后的第二天，学生甲向听讲座的学生乙了解情况，询问该讲座是否受欢迎：

(60) 甲：觉得讲座怎么样？
　　　乙：我发现演示厅很现代化。

学生乙的含意是"没有多少人对讲座感兴趣"或"讲座很一般，一点不精彩"。如果将其中的"我发现"换成"我觉得"、"我认为"等，或将"很现代化"换成"设备很先进"、"音响效果不错"等，该含意仍然存在。在特定语境条件下，无论说话人选择什么样的同义结构或话语，某一或某些话语所隐含的语用含意是不可能改变的，也即具有不可分离性特征。

　　C. 可推导性

可推导性就是听话人一方面根据话语的字面意义，另一方面根据合作原则的各项准则，结合语境条件，能推导出相应的语用含意。列文森（Levinson，1983：113—114）总结出了会话含意的推导过程：

说话人 S 的话语 P 具有会话含意 Q，当且仅当：
(a) S 讲出了话语 P；
(b) 没有理由认为 S 不遵守准则，或至少 S 会遵守合作原则；

---

① 根据方式准则推导的语用含意不具有"不可分离性"的特征，因表达方式是与话语形式密切联系的，所以这里的"各项准则"不包括方式准则。

(c) S 说出 P 而又要遵守准则或总的合作原则，S 必定想表达 Q；

(d) S 必然知道，谈话双方都清楚：如果认为 S 是合作的，必须假设 Q；

(e) S 无法阻止听话人考虑 Q；

(f) 因此，S 希望让听话人考虑 Q，并在说出话语 P 时意指 Q。

本章所举的例子都可按照以上过程推导语用含意。我们不再举例说明。

D. 非规约性

会话含意是根据合作原则中的各条准则，通过话语的字面意义，结合语境推导出来的。它具有语境条件下的特殊性，受制于语境，并随语境的变化而不同，因此不可能是恒定的、规约性的意义。先有字面意义，才有语用含意，因此含意不是字面意义，也不是字面意义的一部分。字面意义在话语中是不变的，而语用含意却随着语境的变化而变化，甚至消失。比如，"这里很热"，在某一特定语境中可表示"开窗"或"开门"的含意；但在另一语境中，也可表示"请开空调"的含意，或隐含"我们换个地方开会吧"的信息。可见，会话含意是非规约性的。

会话含意的非规约性还表现在话语命题的真假不影响含意的真假，反过来也如此。例如：

(61) 李四打了王五。

如果说话人遵守了量准则，其含意为"李四打了王五，但没有打死"。如果李四打死了王五，说话人仍可说"李四打了王五"，但他故意违反了量准则，没有提供足够信息。前一种情况表明，该话语的命题为真，其含意也为真；后一种情况表明，该话语的命题为假，但其含意仍为真，因为它是从该话语的字面意义推导出来的。此外，还有一种情况：如果例(61)的命题为真，听话人从中推导出来的含意最后因王五的伤重死亡而变成了假的。在这种情况下如果说话人仍使用话语(61)，那他就是故意违反量准则，隐瞒事实，蒙骗听话人。这样，该话语的命题是假，其含意也是假的了。

上例简单说明了命题与含意之间真(＋)、假(－)关系的四种情况：

	命 题	含 意
第一种情况	＋	＋
第二种情况	－	＋
第三种情况	＋	－
第四种情况	－	－

可见,会话含意因语境的变化而变化,并不随命题的真假而不同,这再次说明会话含意受制于语境的非规约性特征。

E. 不确定性

不确定性就是指同一话语或结构在不同的语境条件下可能隐含不同的语用信息,因为特定会话含意的产生受制于特定的语境条件,并随语境条件的变化而不同。以上很多例子足以说明这一特征。再如:

(62) 老何是头老黄牛。

在不同语境中,该话语传递的含意可以是"老何吃苦耐劳"、"老何不分白天黑夜地工作"、"老何诚恳老实"、"老何体弱多病"等。要根据具体的语境,才能确定话语具有哪一种或者哪几种含意。再如例(63),假设郑女士和周小姐是同一公司的职员,郑女士并不认识新上任的公司经理,因此周小姐的话语可能表达一种提醒、警告、劝告、建议;在别的语境中也可能表示推测或判断。

(63) 郑女士:我很不喜欢刚才在楼上见到的那人。
　　　周小姐:他是新上任的公司经理。

由于会话含意具有不确定性,因此交际中为了更明确地表示某一话语的特定含意,排除含意的不确定性,在不同语境下说话人可在同一话语之前直接附加一定的话语标记语,能更清楚地表达会话含意。例如:

(64) 甲:我最喜欢吃肥肉。
　　　乙$_1$:<u>可不是嘛</u>,你比以前胖多了。　　(表示附和)
　　　乙$_2$:<u>真的</u>,你比以前胖多了。　　　(表示断言)
　　　乙$_3$:<u>哎呀</u>,你比以前胖多了。　　　(表示惊讶)
　　　乙$_4$:<u>注意</u>,你比以前胖多了。　　　(表示提醒或警告)
　　　乙$_5$:<u>不管怎样</u>,你比以前胖多了。　(表示劝告)

3.5 格赖斯的贡献与合作原则的不足

格赖斯的合作原则和会话含意学说曾引起语言哲学家与语言学家的重视。有学者高度评价这种学说，认为这是对语用学的一个重大推进。四十多年来，这方面的研究成果不断涌现，经过学者们的共同努力，合作原则和会话含意学说得到了补充和完善，成为语用学探索的重要领域，也被人们广泛运用于分析言语交际，尤其是话语理解研究。会话含意学说开启了话语理解的语用推理，因此被视为推理语用学的开始。在有关话语理解的研究文献中，我们很容易找到会话含意理论学说的论述与运用。

合作原则是合理的，该原则及其准则具有普遍的重要性。若是这样，它们就能很好地解释言语交际中的诸多现象，尤其是话语理解中非字面信息的推导。实际上，格赖斯并没有公开宣称合作原则及其准则的普遍性，他把各条准则当做合作原则的特殊情况，而非必然结果；如果发现某一准则不是普遍存在的，并不能否认合作原则的普遍性。由此看来，不少学者曾对格赖斯提出合作原则及其准则的真正意图存在质疑或误解。

在不同文化背景下，合作原则及其各条准则的适用性是不同的。基南(Keenan,1975)曾指出，合作原则的准则并非普遍地制约着人们的交谈。非洲的马尔加什人(Malagasy)在会话时就经常向对方隐含一定的交际信息。比如，当一个马尔加什人赶集回到村子后，A 向他打听有关情况，对方会习惯地使用类似话语回答：

(65) A：What's new at the market?
集市上有什么新鲜事吗？
B：There were many people there.
那里有很多人。

这里 B 的回答显然违反了量准则中的第一条次则，因为他的回答根本就没有提供 A 所需的信息，集市有很多人，这是常识。如果我们将合作原则中提供"交际所需要的信息"理解为提供"特定文化背景条件下会话一方所需要的信息"，就可认为说话人遵守了量准则。此例中，不情愿告诉对方自己已获知的信息，对马尔加什人来说是可接受的。回答问题时，人们经常保留某些信息，如下例(66)，即使乙能提供更为准确的信息，他也可以这样回答：

(66) 甲：你母亲在哪儿？
乙：可能在家，也可能在外面。

此外，涉及宗教、社会习俗等文化方面的禁忌时，说话人也可能会违背某些准则。因此，对马达加斯加人来说，就不存在量准则的第一条次则。这说明准则并不是普遍存在的。

格赖斯的贡献不是宣称话语应该遵守合作原则的诸准则，或特殊话语一定要遵守这些准则，而在于注意到了会话受一定准则的制约，这有助于我们解释话语表面不合乎逻辑的现象，以及解释话语所传递的言外之意。

然而，合作原则存在诸多不足之处。它的各条准则并不是逻辑上的必然结果，它们只是合作原则的一些特殊情况，并不能说明一切。在特殊情况下，也并非只存在这些准则，这说明合作原则没必要限定其准则。一些学者如斯珀伯和威尔逊(Sperber & Wilson, 1986a: 36)认为，格赖斯提出的那些准则并不能构成合作原则。相反，合作原则是一个很笼统的原则，在交际双方共同的价值观或文化背景基础上，它决定应该遵守合作原则中的准则数量。同样，合作原则的各条准则不是通过传授或学习就可以获取的规则或标准。在《逻辑与会话》一文中，格赖斯并没有指出，准则就是人们趋向于遵守的统计原则(statistical principles)或人们希望遵守的理想化准则。但是，这些准则是在设想人们会按照他们的目的(即合作)行事的基础上产生的。正是这一假设使格赖斯提出了合作原则这一概念。因此，如果说话人甲的目的是让听话人乙实施某一行为 A 或相信某一命题 P，甲就会希望将 A 或 P 说得清楚明白(即遵守质准则、量准则和方式准则)，而且甲的讲话不会让乙的理解偏离该目的(即遵守关系准则)，此外甲很可能也不想让乙产生某种反感(即遵守礼貌原则，参阅第四章)。

准则只是人们根据合作原则行事的一些明显方法，而不是人们必须学习的规则，这表明当某一言语行为与合作原则的准则不一致时，才会引起人们的注意(Green, 1996)。比如，当某人讲出一句不相关的话语时，听话人就会猜测对方为什么会这么说。假设在某个公共场所，陌生人甲向乙走来，一番自我介绍以后，就问现在几点钟，乙肯定会觉得莫名其妙，并努力推断甲的意图与目的：

(67) 对不起，我名叫张大大。现在几点钟了？

显然，说话人甲的主要目的是想知道现在几点钟了，但他为什么又要作自我介绍呢？此时听话人可能作出两种推测：(a)甲表明自己的身份与问话目的无关，可能他精神不正常；(b)甲表明自己的身份，存在一定目的，比如也许他想在心理上威胁对方，并让对方猜想他为什么要作自我介绍，也许甲只想知道时间，但又怕直接叫对方告诉时间显得太唐突，也许甲觉得对方应该认识自己，也许甲还有其他目的，想利用对方，等等。总之，会话等言语行为不是随意的，是受交际目的的支配。此例中，即使听话人无法准确猜想对方的目的，他至少会认为，对方询问时间的时候进行自我介绍与他的某一目的有关，并会努力进行推断。

合作原则强调交际中话语传递的暗含信息，即含意。理解说话人在话语中所隐含的这一语用信息，依靠的不是语言解码，而是语用推理。语用推理就是根据语境假设以及交际的一般原则进行的。会话含意学说的出发点是，人们总相信，说话的时候要相互合作，要遵守诸如真实（质）、充分（量）、关联（关系）、清楚（方式）等准则与次则。这一思想已成为当代语用学理论发展的基础。很多学者以此为出发点，进一步探讨言语交际与理解的新模式，比如关联理论（参阅第十章）。

格赖斯的学说留下不少悬而未决的难题，特别是合作原则中各条准则的性质与来源不够清楚。比如，交际是否必须合作？说话人是否必然遵守真实、充分、关联、清楚的准则？这里的关联如何定义？格赖斯理论并没有清楚地解说这些问题。同样，他也没有交代合作原则及其准则的来龙去脉，没有告诉人们如何才能掌握它们。人们也不清楚这些原则与准则是否普遍适用于各种语言与文化的交流。如果它们可以普遍适用，那么人们是否天生就懂得遵守？它们是否附载了说话人的文化特征？如果附载了文化特征，操不同语言的人在用这些原则与准则进行交际时，就必然会出现差异。这样又怎么解释其普遍适用性呢？格赖斯没有回答这些问题。可见，会话含意理论缺乏足够的理论基础，整个理论框架显得较松散，缺乏严密性。

虽然格赖斯的"合作"这一概念及其含意理论受到人们的质疑，但至今在语用学研究中仍被广泛使用，原因之一就是该理论奠定了推理语用学的基础,能够在一定程度上对可作多种理解的话语进行解释,并说明听话人是如何通过语言信息和语境因素,最终确定其含意的。此外,听话人的任务就是正确理解说话人所隐含的语用信息,语用学的主要任务之一就是对该理解过程进行合理诠释,格赖斯理论则有助于这个任务的完成。

思考题

1. 为什么要研究语用含意?
2. 什么是合作原则?它包括哪些准则?
3. 交际中是否可以同时违反合作原则中的四条准则?
4. 是否存在表面不合作而在深层次上合作的语言交际现象?
5. 如何推导会话含意?举例说明。
6. 举例说明会话含意的种类与特征。
7. 分析格赖斯会话含意理论对语用学的主要贡献。
8. 合作原则与会话含意理论的不足主要表现在哪些方面?

第 四 章　礼貌现象的语用研究

4.1 引　言

请看下例：

(1) 甲：还在吃饭？
　　乙：今天吃得晚点，散步？
(2) 甲：买菜？
　　乙：嘿，你也买菜？
(3) 秉　宽：二老太太吉祥，七爷吉祥，王总管吉祥！
　　白文氏：秉宽，你跟着老七到这边来了？（选自《大宅门》第28集）
(4) A：Good morning, John.
　　　早上好，约翰。
　　B：Good morning, Mary.
　　　早上好，玛丽。

从语义信息传递的角度来说，上例中的很多话语都没有实际意义。比如，例(1)中，甲看到乙正在和家人吃饭，于是明知故问"还在吃饭？"出于礼节，乙也询问说"散步？"类似问讯显然都是些"废话"；例(2)的情况也一样，面对询问，对方也没有进行回答，那是因为大家都清楚彼此询问的目的并不在于得到对方的肯定或否定回答，对方也不一定作出肯定或否定回答；例(3)中，秉宽的话语仅是一种问候，是由其地位与身份决定的，他必须对二老太太、七爷和王总管表现出礼貌与尊敬；例(4)中，"Good morning"（早上好或上午好）是英语中一个典型的寒暄语，用于早晨或上午对他人的问候。可见,从人际关系的建立及维护的角度来说,类似话语在日常言语交际中却是必要的,并不是"废话",在很多时候还是人际关系的"润滑剂"。

第三章已指出,格赖斯会话含意学说对互动式言语交际的贡献仅是初步的。该学说的发展与其他学术思想的发展一样,经历了一个认同与反对、赞扬与批评的过程。不过总的说来,人们对格赖斯的开创性工作所持的态度是积极的,因为会话含意学说完成了从意义到含意之间的过渡,是语用学研究的一个重要突破。当然,该学说也存在自身不足与缺陷,需要不断修正与完善。比如,人们为什么在会话等言语交际中要遵守合作原则?既然要遵守合作原则,为什么又要故意违反呢?又如,为什么交际中说话人经常不直接表达意义,而采用间接方式声东击西呢?为什么会出现答非所问或间接性的言语行为呢?格赖斯并未对类似问题作出令人满意的解答。在此基础上,莱可夫(Lakoff,1973)、布朗和列文森(Brown & Levinson,1978,1987)、利奇(Leech,1983)等纷纷提出与合作原则相互补益的礼貌论,以补充合作原则及其准则,提升对言语交际中语用语言现象、社交语用现象的解释。

4.2 礼貌的界定

在不同文化背景中,礼貌的内涵往往不尽相同。在众多有关礼貌的研究文献中,我们可以发现在"礼貌"这一标签下所进行的多视角探索及关于礼貌的不同观点(Thomas,1995)。比如:(a)礼貌所体现的是交际的一种现实目的;(b)礼貌就是对他人表示敬意或敬重;(c)礼貌是一种语体(如正式与非正式之分);(d)礼貌是一种话语现象;(e)礼貌是一种语用现象。类似观点及上例(1)—(3)说明,礼貌涉及语义信息传递以外的语用维度。

礼貌是交际中的一种现实目的,也就是说,礼貌其真实目的是取悦他人,或被视为人们言语行为的内在动因。这不是语用学要探讨的范围,因为我们根本不可能知道说话人说话时的真实动机,是否一些人会比另一些人更有礼貌。从语言学的角度来说,我们只能获知说话人讲了些什么,以及听话人是如何作出反应的。托马斯(Thomas,1995)认为,敬重和语体都不是语用学的主要概念,而属于社会语言学现象,但人们往往将它们

第四章
礼貌现象的语用研究

与语用学讨论的礼貌搅在一起。其实礼貌与敬重之间的差异可以更好地说明语用学与社会语言学之间的不同。人们常将敬重和礼貌等同起来,尤其在谈论日本文化中的礼貌时,更是如此。毫无疑问,敬重与礼貌有关,但敬重与随意是相对立的,表示人们对社会地位比自己高、年龄比自己大的人的一种尊敬;而礼貌的表现方式很多,从广义的角度来说,礼貌是对他人所表现的一种关照或体贴。当然,礼貌与敬重都可以通过一般的社交行为和语言手段体现出来。比如当长辈进屋时,晚辈起立可表示敬重,或亲手把门打开让别人通过,可表示礼貌。

有的语言,敬重是通过语法表现出来的,如日语的敬体助动词です、であります、ます等。此外,法语、德语、俄语分别存在第二人称代词的选择问题,如 tu—vous(法语),du—Sie(德语),ты—вы(俄语),相当于汉语的"你"—"您",说话人需要根据双方的社会地位、权势关系、亲疏关系、年龄差异等因素进行选择;而英语具有类似功能的第二人称代词 thou/you 则早已消失。不过,英语还有如 Doctor(先生),Professor(先生/教授),Sir(先生),Madam(女士/太太/小姐)等称呼语,它们的使用都可以表示交际对象之间的相对关系。英语的名(first name)如 Richard,Catherine,Joseph 等及昵称 Dick,Kate,Jos,都可用来表示友好、随和的人际关系。在人际交往中,说话人选择什么形式去称呼对方,这就是语用问题。在现代英语中,除了称呼语以外,我们很难找到表示敬重的语言标记。在军营中,如果规定士兵见到自己的长官只能使用 Sir 或 Madam,那是属于社会语言学问题,而不是语用问题,因为说话人别无选择,他不能通过语言的使用去改变交际双方的社交关系。可见,礼貌和敬重之间是有区别的。对某人表示敬重并不一定就等于有礼貌。

语体就是"与社交语境有关的系统化变体"(Lyons,1977:584),或指"在一定场合下人们说话或写作时的语言变化"(Halliday,1978:32)。在特定条件下,比如非常正式的会议,或交际中双方的社会地位、权势关系等,要求说话人使用正式语体。英语中,在正式场合下人们会选择正式的词汇或结构,而在日语、朝鲜语中,语体往往是有标记的,比如日语中的ございます放在句末,表示正式语体。语体与礼貌之间并不存在必然联系,在正式的条件下,说话人需要使用正式语体,别无选择,因此正式语体并不一定等于礼貌的表现。敬重和语体都属于社会语言学研究的问题。使用什么语体不涉及语言使用的策略问题,如果说话人故意选择不应该使用的形式,以改变交际情景或社交关系,或背离现状,那就成了语用问题。

也有学者撇开语境去考察礼貌,并将话语或结构的表面形式(比如语法形式)与礼貌级别等同起来(Fraser,1978;Walters,1979a,1979b)。比如,沃尔特斯曾在实验中引导受试者尽可能不考虑语境因素,而使用规范的词汇语境去判断话语的礼貌程度,建立"礼貌的等级模式"。弗雷泽也采用同样的方法,在不提供任何语境条件的情况下让受试者凭直觉对"Would you...?""Could you...?""Can you...?""Do...!"等形式进行礼貌等级排序。类似研究很容易让人误以为,语言结构越复杂,就越礼貌。例如:

(5) a. I wonder if I might ask you to...?
　　　我想知道是否可以叫你……?
　　b. Please...!
　　　请……!
　　c. Do...!(表示指使、命令或强求)

在同等条件下,话语(5b)不如(5a)有礼貌,但它比祈使句(5c)要礼貌。这样人们自然就会得出如下的结论:礼貌与语境无关,是话语本身具有的特征,也就是说,话语或言语行为在任何条件下的礼貌程度都是相同的。类似现象属于社会语言学研究的问题。而语用学关心语言使用的语境因素及其对语言选择的制约与影响。语言形式、言语行为与它们的礼貌程度之间不成正比关系。如果静态地将礼貌视为一种话语或语法编码的规约现象,那么下面的例(6)就很不礼貌,因为该话语带有强求的语气,而例(7)就很礼貌。

(6) 多吃点,还有呢。
(7) 劳驾劳驾,请把盐罐递过来一下,好吗?

假设例(6)用在朋友之间,往往会被视为是说话人热情、有礼貌的表现,因为受益的是听话人。如果妻子对自己的丈夫使用了话语(7),就不一定是礼貌的表现了,很可能因为丈夫太懒,站在一旁观看妻子忙上忙下,于是妻子借此表达一种不满。根据利奇提出的"受益"与"受损"的礼貌原则,言语行为应努力使听话人受益,让说话人受损。

因此,我们不能简单地认为语言形式之间存在礼貌程度的高低之分,或将语言形式与礼貌级别划等号,当然我们也不能否认语言形式和礼貌程度之间的某些联系,有的语言形式在使用中的礼貌程度总是很低。例如:

(8) 我恐怕得让你离开啦。(语用含意:对方该走啦)

(9) 走开!

在同等条件下,例(8)比例(9)要礼貌,让人比较容易接受,能给对方留有面子。

总的来说,在特定语境中,为实现某一目的而选择某一特殊形式,属于语用问题。语用学关心的不是说话人是否真正希望对他人友善,而是他说了些什么以及该话语对听话人产生了什么影响。我们不能脱离语境去谈礼貌,语言形式不能孤立地决定其礼貌等级,礼貌是语言形式和语境条件,包括双方的社交关系、权力地位等结合,相互作用的结果。因此,将礼貌视为一种话语表层现象或规约性现象的观点是不恰当的。

4.3 礼貌是一种语用现象

礼貌是一种语用现象,这在语用学界已经成为一种共识(Leech,1983;Brown & Levinson,1978,1987;Thomas,1995;Grundy,2000)。礼貌通常被理解为说话人为了实现某一目的而采取的策略,比如建立、维护或提升交际双方和谐的人际关系,包括常规性的礼貌策略、间接性言语行为的使用等。因此,围绕语言交际,人们不断探询礼貌的语言表现与礼貌等级,及其对语言选择的影响,也提出了相应的礼貌原则(如 Leech,1983,参阅 4.6)。礼貌原则"是以说话人为中心的一种社会学原则,而关联原则是以听话人为中心的一种心理学原则,这两种原则是否兼容以及能否用一种超级理论将两者联系起来,目前还不清楚"(Turner,1999:637)。到目前为止,在语用学研究中,人们主要在以下四方面对礼貌进行探讨(Thomas,1995)。

A. 语用等级观(pragmatic scale view)。主要以斯潘塞-奥蒂(Spencer-Oatey,1992)为代表,以考察礼貌等级为重点。布朗和列文森、利奇的礼貌理论存在文化趋向性,这也是他们的理论受到人们批驳的重要原因(参阅以下小节)。比如,独立性或自主性是西方文化所崇尚的,因此交际中就需给对方提供自主的空间与自由,不能强求对方,不能使用汉语中"再吃个苹果!"或"多吃点菜!"之类的话语,而在中国、日本、韩国等东方文化中类似话语却十分常见,它们往往被视为热情与礼貌的表现。

B. 会话契约观(conversational-contract view)。主要以弗雷泽(Fraser, 1990)为代表,认为交际受到会话契约的制约,也就是说,交际中的礼貌会受到双方社会地位、权势和义务等语用因素的制约。与布朗和列文森、利奇等不一样的是,从表面上看,弗雷泽采用的是社会语言学方法,即人们根据交际事件或情景,用不同的礼貌等级来表明说话人遵守了会话契约。然而,弗雷泽也指出,礼貌标准或规范可根据交际者的直觉以及他们对地位、权势、说话人的角色、环境特征等因素的确认而重新协商。与布朗和列文森、利奇的研究相比,弗雷泽的礼貌模式显得较为粗糙,在实际运用中很难操作。这也是该礼貌观未能产生广泛影响的主要原因之一。

C. 面子维护观(face-management view)。主要以莱可夫(Lakoff, 1973)、布朗和列文森(Brown & Levinson, 1978)提出的面子论为代表(参阅4.4和4.5)。

D. 会话准则观(conversational-maxim view)。主要以利奇的礼貌原则为代表(参阅4.6.1),比其他的礼貌观对人际交往产生的影响更大,下面将详细介绍。

4.4 莱可夫的礼貌观

礼貌行为与非礼貌行为之间的显著区别在于:礼貌行为可让对方感到舒服,而非礼貌行为却会让人感觉难受。如果礼貌让人感到舒服,或尽量避免让对方感到难受的话,它就具有人际行为的特征,包括非语言行为(如给对方开门、让路等)、语言行为(如通过话语向对方提供食品或饮料、表示道歉等),以及某些特殊的礼貌表达方式,因此交际中应该避免强求对方行事。

我们首先简单介绍莱可夫(Lakoff,1973)的礼貌观。他提出说话人应遵守以下三个礼貌规则(politeness rules):

规则一:不要强求于人。

此规则适用于交际双方的权势与地位不均等情况,比如学生与领导之间、雇员与雇主之间、职员与经理之间等。强求于人就意味着违背对方行事的意愿,反之,则是尊重对方的意愿。遵守这一规则的说话人会避免强行让听话人去做自己不情愿做的事情,为此说话人要么改变自己的谈话方式,要么采用征求对方意见或表示歉意的谈话方式等,以免强人所难。例如:

(10) a. 下午来我办公室邮寄几封信件。
　　　b. 我有几封信件要邮寄,但又还有别的事情要做。
　　　c. 帮我邮寄几封信件,好吗?
　　　d. 对不起,请帮我邮寄几封信件。

此例中,(10a)违反了规则一,带有强求的意味,多出现在说话人的地位高于听话人的情况;(10b)没有强求对方,而是间接暗示听话人帮忙邮寄几封信件,听话人也可故意不明白说话人的语用含意;(10c)以征询意见的方式向对方发出请求,属于常规的礼貌性话语,说话人并没有强求对方;(10d)中说话人首先表示歉意,再发出请求。因此,在同等条件下,话语(10b-d)比(10a)要恰当、礼貌得多。

规则二:给对方留有余地。

此规则适用于交际双方的权力与地位相对平等,但社交关系不很密切的场合,比如商人与顾客之间、陌生人之间等。谈话时给对方留有余地意味着说话人所提出的意见或请求,可能会被对方拒绝。例如:

(11) a. 我觉得这件商品不错,买了吧。
　　　b. 你必须买这件商品。
(12) a. 如果有空的话,来办公室一下。
　　　b. 你必须来我办公室!

在交际双方处于平等地位的情况下,说话人多倾向于选择话语(11a)和(12a),而非(11b)和(12b),因为前者给对方留有选择的余地,而后者带有命令强求的语气,没给对方留有选择的余地。因而,(11b)和(12b)违反了规则二。

一般而言,如果说话人希望成功地劝说听话人做某事,他会采用某种说话方式,以便让听话人有一定的选择余地,决定做还是不做,他的选择不一定会满足说话人的愿望。带有说话人的主观意愿,可能强加于对方的话语,说话人会使其模棱两可,以便给听话人留有选择余地。

规则三:增进相互之间的友情。

此规则是为了增进交际双方的友情。适用于好友之间、亲密的朋友之间,甚至恋人之间。

以上三个规则是适用于三种语境下的礼貌规则。不过,它们没有引起人们的足够重视,主要原因是莱可夫没有阐明违背该规则可能对人际关系产生的负面效应,比如是否威胁听话人、第三者或说话人的面子,而交际中不同的语言形式或行为往往涉及如何维护双方的社交距离与面子;同样,莱可夫也没有解释说话人故意违背某一规则的原因等。

4.5 布朗和列文森的面子观

在 20 世纪 70 年代后期以及 80 年代,布朗和列文森(Brown & Levinson,1978,1987)提出并修正了自己的礼貌论与面子观,注意到如何通过不同的语言形式表达不同的社交关系。他们的理论主要包括三个基本概念:面子、威胁面子的行为和礼貌策略。礼貌论对言语行为的研究产生了重要影响。然而,自该礼貌论面世以后,不少学者(如 Chen,1993;Fraser,1990;Gu,1990;Mao,1994;Wierzbicka,1985a 等)纷纷发现它的不足之处,因为他们一开始就认为礼貌具有普遍性。不过,后来他们也意识到礼貌应该与特定的社会文化结合起来,因此他们将"普遍性"更改为"一些普遍性",这说明他们注意到了礼貌的文化差异,礼貌是语言使用中体现出来的局部特征,而不是所有语言使用中出现的共同现象。根据布朗和列文森的思想,礼貌的普遍性指以下三方面的特性:

(a) 面子可分正面面子和负面面子。这一点具有普遍性;

(b) 为了满足面子的需求,说话人会采取适度的行为。这一点具有普遍性;

(c) 有面子需求、会采取适度行为的双方之间需要一定的互知。这一点也具有普遍性。

礼貌与面子联系在一起。什么是面子呢?面子就是行为选择的自主权,或自己的观点能得到对方的认可,具体地说,面子就是每个人意欲为自己争取的公共的自我形象。交际中,人们的面子可能会受到某些行为的威胁。比如,命令、建议或提议等是威胁对方面子的行为;道歉、自我批评等会威胁说话人的面子。

布朗和列文森将面子分成正面面子和负面面子。正面面子指希望得

第四章
礼貌现象的语用研究

到他人的认可、肯定、喜爱、赞许,或希望被视为同一群体的成员,如果这些得到满足,正面面子就得以维护;负面面子指有自主的权利,有行事的自由,行为不受他人强制或干预,如果这些得到满足,负面面子就得以维护。其中,"负面"不是"坏"的意思,只是与"正面"相对而言。交际中,说话人会采取一定措施来维护说话人、听话人或第三者的面子,比如说话人迁就或服从听话人,从听话人的角度着想,不强求对方,这就是维护听话人的负面面子的行为,也称为"负面礼貌"。维护听话人正面面子的行为就是认可对方的观点、看法或赞许对方,也即强调双方的一致性或共同性,也称为"正面礼貌"(Goody,1978;Yule,1995)。

在正常的交际中,如果某人被迫改变自己的观点或被迫做某事,他就会丢面子。当必须实施某一威胁面子的行为时,就须考虑对方的面子。当说话人注意到自认为会威胁听话人的面子的行为时,他应考虑在多大程度上去执行该行为;说话人必须注意双方的亲疏程度、权势关系以及该行为会在多大程度上强求对方。在此基础上,说话人才能决定采用何种礼貌策略或手段。

根据布朗和列文森的观点,礼貌策略包括:

(a) 正面礼貌策略(positive politeness strategy)。即让听话人产生好感,或感到自己的价值观得到了对方的认同。

(b) 负面礼貌策略(negative politeness strategy)。即说话含糊其辞,给听话人留有选择的余地,或明确表示不希望影响对方行事的自由等。

(c) 直接性策略(bald-on-record strategy)。即说话人不采用补救措施、赤裸裸地公开威胁对方面子的行为;说话人不道歉或不采用调节性措施就直接实现某一行为。

(d) 间接性策略(off-record strategy)。即在威胁对方面子的情况下,说话人采取隐含的手段,给对方留有余地;或通过间接性话语,让对方意识到说话人威胁面子的行为不是故意的。

(e) 放弃威胁面子的行为(refraining from the act)。如果某一行为足以威胁对方的面子,说话人可能会放弃实施该行为。

礼貌与文化规约、价值观是密切联系的,礼貌的表达形式或礼貌策略的选择会因此受到制约;另外,不同的说话人也可能采用不同的策略去表现礼貌。尊重往往与礼貌联系在一起,很多时候对他人的尊重也被视为礼貌的表现。有些语言存在特殊的敬体形式,如欧洲语言中的德语、西班牙语有指称听话人的特殊代词；日语也有表示说话人的特殊代词，此外日语的动词、名词还存在敬体词缀，表现对听话人的礼貌与尊敬。在缺少特殊敬体词缀的语言中，如英语，说话人会使用一定的语法形式来表示对听话人的尊重与礼貌。如情态动词may，should，must等，当它们被用于向客人提供食品等时，所体现的礼貌程度是不一样的。请看下例：

(13) a. You <u>must</u> have more cake.
　　　　你一定再吃点糕点。
　　 b. You <u>should</u> have more cake.
　　　　你应该再吃点糕点。
　　 c. You <u>may</u> have more cake.
　　　　你可以再吃点糕点。

此例中，(13c)是最不礼貌的，它不仅暗指说话人的社会地位比听话人高，他有资格作出允诺，而且还暗示听话人企图占有说话人的东西，因此它威胁到对方的面子。如果主人对客人说(13a)，是很礼貌的，但如果餐馆服务员对客人说这句话，就是一种失礼的行为，因为它隐含了说话人有权命令对方完成该行为。在这种情况下，说话人应使用负面礼貌策略，即给对方留有余地的策略，比如选择类似话语：

(13) d. Would you care for more cake?
　　　　你愿意再吃些糕点吗？
　　 e. Would you like more cake?
　　　　再来点糕点怎么样？

例(13d)中的care for(喜欢/愿意)不同于(13e)中的like(喜欢)所起的作用，因为(13e)要求听话人作出正面回答的愿望比(13d)更强烈，因此(13e)比(13d)更加威胁对方的自主权，选择拒绝的空间更小，所以礼貌程度比(13d)要低。

　　布朗和列文森的礼貌论存在两个主要问题(Mao,1994)。首先，以自我形象为中心的面子观在西方文化中是可行的，但却不适合汉语文化。在传统的汉语文化中，面子强调的不是个人意愿的满足，它往往强调公共形象的表现，而非自我形象。其次，汉语文化中面子不存在负面面子。与西方文化相比，汉语文化中的面子观多强调对自己或他人的地位、声誉等的认同。同时,汉语中的"脸"与正面面子存在相似之处,二者都表示希望能得到他人的喜爱或认同。因此,布朗和列文森的礼貌论的普遍性受到质疑。

但是,也有学者(如 Ji,2000)认为,汉语文化中存在正、负面子之分。当请求他人为自己做某事,或对某事不太清楚而询问对方时,说话人往往会使用"劳驾"、"请问"等礼貌标记词语,用以缓和即将发出的请求或邀请,因为请求或邀请可对听话人的负面面子构成威胁。类似情况说明负面面子的存在是必要的。虽然在特定文化背景下,正面面子与负面面子的表现不一定完全对称,但布朗和列文森对面子的二分法存在合理性。面子论的问题不是对正面面子与负面面子的划分问题,而在于其他方面,比如有的现象可能是布朗和列文森的面子论无法描写与解释的。

礼貌是不同社会、文化条件下的一种行为规范。布朗和列文森的分析模式不能完全解释有关礼貌的所有现象。比如,陈融(Chen,1993)通过对比研究,发现美国人和中国人在回答赞誉性话语时所采用的语用策略就存在差异,布朗和列文森不能对此进行解释,尤其是对中国人所采用的策略。另外,我们不能利用相同的标准去区分威胁面子的行为和礼貌策略。根据布朗和列文森的观点,道歉属于消极礼貌策略,但利奇却把它当成积极礼貌策略;霍尔姆斯(Holmes,1990)则指出,在新西兰文化中,道歉既是积极礼貌策略,又可是消极礼貌策略。总的来说,对什么是礼貌、什么是礼貌策略、什么是威胁对方面子的行为等问题存在不完全一致的看法。不过多年来,很多学者仍然坚持认为,利奇(Leech,1983)提出的礼貌原则更符合实际情况,因而影响更广泛。

4.6 利奇的礼貌观

4.6.1 礼貌原则

像格赖斯划分合作原则那样,英国学者利奇对礼貌原则(Politeness Principle)也划分为六类,每类包括一条准则和两条次则。

A. 得体准则(Tact Maxim):减少表达有损于他人的观点。

(a) 尽量让别人少吃亏;

(b) 尽量让别人多受益。

例如:

(14) a. 把我的行李带走！　　　　　礼貌程度低
　　 b. 我希望你把我的行李带走。
　　 c. 能把我的行李带走吗？
　　 d. 不知是否方便把我的行李带走。　礼貌程度高

在同等条件下，以上话语的礼貌程度呈递增趋势。从听话人的角度来说，话语(14a)具有很强的驱使性，听话人受益最少，受损最多，因而很不礼貌；反之，对于(14d)，听话人有更多的选择自由，因而这句的礼貌程度高。该准则是以听话人为出发点，进行礼貌判定的。

　　B. 慷慨准则(Generosity Maxim)：减少表达利己的观点。
　　　（a）尽量让自己少受益；
　　　（b）尽量让自己多吃亏。

例如：

(15) a. 我把车借给你。　　　　（礼貌）
　　 b. 你把车借给我。　　　　（不礼貌）
　　 c. 我必须请你吃午饭。　　（礼貌）
　　 d. 你必须请我吃午饭。　　（不礼貌）

上例中，(15a)与(15c)比(15b)与(15d)有礼貌，因为从说话人的角度来说，他们受益少，受损多。该准则是以说话人为出发点，进行礼貌判定的。

　　C. 赞誉准则(Approbation Maxim)：减少对他人的贬损。
　　　（a）尽量少贬低别人；
　　　（b）尽量多赞誉别人。

例如：

(16) a. 表现可以！
　　 b. 表现真不错！
　　 c. 我觉得表现一般。
　　 d. 表现不行，没表情。

在正常的交际条件下，例(16a-b)中说话人做到了尽量赞扬别人，因而遵守了赞誉准则。然而，(16c-d)中说话人却违反了该准则，因而显得不太礼貌。该准则是从听话人的角度出发，判定礼貌的。

　　D. 谦逊准则(Modesty Maxim)：减少对自己的表扬。

第四章
礼貌现象的语用研究

(a) 尽量少赞誉自己；

(b) 尽量多贬低自己。

例如：

(17) a. 没给您买什么,只是一个小小的礼物。

b. 送个贵重的生日礼物给您,感谢多年来的帮助。

(18) 甲:哇,这么漂亮的衣服!

乙:谢谢,是我姨妈送的。

从说话人的角度来说,例(17a)和(18)中乙的话语都做到了尽量少赞誉自己,多贬低自己,因而遵守了谦逊准则。(17b)的话语直截了当,但却违反了谦逊准则,显得不礼貌,因此现实交际中我们自然不会使用这样的话语。该准则是以说话人为出发点,判定礼貌的。

E. 一致准则(Agreement Maxim):减少自己与别人在观点上的不一致。

(a) 尽量减少双方的分歧；

(b) 尽量增加双方的一致。

例如：

(19) 小王:我买了些快餐,咱们就随便吃点吧。

小刘:快餐可以,反正时间也很紧。

(20) 老彭:张三和李四为人不错,工作也认真踏实。

老冯:是啊,李四不错。

例(19)中,说话人小刘尽量与小王的观点保持一致,减少双方意见的分歧,因而遵循了一致准则；例(20)中老冯对老彭的观点进行了部分否定,但同时也部分认同了对方的看法,因而尽量减少了与对方的意见分歧,在一定程度上也遵守了一致准则。

F. 同情准则(Sympathy Maxim):减少自己与他人在感情上的对立。

(a) 尽量减少双方的反感；

(b) 尽量增加双方的同情。

例如：

(21) 张女士:我祖母把脚给摔骨折了,起码要两个月后才能走路。

肖女士:哟,真不幸。那得小心啊,毕竟年纪这么大了。

(22) 同学甲：哎，真倒霉，放在教室的书被人偷了。
　　　同学乙：活该，谁叫你不拿回来。

在特定交际语境中，例(21)中肖女士表现出对对方祖母的同情与关心，而非幸灾乐祸，这减少了与对方情感上的对立，所以听起来让人感到真切，因而肖女士遵守了同情准则；相反，例(22)中，同学乙的话语很可能会引起对方的反感，因而违反了同情准则。

以上准则是人际交往中说话人和听话人应遵守的礼貌原则。但各准则和次则并不是等同的，其中得体准则更具重要性，对言语交际中的会话行为具有更强的制约功能。在每一准则中，次则 a 比次则 b 更重要。根据各条准则及次则，我们还可得出这样的结论：礼貌原则强调的是对交际对象，即听话人或第三者的礼貌，而非说话人自己，交际时说话人往往都是设法多给别人一点方便或使别人多受益，尽量让自己多吃亏或少受益，从而使对方感到受尊重，反过来对说话人产生好感，因此礼貌是相互的。当然，人们并非在任何时候、任何地方、同任何人交际时都恪守礼貌原则。比如，在紧急或意外事件中，在激烈争辩或紧张的工作场合，或在不拘礼节的亲朋好友之间，礼貌的表达可能会让位于话语内容或交际信息的传递，处于次要地位。

作为一种社会现象，无论在什么样的语言集团中都存在礼貌问题，这是一种普遍现象。当然，以上礼貌原则并非交际中的绝对规则。语用学探讨的是各语言集团中人们在什么场合遵守什么样的礼貌原则或社交文化规范，并选择什么言语手段进行表达。

4.6.2　礼貌原则与合作原则的关系

礼貌原则完善了会话含意学说，解释了合作原则无法解释的问题，也即弥补了合作原则的不足。用利奇(Leech, 1983)的话来说，礼貌原则"拯救"了合作原则，因此礼貌原则与合作原则是互补的。下面我们对两者之间的关系进行例释。

A. 言语交际中人们既要遵守合作原则，但又经常故意违反，比如说话人往往不是直言不讳，而常常是拐弯抹角。礼貌原则可对此进行解释。

答案之一就是礼貌的需要。礼貌问题也是一个面子问题，要给对方留面子，当然也是为了给自己带来某些好处，如让听话人对自己产生好感

第四章
礼貌现象的语用研究

等。比如,一位硕士研究生想毕业后留校当英语老师,于是邀请某教授为自己写几句话推荐一下,该教授非常了解这位研究生,平时课堂讨论不积极,且课程论文写作不认真,因此认为他根本不适合留校任教,但碍于情面,该教授还是写了如下的推荐信:

(23) 院系领导:

×××同学选修了我的课程,课程论文涉及合作原则与会话含意;此外,他还完成了语料收集任务。学习之余,该同学喜欢踢足球,是校足球队队员,参加过省高校大学生足球比赛。

本院教师×××
2007年8月5日

类似推荐信对申请留校担任英语教师来说,毫无帮助,因为它并没有直接说明该研究生是否具备担任英语教师的素质,相反,以上信息会让院系主管领导认为,该研究生不适合留校任教。此例中,教授故意违反合作原则中的量准则。这位教授明知院系领导看后不会聘任这位学生,为什么他仍写了这封徒劳的推荐信呢?显然是出自礼貌的缘故,出自对该学生的尊重。教授没有直接说明该学生不适合留校任教,因而恪守了礼貌原则的得体准则和赞誉准则,给学生留了面子,同时也博得学生对他的感激。再如例(20):

(20) 老彭:张三和李四为人不错,工作也认真踏实。
老冯:是啊,李四不错。

此例中,老冯显然违反了合作原则中的量准则,因为老彭的目的是肯定张三和李四的为人与工作表现,而老冯却只肯定了李四,有意不提张三。为什么老冯不愿提及张三呢?仍是礼貌问题,他想恪守礼貌原则的一致准则,因而故意违反合作原则中的量准则,不提张三,以便给老彭及张三本人留有面子。

B. 言语交际中,说话人有时会违反合作原则中的质准则,比如反语,让听话人推导其语用含意。

反语的使用也是出自于恪守礼貌原则的需要,"如果你不得已要冒犯别人,起码要做到避免违反礼貌原则,而应让听话人通过对含意的推导,间接地领会你话语中的冒犯点"(Leech,1983:82)。第三章3.4.1中的例

(34)"张三是个好朋友"和 3.4.3 中的例(59)"张三是个天才"都是反语，前一句的含意是"张三是个(背信弃义的)坏朋友"，后一句的含意是"张三很愚蠢"。如果将这两句的含意在字面上直接表达出来，就会违反礼貌原则的赞誉准则和谦逊准则。说话人改用反语后，反意正说，正是通过恪守礼貌原则，而不惜违反合作原则中的质准则，让听话人推导出这两句话的真正含意，从而避免了正面冒犯对方。再如：

(24) 甲：小张把你家的自行车骑走了。
乙：没什么，让他骑。

在一定条件下，乙的话语也可能是反话，说话人真正表达的含意是"真讨厌，小张又骑走我家自行车"，但为了避免与礼貌原则中的慷慨准则相互抵触，不想在甲面前直接使用吝啬的言辞，于是在恪守礼貌原则的同时，故意违反合作原则中的质准则，说出一句反话，让听话人推导其含意，间接地了解他的不满情绪。

C. 说话人有意违反合作原则中的关系准则，也是出自恪守礼貌原则的需要。例如：

(25) 甲：王五的艺术创作真还不错。
乙：我没有多少审美能力，我觉得。

乙为了减少与对方意见的冲突，恪守了礼貌原则的一致准则，从而违反了合作原则中的关系准则。乙没有直接评论王五的艺术创作，而是间接地表达了这样的含意："我根本不喜欢王五的艺术创作。"再如：

(26) 母亲：有人把蛋糕上的巧克力吃了。
儿子：不是我。

此例中，母亲并没有明确用"你"来指责儿子，只是说"有人"，因此儿子的应答违反了合作原则中的关系准则。首先是母亲故意违反了合作原则中的量准则，以便让儿子推导出她话语的含意："你偷吃了蛋糕上的巧克力"，于是才出现了"不是我"的应答。儿子之所以作出违反关系准则的应答，是因为他推导出母亲话语的含意是责怪他；而母亲不直接用"你"来责怪儿子，是因为她恪守礼貌原则的同情准则。

D. 有意违反合作原则中的方式准则，往往也是出自礼貌的需要。

格赖斯在谈及违反合作原则中方式准则的"简练"次则时，曾举过这样的例子：

(27) a. Miss X sang *Home sweet home*.
X女士演唱了《家,可爱的家》。
b. Miss X produced a series of sounds that corresponded closely with the score of *Home sweet home*.
X女士发出了一系列声音,接近于《家,可爱的家》的调子。

如果一位演唱评论家选择话语(27b),而不选择(27a)来描述X女士的演唱水平,就违反了方式准则,这种故意违反其中"简练"次则的含意很清楚:"X女士唱歌十分难听"。但如果该评论家直接进行批评,X女士就会丢面子,因此为了恪守礼貌原则的赞誉准则、同情准则,评论家只好啰嗦地描述一通,以求搪塞听众,保住X女士的面子,并让听众从中悟出其含意。

通过以上例释,我们可以获知礼貌原则与合作原则之间的相互补充关系;同时还可明白为什么说礼貌原则可"拯救"合作原则:礼貌原则可以用来合理地解释言语交际中为什么说话人要故意违反合作原则中的某一准则或次则。

4.6.3 礼貌原则的特征

A. 级别性

言语交际中人们需要恪守礼貌原则,注意语言手段的语用特征,既要注意什么是礼貌的语言,什么是不礼貌的语言,更要注意礼貌语言的级别。因此,言语交际中在恪守礼貌原则的同时,必须注意礼貌的级别这一特征。

(a) 语言手段或语言表达式的礼貌级别。语言的礼貌级别是一个连续体。在一般情况下,用最直接的方式表达信息的话语往往是最不礼貌的,而用最间接的方式表达信息的话语则是最讲究礼貌的。这就是说,语言手段越间接,话语就显得越礼貌。例如:

(28) a. Lend me your bike.
把你的自行车借给我。
b. I want you to lend me your bike.
我希望你把自行车借给我。

c. Will you lend me your bike?
   你愿意把自行车借给我吗?

d. Can you lend me your bike?
   能不能把你的自行车借给我?

e. Would you mind lending me your bike?
   介意把你的自行车借给我吗?

f. Could you possibly lend me your bike?
   可不可以把你的自行车借给我?

在以上连续体中,无论是英语还是汉语,(28a-b)是直接请求,最不礼貌,类似话语多出现在亲朋好友之间;(28f)通常最礼貌,但英语中多用于较正式的场合,或下级对上级、晚辈对长辈实施请求的场合;(28c-e)是较常见的得体的请求方式,在汉语中它们都具有同等的礼貌级别,都比(28a-b)显得得体、礼貌;但英语中(28e)的礼貌级别要高于(28c-d)。

按语言手段划分礼貌级别,实际上是研究如何运用语言手段更有礼貌地表达各种言语行为,比如请求、许诺、建议、断言等(参阅第六章)。以上讨论的礼貌级别是脱离具体语境下语言形式的礼貌程度,不过某一语言形式是否礼貌,以及礼貌程度如何,还需要参照人际关系、社交地位等因素。

(b) 恪守礼貌原则时的礼貌级别。4.6.1节中指出,恪守礼貌原则往往是多给对方方便,说话人自己多吃点亏,从而使对方感到受尊重,反过来对说话人产生好感。可见,对对方越尊重,自己越吃亏,话语的礼貌程度就越高,从这个角度出发,我们又可按"受益"与"受损"的尺度来衡量礼貌级别的另一种连续体。这种连续体并不直接表现语言手段的礼貌级别,而是表现让听话人受益或使说话人自己受损的程度所产生的礼貌级别。比如,同样使用祈使句这一语言手段,听话人的受益与受损程度可能不同,礼貌级别也就不同。请看下例:

(29) a. 把教室打扫一下。
     b. 把报纸递给我。
     c. 坐下。
     d. 假期愉快。
     e. 再吃些菜。

第四章
礼貌现象的语用研究

例(29a-b)中受损或吃亏的是听话人,而受益的却是说话人,因而最不礼貌;(29c-e)中听话人不同程度地受益,故话语的礼貌级别随着听话人的受益程度和说话人的受损程度的变化而变化。听话人越受益,表明话语越礼貌;话语越礼貌,意味着说话人越受损。

(c) 注意语言手段所表现的礼貌级别和礼貌原则的级别性特征的关系。从语言手段的礼貌级别来看,使用祈使句表示的请求是不够礼貌的;但从礼貌原则的级别来看,只要祈使句能使听话人或别人多受益,它就符合礼貌原则,表明话语有礼貌,如例(29c-e)。或者说,只要说话人要求听话人做有利于自己的事情,哪怕是祈使句,也是礼貌的,符合礼貌原则。再如:

(30) 再来杯啤酒。
(31) 尝一尝四川的辣子鸡。

从语言手段的礼貌级别看,用间接方式提出请求是最常见的,因为一般情况下间接性言语行为往往是最礼貌的。根据言语行为理论(参阅第六章),间接性请求比直接性请求(借用动词"请/请求"或用祈使句)的礼貌级别要高。但问题是:在同样是表达间接性请求的语言手段中,为什么一种语言手段的礼貌级别可能高于另一种语言手段呢?为什么上例(28d)的礼貌级别高于(28c)、例(28e)高于(28d)、例(28f)高于(28e)?我们必须从礼貌原则的级别来分析:(28c)近乎于祈使句,说话人问听话人是否甘愿受损,以便让说话人受益;(28d)不问听话人是否甘愿受损,而问他是否有可能受点损,这样的语气就缓和多了;例(28e)问对方是否介意,更表明说话人做好了可能遭到对方拒绝的思想准备,当然语气显得更有礼貌些;至于例(28f),说话人甚至假设对方只是有可能借车,心里没有底,故怀着碰碰运气的心情说话,这表明他借不到车的思想准备更充足,语气显得更缓和,自然比(28e)更有礼貌。

由于语言手段所体现的礼貌级别和礼貌原则的级别特征具有如此紧密的关系,因此我们将这两种级别性统一为礼貌原则的特征之一。

B. 冲突性

礼貌原则的冲突性指礼貌原则中各条准则或次准则在同一话语中,或在相同的语境下,可能发生冲突。下面列举几种相互冲突的情况。

(a) 得体准则与慷慨准则之间的冲突。例如:

(32) 让我帮你提箱子吧。

这里甲对乙讲了一句客套话。如果说话人既遵守礼貌原则中的得体准则（尽量让别人多受益），又遵守合作原则中的质准则（即真心希望帮对方提箱子），那么说话人实际上同时遵守了礼貌原则中的慷慨准则（尽量让自己多吃亏），该话语的含意是："说话人真心希望话语(32)得以实现。"如果说话人遵守礼貌原则中的得体准则，但违反合作原则中的质准则（即不是真心希望帮对方提箱子），那么说话人实际上违反了礼貌原则中的慷慨准则（即不想让自己多吃亏），此时该话语的含意是："说话人并不打算实现话语(32)。"后一种情况意味着说话人表面上遵守了礼貌原则中的得体准则（即话语中表示多让对方受益），内心却不愿恪守礼貌原则中的慷慨准则（因为说话人事实上并不想让自己吃亏），从而导致得体准则与慷慨准则之间的冲突。

(b) 谦逊准则与一致准则之间的冲突。这两种准则相互矛盾的现象多见于东方语言，如汉语、日语等。母语为汉语或日语的人在说英语时，常会因为文化背景的影响，在话语中表现出这两种准则之间的相互冲突。如以下赞誉和谦逊之间所体现出的冲突：

(33) English teacher: Oh, what beautiful handwriting!
英国教师：哇，这么漂亮的书法！
Chinese student: No, no, not at all. You are joking.
中国学生：哪里，哪里，一点也不漂亮，你在开玩笑。

这是一位学英语的中国学生与一位他认识不久的英国教师之间的对话。英国教师遵守了礼貌原则中的赞誉准则，同时又遵守了合作原则中的质准则，诚心赞赏中国学生的书法；但这位学生却出自礼貌原则中的谦逊准则，有意违反合作原则中的质准则（她对自己书法的否定是言不由衷的），从而导致谦逊准则（尽量多贬低自己）与一致准则（尽量增加双方的一致）相冲突。对母语是英语的人来说，中国学生的回答显得有些莫名其妙，因为在说英语的西方国家中人们往往会对赞誉者的话语表示感谢，而不是断然否定。

(c) 一致准则与一致准则之间的冲突。当人们表示不同意见或看法时，出于礼貌，往往不会开门见山直说，而是采取迂回的方式，比如先笼统地表示同意，然后加以否定，类似表面上的笼统或部分同意实则是表示不

同意或反对,体现了一致准则和一致准则之间的相互冲突。例如:

(34) 甲:学好英语真难。
　　　乙:对呀,但语法却很简单。
(35) 甲:这部小说写得很好。
　　　乙:总体不错,不过你不觉得有些情节不太真实吗?

例(34)中,乙先肯定后否定,表明他先遵守了礼貌原则中的一致准则(尽量减少双方的分歧),随即又违反该准则(即没有做到增加双方的一致),从而导致一致准则与一致准则本身相互冲突;同样,例(35)中乙也是先整体肯定,随即又具体否定,结果也导致一致准则与一致准则之间相互矛盾。有趣的是,如果根据合作原则来分析例(34)和(35)中乙的话语,他们都是出于礼貌而先故意违反了质准则,接着又恪守质准则。也就是说,乙在恪守礼貌原则中一致准则的同时,又故意违反了合作原则中的质准则;接着,乙在违反礼貌原则中一致准则的同时,又反过来遵守了合作原则中的质准则。

关于礼貌原则的冲突性特征,有学者称之为礼貌的语用悖论(Leech,1983)。

C. 合适性

礼貌原则的合适性表现为运用礼貌原则时要根据语境要求,确定礼貌级别,即根据交际的不同内容、不同对象、不同场合等,考虑双方的受益和受损程度,选择相应的表达礼貌的语言手段。

(a) 根据不同的交际内容,确定合适的礼貌方式。比如,请听话人做点小事,说话人往往会使用较随便的话语,不太注重礼貌原则,也不管听话人的身份与所处的场合,这种情况下通常会使用简单的祈使句。例如:

(36) 坐这里!
(37) 先开门吧。

这两个祈使句并不表示命令,相反却能表明说话人与听话人之间所处的平等关系。如果说话人希望听话人满足自己较为正式的请求,或不容易实施的请求,比如借一大笔钱、借房子或车子等,他往往很有礼貌。这时说话人可能不太注意对方的身份和所处的场合,而是一心一意恪守礼貌原则,使用一些礼貌级别较高的语言手段。例如:

(38) 最近来了几位亲戚,家里住不下,不知哪里可借一下房子。

这是一个间接性请求,说话人的含意实际上是想借对方的一套房子,或希望对方能为自己找一套房子。

假如说话人向一个不太熟悉的人提出请求,或不知对方是否能满足自己的要求而没有把握时,他就会更加注意礼貌原则的合适性,使用礼貌级别更高的语言手段,甚至通过违反合作原则中的某项准则,以求严格恪守礼貌原则,增加话语的礼貌程度。比如例(39)中,说话人没有把握是否对方愿意把房子借给自己,于是故意违反了合作原则中的方式准则,以便恪守礼貌原则中的得体准则,间接客气地请求对方把房子借给自己。

(39) 最近来了几位亲戚,家里住不下,要是能借套房子就好了。

(b) 根据不同的交际对象,确定合适的礼貌方式。就是根据对象确定相应的礼貌表达手段,也即,做到话语既客气礼貌,又恰如其分。在有的场合中,话语过于随便,会显得唐突冒失;过于有礼,又会使人觉得说话人卖弄言词,心存讽刺,或虚伪讨好。比如,向一位十分友好的朋友借两块钱,我们一般不会使用类似"我不知道你能不能借给我两块钱"的话语。又如,夫妻之间一般情况下说话比较随便,不可能听到这样过于礼貌的请求:

(40) 老婆,不知道可不可以请你顺便把筷子递给我?

当然,在某些特定的场合,夫妻之间使用这样的话语也是有可能的。

通过以上例子,我们主要强调语言选择在语境条件下所体现的礼貌适度性。在下级对上级、雇员对雇主、学生对老师、士兵对军官等涉及不同地位的交际中,我们必须注意语言选择与其礼貌级别之间的关系。

(c) 根据不同的交际场合,确定合适的礼貌方式。比如区分正式场合与非正式场合,然后确定相应礼貌的语言表达手段。在较正式的场合中征询听话人意见时,应恪守礼貌原则中的得体准则,英语中可选用"Shall I...?"等结构,如例(41a),而在一般非正式场合中,可相应随便一些,无须拘礼,如例(41b)。

(41) a. Shall I call a taxi for you?
　　　　给您叫一辆出租车,好吗?
　　　b. Do you want me to call a taxi for you?
　　　　你要我给你叫一辆出租车吗?

汉语条件下的人际交往也一样,在正式场合要恪守礼貌原则中的得体准则、赞誉准则等,选用较客气、较缓和的语言手段。如果在正式场合使用不太礼貌的语言手段,就会违反礼貌原则,表现出对对方的不尊重;反之,在非正式场合使用过于礼貌的语言手段,太拘泥于恪守礼貌原则,则会产生不理想的交际效果。

综上所述,礼貌原则的三大特性——级别性、冲突性与合适性——可引导人们正确使用礼貌原则,并帮助人们更好地将礼貌原则与合作原则有机结合,相互补充,准确地表达语用含意,从而推动言语交际的顺利实施。

4.7 面子威胁行为与调控策略

言语交际受制于礼貌原则等语用原则,这是语用学研究的主要内容之一。语用原则贯穿于言语交际的全过程,它不同于语法规则,如合作原则和礼貌原则。语用原则是制约性规则,伴随交际目的与动机,交际双方可根据需要灵活掌握,仅有程度之分,不符合语用原则的话语要么违反特定的社交准则,要么给语用推理或话语理解带来一定困难。如前面章节所述,合作原则对分析言语交际发挥了重要作用,但它也存在不完备性,比如不能解释说话人故意违反该原则的原因,因此利奇认为,礼貌原则可以拯救合作原则(Leech,1983)。然而,人际交往中人们会借助一定的语言手段去体现礼貌,比如当某一言语行为威胁对方的面子时,说话人必定会选择恰当的策略予以维护,类似问题尚待进一步探讨。

4.7.1 利益中心原则与面子威胁现象

A. 利益中心原则

人际交往中,说话人与听话人所处的地位、扮演的角色应相互协调,否则会导致交际失误。说话人通过言语行为,针对特定的听话人进行交际,取得预期效果,因此听话人是支配言语行为的重要因素,也就是说,说话人在选择语言形式或手段时,必须考虑听话人等交际对象这一重要因素。合作原则和礼貌原则皆提倡以听话人为中心,听话人的作用不仅在于可以支配言语交际中的礼貌行为,还可迫使说话人进行恰当的语言选择与策略选择。

我们认为,利奇的礼貌原则及其次则在很大程度上与交际双方的"利益"有关,而且总是以听话人为"利益中心"。如果说话人的言语行为偏离听话人的利益中心,就会被视为不礼貌或不适宜。但由于交际是互动的,即说话人与听话人、信源与信宿的角色轮番交替,因此,利益中心也会发生变化。如下面的简图所示:

根据此交际模式,编码就是语言选择及其组织过程,涉及说话人(即信源),而解码涉及听话人(即信宿),同时信息接受还离不开信息理解中的语用推理。说话人把信息传递给听话人,当听话人把自己的思想、情感反馈给对方时,他就成了信源。因此,信源与信宿随着交际中角色的不断变化而转换,利益中心也随之变化。说话人在语言选择时还需遵守礼貌原则,考虑利益中心的偏向,一般而言,要做到礼貌就应尽可能多给对方方便、益处,让自己多吃亏、少受益。利益中心原则要求最大程度地偏向听话人,最小程度偏向说话人自己,否则便可能出现不礼貌现象。例如:

(42) a. 我把车借给你。　　(说话人受损,听话人受益)
　　　b. 你把车借给我。　　(说话人受益,听话人受损)
(43) a. 今晚我请大家吃饭。　(说话人受损,听话人受益)
　　　b. 今晚大家请我吃饭。　(说话人受益,听话人受损)

根据"利益中心"语用原则,例(42a)、(43a)属于礼貌性话语,因为说话人注意到了以听话人为中心;而(42b)、(43b)则不够礼貌,因为利益中心发生了转移,偏离了听话人,受益者为说话人。可见,说话人在进行语言选择时,必须充分考虑利益中心的指向这一语用原则。

在言语交际中,人们既要注意何谓礼貌语言、非礼貌语言,又要注意礼貌语言的级别。"利益中心"语用原则可以帮助人们解释言语行为的礼貌级别。对对方越尊重、越友善,话语的礼貌程度就越高。礼貌级别就是让对方受益或自己受损的程度所产生的礼貌等级,因此,同样话语结构的礼貌程度会截然不同。本章4.6.3节也涉及说话人与听话人的受益和受损对礼貌级别的影响。

B. 面子威胁现象

面子、留面子、丢面子是有关礼貌的重要概念。前面已指出,英国学者布朗和列文森(Brown & Levinson,1978,1987)提出了威胁面子的行为理论,并认为理智的交际者都具有面子观,因此交际时都会尽量维护双方的面子。如果说话人的言语行为本质上威胁到听话人的面子,就是一种威胁面子的行为(face threatening act,简称 FTA)。FTA 可以威胁听话人的负面面子、听话人的正面面子、说话人的负面面子以及说话人的正面面子等(参阅 4.5)。

选择恰当、适宜的语言,交际就会顺利进行,反之就难以达到交际目的。交际双方需要相互配合,遵守合作原则与礼貌原则,使利益中心偏向听话人,确保交际在友好的氛围中进行。因此,必然存在礼貌原则的合适性选择问题,即说话人根据语境考虑双方受益、受损的程度,也就是利益中心的偏向,选择恰当的表示礼貌的语言手段,增加话语的礼貌程度。例如:

(44) a. 在这里等。
  b. 请在这里等。
  c. 请在这里等一会儿。

以上话语都是祈使句式,但其礼貌程度却不一样。根据"利益中心"语用原则,话语(44a)的利益中心偏向说话人,因而违背了礼貌原则中的得体准则和慷慨准则,是最不礼貌的威胁对方负面面子的言语行为;话语(44b)和(44c)附加了礼貌标记词"请",其语用意义发生了变化,削弱了威胁对方面子的力度,而(44c)中的模糊限制语"一会儿"具有所指的不确定性,说话人又最大限度地降低了听话人受损的程度,因而是三个话语中最礼貌的言语行为。

4.7.2 调控策略

尽管交际双方都希望给对方留面子,但某些言语行为本身存在潜在的威胁。比如,甲对乙的观点表示不同意,便会伤乙的正面面子;甲对乙提建议时,如果将自己的观点强加于人,就会影响乙的负面面子。因此,我们通常需要选择恰当的语言形式或策略。若不可避免要使用 FTA 时,说话人需努力降低其威胁的力度,以让利益中心偏向听话人,最大程度地向对方表示礼貌。为了降低 FTA 威胁或伤害面子的力度,说话人必须采取一定的策略。下面我们列举几种情况。

A. 语用移情人称指示语的运用

语用移情指言语交际中说话人从对方的角度出发,设想或理解对方的用意,最后达到双方的情感相通。根据交际环境和对象说话是语用移情现象的主要特征。人称指示语是交际双方用话语传递信息时的相互称呼,具有丰富的语用功能(参阅第二章)。人称指示语的语用移情主要体现在说话人能从对方的角度进行语言编码,使利益中心偏向听话人。恰当运用人称指示语,尤其是当听话人的面子受到威胁时,会发挥移情的作用,增加话语的礼貌程度,提高语用效果。例如:

(45) 同学们,要记住,<u>我们</u>是大学生,<u>我们</u>的主要任务是学习。

假设例(45)是一位老师在批评自己的学生时使用的一个话语。该话语中,老师把自己摆到了听话人(学生)一边,"我们"实际上指"你们",这类移情的话语让人听起来备感亲切,易于提高教师对学生的教诲作用。如果把"我们"换成"你们",会变成威胁对方面子的言语行为。又如甲、乙二人应邀赴宴,并安排在相邻座位,甲出于礼貌对乙说:

(46) a. 能挨着<u>你</u>坐,(<u>我</u>)感到十分荣幸。
  b. 能挨着<u>我</u>坐,<u>你</u>感到十分荣幸。

例(46a)是甲从乙的角度出发的一种移情用法,显然既得体又礼貌;而在正常情况下,我们不会使用(46b),因为它是从说话人自身角度出发的一种话语,不采用移情法,该话语就变成了典型的 FTA,难免伤害对方的情面。

另外,汉语中的不定代词"有人"及英语中的 one(有人/一个人/人们)也常用来替代人称代词"你"或 you(你),含糊地指向某个具体对象,这样可使说话人的批评或指责更加委婉,给对方留有负面面子。例如:

(47) a. 每到排课时,总是<u>有人</u>提出这样或那样的要求。
  b. <u>One</u> shouldn't always behave like a child.
   一个人不能总像小孩子一样。

B. 模糊限制语的运用

莱可夫在《模糊限制词语和语义标准》(George Lakoff,1972)中提出了模糊限制性语——把事情弄得模模糊糊的词语或结构(参阅第七章);此外他还提出了自然语言中的概念模糊问题,并从语义学的角度分析模糊限制词语。在语用学研究中,人们把模糊限制语的运用与合作原则、礼貌原则等结合起来,解释言语交际中的许多语用现象。比如,当说话人不可避免要使用威胁或伤害对方面子的言语行为时,为了实现交际目的,但同时又要削弱FTA的威胁力度,此时便可选择恰当的模糊限制语进行掩饰与调控。例如:

(48) a. 你的衣服脏了。
　　 b. 你的衣服有点儿脏了。

例(48a)是典型的威胁对方面子的言语行为,有损对方形象;而(48b)中说话人使用了"有点儿"这一模糊限制词语,利奇称之为"缓和语"(downgrader),从而遵守了礼貌原则中的赞誉准则(尽量少贬低对方)。可见,模糊限制词语的运用可缓和批评的语气,具有降低威胁对方面子力度的语用功能。再如:

(49) 你的答案错了,我觉得。

其中模糊限制语"我觉得"的运用能让对方不感到唐突、直接,维护了对方的面子,同时也达到了批评对方的目的,成功地避免了语用语言的失误。具有相同语用功能的类似现象还有很多。

C. "请"、"劳驾"、"麻烦"等礼貌标记语的运用

汉语中"请"、"劳驾"、"麻烦"等之类的礼貌标记语在日常言语交际中十分常见,它们的一个重要功能是体现说话人的礼貌,一般出现在请求类言语行为之中,以缓解该行为对听话人负面面子的威胁力度。例如:

(50) a. 关门。
　　 b. 你把门关上。
　　 c. 请关门。
　　 d. 麻烦把门关上。

例(50a)与(50b)的"利益中心"倾向于说话人,也即说话人受益,听话人受损,因而属FTA,具有很强的驱使性;附加上"请"、"麻烦"或"劳驾"以后,话语(50c)与(50d)就显得礼貌,交际效果自然会更好。在日常交际的请求行为中,我们经常借用这些礼貌标记语,以增加该行为的礼貌程度,表

示对听话人的尊重,缓和该行为对听话人面子的威胁力度,但类似礼貌标记语并不表示说话人的社会地位。很多时候,它们既可用于下级对上级的请求,也可用于上级对下级的请求。

此外,还有许多策略或措施可用来调控威胁听话人面子的言语行为,如增加话语的间接性等。例如:

(51) a. 打开空调!　　　　　　直接　　　　　低(礼貌级别)
　　 b. 开一下空调行吗?
　　 c. 要是有空调就好啦。
　　 d. 这里太热。
　　 e. 咱们换个地方吧。　　　间接　　　　　高

在一般情况下,以上话语的礼貌程度随其委婉性、间接性的增加而递增,例(51a)最直接,威胁听话人的负面面子;而(51d)与(51e)更间接,在特定语境中听话人需要推导,才能获取说话人所隐含的意欲开空调的含意,对听话人面子的威胁力度更小,因而礼貌程度更高。此外,恰当运用时态、体态、语态、句法结构(尤其是部分否定与含蓄否定、省略、条件句、疑问句等),都具有特定语境下的语用功能。比如,道歉有损说话人的面子,如例(52a),但在英语中可通过被动语态使说话人从道歉的言语行为中获得掩饰,从而给自己留面子,如例(52b)。

(52) a. I regret that ...
　　　　对……我表示歉意。
　　 b. It is regretted that ...
　　　　很抱歉,……

此外,在请求、指责、批评或指使听话人时,英语中也可通过被动语态的形式,避免直接提及对方而使话语更显礼貌得体。

总之,礼貌、面子等是制约言语行为及其实施的重要因素。要保证交际成功进行,说话人与听话人必须考虑利益中心,以求将其最大限度地偏向听话人,做到礼貌得体。如果言语行为威胁到对方的面子,就需要根据交际目的、对象、场合等因素,采取必要的调控措施与策略。总之,作为一种普遍现象,言语交际行为不但是语用语言问题,也是社交语用问题,具体地说,言语交际就是一种社交应对,说话内容与交际信息是由社交关系决定的,为此,交际需要考虑双方的社交距离、亲疏程度等。

思考题

1. 比较莱可夫、布朗与列文森、利奇等学者的礼貌观。
2. 利奇提出的礼貌原则包括哪些主要内容?该原则是否适合解说汉语中的礼貌现象?
3. 礼貌原则是否可以拯救合作原则?举例说明。
4. 礼貌的语用学分析与社会语言学研究之间有什么不同之处?
5. 汉语中是否存在正面面子与负面面子之分?是否具有普遍性?
6. 在汉语交际中,如何才能做到礼貌得体?有哪些主要语言手段与策略?
7. 从"受益"与"受损"的语用原则出发,举例分析汉语中直接性话语与间接性话语的礼貌级别。
8. 举例说明汉语中劝告某人不要大声说话的语言表达方式,并根据布朗和列文森的礼貌策略进行分类。

第五章 前提关系

5.1 引言

前提[①](presupposition)也称为前设、先设、预设,是语言哲学、逻辑学、语言学等学科研究中的一个重要概念,始于语言哲学、逻辑学,其分析可追溯到语言哲学对所指与指称结构的分析。前提最早是德国哲学家弗雷格(Frege)在区分意义(sense)与所指(reference)时所注意到的现象。他在1892年撰写的《意义与所指》一文中就用前提来解释语义—逻辑现象。

20世纪60年代,前提进入语言学领域,最早出现于真实条件语义学研究中,并在语义学范围内得到较充分的发展(Marmaridou,2000)。后来,围绕"所指"这一语言哲学问题,英国哲学家罗素、斯特劳森等又对前提进行过研究和补充。随后,前提一直是逻辑语义学(logical semantics)中的一个重要概念(Rosenberg & Travis,1971)。在逻辑语义学中,人们一直从真实条件出发,将前提限定在语句或命题范围之内。语义前提是两个命题之间的一种关系,与话语的真值有关。语义前提可简单表述如下:

如果 A ⊨ B,以及 ~A ⊨ B,那么在语义上 A 就以 B 为前提。
也就是说,当 A 为真时,B 为真;而且当 A 为假时(即~A),B 也为真,这样 B 就是 A 的前提。

---

① 前提不同于命题(proposition),命题是逻辑要处理的信息,具有真、假之分,同时也是可以成为推理的前提或结论的信息(McCawley,1993)。

第五章 前提关系

70年代,斯托纳克尔(Stalnaker)、基南(Keenan)等语言学家注意到,前提与语境密切联系,这涉及前提的合适性;同时,前提还是交际双方的共知信息。到了80年代,菲尔莫尔(Fillmore,1985)、佛孔尼尔(Fauconnier,1985,1997)、莱可夫(Lakoff,1987)等学者将前提融入认知语义学的理论构架之中。为此,前提日益接近语言的实际运用,偏离逻辑—语义学对前提的分析,也就是说,人们注意到语言使用与理解中的语用前提。这样,前提就分成语义前提和语用前提。后来,人们注意到前提对话语生成所起的作用,以及如何通过前提去实现交际效果。

由于前提的哲学渊源及20世纪六七十年代语言学的发展,前提在语义学和语用学中已较多讨论过,争论的焦点为:前提是否可以定义为一种可知的信息;前提是词语、语句(sentence)、话语(utterance)或命题本身的问题,还是人们所进行的一种预设;前提是语义问题,还是语言语用问题,还是别的问题。前提的语义分析要么探讨语句中命题的真实条件,要么以前提触发语的语义结构为对象;而前提的语用分析主要研究特定语境下前提的保留与取消的语用因素。近年来,越来越多的学者认为,语用前提是语用学研究的主要内容之一。其实语用前提是一种推理关系,它不仅涉及语言结构,还与语境因素密切联系,对话语理解中的语用推理起着重要作用。

5.2 前提、含意、蕴涵与断言

前提、含意、蕴涵(entailment)与断言(assertion)都涉及一定条件下的信息推理,但前提、蕴涵与断言又都不同于含意,且互不相同。含意的获取必须依靠话语的语境信息及交际双方的共有知识,也即含意的推导不能仅依赖独立的语句。

A. 含意与前提

第三章指出,语用含意或会话含意是一种特殊的语用推理关系。这种推论可给语言事实提供一些重要的、功能上的解释,它不是从语言系统内部(语音、词汇、语法、语义等)去考察语言本身表达的意义,而是根据语境去研究话语的真正含意,解释话语的言下之意、弦外之音,也就是说,含意是一种语境效果。本章谈论的前提也是一种语用推论,它以实际的语言结构意义为参照,根据逻辑概念、语义、语境等推断出话语的先决条件。

例如：

(1) 甲：桌上的巧克力呢？
    乙：上午两个孩子在家。

乙的话语答非所问，显然违反了合作原则中的关系准则，甲可推导出这样的语用含意："可能是两个孩子吃了桌上的巧克力"。甲之所以能够推导出这样的语用含意，还有一个很重要的因素，那就是"孩子喜欢吃巧克力"这一前提。没有该前提作为先决条件，也就缺乏共知的背景信息，交际双方就无法做到共同配合、互相理解，更谈不上语用含意的推导。再如：

(2) 老师：怎么迟到了？
    学生：我的自行车给偷了。

很明显，学生的话语有一个前提，那就是"学生有自行车，而且是骑自行车上学"。如果该学生没有自行车，不是骑自行车上学，他就不会使用以上话语，他的话也就不能成为解说为什么自己迟到的理由，老师也无法推导它的含意。

可见，前提是言语交际双方的共有信息，或至少是听到某一话语之后能根据语境推断出来的信息。因此，它往往包含在语句的意义之中，一般无须表现在语句的字面上。

B. 蕴涵与前提

坎普森（Kempson,1975）从真值的角度阐述了前提、蕴涵及断言三个概念之间的差异。下面讨论前提与蕴涵之间有何区别。例如：

(3) a. 小张是个单身。
    b. 小张是个男人。

例(3a)与(3b)可构成蕴涵关系，即(3a)中含有(3b)，由(3a)可以推导出(3b)，但由(3b)不一定能推导出(3a)。如果(3a)为真，(3b)也必为真；如果(3b)为假，(3a)也必为假。但如果(3a)为假，(3b)会出现两种可能：或真或假，即可能意味着，那人仍是一个男人，只是已经结婚，也可能意味着，那人根本不是一个男人。再如：

(4) a. The King of France is bald.
    法国国王是秃头。

b. There is a King of France.
法国有个国王。

显然例(4a)以(4b)为前提。如果(4a)为真,(4b)当然为真;如果(4b)为假,(4a)就失去真值,就无法证明它到底为真还是为假。这时(4a)只能被看成一个无意义的句子。要注意的是:如果(4a)为假,则(4b)仍然为真。因此,"The King of France is bald"(法国国王是秃头)与其否定式"The King of France is not bald"(法国国王不是秃头)的前提都为真,都必须是(4b):"There is a King of France."(法国有个国王。)

在例(3)与例(4)的基础上,蕴涵与前提之间的区别可表示如下:

蕴涵
如果前件(3a)为真,则后件(3b)为真;
如果后件(3b)为假,则前件(3a)为假;
如果前件(3a)为假,则后件(3b)或真,或假。

前提
如果前件(4a)为真,则后件(4b)为真;
如果后件(4b)为假,则前件(4a)无所谓真假;
如果前件(4a)为假,则后件(4b)为真。

以上说明,如果 X 蕴涵 Y,需要满足以下条件:
(a) 如果 X 为真,则 Y 必为真;
(b) 如果 X 为假,则 Y 可为假,也可为真。

如果 X 以 Y 为前提,需要满足以下条件:
(a) 如果 X 为真,则 Y 必为真;
(b) 如果 X 为假,则 Y 仍为真。

判断蕴涵与前提的一个重要手段就是采用"否定检验法"。蕴涵经受不住否定检验,但前提却能够经受否定检验。例如:

(5) a. 小王娶了个美国模特。
　　b. 小王没有娶美国模特。
(6) a. 与小王结婚的是个美国模特。
　　b. 与小王结婚的不是个美国模特。

肯定句(5a)蕴涵"小王娶了个美国人",但否定句(5b)却不蕴涵"小王娶了个美国人";肯定句(6a)的前提为"与小王结婚的是个模特",但否定句(6b)的前提仍可为"与小王结婚的是个模特"。

蕴涵属于逻辑—语义关系,因此利奇(Leech,1983)把它称为"逻辑含意"。

C. 前提与断言

前提与断言之间也存在区别。例如:

(7) a. 李四今天又迟到了。
    b. 李四曾经迟到过。
    c. 李四今天迟到了。

话语(7a)似乎包含两个断言:一是(7b),二是(7c)。其实,只有(7c)才是断言,而(7b)应是前提。因为如果我们对该话语加以否定:"李四今天没有再迟到",则(7c)为假,但(7b)仍为真。因此,前提与断言的区别可简单表示为:

前提
如果(7a)为真,则(7b)为真;
如果(7a)为假,则(7b)仍为真。

断言
如果(7a)为真,则(7c)也为真;
如果(7a)为假,则(7c)也为假。

前提与断言的区别还可通过对话语进行提问加以区分。如果对(7a)提出疑问"李四今天又迟到了吗?"那么其前提(李四曾经迟到过)还是真的,但断言(李四今天迟到了)就不一定为真,因为该疑问也可能意味着"李四今天没有迟到"。

以上我们对前提、含意、蕴涵、断言等几个概念进行了简单区分,目的是让大家进一步了解前提,以便从语义和语用方面对它进行深入探讨。

5.3 前提的语义分析

在语义分析中,人们通常将前提视为词语、语句等语言结构本身所具有的一种内在信息关系,因而"前提触发语"(参阅 5.3.1)就是词汇前提经常谈论的问题。比如,词语内涵就是词语本身所包含的先决条件。很多词语的使用受到语境前提的制约,如及物动词"演奏"一词就隐含这样的先决条件:主语表示可以实施某一行为的生物体(比如人),它的宾语指某种乐器或音乐。因此,我们可以说(8a),而不能使用(8b)。

(8) a. 张三演奏小提琴。

　　 b. 小提琴演奏张三。

这属于语法意义上的选择限制。但很多学者指出,选择限制不是句法上的制约,而是语用的。内涵意义的一个经典例子就是"暗杀"一词,它表明语法上的宾语所指称的某人被杀害了,但它同"谋杀"一词都存在相同的前提:杀害是有预谋的。因此,例(9)就很不合乎逻辑。

(9) 王五意外地暗杀了李四。

"暗杀"一词也可包含"遇害者掌握一定的重要政治权利"或"篡权是谋杀行为的动机"等前提内容。

此外,菲尔莫尔(Fillmore,1971)等讨论过"评价动词"(verbs of judging)的词汇前提。比如"指责"、"谴责"、"批评"等动词包含这样的前提:

(a) 甲做了某事 A;

(b) 某事 A 不受欢迎。

又如英语中 reign, regime, administration, government 等名词都表示一种统治方式,但它们存在不同的前提关系:reign 预示着领导者统治的是一个王国或帝国;regime 预示着统治者是一位独裁者;administration 表示领导者是一位权利执行者,真正的权利掌握在别人手里;government 表示领导者有国会或议会的支持并有一定的执政期。

同样,无论是英语中的量词 all 还是汉语中的量词"所有",也内涵了"至少三者"的前提条件。比如,例(10)暗指"小刘至少写了三篇论文",例(11)的前提是"老马有两个以上的子女"。因此,在正常情况下,我们只会用(12a),而不可能选择(12b),否则显得十分离奇,因为正常人只有两条腿。

(10) 小刘的所有论文都写完了。

(11) 老马的所有子女都已结婚。

(12) a. 老徐的双脚(或两只脚)都肿起来了。

　　　b. *老徐的所有脚都肿起来了。

以上情况是脱离语境条件的前提分析。由于前提是语句的基础,寓于语句结构之中,但它又对语境因素十分敏感,因此前提关系既反映语句间的逻辑—语义关系,也反映语句间受语境影响的语用关系。前提关系中的逻辑—语义前提与语用前提是密切联系的。下面简单介绍前提关系的逻辑—语义问题。

A. 前提决定于人们普遍接受的逻辑—语义关系。例如:

(13) a. 老彭叫小冯把门关上。
    b. 有人把门开着。
(14) a. 他去了广州雕塑公园。
    b. 广州有个雕塑公园。

在逻辑—语义关系上,例(13a)以(13b)为前提,或(13b)是(13a)的前提;同样例(14a)以(14b)为前提,或(14b)是(14a)的前提。

B. 语句的前提不能为假,如果前提为假,语句就毫无意义。如果把上例(13b)改为(13c),并当做(13a)的前提,那么(13a)就毫无意义,因为既然门关着,老彭却要小冯关门,那就不合逻辑了。同样,如果把上例(14b)改为(14c),作为(14a)的前提,那么(14a)也同样没有意义,因为既然广州没有雕塑公园,他却去了广州雕塑公园,当然也不合逻辑。

(13) c. 有人已把门关了。
(14) c. 广州没有雕塑公园。

C. 对语句进行否定或提出疑问时,都不会否定前提,换句话说,如果语句为假,或怀疑语句的真与假,反而更说明前提为真。例如:

(15) a. 小肖已设法按时完成任务。
    b. 小肖没有设法按时完成任务。
    c. 小肖已设法按时完成任务吗?
    d. 小肖试图按时完成任务。

例(15a)的前提是(15d)。如果对(15a)加以否定,构成(15b),或对它提出疑问,构成(15c),只能进一步说明前提(15d)为真。

D. 前提会受到语句焦点的影响,语句焦点不同,前提就会发生变化。例如:

(16) a. <u>张三</u>打了李四。
　　b. 张三<u>打了</u>李四。
　　c. 张三打了<u>李四</u>。

例(16a)的焦点在"张三",前提是谈话双方都知道有人打了一个叫李四的小伙子,但有一方不知道是谁,于是说话人便以"张三"为焦点,告诉听话人打人的是"张三";(16b)的前提是双方都知道张三与李四之间的关系,但有一方不知道他们之间究竟是什么关系,于是说话人便以"打了"为焦点,告诉听话人有关张三与李四之间发生的事情;(16c)的前提是双方都知道张三打了某人,说话人把焦点放在"李四"上,目的在于告诉听话人,张三打的是李四。

5.3.1 前提触发语

前提关系可能会受到句中某些词语或结构的影响而引发出来。这些词语或结构被称为"前提触发语"(presupposition trigger),它们是前提产生的基础。卡通伦(Karttunen)在《前提现象》一文中收集了 31 种可以揭示前提关系的前提触发语(Levinson,1983)。无论是英语还是汉语中,都存在前提触发语。下面我们以汉语为例,介绍部分前提触发语。

A. 各类动词或动词短语。可以揭示前提关系的动词大致分为以下四类:

(a) 含蓄动词(implicative verbs)。指动作或事件发生之前具有某种暗含意义的动词,这些表示暗含关系的动词就是前提触发语。比如"设法"暗含"曾试图去做某事";"忘记"暗含"应该做某事";"碰巧"暗含"原来没想到会发生某事";"回避"暗含"应该做某事"等。英语中的此类动词包括 manage(设法),forget(忘记),happen(碰巧),avoid(回避)等。例如:

(17) 老朱<u>设法</u>把车停下来。
　　　前提:老朱试图把车停下来。
(18) 我<u>忘记</u>锁门了。
　　　前提:我应该锁门。
(19) 我们<u>碰巧</u>遇见老朋友。
　　　前提:我们没想到会遇见老朋友。

(20) 张三回避老师的提问。
　　前提：张三应该回答老师的提问。

(b) 叙实动词(factive verbs)。表示已经发生的事情。比如"抱歉/遗憾"、"意识到/认识到"、"知道/获知"等动词，以及"感到荣幸"、"感到高兴"、"感到抱歉"、"感到骄傲"等动词结构。当然以上结构还可能出现其他形式或变体。英语中的此类动词或结构有 regret(遗憾/抱歉)，realize(意识到)，know(认识/知道)，be aware that…(意识到)，be odd that…(感到好奇)，be sorry that…(感到遗憾)，be proud that…(感到自豪)，be sad that…(感到悲哀)等。可根据它们去获取一定的前提关系。例如：

(21) 你意识到自己所犯的错误。
　　前提：你犯了错误。
(22) 为大家做点实事，我感到荣幸。
　　前提：我为大家做点实事。
(23) 很高兴，你们玩得很开心。
　　前提：你们玩得很开心。

(c) 状态变化动词(change-of-state verbs)。表示状态变化之前的情况。比如"停止"、"继续"、"开始"、"到达"、"离开"、"完成"、"来/来到"、"进入"等。英语中的此类动词有 stop/cease(停止)，start/begin(开始)，continue/carry on(继续)，arrive(到达)，finish(完成)等。它们可引导一定的前提关系。例如：

(24) 王五继续打自己的小孩。(他没有继续打自己的小孩。)
　　前提：王五一直在打自己的小孩。
(25) 老马开始考虑怎么安度晚年。(老马没有考虑怎么安度晚年。)
　　前提：老马以前没有考虑过怎么安度晚年。
(26) 我昨天下午到达广州。(我昨天下午没有到达广州。)
　　前提：我昨天下午之前不在广州。

(d) 评价动词(verbs of judging)。表示主语对所谈论事情的评论或评价。比如"批评"、"指控"、"谴责"、"责备"等。英语中的此类动词有 criticize(批评/批判)，charge(指控)，accuse(指责/控诉)，blame(责备/谴责)等。它们可引导一定的前提关系。例如：

(27) 经理批评他工作马虎。
前提:他工作马虎。

(28) 法官指控这些人违法乱纪。
前提:这些人违法乱纪。

B. 限定性结构或修饰性词语。比如"……的"、"再/又"、"唯一/仅有的"、"像……"、"尽管"、"相对地"等。英语中也存在类似词语或结构,如定冠词 the,名词属格's,another(另一个),only(唯一/仅有),even(甚至),too(也),like(像……),again(再/又),relatively(相对地),in spite of(尽管)等。它们可揭示一定的前提关系。例如:

(29) 他又来这里了。
前提:他以前来过这里。

(30) 尽管下雨,我们还是回家了。
前提:在某个时候下了雨。

(31) 小牟的爱人在外语学院当老师。
前提:小牟有爱人。

C. 短语或分句。包括时间状语从句、比较短语或分句、非真实条件句、非限定性从句、强调句或分裂句、疑问句等,可以揭示一定的前提关系。英、汉语中的情况基本一致。例如:

(32) 在我出生之前,我父母就给取好名字了。(时间状语从句)
前提:我出生了。

(33) 张三比李四先上大学。(比较结构)
前提:李四上了大学。

(34) 要是没有感冒的话,我就去踢球了。(非真实条件句)
前提:我感冒了。

(35) a. 是小宋请了假。/请假的是小宋。(强调句)
前提:有人请了假。

b. It was Tom that ate the cake. (分裂句/强调句)
是汤姆吃了那块蛋糕。
前提:Someone ate the cake.
有人吃了那块蛋糕。

(36) 哪一位/谁是翻译学院的院长？（疑问句）
前提：有人是翻译学院的院长。

5.3.2 前提的语义特征

在20世纪60年代末70年代前期,前提主要被视为一种语义现象；不过,也有学者主张应从语用学的角度去探讨前提。下面主要从语义学的角度讨论前提的几个特征(Green, 1996)。

A. 前提是一种语义上的蕴涵或语用上的设定(assumed),它不是通过陈述句的断言、疑问句的提问或祈使句的命令等方式表现出来的。例如,说话人在使用下面任何一个陈述句时都不是断言"张三上课迟到",而是设定"张三上课迟到"。

(37) a. 每当张三上课迟到,老师都会很生气。
b. 当张三上课迟到时,老师要求他说明原因。
c. 如果张三上课迟到,老师会批评他。

B. 与某一词语或结构有关的前提在否定句或疑问句中是不会改变或取消的。如上面5.3.1节中的动词结构"意识到"（例21）、"感到荣幸"（例22）等,构成否定形式以后,前提仍保持不变。

(21) a. 你意识到自己所犯的错误。
b. 你没有意识到自己所犯的错误。
c. 你意识到自己所犯的错误吗?
前提：你犯了错误。

(22) a. 为大家做点实事,我感到荣幸。
b. 为大家做点实事,我不感到荣幸。
c. 为大家做点实事,我会感到荣幸吗?
前提：我为大家做点实事。

C. 在语句前后不存在自相矛盾的情况下,前提是不能取消的。如例(38)、(39),前后矛盾,前提"张三有儿子"和"李四没有旷工"都被取消；例(40)、(41)中,因非真实条件状语从句的出现,前提"张三有小孩"和"李四旷工了"也被搁置(suspend)起来,因为前提并没有实现,只是一种虚拟情况。

(38) 张三的儿子很聪明,但他根本没小孩。
(39) 虽然李四没有旷工,但经理还是为李四的旷工感到遗憾。
(40) 如果张三有小孩,我相信他的小孩会很聪明。
(41) 要是李四真的旷工,经理可能会因为李四的旷工而感到遗憾。

D. 前提可以表示非客观的虚拟事实。比如,例(42)—(44)分别表示一种梦想、假设、虚拟,同时它们又包含相关的非真实性前提;但例(45)之类的前提可以表示真实情况,而非梦想与假设。

(42) 我梦想自己能飞起来。
    前提:自己能飞起来。
(43) 假设拉登没有制造9.11事件,美国就不会出兵阿富汗。
    前提:拉登没有制造9.11事件。
(44) 如果猪长了翅膀,就会飞到喜马拉雅山上。
    前提:猪长了翅膀。
(45) 如果猪肉不好吃,就吃羊肉。
    前提:猪肉不好吃。

从类似例子可见,前提不一定表示真实情况;前提不是词汇或结构本身固有的语义特征,而是语境中话语的语用特征。很多例子足以说明,从语义的角度定义前提根本无法解决此类问题,在很多语境中,前提应是一种语用现象。下面我们再讨论前提的语义分析所存在的主要缺陷。

5.3.3 前提的语义分析缺陷

前面已指出,在对前提进行语义分析时,人们根据的主要方法是否定检验法,并关心前提的真假问题。仅靠逻辑—语义关系分析不能解说有关前提的所有问题,因为前提和语境之间有密切的联系,交际中某一话语的前提往往涉及具体的时间、地点、场合等语境因素。因此,从逻辑—语义关系的角度分析前提存在一定缺陷。

A. 从逻辑—语义关系方面分析,不管句子是真还是假,其前提仍为真。但是,语言使用的实际情况表明,这种前提关系在一定语境条件下会消失或被取消,这说明前提具有"可取消性"。例如:

(46) a. 张三认为李四来了。
    前提：李四来了。
  b. 张三认为李四没来。
    前提：李四没来。
  c. 张三不认为李四来了。
    前提：？李四来了。
(47) a. I think John came.
    我认为约翰来了。
    前提：John came.
        约翰来了。
  b. I don't think John came.
    我认为约翰没来。/我不认为约翰来了。
    前提：？John came.
        约翰来了。
        ？John didn't come.
        约翰没来。

上例中，我们很容易就能确定(46a)和(46b)的前提；但确定(46c)的前提时会遇到一定困难，因为在逻辑—语义关系上，它可等同于(46b)，有可能"李四没来"，此时它们的前提是否就一样呢？但仅从前提触发语的前提引发关系来看，它们的前提又不相同。英语中的叙实动词 think 也会出现类似情况。(47a)的前提为"John came"，但(47b)的前提是什么呢？根据语法否定的移位关系，(47b)实际上等于"I think John didn't come"，此时前提应为"John didn't come"，但根据前提触发语，其前提应为"John came"。可见，在某些特定语境中，前提关系可能会被取消。这就是前提的可取消性。可取消性说明，在很多情况下前提是一个语用问题。再如：

(48) a. 论文完成之前，王五哭过很多次。
    前提：王五完成了论文。
  b. 论文完成之前，王五就病逝了。
    前提：？王五完成了论文。

例(48a)的前提应为"王五完成了论文"，但(48b)却不能以此为前提，否则不符合逻辑与常规。尽管时间状语分句可触发以上前提，但现实情况却取消了该前提。这也是语境作用下前提被取消的情况。一定的语言结构（比如前提触发语）可以产生前提,但一旦背景信息或背景假设、特定语境信息与话语内容不相容时,前提自然就消失了。

　　B. 逻辑—语义的前提关系在复合句中难以准确地表现出来,这也说明前提归根到底是一个语用问题。20世纪70年代初,有学者试图用所谓的投射规则①(projection rule)——把语义解释赋予句法结构的一套规则——去解释复合句的前提关系,假设复合句的前提就是各分句前提的总和,即复合句的前提等于分句$_1$的前提＋分句$_2$的前提＋……＋分句$_n$的前提(Levinson,1983)。但此假设是不正确的,因为有时由于话语的语境关系,分句与分句的前提无法相加,有时反而被抵消了。例如:

　　(49) 如果老马辞职回家,他会感到后悔的。
　　　　前提:老马辞职回家。
　　(50) 要么老马辞职回家,要么给自己留下遗憾。
　　　　前提:老马不辞职回家。

例(49)的主句的前提应是"老马辞职回家",但对整个条件句来说,此前提不是整个话语的前提,因为它在前一部分(即条件分句)已经再现了。例(50)中,后一分句的前提应为"老马不辞职回家",但从整个话语来看,该前提却被前一分句给否定了。这就是语境的作用。

　　分句的前提会因为语境的影响而中止,这说明用投射规则解释复合句的前提关系存在缺陷。再如:

　　(51) 我没再请小江吃饭,其实上次也不是我请的。
　　　　前提:我上次请了小江吃饭。

例(51)中前提触发语"再"的出现,引发了第一分句的前提"我上次请了小江吃饭",但后一分句却中止或抵消了该前提。这说明前提不但反映语句的逻辑—语义关系,而且更多地反映它在不同语境条件下的语用关系。

　　以上情况说明,在一定语境条件下前提是可取消的。由此可见,在特

---

① 前提的投射问题就是复合句中主句与分句的前提关系。在复合结构中,分句的前提存在两种情况:(1)分句的前提继续存在、被保留,也就是说,分句的前提被投射到整个复合句中;(2)分句的前提被取消,此时与前提的可取消性密切联系。至今,语言哲学家、逻辑学家和语言学家之间仍存在一定分歧。

定语境下前提依赖的是语用事实、交际双方的百科知识以及特定事件等，而不是语句或结构的真实条件。这些都说明前提具有语用特征。

C. 前提的否定检验法存在不足。根据否定检验法去判断前提关系是一种语义分析法。前面已指出，前提是一种语言结构内嵌的推理或假设关系，前提可以通过"否定检验法"进行验证。例如：

(52) a. 留在广州工作，张三<u>感到遗憾</u>。
前提：张三留在广州工作。
b. 留在广州工作，张三<u>不感到遗憾</u>。
前提：张三留在广州工作。

(53) a. 取得博士学位之前，李四就找到了工作。
前提：李四取得了博士学位。
b. 取得博士学位之前，李四没有找到工作。
前提：李四取得了博士学位。

(54) a. 取得博士学位之前，李四就出国了。
前提：？李四取得了博士学位。
b. 取得博士学位之前，李四没有出国。
前提：李四取得了博士学位。

例(52a)与否定式(52b)、例(53a)与否定式(53b)的前提都一样。然而，例(54a)和(54b)的情况就不一样，"李四取得了博士学位"可以是(54b)的前提，但却不能成为(54a)的前提。这样，前提的分析就变得更为复杂，完全采用主句否定的方式去检验，就会因一些动词的影响而产生问题，也就是说，一个肯定形式和否定形式的前提不一定相同。这是前提分析中出现的又一问题。

根据以上现象可见，前提的取消、中止或搁置主要涉及语境因素。因此，前提是一种复杂的现象，只有结合语境条件，才能对前提的取消或投射等情况进行有效的解释。

5.4 前提的语用特征

前提不仅产生于或真或假或虚拟的语句，而且还可产生于一定的语用知识。语义分析的缺陷为前提的语用分析提供了可能，也就是说，在语境条件下某一话语的前提也可是一种语用现象。5.3节讨论的前提关系是以5.2节所定义的前提为依据。该定义只能解决前提的逻辑—语义关系,但不能揭示前提的语用关系,因为话语中前提还与说话的时间、地点、场合等语境因素有关,甚至与说话人的文化修养、知识水平、说话的情态等有关。前提对语境因素十分敏感,在一些条件下前提实际上也是一种语用推论。因此,为了弄清楚语言交际中前提的各种问题,除了从哲学、逻辑语义学等角度去分析前提以外,我们不能放弃对前提的语用分析。

从语用的角度来观察前提,最重要的是考虑前提的合适性和共知性。它们是语用前提的两个重要特征。

5.4.1 前提的合适性

前提的合适性指前提与语境紧密结合,前提是言语行为的先决条件。使用中的任何话语存在这样一个前提条件,即在语用上该话语的语境是合适的、恰当的。语用前提体现的就是话语及其语境之间的一种关系。其实,很多时候只有相关的语境条件得到满足以后,话语才能进入交际,其非字面意义才能被人们理解。类似条件自然可称为前提(Keenan, 1998)。例如:

(55) 娜娜,打扫房间。

假设母亲对女儿提出以上"请求",但该言语行为是否恰当,必然存在一定的语用前提作为先决条件。比如,请求打扫的房间是母亲和女儿都清楚的,该房间已经脏了或乱了,母亲知道女儿有能力做这件事等。如果现实语境并不具备这样的条件,如女儿不知道母亲指的是哪一个房间,或要求打扫的房间已经很整洁,或女儿根本没有能力打扫房间等,母亲的请求这一言语行为就毫无意义。

语用前提的合适性有助于说话人正确地发出言语行为,并使听话人正确理解该行为。有时,说话人发出话语的前提不一定能够得到听话人的理解,因为同一个话语可能因语境不同而隐含不同的前提,所以判定前提的合适性的重要依据就是语境。例如:

(56) 娜娜没有打扫房间。

话语(56)可以在不同的语用前提下使用,比如:有人把房间打扫了,但不是娜娜打扫的;娜娜做了些事情,但没有打扫房间;娜娜做了清洁,但没有打扫房间;娜娜打扫了房间,但没有打扫干净;房间根本不脏,娜娜不用打扫。也就是说,只要以上任何一个条件成立,说话人就可以使用话语(56);反过来,要理解该话语,听话人也需获知其使用的适合性条件。

不难看出,前提是一种已知信息,而且是一种受语境制约的语用信息,是话语理解的重要依据。因而,库罗达(Kuroda,1979)等学者指出应该根据话语或语句使用的恰当条件来定义前提:语句 S 以 P 为前提,当且仅当 P 为旧信息或已知信息时,S 才能够被恰当使用。例如:

(57) a. 姗姗是舞蹈演员还是歌唱家?
　　　b. 姗姗要么是舞蹈演员,要么是歌唱家。

在以上语境中,说话人询问的言语行为必须满足这样的条件,也是实施该行为的合适性条件:"姗姗是舞蹈演员"或"姗姗是歌唱家",而且说话人必须相信其中的一个断言是正确的,并认为对方也知道哪一条信息是真的,因为他的选择范围受到了制约,只能在两者之间进行选择。同时,听话人的理解(即回答)也必须在"姗姗是舞蹈演员"与"姗姗是歌唱家"两个条件之中进行选择。可见,询问这一言语行为具备了使用的合适性条件。为此,话语(57b)就是(57a)的语用前提。

有学者认为,成功地实施言语行为的合适性条件就是一种前提(Green,1996;Marmaridou,2000)。例如:

(58) a. 我宣布判处张三有期徒刑十五年。
　　　b. 我没权宣布判处张三有期徒刑十五年。

例(58a)的前提条件是说话人有权宣布对张三的法庭判决,比如说话人是一位法官等,这个前提条件就是该话语实施的适合性条件。但从言语行为的角度看,例(58a)变成否定形式(58b)以后,就不再保留该前提。同样,祈使句的真实条件和预备条件,即合适性条件,也可称为前提条件,比如说话人发出请求或命令的条件和实施该行为的条件。例(59)的前提条件(即合适性条件)就是:门开着,且说话人希望把它关上。

(59) 把门关上。

5.4.2 前提的共知性

前提是交际双方没有必要明确讲出来的那部分信息,这体现了语言使用的经济原则。虽然前提不是字面上直接表现出来的，但它必须是交际双方共知的，或能够推导出来的前设条件，这对交际的成功更为重要。这就是前提的共知性。

从语用的角度来说，前提可称为"语用语境前提"，因为它是一种语言结构以外的信息，也即不是通过字面意义显现的，语境对前提的理解起着十分重要的作用。有学者指出，前提"指说话或写作时假定对方已知晓的信息"（王宗炎，1988:300）。例如：

(60) 小王：今晚看比赛吗？
　　　小张：去，一起去的还有三毛。

类似言谈有如下假设：双方都知道是什么比赛，都知道比赛场所、开始时间、比赛性质，以及三毛是谁等。王宗炎还指出，前提要以充分了解情况为依据。这里的"情况"其实就是交际双方共知的语境信息，也是隐含信息。格伦迪（Grundy，2000）把此类信息称为共知假设（shared assumption）。再如：

(61) 告诉小钟我在办公室。

该话语包含的前提有：听话人知道小钟是谁，听话人愿意或能够将该信息转告小钟，小钟可能会来找说话人，小钟知道说话人的办公室在什么地方等。这些就是语用假设，它们不是通过字面清楚地表现的，而是隐含的，需要进行一定的推理。

如前所述，这些语用假设是判断话语恰当与否的合适性条件。说话人与听话人具有一定的背景知识，他们不仅对特定交际场合拥有共同的知识，而且也具备关于世界的百科知识。随着交际的进行与深入，语境也随之不断深入与变化，也就是说，双方所共有的知识范围在不断扩大。交际中的已知命题或已表述的命题可以成为下一个命题的前提，且在一定条件下命题与前提可能发生交替与互换。这需要对前提进行以语境为基础的动态分析。如果交际缺乏必要的共知前提，说话人就需使用更多的言词，以便清清楚楚、明明白白地把每一条信息都表现出来，否则听话人就难以理解。这样，言语交际就会显得十分累赘、繁琐。然而，这并不是日常言语交际的真实情况，现实交际中说话人与听话人之间的话语存在大量的信息空缺，这些空缺可以利用双方的共知前提进行弥补、充实，实现成功的交际。

言语交际中的任何话语,包括以前提形式出现的意义信息,它们都是语境内容的一部分。利奇(Leech,1983)认为,不存在完全脱离语境的话语,即使是会话中的第一个话语,也需要一定的背景信息;共同的背景信息不是说话人与听话人双方思想上实际共有的东西,而是为了交际的需要,说话人假定自己与听话人都共知的信息,因而说话人可以错误地或不恰当地假设听话人了解某种情况,但实际上听话人可能对此一无所知。

前提的共知性存在三种情况:

A. 前提通常是交际双方或一般人共知的信息,它与语境紧密结合。语境明确,前提也就为双方或多方所了解。这样听话人就可以根据语境和前提,对说话人的话语作出不同的反应,也就是说,在不同的语境条件下,只要交际双方具有一定的共知前提,同一话语可能会引发不同的反应。下面的例子①可以解说前提的共知性。

(62) 共知前提:久旱无雨。

　　甲:天下雨啦!

　　乙:庄稼可有救啦!

(63) 共知前提:连续的阴雨天。

　　甲:天下雨啦!

　　乙:今年收成可完蛋了。

(64) 共知前提:讨论旅行计划。

　　甲:天下雨啦!

　　乙:这次旅行可完了。

(65) 共知前提:放学时间。

　　甲:天下雨啦!

　　乙:我们回不去了。

(66) 共知前提:酷热的夏天。

　　甲:天下雨啦!

　　乙:这一下没那么热了。

(67) 共知前提:深秋时节。

---

① 部分例子选自徐家祯(1986a)《浅论"前提"及影响"前提"的因素》,并有局部改动。

甲：天下雨啦！
乙：明天要冷了。

(68) 共知前提：残冬将尽。
甲：天下雨啦！
乙：春天终于来了。

(69) 共知前提：夏天汛期。
甲：天下雨啦！
乙：洪水又要来了。

B. 前提的共知性要通过说话人的话语暗示出来，并得到听话人的理解。例如：

(70) a. 对不起，来晚了。可能是车有点毛病，老歇火。
　　 b. 对不起，来晚了。可能是消防车有点毛病，老歇火。

例(70a)中，听话人通过话语的后半部分获取了前提：说话人有车，且是开车来的。只有在获知这个非明示的共知前提以后，听话人才能理解以上话语。在此情况下，如果听话人将其中的"车"理解为了"消防车"，就获取了错误的前提，会导致对说话人的不理解；或在以上情况下，如果说话人使用了话语(70b)，就会给听话人对前提的理解带来困难。因此，在一般情况下，(70a)的前提不会被理解为说话人有消防车，除非该话语在双方共知的某种特殊语境下说出来，否则听话人很难理解说话人的话语，语言的沟通会因此而受到影响。

C. 前提的共知性有时只表示交际双方的共知事物，如果第三者不了解前提而只依靠语境，就不一定能真正理解言语交际中的话语内容，尤其不能理解说话人的交际意图。这说明，语用前提的共知性有时只局限于谈话双方之间的共知。尽管第三者能完全理解话语的字面意义，但因前提不得而知，也就无法理解话语的真正意义。下面的例(71)是顾客甲与售货员乙之间的一段对话：

(71) 甲：来了没有？
　　 乙：还没有呢！我也等得急死了。
　　 甲：这么久了，会不会出事？
　　 乙：不会，不会，以前也有这种情况。

甲:但愿如此。
(72) 张三:这次怎么样？
李四:还行,不过比上次差些。

例(71)中,如果甲与乙之间的关系纯粹是买主与卖主的关系,谈话内容可能涉及甲的订货来了没有；如果甲、乙同时又是朋友关系,他们也可能在谈论他们的一位朋友来了没有。在此语境中,前提是什么,第三者难以判断,但甲、乙两人却很清楚。同样,例(72)中张三与李四之间谈论的信息,第三者仍难以推测,因为缺少张三与李四之间的共知前提。此类情况不但说明前提的共知性,而且还说明前提的共知性对话语理解十分重要。

总之,前提是交际双方的一种共知信息,无论是语言交际还是非语言交际中,双方都需要以一定的假设或信念为基础,双方共有的、可识别的背景信息越多,交际就越成功。如果说逻辑—语义的前提关系具有普遍性,并适用于分析所有民族的语言,那么语用前提则因民族语言的不同而各异。不同的民族有不同的思维方式,所以反映思维的语言表现方式也存在差异。操汉语或英语的本族人由于思维方式不同,对语用前提的认识也不同。比如,操汉语的说话人可能认为某些信息是不言而喻的前提,无须在语言上表现出来,但操英语的说话人却可能认为有必要在语言上表现出来,甚至加以强调；相反,操英语的说话人认为不必在语言上表现出来的前提,而操汉语的说话人可能认为必须在语言上表达清楚。因此,我们有必要对比分析英、汉语中语用前提的异同[①](参阅徐家祯,1986a,1986b)。总的来说,交际中话语的前提是一个较复杂的语用问题,受制于语境。

思考题

1. 什么是前提？它与蕴涵和断言有何不同？
2. 举例说明前提与含意之间的联系和区别？
3. 如何认识逻辑—语义前提？并分析前提的语义特征？
4. 什么是前提触发语？并列举英语或汉语中的前提触发语。

[①] 关于英、汉语中语用前提的某些差异,也可参阅何自然、冉永平《语用学概论》第1版,第126—132页,湖南教育出版社 1988 年版。

第五章
前提关系

5. 为什么要对前提进行语用分析？前提对话语理解有何重要性？
6. 分析语用前提的特征，并举例分析前提的可取消性。
7. 前提是否就是一种语用含意？并从前提的角度分析，为什么日常会话等言语交际中存在信息空缺？
8. 试举例说明汉、英语之间或汉语与其他语言之间前提表达的异同。
9. 请给以下话语附加上一定的结构，由此否定或取消它们原有的前提关系：
   (1) 我想知道你在想什么。
   (2) 谁在办公室？
   (3) 总裁继任者设法赢得随后举行的公司大选。
   (4) 要是老张去年送了我贺年卡的话，今年我也会送他一张。

第六章 言语行为

6.1 引　言

请看下例：

(1) 他用劲深呼吸了好多下,指着马千里说:"<u>我警告你</u>,嘴放干净点儿!"
"你……"
"我怎么了?"(选自白练《悠悠伊犁河》)

(2) "倩,不要问我这一个问题,<u>我请求你</u>,我心底乱极了。"(选自巴金《家》)

(3) 觉民带点同情的口气劝道:"剑云,<u>我劝你</u>还是把心胸放开一点,不要只想那些不快活的事情。"(选自巴金《家》)

在以上语境中,"我警告你"、"我请求你"及"我劝你"之类的结构所起的作用都不是在陈述信息,而是说话人在直接实施"警告"、"请求"与"劝告"之事,类似结构出现后,所在话语的施事功能或行事功能十分明显。从语法制约的角度看,我们完全可以将其省略,但省略后所在话语的行事功能就显得间接一些。无论直接地还是间接地行事的话语就是本章将讨论的"言语行为"(speech acts)。

作为语用学的重要课题之一,言语行为研究始于 20 世纪 30 年代,是人们对逻辑实证主义及语言意义的实证研究作出的一种回应。意义的实证研究强调,如果语句的意义得到证实,也即该意义的真值能够得到客观的评估或证实,该语句才有意义。为此,真实条件语义学认为,语句只能正确或错误地描写事物。如果描写正确,该语句就是真的,反之就是假的。但真实条件语义学的这一意义观存在一定缺陷,它不能对日常言语交际中某些话语的非陈述功能,比如行事功能,进行解说。这为言语行为理论的产生奠定了基础。

言语行为理论在早期哲学家那里就略见端倪,但首先明确、详细讨论言语行为的学者首推英国语言哲学家奥斯汀(Austin)。他注意日常生活中人们如何通过语言进行有效的交际,尤其是如何以言行事。他的言语行为理论思想主要集中于《如何以言行事》(1962)一书,至今它仍是研究言语行为的必读文献之一,正如列文森(Levinson,1983:231)所言,我们应从头到尾仔细研究奥斯汀是如何发展与完善言语行为理论框架的。

奥斯汀的言语行为理论源于表述句(constatives)和施为句(performatives)的区分(参阅 6.3)。前者具有真假值,而后者无真假之分。奥斯汀反对逻辑实证主义的下述观点:一个话语具有真值时,它才有意义,也即反对无真假值就等于无意义的实证观点。其实,日常交际中很多有意义的话语既不真也不假,比如,施为句就不存在真假之分,却有意义,说话人可以以言行事。表述句与施为句之间的区分可以说是奥斯汀言语行为理论的直接来源。从真实条件语义学看,如果一个语句不是在正确或错误地陈述事情,那它就毫无意义。然而,在现实的言语交际中,它们却是有意义的、可行的。例如:

(4) 我敢打赌,中国男子足球队进不了世界杯决赛!
(5) 你只管下筹码,你要翻本,我敢保证!
(6) I bet you six dollars it will rain tomorrow.
   明天会下雨,我赌你 6 美元。
(7) 老王,那件事情是我老公不对,我向您表示道歉。
(8) I sentence you to ten years of hard labor.
   我宣判你服十年苦役。

以上话语都不是在描述或陈述信息,而是说话人在"行事",比如打赌、保证、道歉或宣判等。因为这些行为都是通过言语(即话语的形式)实施的,所以奥斯汀把它们称为"言语行为"。

在奥斯汀的研究成果基础之上,塞尔等人发展了言语行为理论(Searle,1965a, 1965b)。奥斯汀和塞尔都认为,任何语言交际模式都涉及言语行为,语言交际的基本单位不是简单的符号、词语或语句,而是言语行为。在特定条件下,使用中的语句(即话语)就是以言行事的行为,以言行事行为是语言交际的基本单位。这为探索人类的交际行为提出了新的路向。

6.2 言语行为的语用特征

言语行为理论来源于这样的假设:人类交际的基本单位不是句子或其他表达手段,而是一定的行为,比如"陈述"、"请求"、"提问"、"命令"、"感谢"、"道歉"、"祝贺"、"警告"等。言语行为的特点是说话人通过说一句话或若干句话来执行一个或若干个类似的行为,而且这些行为的实现还可能给听话人带来某些后果。从句法或逻辑—语义的角度看,语言只能解决"言有所述",但从语用的角度看,语言则可解决"言有所为"。言语行为不单指言有所述,且指言有所为,甚至涉及"言后之果",即"所述"、"所为"之后给听话人可能带来的影响或后果。

话语是在一定语境条件下用于特定目的的语言形式。在语境中,如果某一话语所起的作用不是在陈述或描述信息,那它就可能在实施某事。因此,言语行为具有重要的语用特征。一旦某一行为实施后,即说话人对听话人说出某一话语后,情况就可能发生变化。比如上例(4)—(8)就不是在陈述或描述(正确或错误的)信息,否则会显得十分荒唐,因此正常情况下不会出现如下的应答:

(9) 甲:我敢打赌,中国男子足球队进不了世界杯决赛!
　　乙:＊这是正确的。
(10) A:I apologize.
　　　我道歉。
　　B:＊That's not true.

言语行为理论关注特定交际中话语的实际运用,因而属于语用学的探索范围。作为一种语用现象,言语行为有如下显著特征:

A. 如果某一话语被称为言语行为,我们就需考虑该行为的执行者、行为动机、意图及社会文化等语境条件,也就是说,实施言语行为应该具备什么样的条件,才能称为恰当的行为。

B. 言语行为的实施可以借助一定的(施为)动词,比如上例(1)—(8)中的动词"警告"、"请求"、"劝告"、"打赌"、"道歉"等。

C. 言语行为也可以通过间接方式实施,这类话语称为间接性言语行为(参阅 6.4),即缺少(施为)动词而实现的以言行事功能。例如:

(11) 我明天会在办公室。

(12) 广州的文化氛围不如北京。

例(11)可表示"许诺"或"保证"的言语行为(如"我保证明天会在办公室");而例(12)在不同的语境条件下可表示"建议"(如"你到北京找工作吧,广州的文化氛围不如北京")、"抱怨"(如"真后悔来了广州,广州的文化氛围不如北京")等不同的言语行为。类似的言语行为显得更间接。

D. 言语行为取决于言语事件的语用环境,也就是说,可将言语行为理解为一种"语用类属"(pragmatic category)在分析言语行为时我们应该充分考虑交际的互动性与社交因素。言语行为可通过(施为)动词实施,比如"道歉"可实施道歉的言语行为,因而我们可以说"我道歉"或"我向大家道歉";但是"辱骂"之类的动词就不是同一语用类属的词语,我们不说"我辱骂你",但如果说"你简直像头猪",那说话人就实施了"侮辱"的言语行为。因而,虽然存在描述一定言语行为的动词,但是该动词不出现时也可以实施该行为。在此情况下,听话人如何理解话语的含意,即"施为用意"(illocutionary force),是一个涉及语用环境的问题。

E. 言语行为可能对听话人产生一定影响或后果,也就是说,特定语境中言语行为具有语用取效功能。例如:

(13) 甲:你真傻!
　　　乙:你什么意思?

例(13)中,乙质问甲的言语行为,即质问对方的用意何在,而乙使用的话语本身也意味着一种言语行为,即向甲提出抗议,责备他在骂人。乙的质问就是甲的行为所产生的后果。在很多语境中,当说话人实施某一言语行为,表达了一定用意之后,一般都会收到言后之果。比如此例中,甲的话语是一个很不礼貌的断言,它会引起乙生气;而乙的抗议或责备,又可能反过来让甲感到自己失言,后悔自己说了这样一句无礼貌的话。这就是言语行为产生的一种语用效应。

再如，一位教师到会议室布置工作，当他走进会议室时，他感觉房间很冷，便对学生说了这样一句话：

(14) 这里很冷。

从逻辑—语义方面分析，如果房间的确很冷，句子为真，如果房间不冷，句子为假，全句的字面意义是"这里很冷"。类似分析并没有涉及教师说这句话的意图。其实，教师的目的很可能不是在"陈述"或"断言"，即向学生传达"这里很冷"的肯定命题，而是发出一种"请求"：请打开暖气或把门窗关好；也可能是一种"提议"：建议大家转移到另一间较暖和的房间去。这些陈述、请求、提议之类的功能就是教师使用该话语间接传递的用意，属于间接性言语行为（参阅 6.4）。如果学生接受了老师的请求或提议，说明老师的话语对听话人产生了效应。

与言语行为一样，非言语行为也可能产生一定的效应。比如，某人用小提琴演奏《思乡曲》，当他拿起提琴和琴弓，用手指按压琴弦，发出乐声，这个阶段相当于言语行为发出声音、串音成词的阶段；当琴弓拉出《思乡曲》的旋律，表明演奏者是在演奏该曲目时，就相当于说话人发话以表达用意的阶段。小提琴演奏这样的行为也会引起某种结果，比如让听众享受到优美的音乐，其旋律可以唤起人们对故乡的怀念与眷恋等。这也是一种效应。

以上情况说明，言语行为这一概念的提出使人们认识到，要真正理解话语，只进行句子结构的逻辑—语义分析，只求确定它的真假值是远远不够的，因为话语本身可以是一种言语行为。言语行为不仅是"言有所述"，而且是"言有所为"，甚至是"言后有果"（参阅 6.3.2）。

6.3 奥斯汀的言语行为理论

英国语言哲学家奥斯汀（John Langshaw Austin）于 1955 年（即在他逝世的前 5 年）在美国哈佛大学作了有关如何以言行事的系列讲座（共12 讲）。他推翻了有关话语的逻辑—语义的真实条件观，并提出了如下看法：

A. 有些一般的陈述句，如例(4)—(7)，并不都像例(15)那样是为了求出意义的真与假。

(4) 我敢打赌,中国男子足球队进不了世界杯决赛!
　　(5) 你只管下筹码,你要翻本,我敢保证!
　　(6) I bet you six dollars it will rain tomorrow.
　　　　明天会下雨,我赌你 6 美元。
　　(7) 老王,那件事情是我老公不对,我向您表示道歉。
　　(15) 犯人昨天逃跑了。

例(4)—(7)不同于例(15),它们不表示言有所述,而表示言有所为。奥斯汀把这类句子称作"有所为之言",而例(15)之类的话语仅是"有所述之言"。"有所述之言"是一种陈述,其作用是描写某一事件、过程或状态,具有真与假的意义区别;但"有所为之言"不存在真与假的问题,使用这些话本身等于做了某事。例(4)和例(6)一说出来就表示打赌这个行为的实施;例(5)一说出来就表示说话人作了保证;例(7)一说出来就表示说话人进行了道歉;而例(15)具有真假意义之分。总之,这两类话语的主要区别就是叙述某事与用语言做某事的差别。

　　B. 在指出"有所为之言"不存在真假意义区别的同时,奥斯汀还指出它有合适与不合适之分。"有所为之言"必须确实是言有所为,为此它需要符合某些条件,这就是所谓"合适性条件"。比如,上例(4)—(7)不是在任何场合下说出来都是有效的,例(4)、(5)或(6)只有在打赌时使用才有效,例(7)在道歉时,才能具有道歉的功能。再如:

　　(16) I name this ship the Queen Elizabeth.
　　　　我命名这艘船为伊丽莎白女王号。

这句话必须是在轮船下水仪式中,船主给轮船命名时使用才有效,否则就起不到言有所为的功能。

6.3.1　施为句

　　语言哲学家曾一直认为,陈述句的功能在于陈述或说明信息,它受逻辑—语义的真实条件制约。如上例(15)"犯人昨天逃跑了"是陈述句,它可能为真,也可能为假。但在语言的实际运用中,很多陈述句并非仅为了陈述信息或为了求出意义的真假(参阅 6.3A),有时它们只讲究合适性的条件,而无区别真假的必要(参阅 6.3B)。于是奥斯汀将言语行为中的言有所述和言有所为直接区分开来。前者涉及句法及逻辑—语义关系,而后者以语境为参照,是语用问题,它的实际功能是以言行事。为此,奥斯汀把表达有所述之言的句子称为"表述句";而把表达有所为之言的句子称作"实施行为句",简称"施为句"。表述句的目的在于以言指事、以言叙事;而施为句的目的是以言行事、以言施事。例如:

(17) 我每天都去公园散步。
(18) 我教英语。
(19) 我向您表示正式道歉。
(20) 我建议大家别抽烟。

说话人在使用(17)、(18)两个话语时,并没有在实施"散步"与"教英语"的行为,只是在陈述该事项罢了,所以它们是表述句。但是,例(19)、(20)就不一样了,说话人不是在陈述道歉和劝告这两件事,而是在说话的时刻就实施了道歉与劝告的行为,所以它们是施为句。

在区分表述句与施为句时,我们应注意施为句的如下特征(Austin, 1962:5):

(a) 施为句不是在描写、汇报或表述任何事情,不真也不假;
(b) 说出某一话语就是在实施某一行为或该行为的一部分。

虽然我们不能仅根据事情的正确与错误去判断施为句,但施为句必须具备一个重要条件,即要取得一定的施为效果(言语行为效果),就应满足一定的合适性条件。施为句就是一些在说话的过程中所实施的行为,为此该行为可能会成功地实施,也可能不成功。为了能够恰当、有效地取得一定的效果,就必须满足以下合适性条件(Austin, 1962; Marmaridou, 2000):

(a) 存在具有一定常规效果的、可接受的常规程序。该程序包括在一定条件下,一定的说话人说出一定的话语。比如,法庭宣判就必须是在法庭上进行宣判,且是法官进行宣判;
(b) 为了实施特定的程序,在一定情况下特定的人物、条件必须是恰当的。比如,法庭宣判就必须具有法庭宣判的条件,否则无效;
(c) 该程序必须由交际双方正确地、完善地执行。比如,法庭宣判就必须遵守合法程序正确地实施;
(d) 该程序是具有一定思想或想法的人为了一定的意图,或为了对对方的行为产生一定影响而提出的,参与者必须实际上存在那样的思想或想法,且必须具有实施该行为的打算,最后还必须付诸实施。比如,法庭宣判的目的就是为了惩治犯人或教育其他公民,且法官必须进行最后宣判。

奥斯汀将以上这些条件称为"规则",不满足这些条件就会影响施为行为的成功实施。比如,当某女士准备与新郎喜结良缘之时,她已是有夫之妇,在此情况下,以上条件(b)就没有得到满足,因为她不是特定条件下合适的人物。又如,甲许诺给乙一样东西,但最后甲没有实现自己的诺言,那么就违背了以上的条件(d),使诺言行为无法得到实施。

奥斯汀的言语行为理论是以表述句和施为句的二分法为基础的。不过,他很快意识到,关注条件的满足与否可能影响表述句,关注条件的真实与否可能会影响施为句。

以"以言行事为目的"的施为句可分为如下三种:

A. 显性施为句(explicit performatives)

显性施为句直接表明言有所为,采用陈述句的形式。显性施为句带有施为动词,比如"打赌"、"许诺"、"保证"、"警告"、"提醒"、"道歉"、"建议"、"提拔/任命"、"宣布"等动词。例如:

(21) 我提醒你院子里有狗。
(22) 我宣布放假两周。

类似话语是说话人在说话的同时就实施了"提醒"与"宣布"的言语行为。前面的例(1)—(8)都是显性施为句。

根据以上各例,我们不难发现显性施为句的如下特点:

(a) 主语是第一人称单数;
(b) 动词是施为动词;
(c) 时态为一般现在时;
(d) 语句形式是主动态陈述句;
(e) 说话过程意味着实施一个非语言的行为,如"警告"、"任命"、"请求"等。

显性施为句的使用应注意如下四个问题:

(a) 应依据上述显性施为句的特点鉴别句子。比如下面的例子中,只有(23a)和(24a)才是施为句,其余的都不是施为句。

(23) a. 我劝你多给小马一些资助。

b. 我劝过你多给小马一些资助。（过去时）

c. 我会劝你多给小马一些资助。（将来时）

d. 他劝我多给小马一些资助。（第三人称主语）

(24) a. I bet you five dollars the Chinese team will win.

中国队会赢,我赌你5美元。

b. I am betting you five dollars the Chinese team will win.
（正在进行时）

c. I betted you five dollars the Chinese team will win.
（过去时）

d. He bets you five dollars the Chinese team will win.
（第三人称主语）

(b) 有些句子虽然符合显性施为句的特点,但不一定是施为句。如下例仅是阐述句,而非施为句:

(25) 我现在炒鸡蛋。

(26) 我每天早晨去公园锻炼。

(c) 为了把显性施为句与其他使用一般现在时的句子区别开来,可在施为句中加入"特此/特地",英语中可加 hereby(特此)。例如:

(27) 我特地宣布下周放假。

(28) I hereby declare you chairman of the committee.

我特地宣布你为委员会主席。

除了与"特此/特地"或英语中的 hereby(特此)连用,施为句还可与"我愿意……"或英语中的"I'm willing to..."(我愿意……)连用。比如例(29)和(30)都是显性的施为句,而非施为句则不能附加类似词语。

(29) a. 此事是我不对,我向你道歉。

b. 此事是我不对,我愿意向你道歉。

(30) a. I apologize.

我道歉。

b. I'm willing to apologize.

我愿意道歉。

(d) 表述句所陈述的事情有真、假之分,而施为句只有是否恰当、是否真诚,或是否明智之分。比如,我们会怀疑"我每天都去公园看老虎"是否真实;但只会怀疑"我保证离开这里"中的"保证"行为是否真诚,怀疑"我奉劝你戒烟"中的"奉劝"行为是否明智,无须怀疑这些事情本身是否真实。

B. 隐性施为句(implicit performatives)

隐性施为句无须施为动词就可以表达"有所为之言"。例如:

(31) a. 你可以离开这里。
   b. 我允许你离开这里。

(32) a. Go away!
    走开!
   b. I order you to go away.
    我命令你走开。

由于隐性施为句缺乏明确的施为动词,所以它所实施的言语行为可能存在多种不同的理解。比如在不同语境下,例(33a)可分别理解为(33b)、(33c)或(33d):

(33) a. 院子里有条狼狗。
   b. 我告诉你院子里有条狼狗。
   c. 我提醒你院子里有条狼狗。
   d. 我警告你院子里有条狼狗。

因此,要恰当理解隐性施为句必须依靠语境。语言使用中存在大量的隐性施为句,它们在形式上与表述句完全相同。表述句是一种描写性陈述句,连同疑问句、祈使句和感叹句,它们实际上同时是表达陈述、询问、命令或赞叹等言语行为的隐性施为句。但是,隐性施为句还可以根据语境表达其他的言语行为。这就是说,表述句在具体语境中同时也是表达言语行为的施为句。作为表述句,是以言指事;而作为施为句,是以言行事。

C. 内嵌施为句(embedded performatives)

一般来说,显性施为句的主要动词必须是施为动词,如果施为动词不充当句子的主要动词,它便会失去实施行为的功能。例如:

(34) a. I think I promise you to be there tomorrow.
    我觉得我应答应你明天在那里。

b. The bike I promise you is made in Guangzhou.
我许诺给你的自行车产于广州。

(35) a. 我正考虑建议你考北大。
b. 他相信我保证按时上班。

例(34)中的两个"promise"都不是在实施"许诺"的言语行为,而是对将来与过去的许诺作某种陈述或说明。同样,例(35)中的"建议"与"保证"都不是在实施该言语行为。不过,在下述情况中,虽然施为动词不充当句子的主要动词,但它们实施行为的功能没有丧失,这就是内嵌施为句。

(a) 意愿动词(如表示"希望/愿望"、"高兴/愉快"、"遗憾/歉疚"等)作为主句动词,从属分句的施为动词仍具实施行为的功能。例如:

(36) I wish to announce that I promise to be there tomorrow.
我要宣布我许诺明天会在那里。

(37) It pleases me that I am able to declare you chairman of the committee.
很高兴我能宣布你为委员会主席。

(38) I regret that I must inform you to leave.
我感到遗憾,我必须告诉你离开这里。

(b) 某些结构后的不定式如果是施为动词,其实施行为的功能仍然存在,如例(39)、(40)。在汉语中,这类现象与(a)类现象基本上属于同一类别的施为句,且汉语中相同内容的话语可能出现多种形式,如例(41)。

(39) I am glad to inform you of your promotion.
很高兴通知你得到了提拔。

(40) Let me be the first to congratulate you.
让我首先向你表示祝贺。

(41) a. 我很抱歉地通知你被解聘了。
b. 你被解聘了,我很抱歉地通知你。
c. 通知你被解聘了,我感到很抱歉。

另外,施为句中还存在间接施为句、被动施为句。关于间接施为句,我们将在讨论间接言语行为时有所涉及(6.4.3),被动施为句实际上是被动形式的显性施为句,它多出现于书面通知与告示中,或机场、车站等场所的广播通知中,读者或听话人就是该施为句的行为实施对象,当读者看到或听话人听到此类话语时,行为随即付诸实施。与汉语相比,英语中被动施为句出现的情况较多,如例(42)、(43);而汉语中却很少出现被动式,有时还可能省略主语,如例(44)。

(42) Passengers are requested to cross the railway line by the footbridge.
穿越铁路线时,旅客请走人行天桥。

(43) Pedestrians are warned to keep off the grass.
行人禁止踩踏草地。

(44) a. 乘客请系上安全带。
b. 乘客被请系上安全带。

类似例(42)、(43)的施为性话语在英语中是较常见的;而类似例(44a)的施为句在汉语中也是常见的,实属被动施为句,但却不是以被动的形式出现,如使用(44b),就显得十分别扭。

要有效地实施"有所为之言",必须符合某些条件,即满足合适性条件。不同的以言行事可能存在不同的合适性条件,但总的来说,这些合适性条件可归纳为四条:一是主题内容合适;二是行为实施者和行为的对象合适;三是行为实施者必须认真实施行为;四是实施行为须给对象带来某种结果或影响。比如,"我宣布判处张三有期徒刑十年"的合适性条件包括:张三违反了相关法律、违反相关法律会受到相应法律制裁、说话人是法官且有权对张三进行宣判、宣判后张三须服刑等。

奥斯汀对施为句与表述句的区分,克服了逻辑—语义真实条件分析的一些不足。但是,随后他发现施为句理论存在一些不够严密的地方。比如,表述句也可看做是隐性施为句(参阅 6.3.1B),"院子里有条狼狗"可相当于"我告诉/提醒/警告你院子里有条狼狗",这说明该表述句中含有"告诉"、"提醒"或"警告"的言语行为。这样,表述句就形同虚设了。奥斯汀原来设想表述句与施为句相对,形成两个不同概念,而在实际使用中一系列表述句也可看成施为句,这样施为句理论就失去了价值与意义。

此外,有一些句子既非表述,也非施为,而是强调对听话人的影响或直接给听话人带来某种结果,施为句理论无法顾及这类句子,从而暴露了这种理论的局限性。如例(45)、(46),说话人的目的很可能是要对听话人产生影响，比如让对方相信霍华德无罪，成功地劝说对方加入语言学会。也就是说，交际中的此类话语在于以言成事。

(45) I <u>convince</u> you that Howard is innocent.
　　　我让你相信霍华德无罪。
(46) 我<u>劝</u>你加入语言学会。

正因为施为句理论的类似缺陷，奥斯汀提出了更为成熟的言语行为三分说（参阅 6.3.2），标志着奥斯汀对言语行为理论的探索有了新的发展。不过，他将重点放在"以言行事"功能上，后来，以言行事行为甚至成了言语行为的代名词。

6.3.2　言语行为三分说

在施为句研究的基础上，奥斯汀认为需要一个包括所有言语行为更为全面的理论。言语行为这个术语在奥斯汀本人的著作中很少出现，但人们已把他的学说，特别是言语行为三分说，广泛地称之为言语行为理论。言语行为的三分说包括"言之发"（以言指事，locutionary act）、"示言外之力"（以言行事，illocutionary act）、"收言后之果"（以言成事，perlocutionary act）。先看下例：

(47) 我明天去办公室。

要让听话人理解例(47)，首先要有声音，并把声音组成词，把词组成句，并用正确的语调说出来，这就是言语行为中"言之发"阶段，即"以言指事"；同时，说话人说出这句话，总是有自己的用意，话中带有"施为用意"，这就是"示言外之力"，即"以言行事"。例(47)的用意是作出"允诺"或"保证"，也即，以"我明天去办公室"之言，行"允诺"或"保证"之事。说话人实施该行为之后，听话人所受到的影响或作出的某种反应，就是"收言后之果"，即"以言成事"。话语(47)表示说话人进行了"允诺"或"保证"，结果让听话人感到放心，这种"感到放心"就是该言语行为的结果。

以上就是奥斯汀在施为句理论的基础上提出的言语行为三分说。下面简单归纳如下：

言语行为 { X 言之发——以言指事
　　　　　Y 示言外之力——以言行事
　　　　　Z 收言后之果——以言成事

第六章
言语行为

我们再通过例子对它们进行区分。

(48) 出去！

    a. 甲对乙说了声"出去"。（言之发：以言指事）

    b. 甲命令(/请求/建议)乙出去。（示言外之力：以言行事）

    c. 甲让乙出去了。/乙对甲很气愤。（收言后之果：以言成事）

(49) 我劝你把烟戒了。

    a. 甲对乙说"我劝你把烟戒了"。（言之发：以言指事）

    b. 甲劝说乙戒烟。（示言外之力：以言行事）

    c. 甲劝说乙戒了烟。/乙拒绝戒烟。（收言后之果：以言成事）

需要注意的是，言语行为的三个部分实际上是一个整体，不是三个不同的行为。下面我们对它们分别作一些说明。

A. "言之发"就是以言指事、以言叙事，包括发出声音(X_0)和组成有意义的词语(X_1)。发出声音，不一定都组成词语（奥斯汀指出，猴子可以发出一个类似 go 的声音，但这不能说明它会讲英语的 go），但是要组成词语说出来，必须要有声音。可用符号表示为：X_0 不都是 X_1，但 X_1 必含有 X_0。下面举例作进一步解释。

(50) 医生对病人说："抽烟有害健康。"

(51) (医生对病人进行检查，并叫他张开嘴说)"啊——"

例(50)中，"抽烟有害健康"是用声音说出来的，这些声音已组成词语，能表达意思，是 X_1；例(51)中的"啊——"也是用声音说出来的，但这仅是声音而已，是医生为检查喉咙而要求病人发出的声音，它尽管与英语的感叹词"ah"发音相近，但它不是感叹词，因此没有意义。这里的"啊——"就是 X_0。

X_1 包含有意义的词汇，也包含组词成句的语法，同时也涉及语调。"言之发"(X)主要是指 X_1，只发出声音而无意义(X_0)的情况是很少的。需要注意的是，X_1 既然也要发出声来，它同 X_0 一样，也可以模仿、可以重复。但是，通过模仿腔调发出来的 X_1，尽管仍然是有意义的词语，实际上其作用着重于声音，而不是组成词语表达一定的意义，可用符号表示为 $X_1 \to X_0$，即 X_1 降为 X_0。我们再以(50)为例，假设医生继续对病人说：

(52) 接下来的几天，你不要再抽烟了，其实最好把烟戒掉。

假设病人根本不重视医生的话,从医院回来之后他不但没停止抽烟,而且在其他人面前以不信任的口吻模仿医生的腔调,重复医生对他说的话语(52)。这样,尽管模仿出来的话语本身仍有意义,是 X_1,但其作用已经降为 X_0 了。这时该话语也就失去了医生的"劝告"用意。

"言之发"即以言指事,可以同时是或本身就是"示言外之力",即以言行事。我们仍以(50)为例,医生说出"抽烟有害健康"(X_1)这个话语时,同时表明他向病人发出"劝告",这正好说明该话语 X_1 同时又在"示言外之力"(Y)。假如病人从医院回来后对别人说:

(53) 医生说抽烟有害健康。

该话语是作为 X_1 发出来的,它本身确实可以"示言外之力"(Y);病人对别人说(53)这句话,其用意可能是出自对医生的感谢(因为医生忠告他吸烟有害健康),也可能只是向别人陈述医生的忠告。可见,X_1 可以同时是 Y,或本身就是 Y。

现在看一看 X_0,例(51)中的声音"啊——"并没有意义,因此它不同于例(50)中的"抽烟有害健康"(X_1),不能同时"示言外之力"(Y),即"啊——"并非以言行事。但例(51)整个话语本身,即医生说的"说'啊——'"是有意义的 X_1,这却是以言行事,就是医生请病人张口发出声音"啊——",以便检查喉咙。此外,例话语(52)整句话作为 X_1,当然同时就是以言行事,表示劝告;但如果病人只是把医生讲话语(52)时的腔调模仿出来,而不付诸行动,X_1 变成了 X_0,它就会失去以言行事的功能。这说明,X_0 不能同时是 Y,但 X_1+X_0 本身是 Y;当 X_1 降格为 X_0 时,也就不能同时是 Y。

综上所述,"言之发"作为言语行为,可作如下的归纳:
(a) $X=X_0$ 或 X_1;在多数情况下 X 指 X_1
(b) $X_0 \neq Y$;但 $X_1+X_0=Y$
(c) $X_1=Y$;但$(X_1 \rightarrow X_0) \neq Y$

B. "言之发"与"示言外之力"之间的关系是:一般来说,以言指事可以同时是或本身就是以言行事,对此上面已有说明。值得注意的是,能够以言行事的言语行为,首先必须是一个以言指事行为,但以言指事行为却不一定都能做到以言行事。以言指事是"以言叙事或指事";而以言行事则是"以言施事",旨在说明说话人的用意。

"示言外之力"即以言行事、以言施事。可用公式简单表示为:"当甲说 X 之时,他就在实施 Y"。例如:

(54) 老师来了。
　　 X＝老师来了。
　　 Y＝提醒

将例(54)代入公式,可得:当甲说"老师来了"时,他就是在提醒。

C. 言语行为一旦有了"示言外之力"(Y),就可能产生"言后之果",即达到以言成事。换句话说,当说话人的用意表达出来时,它会给听话人、第三者,甚至给说话人自己带来影响,比如产生某种感情、思想或行动。以言成事的公式是:通过说 X,甲做了 Y。也就是说,通过说 X,实施 Y,甲做了 Z。因此,例(54)可表示为:通过说"老师来了",甲就是在提醒乙,最后乙安静下来了。听到甲的话语之后,乙安静下来,这就是言后之果。所谓以言成事就是成 Z 之事,它是通过说 X 和实施 Y 而得到的结果。

以言行事与以言成事之间存在本质区别。以言行事(Y)的特征是:发出话语 X,同时就实施 Y,可以说是 X＝Y(参阅 6.3.2A)。在一般情况下,如果说话人发出某一话语,但他并没有实现 Y 的用意,X 只能是 X_0。至于以言成事(Z),它是 X＋Y 的结果,故它是不同于 X 和 Y 的另一种言语行为。它成立的条件多变,且具主观性。

以言行事(示言外之力)这类言语行为表示说话人的用意,它们可以是:报告、陈述、断言、告诉、命令、允诺、威胁、警告、邀请、请求、建议、提议、劝告、询问、提供等。

以言成事(收言后之果)这类言语行为可以是:说服、鼓舞、恐吓、欺骗、激怒、满意、感动、留下印象、感到窘迫、引入歧途等。

6.4 塞尔的间接言语行为理论

6.4.1 实施言语行为的规则与条件

美国语言哲学家塞尔(Searle,1965a)的言语行为理论是有关以言行事行为的理论。从他对以言行事行为的研究中可看出,语言使用是一种受规则制约的行为。他首先区分了两种规则:调节性规则(regulative rule)和构成性规则(constitutive rule)。调节性规则的作用在于调节现存的行为或活动,比如调节人际关系的礼仪规则,如果缺少类似规则,人际关系可能会受到影响,导致关系不和谐、不友好,仅此而已,缺少该规则,人际关系同样存在。同样,交通规则也是一种调节性规则,比如红灯停、绿灯行,目的在于调节车辆通行的畅通,如果有的驾驶员闯红灯,可能引发交通事故或受到处罚,但通常并不影响其他车辆的通行。

构成性规则的作用不是去调节现存的行为或活动,而是限制新的行为或活动方式。比如,足球规则、篮球规则、象棋规则等,属于构成性规则。根据足球规则,除了守门员以外,场上的其他球员都不能用手击球、接球或传球等;根据篮球规则,球员不能用脚传球,或双手抱着球走步等;同样,象棋也受制于一定规则,比如,马只能走"日"字、象(相)走"田"字、卒(兵)只能前进或平走,不能后退。离开或违背了以上的规则,该行为或活动就不可能存在,也就是说,它们在逻辑上必须依赖构成性规则。

在语言使用上,调节性规则一般采用"应该做 X",或"如果 Y,则应该做 X"的形式。比如,"如果在路上遇见朋友,就应该打招呼";"如果开车,则应该遵守交通规则";"如果红灯亮了,则应该停车"。而构成性规则采用"X 等于 Y"的规则形式。比如,"足球比赛中把球踢进对方球门就等于得 1 分";"象棋比赛中,如果'将'或'帅'被对方逼得无处可走,就等于输了"。语言使用遵守的是构成规则,塞尔试图将言语行为的构成规则公式化,因为他认为语义学是由一系列构成性规则组成的系统,以言行事行为的实施应该遵守其中的构成性规则。

塞尔(Searle,1965a)以"许诺/保证"(promise)这一言语行为为例,说明完成这样的行为应该具备的充分必要条件。如果说话人 S 对听话人 H 说出话语 U,那么在说出 U 时,S 真诚地(而且完整地)对 H 作出许诺,当且仅当:

条件一:具备正常的语言输入与输出条件。

输出条件包含可让人听懂的说话条件,输入条件包含话语理解的条件。也就是说,说话人与听话人都知道如何认真地使用语言,双方都知道自己在做什么,而不是在开玩笑,他们都不存在聋哑、失语症等影响交际的问题。

条件二:说话人在话语中表达了一定的命题内容(propositional content)。

第六章
言语行为

这一条件将命题内容从整个言语行为中分离出来,以便能集中分析"许诺"或"保证"这一特殊的言语行为。塞尔区分了以言行事行为与以言行事行为的命题内容,在说话人生成的话语中都表达了一定的命题。例如:

(55) a. 老师会来吗?
　　　b. 老师会来。
　　　c. 真希望老师会来。
　　　d. 如果老师来,学生就会安静。

例(55a-d)中4个不同的以言行事行为存在共同的命题"老师会来"。一个命题包括两个组成部分:(1)所指,即话语所指的人(或物);(2)所述,即话语中所指人(或物)的行为。表达命题的行为是实现以言行事行为的一部分,但命题内容本身不是行为。不过,并非所有的以言行事行为都含有命题内容,比如"Ouch!""Hurrah!""Hello!""哇噻!""嘿!""我的天哪!"等,虽然它们缺少命题,但在特定语境中却可以言行事。

条件三:表达命题时,说话人就是在讲述他将实施的行为。

"许诺"这一言语行为就是说话人将要实施的行为,它不可能是许诺过去的行为,且该行为也必须由说话人自己去实施,说话人不可能许诺别人会做什么。

以上条件二、条件三统称为"命题内容条件"。

条件四:听话人希望说话人去做他要做的某件事,且说话人也相信自己的行为符合听话人的愿望。

根据这一条件,我们可以将"许诺"和"威胁"这两种言语行为清楚地区分开来。前者是说话人保证要为听话人做某事,而后者是说话人要对听话人做某事。同时,塞尔还指出,如果说话人许诺要做某事,而听话人不想他去做,或说话人不相信听话人希望自己去做所许诺的事情,那么许诺这一言语行为就存在问题,因为完美的或没有缺陷的许诺一定是听话人所希望的真正的许诺,而不是一种威胁或警告。例如:

(56) 如果不按时交论文,我(保证/发誓/许诺)一定让大家重修这门课程。

假如这是老师生气时对几个生性懒惰的学生讲的话语,它就不是一种许诺或保证,也不是真发誓,而是老师对学生的警告。说话人使用类似非严格的"许诺"或"保证"的言语行为,是为了强调要做的事情。在很多情况下,"许诺"的言语行为也等于"保证"的言现语行为。再如:

(57) 甲:你拿了我的计算器吗?
乙:没拿,我向你保证。

同样,我们不能将乙的话语视为一种许诺或保证,"我向你保证"是对"没拿"的强调。所以,标准的"许诺"言语行为一定要满足条件四,即说话人所许诺或保证的事情一定符合听话人的意愿,或符合他的利益(比如希望说话人去做或不做所许诺的事情),且说话人对此要有所意识,或者相信或者知道。

条件五:听话人与说话人都清楚,在正常情况下说话人不会去做某事。

对很多希望产生效果的以言行事行为来说,这是一个共同条件。就"许诺"或"保证"这一言语行为来说,说话人一般不会许诺去做自己打算做的事情或正在做的事情,也不会许诺去做自己经常做的事情。比如,刚举行完婚礼,丈夫不可能对新婚妻子说"我许诺一定不会下周跟你离婚",否则妻子会感到忧虑,而绝不会感到这是一种安慰。又如,在正常情况下,丈夫也不会对妻子说"我保证爱你一辈子",否则只能说明丈夫可能有外遇等。

以上条件四、条件五称为"预备条件"(preparatory condition)。它们是实施"许诺"或"保证"这一言语行为的绝对必要条件。

条件六:说话人希望做某事。

真诚许诺与非真诚许诺之间的最大区别是:真诚许诺时,说话人希望去做所许诺的事情,且说话人也相信实施该行为是可能的。塞尔将这一条件称为"真诚条件"(sincerity condition)。

条件七:说话人希望通过说出某一话语,让自己承担做某事的责任。

许诺的基本特征就是说话人要承担实施某行为的责任。这一条件将许诺与其他言语行为区别开来。也就是说,许诺与说话人的意图或愿望有关,愿望是说话人许诺的一个基本条件,否则他就不会作出许诺。比如,当你还没有结婚的愿望时,就不会对女友说"我许诺与你结婚"。这一条件是实施"许诺"这一言语行为的"基本条件"(essentional condition)。

条件八:说话人希望通过使用的话语,使听话人相信以上条件六与条件七,且通过该话语去领会他的意图或愿望。

说话人希望以言行事行为产生一定的效果,是通过让听话人领会他打算取得这种效果的意向而获得的;而且也希望听话人认识到,说话人所使用的词汇与句法特征常与取得该效果是联系在一起的。严格地说,这一条件可以说是"条件一"的部分内容,但由于它具有哲学上的重要意义,所以需要分开讲述。

条件九:当且仅当前面的八个条件得到满足时,说话人才能正确地、真诚地说出话语,这是说话人与听话人通过语义规则作用的结果。为此,根据这一条件,说话人按照所使用的语言的语义规则去生成话语,就是在作出许诺。

前面讨论的是真诚许诺的情况,但不真诚的许诺仍然是一种许诺,不应该回避。因此,塞尔将以上条件六修改为:

条件六:说话人希望通过所说的话语,使自己承担打算做某事的责任。

修改后的这一条件不仅指出说话人打算要做某事,而且还表明他对打算做某事要负责。因此,说话人不会使用"我许诺做……但我不打算做"这样荒唐的话语。

提出了实施"许诺"或"保证"言语行为的条件后,塞尔进一步探讨了实施言语行为的四大规则:

A. 命题内容规则

命题只能出现在话语(或比话语更大的语境)中,它表明说话人将要实施的某一行为。该规则产生于以上条件二、条件三。

B. 预备规则

(a) 只有当听话人希望说话人实施该行为,而且说话人也相信听话人希望他去实施该行为时,才能说出某一命题;

(b) 只有当说话人与听话人都明白,在正常情况下说话人不会实施某一行为时,才能说出某一命题。

这两条规则产生于以上条件四、条件五。

C. 真诚规则

只有当说话人希望实施某一行为时,才能说出某一命题。这一规则产生于以上条件六,即真诚条件。

D. 基本规则

说出某一命题就等于说话人承担了实施某一行为的责任。这一规则产生于以上条件七,即基本条件。

只有当命题内容规则得到满足时,其他规则才有用;而且只有当预备条件得到满足时,基本规则才有用。要成功、恰当地实施以言行事行为,需要具备必要的条件。以下是实施"指令"(或"请求")言语行为与"许诺"(或"承诺"或"保证")言语行为时需要满足的恰当条件:

	指令或请求的言语行为	许诺或保证的言语行为
预备条件	听话人能够实施某事(行为)	说话人能够实施某事 听话人希望说话人实施某事
真诚条件	说话人希望听话人做某事	说话人愿意做某事
命题内容条件	说话人讲出听话人将要做的某事	说话人讲出自己将要做的某事
基本条件	说话人试图让听话人做某事	做某事是说话人应该承担的责任

6.4.2 以言行事行为的类别

奥斯汀(Austin,1962)将施为性言语行为(即以言行事行为)分为五类:(a)裁决类(verdictives),如估计、宣告;(b)行使类(exercitives),如命令、禁止;(c)承诺类(commissives),如许诺、保证;(d)表述类(expositives),如描述、肯定;(e)行动类(behabitives),如感谢、欢迎等。类似分类遭到一些非议,塞尔认为它只是对以言行事动词的分类,而不是对行为本身的分类,这样的分类将两者混淆了。此外,不同类别之间存在重叠现象,比如裁决类言语行为与表述类言语行为之间的差异就不太明显,缺乏明确的规则将它们区分开来。因此,在指出奥斯汀分类的缺陷的基础上,塞尔(Searle,1976)对以言行事行为重新进行了分类。

A. 断言类(assertives)或阐述类(representatives)

断言类或阐述类以言行事行为表示说话人对某事作出一定程度的表态,对话语所表达的命题内容作出真与假的判断。此类行为通常表明说话人的话语符合客观现实,且说话人对要进行断言或阐述的内容有一定把握。此类行为的动词主要有:宣称、声称、断言、陈述、通告、提醒、否认等;英语中的动词包括:assert, state, claim, affirm, deny, inform, notify, remind 等。

B. 指令类(directives)

指令类以言行事行为表示说话人不同程度地指使或命令听话人去做某事。它使客观现实发生变化,以适应说话人的希望或需要。话语的命题内容总是让听话人实施某种行为。此类行为的动词主要有:请求、要求、邀请、敦促、建议、提议、命令、指使、教唆、唆使等;英语中的动词包括 request, ask, urge, demand, command, order, advise, beg, invite 等。

C. 承诺类(commissives)

承诺类以言行事行为表示说话人对未来的行为作出不同程度的承诺。此类行为涉及说话人的某一意图。话语的命题内容是说话人即将作出某一行为。此类行为的动词主要有:许诺、承诺、允诺、许愿、发誓、保证、担保、拒绝、威胁等;英语中的动词包括 promise, commit, pledge, vow, offer, refuse, guarantee, threaten, undertake 等。

D. 表达类(expressives)

表达类以言行事行为指说话人在表达话语命题内容的同时所表达的某种心理状态。话语命题内容具有一定的真实性,这是实施该行为的前提。此类行为的动词主要有:道歉、感谢、欢迎、祝贺、夸耀、慰问、痛惜、悔恨等;英语中的动词包括 apologize, boast, condole, thank, welcome, congratulate, deplore 等。

E. 宣告类(declarations)

宣告类以言行事行为指话语所表达的命题内容与客观现实之间的一致。它不需要真诚条件,说话人可通过此类行为改变有关事物的状况或条件,因而它不同于其他类别的以言行事行为。但宣告类行为往往需要考虑一定的语言以外的因素,即合适性条件。比如,某领导要宣告某人为公司总裁时,我们必须考虑宣告人的特殊地位、权力等因素。此类行为的动词主要有:宣布、宣告、提拔、任命、命名、辞去等;英语中的动词包括 declare, nominate, appoint, name, christen, bless, resign 等。

塞尔的以上分类更合理,具有一定的概括性,至今仍为人们广泛接受与采用。

6.4.3 间接言语行为

在特定语境条件下,话语意义通常不是词义的简单相加,因而说话人使用话语表达的意义不同于其孤立条件下的语义。下面我们讨论间接言语行为,即一种通过别的行为而间接实施的以言行事行为。除了直接使用显性施为句(参阅 6.3.1)以外,当说话人出于某种原因不直接选择施为动词时,他会采取间接的言语手段来实现某一行为。使用间接的方式表达言语行为的话语就是间接施为句,也就是间接言语行为。例如:

(58) a. 我请你把声音调大些。
b. 能不能把声音调大一点呢?
c. 后面听不清楚。
d. 我想到前面去坐。

例(58a)是一个显性施为句,说话人直接实施了"请求"的言语行为,属于直接言语行为。出自礼貌,说话人可改用间接的表达形式,如(58b)通过询问表达了该请求的用意;而(58c)与(58d)在表达类似请求时,采用了更为间接的言语行为。再如,例(59)中说话人乙不愿直接对甲买的画进行评价或表示不喜欢,于是故意违反合作原则中的关系准则。

(59) 甲:我买的这幅画不错吧?
乙:我天生就缺少艺术细胞。

此例中,乙对甲买的画没有直接评价或表示不喜欢,而是选择了间接性话语进行回应,转弯抹角地表达了他对甲所买的画持否定态度。可见,会话含意实际上也是一种间接表达言语行为的手段。此例中,乙的话语是一个间接性话语,通过隐性施为句的形式表达了说话人的隐含意,我们可将其理解为"我不喜欢你买的这幅画"。

以上间接性的施为句就是"间接言语行为"(indirect speech acts)。间接言语行为是通过另一种以言行事的方式间接地实施的以言行事,它是在间接施为句的基础上提出来的。要理解间接言语行为这个概念,首先要了解"字面用意"(literal force),即话语本身所表达的"言外之力",然后从字面用意再推断其间接用意,即话语间接表达的言外之力,也即语用用意。例如:

(60) 张三,能把书带给老师吗?

此例中,该话语的字面用意是询问,但实际上它并不是询问张三是否能替说话人把书带给老师。因此,听话人张三必须通过字面用意(询问),推断出说话人要表达的间接用意——请求,其语用用意等于"我请求你把书带给老师"。

塞尔的间接言语行为基于以下假设：

(a) 显性施为句或明显的以言行事可通过施为动词获知说话人的语用用意；

(b) 许多语句实际上都是隐性施为句，其中陈述句表达"陈述"、疑问句表达"询问"、祈使句表达"命令"等言语行为；

(c) 语句本身表达的类似言语行为称作"字面用意"，它与间接的"言外之力"（语用用意）相对，后者是在字面用意的基础上推断出来的；

(d) 间接言语行为可分为规约性间接言语行为和非规约性间接言语行为。

间接言语行为理论要解决的问题是：说话人如何通过字面用意来表达间接的言外之力，即语用用意，或者说听话人如何从说话人的字面用意中，推断出间接的言外之力，即语用用意。为此，要理解或表达间接言语行为，塞尔认为应该关注以下四方面的因素：

(a) 言语行为理论，特别是"示言外之力"论，即要了解人们如何以言行事；

(b) 语用含意理论，特别应了解"会话含意"理论中有关合作原则中各准则的恪守与违反可能产生的语用含意；

(c) 说话人的知识与听话人所理解的语境信息；

(d) 听话人的知识及推断能力。

下面我们将结合间接言语行为的种类来谈这些问题。

A. 规约性间接言语行为

规约性间接言语行为就是对字面用意作一般性推断而得出的间接言语行为。对字面用意进行一般推断，实际上就是根据话语的句法形式，按照常规可立即推断出间接的言外之力（语用用意）。通常情况下，规约性间接言语行为的应用主要出于对听话人的礼貌。例如：

(61) a. 小声点好吗？
　　　b. 把声音关小点儿，可以吗？
　　　c. 能不能把声音调低点儿？
　　　d. 不要弄出这么大的声音，好吗？

以上话语的字面用意都是询问。按照常规习惯，我们可根据这些话语的形式，立即推导出它们的间接言外之力——请求。有时，我们还可在类似话语中插入礼貌标记语"请"或"劳驾"等,比如以上话语可变成"请小声点好吗?""劳驾把声音关小点儿,可以吗?"英语中可插入 please(请)。例如:

(62) a. Could you please be a little more quiet?
请安静点行吗?
b. I'd rather you didn't make so much noise, please.
我真希望你不要弄出这么大的声音。

要注意的是,当加上"请"、"劳驾"或英语中的 please 之后,尽管话语的形式没有改变,但它们已不再是表达间接言语行为的话语了,而是通过这样的礼貌标记语明确表达了"请求"的用意,功能上相当于一个祈使句式。

一般情况下,人们不会仅根据字面用意去理解表达间接言语行为的话语,但在特定语境中,这类话语可能只表达字面用意,而不能视为间接言语行为。例如,在游泳池旁,甲问乙:"会游泳吗?"此时该话语很可能是表达请求或邀请的间接言语行为;但如果甲在卧室里向乙提出类似问题,显然只能表达字面用意,即询问对方是否会游泳。

有趣的是,有时说话人通过这类话语表达一个间接言语行为,但由于受语境的限制,听话人可能按照话语的字面用意作出反应。这在要求前后句法结构匹配的英语中较为明显。例如:

(63) A:Can you close the window?
能把窗户关一下吗?
B:No, sorry, I can't. I've turned in.
不,对不起,我不能。我已经上床睡觉了。

例(63)中,A 显然是请求 B 关窗户,但 B 却因为自己已上床睡觉,而不得不按 A 的字面用意进行回答,说他"没有能力"做此事。当然这样的应答并不意味着 B 没有推断出 A 的间接言外之意,他这样回答实际上表示他不能满足对方的请求罢了。而在汉语中,对于以上 A 的类似提问,对方一般只会说"对不起,我已经上床睡觉了",而不会说出"不,我不能,我已经上床睡觉了"这样的话语。

B. 非规约性间接言语行为

根据以上例子,规约性间接言语行为按习惯或常规就能够推导出间接言外之意,但非规约性间接言语行为较复杂,需要更多地依靠交际双方

共知的语言信息与所处的语境来推断。例如:

(64) 甲:走,晚上看电影去。
乙:我要准备明天的考试。

在塞尔看来,以上乙的间接言语行为——拒绝,是通过下述步骤推断出来的:

步骤一:甲向乙提出建议,乙进行陈述,说他要准备考试(答话的命题内容);

步骤二:甲设想乙遵守合作原则,因此乙恪守了合作原则中的关系准则;

步骤三:乙的应答必须表达任何一种言语行为:接受、拒绝、建议等;

步骤四:但乙话语的字面用意并没有表达上述任何一种言语行为,因而可设想他是故意违反了合作原则中的关系准则(可根据步骤一~三推断);

步骤五:因此乙大概要表达字面用意之外的用意。设想他还是遵守了合作原则中的关系准则,所以乙的应答必然具有非字面的言外之意(可根据步骤二~四推断);

步骤六:甲知道,准备考试要花大量时间;同时也知道,去看电影要花时间(这属于背景信息或常识);

步骤七:因此,乙不能去看电影,而是要利用晚上的时间准备考试(可根据步骤六推断);

步骤八:接受建议必须符合某些恰当条件,其中的先决条件是在命题内容的条件下,有能力实施预期行为(根据言语行为理论);

步骤九:因此,甲知道乙说了表明他可能无法接受该建议的话(可根据步骤一、七、八推断);

步骤十:因此,乙话语的非字面言外之意(语用用意)大概是拒绝对方的建议。

当然,以上各步骤只表示理解间接言语行为的逻辑推断过程,并非人们理性思维的真实步骤。在交际过程中,听话人对例(64)中乙所进行的推断,也非必然如此,因为乙的应答其实并没有明确拒绝对方的建议。

非规约性间接言语行为必须依靠交际双方共知的语言信息、语境信息等才能推断出来。如果说话人表达的间接用意与听话人的理解不一致,很可能就是双方共知的语言信息不足或语境含糊等引起的。有时,说话双方的社会地位、身份等差异,或说话人出自礼貌,言不由衷,也会导致说话人的用意和听话人的理解不一致的情况。在此情况下,说话人可能会重复自己所说的话语,或改用更清楚的话语,把要表达的言外之意明确地表达出来。这说明,非规约性间接言语行为的使用与理解受制于特定的语境。再如:

(65) 甲:再吃点糕点?
　　　乙:差不多啦。
　　　甲:别客气。
　　　乙:(又拿了一块糕点)
　　　甲:我说你还客气啥呢。

此例中,乙到甲家做客,饭间甲劝说乙再吃些糕点,但乙碍于礼貌或面子,故意含糊其辞,回应说"差不多啦",乙并没有直接拒绝或接受甲的请求,但甲根据乙的表现可推知乙的语用用意是接受自己的请求。在此情况下,甲又说了句"别客气",这既显示出甲的好客,又说明他依赖特定的情景语境正确地理解了对方的语用用意。

6.5 言语行为的表现方式

根据奥斯汀的言语行为三分说,说话人使用的话语总是同时表现三种言语行为:以言指事、以言行事及以言成事,其中以言行事是他关注的中心,因而言语行为常用来专指"示言外之力"的以言行事行为。塞尔发展了奥斯汀的言语行为理论,提出了间接言语行为,并将格赖斯的会话含意理论与言语行为学说紧密联系起来,从而使言语行为成为语用学研究的重要内容。

要成功地实施言语行为,说话人必须考虑恰当的表达方式。下面介绍言语行为的表现形式。

6.5.1 通过逻辑—语义表现言语行为

通过逻辑—语义表现言语行为的典型方式是:陈述句表示"陈述";疑问句表示"询问";祈使句表示"命令"或"指使"。例如:

(66) a. 今天是星期天。(陈述)
  b. 昨晚下雨了吗？(询问)
  c. 走，回家！(命令/指使)

  逻辑—语义方式往往直接表达命题行为(propositional act)。所谓命题行为就是以言行事的命题内容。不同的以言行事可以存在相同的命题内容，而相同的以言行事方式却可以有不同的命题内容。例如：

(67) a. 张三打李四。(陈述)
  b. 张三打李四？(询问)
  c. 张三，打李四！(命令/指使)
(68) a. 张三打李四。(陈述)
  b. 李四打王五。(陈述)

例(67)中，各话语分别表示不同方式的以言行事，即陈述、询问及命令，但它们却存在相同的命题内容——张三打李四；相反，例(68a)与(68b)分别表示不同的命题内容，但却实施了相同的以言行事——陈述。

6.5.2 通过句法结构表现言语行为

  现实交际中，陈述句并非都表示陈述，疑问句不一定都表示询问，祈使句也不全表示命令。很多时候，说话人可以越过这类字面用意表达间接的言语行为。有些句法结构常用来表现所谓的规约性间接言语行为。请看以下典型结构所表现的言语行为。

  A. 疑问句结构间接表示"请求"、"建议"、"邀请"、"批评"等言语行为。例如：

(69) a. 可以捎封信吗？(请求)
  b. 能不能叫一下小王？(请求)
  c. 不能安静点儿？(责备/愤怒/请求)
  d. 中午到我家吃饭？(邀请/提议)
  e. 为什么不早点回家？(批评/责备/不满)

  B. 陈述句结构间接表示"请求"、"建议"、"命令"、"提醒"、"劝说"、"许诺"等言语行为。例如：

(70) a. 你中午到我家吃饭。(请求/邀请)

b. 大家应该再放松些。（建议）
c. 你该回家啦。（命令）
d. 你的自行车挡路了。（提醒）
e. 学生应该好好学习。（劝说）
f. 我明天准时到办公室。（许诺）

C. 祈使句结构间接表示"提醒"、"警告"、"请求"、"妥协"或"让步"等言语行为。例如：

(71) a. 别吃得太多。（提醒）
b. 少抽些烟。（警告/建议）
c. 来，抬一下。（请求）
d. 让他来算啦。（妥协/让步）

D. 缩略结构间接表示"提议"、"请求"、"反对"或"不赞成"等言语行为。例如：

(72) a. 回家？（提议）
b. 见到小彭没有？（请求提供信息）
c. 换手机？（反对/不赞成）

在一定语境中，类似缩略结构可以表现其字面用意——询问，但更多是在实施间接的言语行为，即传递间接用意，如括号中所示。

总的来说，以上结构在行使间接言语行为的功能时，需要依赖特定的语境条件，也就是说，句型结构的语用功能不是固定的。

6.5.3 通过语境信息表现言语行为

在合适的前提下，言语行为可以依靠共知语境，比如说话人与听话人之间共知的语境信息或百科知识，通过语言形式表现出来。这时，格赖斯的会话含意学说有助于这种非规约性间接言语行为的实施和理解。例如：

(73) 我没钥匙。

离开语境，该话语只能表示陈述。但在不同语境中，它却可以实施不同的言语行为，即传递不同的语用用意。比如，该话语可表示"我晚点再回家，因我没钥匙"(陈述),"请开门,因我没钥匙"(请求),"我保证没偷钱,因我没钥匙"(保证)等隐含信息。类似信息就是通过特定语境,听话人所理解的言外之意;但类似隐含信息的理解,需要听话人获取相关的、共知的语境信息。再如:

(74) 妻子:老公,电话!
丈夫:我在上厕所。

此例中,妻子的话语实际上带有这样的含意:"老公,你在哪里?电话在响,听电话。"丈夫遵守合作原则,应答了妻子并没有直接说出来的"你在哪里?"的询问,同时又因为妻子要他听电话这样的语境,丈夫的话语包含了更深层次的用意:"我在上厕所,没法听电话,让对方等会儿再打来。"显然,在此语境中丈夫表达了请求妻子代劳的"言外之力"。类似"言外之力"离不开交际双方共知的语境。

6.5.4 通过感情意义表现言语行为

所谓感情意义,就是指由于受个人情感的驱使,说话人在表现言语行为时,对听话人所谈论的事物表现出某种克制、夸大,或加以讥讽、强调等,从而使话语多少带有感情色彩,显得更具感染力,并使听话人获得更深刻的印象。带感情意义的言语行为往往同会话含意结合在一起。

A. 带有"克制"感情的话语多用于表达含蓄的"赞许"、"批评"、"评价"、"同情"等言语行为。由于礼貌或其他原因,表达这些言语行为时说话人不会尽情表露自己的看法,而是持有一定的克制态度。例如:

(75) 老刘:王五这个人真麻烦。
老马:不过,他是领导啊。

此例中,老马的话语"不过,他是领导啊",表明说话人对自己的意见有所克制,使话语隐含了这样的信息"王五确实麻烦,不过他是领导,恐怕还得忍耐一点",从而表达了对老刘进行劝告的用意。再如:

(76) 钟女士:隔壁小孩又把咱家的窗户玻璃打碎了。
徐大妈:小孩就是小孩。

(77) 记者:美越战争期间打死了十几万人,包括老百姓。
朋友:是呀,战争就是战争。

例(76)是钟女士和楼下徐大妈聊天时讲的话语。钟女士显然是在抱怨隔壁小孩的调皮,表示对他的不满,而徐大妈则使用了同义反复句"小孩就是小孩",故意违反合作原则中的量准则,目的在于说明"孩子毕竟是孩子,总是调皮的",从而表达出有克制的同情,使对方得到安慰。同样,例(77)中也出现一个同义反复句,可隐含这样的信息"战争毕竟是战争,总会带来死伤",这体现了一定的情感功能,表示说话人对战争残酷性的无奈,以及对死伤者的同情。

言语交际中,我们还可发现说话人在表达克制的情感时,不使用"很好"、"非常好"、"特别好"等词语,或不使用英语中的 very good(很好)等,而使用"不差"、"差不多"、"还行"、"过得去"等,或在英语中使用 not bad(不差)等。在评论某事、某人时,类似词汇、结构的选择都可能涉及说话人的情感,比如表示有保留的赞许或不满等。

B. 使用"夸张"等带有喻意的口吻,可表达说话人的"喜爱"、"厌恶"、"赞许"、"反对"等言语行为。例如:

(78) a. 二毛长得跟恐龙似的。
　　　b. 三毛爬树比猴子还快。

例(78a)、(78b)都违反了合作原则中的质准则,带有夸张的口吻。前者表达了对二毛不喜欢、厌恶的情感,而后者则表示对三毛的赞许。

C. 使用"讥讽"的方式表达说话人的"不满"、"蔑视"等言语行为。比如,违反合作原则中质准则的反语,就属于此类用法。例如:

(79) 甲:这鸡蛋是谁炒的呀?
　　　乙:王三。
　　　甲:哇,炒得真好。
　　　乙:(笑)

假设王三炒的鸡蛋既难看又难吃,在此情况下,甲的话语"哇,炒得真好"显然就是一句反语,带有讥讽的口吻,表示对王三所炒鸡蛋的不满,实则等于"哇,炒得真差"。在现实交际中,反语可以不同程度地表达不满或蔑视等言语行为。

总的来说,言语行为的表现方式是多样的,不仅在日常言语交际中大量存在,在电视、电影中也不例外,间接性言语行为更多。比如,广告语

"索芙特(化妆品名),你试过了吗?"表面形式是询问,但实则表示劝告、说服的用意,以达到以言成事的目的。

6.6 言语行为理论争鸣

如前所述,言语行为理论主要源于奥斯汀(Austin, 1962)与塞尔(Searle, 1965a, 1965b)对日常言语行为的研究。奥斯汀一开始强调言语行为的常规性,在对言语行为进行划分之后,把重点放在了言语行为的施为用意即语用用意上,关注说话人以言能做何事、如何做事及言语行为的成功与否。根据合适性条件,塞尔也对言语行为进行了划分,这些合适性条件就是成功地实施言语行为的规则,比如调节规则与构成规则(参阅 6.4.1)。不过,随着言语行为研究的深入,人们逐渐发现某些存在的问题,比如"施为假设"(performative hypothesis)问题。不管话语的施为用意是显性的还是隐性的,认为施为用意总是可以通过施为句表现的观点,就是施为假设(Sadock, 1988)。持这一假设的学者认为,施为句包含或隐含施为动词,主语为第一人称单数。然而,只有施为动词才能以言行事的观点存在局限性。比如,在特定语境中,缺少施为动词的话语同样可以以言行事,收言后之果。这一缺陷为塞尔提出间接言语行为理论奠定了基础(参阅 6.4)。

在讨论施为句假设和施为句存在的缺陷与不足之时,语用学者们进行了一些补充。比如,托马斯(Thomas, 1995)对奥斯汀的施为句范畴进行了扩展,并重新分类如下:

(a) 元语言施为句,比如"I say..."(我说……),"I protest..."(我抗议……),"I plead..."(我申明……),"I object..."(我反对……),"I move..."(我提议……),"I predict..."(我预测……)等,广泛存在于不同的语言与文化之中;

(b) 仪式性施为句,比如"I sentence..."(我宣判……),"I absolve..."(我赦免……),"I baptize..."(我给……施洗礼)等,具有很高的文化依赖性,且需要具备正式的合适性条件;

(c) 协作性施为句,"协作"也即合作,比如"I bet..."(我赌……),"I wager..."(我赌/我押……),"I challenge..."(我向……挑战),"I bequeath..."(我遗赠……)等,往往需要对方的相互配合才能完成某一

行为,如"我向你挑战两盘国际象棋",只有当对方接受了说话人的挑战,才能成功地实施"挑战"的言语行为;

(d) 群体性施为句,与(b)和(c)两类施为句相互交叉、重叠。

此外,施为句还存在跨文化差异,比如仪式性施为句就存在不同的文化差异,这在一定程度上补正了奥斯汀提出的实施言语行为的合适性条件,使其更加具体,在一些文化环境或国家中,施为句要受合适性条件的限制,而在另一些文化中根本不存在这样的条件。

言语行为理论可以解释句法学、真实条件语义学等无力说明的语言现象,这说明言语行为理论的贡献是不可否认的,但任何理论又都存在不完备性。在一定程度上,奥斯汀与塞尔都坚持言语行为的规约性,但塞尔同时强调言语行为的意向性(intentionality)。当格赖斯提出利用会话原则及准则去解释言语行为之时,塞尔试图确立一套规则,使奥斯汀的言语行为模式更加系统化和规范化。然而,根据他提出的规则,只能分析少数言语行为,并不能区分各种言语行为,而且他的规则具有循环性,不能解释言语行为之间的差异,也不能区分日常言语行为之间的细微差异,比如"I congratulate..."(我向……表示祝贺)和"I compliment..."(我向……表示祝贺/敬意)等言语行为之间的区别,可见塞尔的分析显得过于笼统。

在塞尔看来,礼貌是导致间接言语行为(如"请求")的最重要因素,不过他忽略了影响言语行为礼貌程度的社会文化特征。有的学者,如小山(Koyama,1997)对此提出了批评,认为实施与理解言语行为的"说话人"和"听话人"应是具有文化特色的概念,并在人类交往、语言使用中会表现不同的文化特征。罗萨多(Rosaldo,1982)认为,言语行为理论忽略了情景因素与文化因素对语言使用的制约作用。知道怎样说话就等于如何以言行事,以及何时以言行事,为此他反对塞尔将言语行为划分为断言类、指令类、承诺类、表达类、宣告类(参阅 6.4.2),因为类似分类不是语言使用中的跨文化分类。威尔日比卡(Wierzbicka,1985a)指出,英语中的许诺、命令、警告等言语行为是通过常规方式实施的,而在其他语言中很可能具有文化依附性,因而不应忽略言语行为的文化特殊性。

梅伊(Mey,1993)也指出,我们应该将言语行为与说话人所处的社会语境结合起来。进而,他提出应从社会和语言学两个角度分析的"语用行为"(pragmatic act)这一概念。从社会的角度看,言语行为应涉及一定的社会因素,比如说话人的教育程度、年龄、性别、职业等,这些因素构成了交际中说话人的背景信息的部分内容;从语言学的角度看,梅伊关注的是可以实施某一语用行为的语言形式,也就是说,选择什么语言及语言形式去实施语用行为。在维索尔伦(Verschueren,1999)看来,这是语言的顺应性问题。言语行为是语用行为的一部分,其实施依赖于语境条件与交际目的。因而,语用行为是受制于语境条件、具有顺应性的行为。在类似观点的支持下,梅伊认为言语行为理论不能对言语行为的社会基础进行解释。

不少学者对说话人使用间接言语行为的目的与动机进行过分析。比如,利奇(Leech,1983)通过衡量以言行事行为与以言行事目的或施为目的(illocutionary goal)之间的距离,去评估言语行为的间接性,同布朗与列文森(Brown & Levinson,1978,1987)一样,都是从社会的角度,以说话人为中心分析言语行为;但斯珀伯与威尔逊则从认知的视角,以听话人为中心,分析间接言语行为的选择与理解机制。又如,托马斯(Thomas, 1995:142—146)认为,间接言语行为的使用主要受四方面的原因制约:

(a) 增加话语的趣味性、生动性,或使用间接性话语(如违反量准则)以降低话语的趣味性或转移兴趣;

(b) 增加话语的信息力度。它与前者密切联系,使用间接性话语以增加话语信息的效度或影响,听话人要理解话语所传递的信息,就需付出一定的努力,比如玩笑、反语等;

(c) 当两个或多个目标相互抵触时,说话人常会使用间接言语行为;

(d) 出于礼貌或面子,说话人会使用间接言语行为。礼貌比前三个原因都重要。

还有学者对言语行为理论提出了各种看法。但与众不同的是,斯珀伯与威尔逊(Sperber & Wilson,1986a)认为,言语行为理论根本没有存在的必要,因而对列文森(Levinson,1983:226)的观点"言语行为与前提、含意一样,是任何普通语用学理论应该解释的主要现象"提出了质疑,并认为"言语行为理论家们关注的很多现象对语用学来说没有特殊兴趣"(Sperber & Wilson,1986a:243)。他们吸收了格赖斯理论中的合理内容,但却认为言语行为的划分没有太大意义,因为言语行为种类本身不是交际内容,而且也不一定能对话语理解起必要的作用。不过,斯珀伯与威尔逊提出的关联理论(参阅第十章)是否可以对言语行为理论进行补充,或将它融入到言语行为理论之中,值得探讨。伯德(Bird,1994)认为,将言语行为理论融入到关联理论中,似乎更恰当,而且还有必要对言语行为理论进行心理学方面的补充。看来,大家都在积极探讨如何使言语行为理论更加完善、更具普遍的解释力。

思考题
1. 什么是施为句?施为句有多少种?
2. 表述句与施为句的划分存在什么问题?
3. 什么是言语行为三分说?
4. 什么是间接言语行为?它与会话含意之间存在什么联系?
6. 言语行为有哪些主要表现方式?举例说明。
7. 举例说明影响间接言语行为使用的语用因素。
8. 分析奥斯汀对言语行为理论的主要贡献及存在的问题。

第七章 模糊限制语与语用含糊

7.1 引 言

语用语言学涉及语用学和语言学各分支学科之间的关系,特别是语用学与语法形式、词语及结构之间的关系。因此,我们可以从两个方面对语用语言学进行研究:一是探讨各种语言形式的语用功能,解决语言形式的语用含意及语用差异;二是结合语境,研究话语中说话人是否做到恰当地使用语言,有效地表达了用意,因为语言使用往往与说话人或作者的交际意图密切联系。根据维索尔伦(Verschueren,1999)的观点,语用学是对语言使用的一种功能综观,也即可以从语用功能的角度考察语言使用的各方面,包括词语、结构、话语等的选择、构建、排列顺序等,同时结合一定的语境制约因素,还可探讨它们的语用功能。这些是传统的句法分析或语义学研究所不能及的。本章主要考察语言使用中词语、结构等的语用功能。

7.2 模糊限制语

模糊限制语(hedge)指一些"把事物弄得模模糊糊的词语"(Lakoff, 1972)。其实,模糊限制语不仅包括词、词语,还包括一些组合结构、小句,我们统称"模糊限制语",意在凸现它们在使用中的语用特征。模糊限制语可以对话语的真实程度和话语内容涉及的范围进行修正,也可以表明说话人对话语内容作出主观测度,或提出客观根据,对话语作出间接评估等。可见,模糊限制语具有语境下的语用功能。

7.2.1 模糊限制语的类型

7.2.1.1 变动型模糊限制语

变动型模糊限制语(approximators)可以改变话语结构的原意,或根据实际情况对原来话语意义作出某种程度的修正,或给原话语确定一个变动的范围。在语言交际中,这两类变动型模糊限制语可以避免说话武断,使话语更具客观性;另外,类似模糊限制语的使用还可体现说话人的谦虚或委婉,从而达到维护人际关系的目的。

A. 程度变动型模糊限制语

程度变动型模糊限制语(adaptors)指限制变动程度的模糊性词语或结构,表示话语真实程度的变动。它可以把一些接近正确但又不敢肯定完全正确的话语,说得更得体一些,与实际情况更接近一些,从而避免说话过于武断。这类模糊限制语有很多,如英语中有 sort of, kind of, somewhat, really, almost, quite, entirely, a little bit, some, in a way, to some extent, to certain degree, more or less 等;汉语中有"在一定程度上"、"从某种程度上来说"、"有一点儿"、"几乎"、"差不多"、"或多或少"、"多多少少"、"完全/不完全"、"接近于"等,以及它们的各种变体与组合。在言语交际中它们起着特殊的作用。例如:

(1) 病　　人:还需要吃药吗,医生?

　　 医　　生:还有些炎症,<u>差不多</u>快好了。

(2) 主持人:唐灿,你是怎么看待城里人对外来妹的看法和外来妹对城里人的看法的?

　　 唐　　灿:要说深了,实际这是两种文明的冲突;浅显地说,过去长期以来城市和农村是相互封闭的,也是对立的。……在我们的意识里可能<u>或多或少</u>存在着这个东西。(选自中央电视台"实话实说"节目)

(3) Oliver: Jenny, you don't believe I love you?

　　 奥利弗:詹妮,难道你不相信我爱我吗?

　　 Jenny: Yes. But <u>in a sort of way</u> I think you also love my negative social status.

　　 詹　　妮:相信,但是我相信你也在一定程度上爱上了我低下的社会地位。

(4) Suzy: Is this true?
　　苏瑞：是真的吗？
　　Sam: No... <u>sort of</u>, <u>a little bit</u>.
　　萨姆：不……是有，有那么一点。

例(1)中，"还有些"和"差不多"是医生诊断病情时常用的模糊限制语，表示病情的一种程度。当医生对病人的病况作大致分析时，为了帮助确诊，避免过于武断，就会使用一些模糊限制语，这样的话语反而让听话人觉得真实，否则会显得过于肯定。例(2)中的"或多或少"表示一种意识程度；同样，例(3)和例(4)中的 in a sort of way(在一定程度上)、sort of(在某程度上/有点儿)和 a little bit(有点儿)涉及话语的真实程度。这样的例子在现实生活中还有很多，如例(5)中的"在某种程度上"、例(6)中的"稍微有点"以及例(7)中的"差不多"。

(5) 主持人：公共场所禁烟规定颁布以后，吸烟的人就会越来越少，这对烟草行业可能是个损失。
　　观众甲：<u>在某种程度上</u>国家是有损失。烟草行业是国家的，但是国家和政府都在积极倡导降低有害成分，有限度、有限制场合地安排抽。（选自中央电视台"实话实说"节目）

(6) 主持人：你今天坐在这里我<u>稍微有点</u>替你担心，因为我知道你在北京大学读书的时候，听过肖灼基先生的课，如果今天我们的话题发生争论的话，你怎么能跟老师争呢？
　　高　明：有这么一句话："吾爱吾师，吾更爱真理。"（选自中央电视台"实话实说"节目）

(7) 甲：那么请问，这戏里和生活当中的您有多大区别？
　　乙：<u>差不多</u>，但我没得肺癌。（笑声，掌声）

B. 范围变动型模糊限制语

范围变动型模糊限制语(rounders)指限制变动范围的模糊性词语或结构。这类变动型模糊限制语是衡量事物时经常使用的词语。这时说话人不必讲究实际情况与所说话语的接近程度，因为在话语中往往谈及具体的数字。这类模糊限制语有很多，如英语中的 approximately, essentially, about, something between X and Y, roughly 等；汉语中有"在某些方面"、"在一定范围内"、"接近于"、"近似于"、"相当于"、"介于……和……之间"、"大约"、"大概"、"左右"、"上下"等,以及它们的各种变体与组合。例如:

(8) 陈某:广告有一个非常大的害处,那就是让我们都变得恍恍惚惚。

路某:那可能你的精神太脆弱了。(笑声,掌声)现代社会就是一个信息爆炸的社会,从本质上说,广告是一种传播活动,现代社会不能拒绝传播。

李某:<u>在某些方面</u>现代社会就是要拒绝传播。举个例说,广告本来是市场经济所必须的,它提供一种信息,现在从提供信息变成了企业与企业之间的广告战,已经离它的本义很远了。(选自中央电视台"实话实说"节目)

(9) Walter: OK. I'll get... (On the plane to Seattle)

华特:好吧。我来开……(在去西雅图的飞机上)

Captain: This is Captain Browning and we're at our cruising altitude of <u>approximately</u> 35000 feet. The weather looks clear to the west and we expect to arrive in Seattle on schedule.

机长:我是布朗宁机长,现在飞机所在高度大约 35000 英尺。西部天气晴朗,我们希望能准时飞抵西雅图。

(10) 记者:我想问一下方女士,你小时候有没有撒谎的经历?

方某:我撒谎的时候<u>大概</u>是在 13 到 14 岁左右。我特别喜欢一个……(选自中央电视台"实话实说"节目)

例(8)中"在某些方面"是一个表示范围的典型模糊限制语。类似用法表示说话人可能无法知道准确范围,也可能表示说话人不想把范围说得太绝对。在多数情况下,使用范围变动型模糊限制语主要表明说话人不想把数字说得太绝对,以免与事实有距离,如例(9),或是因为无法提供准确数字,如例(10)。在交际中,使用这类模糊限制语可以给听话人提供数量的大概范围,以便让他们能在这个范围内理解信息。

需要注意的是,在一定语境中一些表示程度的模糊限制性词语也可能变成表示范围的模糊限制语。例如:

(11) Jack: See, I've got my own boat to catch. Go!
杰克:明白吗?我得上我的船了。快上船!
Cal: Come on. Hurry. It's <u>almost</u> full.
卡尔:快,差不多快没位子了。

(12) Lawyer: And what is your salary there?
律师:你现在薪水有多少?
Ted: It's... uh... it's... uh... it's <u>almost</u> twenty-nine thousand.
特德:有……唔……有……唔……两万九千美元左右。

例(11)中,almost(差不多)表示的是程度;而例(12)中,almost(左右/上下)则表示数量接近于某一范围。可见,有一些模糊限制语的功能是多方面的,只能根据语境来判断它们的类型,也就是说,在不同语境下同一词语或结构可能被视为不同类型的模糊限制语。

7.2.1.2 缓和型模糊限制语

缓和型模糊限制语(shields)不改变话语结构的原意。话语结构中加上缓和型模糊限制语相当于增加了一个说明,表示话语是说话人本人或第三者的看法,从而使话语原有的肯定语气趋向缓和。这种缓和型模糊限制语也可分为两种:直接缓和型模糊限制语与间接缓和型模糊限制语。

A. 直接缓和型模糊限制语

直接缓和型模糊限制语(plausible shields)表示说话人对某事所作的直接猜测,或指说话人表示他对某事持有的犹疑态度。无论是在英语还是在汉语中,这类模糊限制语都有很多,如英语中的 I think/we think, I believe/we think, I assume/we assume, I suppose/we suppose, I'm afraid/we're afraid, I wonder/we wonder, probably, as far as I can tell, seem, hard to say 等;汉语中有"我觉得/我们觉得"、"我们可能觉得/我们可能认为"、"我认为/我们认为"、"好像"、"我想/我们想"、"我猜测/我们猜测"、"可能/很有可能"、"就我所知/就我所了解"等,以及它们的各种变体与组合。例如:

(13) 分局长无话可说,出了门绕到楼后,仰头望望五层楼的高度,在草丛里东嗅嗅西踩踩。
"<u>我认为</u>他是不会从窗户爬进爬出的。"瘦高侦查员小心翼翼地

发表看法。(选自王朔《人莫予毒》)

(14) 记　　者：您这次引起强烈关注,好像就是因为您的婚事。

杨振宁：<u>我想大家可能觉得</u>年龄差距这么大,毕竟是少有的。不过<u>我们觉得</u>,这是我们自己的事情,虽然有压力,但我们也可以承受。<u>我相信</u>我们这次结合,最后大家会认为是绝对美好的。(选自《将来大家会认可这段浪漫史》,《广州日报》,2005年2月26日)

(15) Ben：Hello, who is this?

本：你好!请问你是谁?

Woman：This is Dr. Smith's answering service.

女：这是史密斯医生诊所服务台。

Ben：Is the doctor anywhere?

本：医生在哪?

Woman：Well, <u>I'm afraid</u> the doctor can't be reached right now. Would you like to leave...

女：恐怕现在医生不在这儿,请你留下……

(16) Oda Mae：You need to concentrate, coz if you concentrate, he'll <u>probably</u> appear. What's his name again?

奥德美：你得全神贯注,因为全神贯注,你才有可能唤醒他。他叫什么来着?

Patricia：Orlando.

帕特里西亚：奥兰多。

一些表示犹疑的词语,如 probably(可能/也许)、I'm afraid(我恐怕)、hard to say(很难说)等,以及一些表示推测的情态助动词,如 may(可能)、might(可能)等,都可成为直接缓和型模糊语,表示说话人本人的直接推测、估计或犹疑;汉语中的情况也一样,如上例中的"我认为"、"我想大家可能觉得"、"我相信"等之类的模糊限制语常用来表示说话人对某事情的真实程度信心不足,或没有把握或不敢予以肯定。于是,就会出现缓和型模糊限制语,加上"就我所知而言"、"可能"、"很可能"等词语或结构,可以使说话人对该事情的肯定口气得到适当的缓和。

B. 间接缓和型模糊限制语

第七章
模糊限制语与语用含糊

间接缓和型模糊限制语(attribute shields)不直接表示说话人本人的、推测或犹疑,而是引用第三者的看法,从而间接地表达说话人对某事情的态度、看法或认识;有的间接缓和型模糊限制语表示不确定的或缺少把握的信息来源。无论是在英语还是在汉语中,这类模糊限制语都有很多,如英语中的 according to one's estimates(有人推测),presumably(据推测),someone says that....(有人说),it has been known that...(人们知道……),as is well known(众所周知),the possibility would be...(可能性是……/可能出现的情况是……),the probability is...(可能性是……/可能出现的情况是……);汉语中有"人常说"、"据说"、"据报道"、"据推测"、"有记载说"、"有人说"、"有人认为"、"别人觉得"等。例如:

(17) 人常说,不怕慢,就怕站,不走弯路就好办。这闹革命也跟种庄稼一个理,只要抓住苗头就好办。水肥走到,就有好收成。(选自刘江《太行风云》)

(18) 张某:别人喝酒,我也喝酒,这对个性也是一种破坏啊。
周某:但是咱们中国古代就有喝酒的,古代没有抽烟的,据说喝酒只要适量,有一定好处。

(19) 有消息说,日本驻韩国大使高野纪元已于13日回到日本,日本方面的解释是他回国汇报工作。据报道,在高野纪元回国之前,韩国政府已经向其充分说明了韩国政府在韩日关系上的立场。(选自新华网 http://news.tom,2005年3月22日)

(20) A: Why was he losing weight so badly? Can you put that together in any way?
他为什么瘦成这个样子?你讲一讲究竟怎么回事,行吗?
B: Well, mother says that he's... he has... he's a... in a way, a very finicky eater.
噢,母亲说他是……他有……他是个……在一定程度上很挑食。

以上各例中间接缓和型模糊限制语的言语交际功能与直接缓和型模糊限制语的交际功能不尽相同。后者表示说话人的主观估计或猜想,用推测来缓和话语所指的事情或表示说话人的某种认识或观点;而前者则是通过一些有根据、有来源的说法去缓和话语所指的事情,或降低说话人对某些缺乏证据的事情或事物的把握程度,或表示说话人故意模糊或不清楚某一信息的来源等。总之,间接缓和型模糊限制语出现的情况和表示的功能是多种多样的,如上例所示。再如:

(21) 甲:那药吃了保险没有副作用吗?
乙:<u>医生说</u>,这种药服了之后会产生不良反应的。

当说话人使用间接缓和型模糊限制语表示话语陈述的依据时,应该说他是不同程度地同意该依据的,只是他对该依据究竟有多大程度的赞同,在话语中看不出来。如果要知道说话人对该依据的赞同程度,就需要依据一定的语言手段,如所使用的模糊限制语,进行判断。以(21)为例,乙的依据来自医生方面,他对此的赞同程度就会高些,如果依据来自护士,如使用"护士说",他的赞同程度就会低些;如使用"据主任医生说",他的赞同程度自然会高些。这同时也表明,在交际中间接缓和型模糊限制语常出现在话语中表示信息的依据或来源,有助于提高话语的客观性。

7.2.2 模糊限制语的使用功能

以上在讨论模糊限制语的类型时已涉及它们在交际语境中的语用功能。下面我们进一步就它们的功能及其相关问题进行讨论。

A. 变动型模糊限制语一般属逻辑—语义范畴,因此可能影响或改变话语的真实条件。试比较以下各句:

(22) a. A robin is a bird.
    知更鸟是一种鸟。(真)
  b. A robin is <u>sort of</u> a bird.
    在某种程度上说,知更鸟是一种鸟。(假)
  c. A chicken is a bird.
    鸡是一种鸟。(接近于真)
  d. A chicken is <u>sort of</u> a bird.
    在某种程度上说,鸡是一种鸟。(真)
  e. A bat is a bird.
    蝙蝠是一种鸟。(假)
  f. A bat is <u>sort of</u> a bird.

第七章
模糊限制语与语用含糊

　　在某种程度上说,蝙蝠是一种鸟。(接近于假)

g. A cow is a bird.
　　牛是一种鸟。(假)

h. A cow is sort of a bird.
　　在某种程度上说,牛是一种鸟。(假)

　　无论在英语还是在汉语中,模糊限制语的出现都可能影响甚至改变话语的真实条件。就上例来说,在本来就"真"的话语中,如例(22a),加上变动型模糊限制语 sort of(在某种程度上说/在一定程度上)之后,其真实条件就发生了改变,如(22b);而一些原来真假不明确的话语,如(22c),一旦加上变动型模糊限制语 sort of 之后,其真实条件就发生了改变,变为了真实的情况,即(22d);另一些不具真实条件的话语,如(22e),加上变动型模糊限制语之后,就变得含糊其辞、不置可否,如(22f)。可见该话语具有如下功能:

　　(a) 说话人对蝙蝠是否是鸟缺少把握,加上 sort of 之类的变动型模糊限制语之后,可掩盖自己知识的不足;

　　(b) 说话人知道蝙蝠不是鸟,但可能出自某种原因,如为了尊重对方而不便作出过于肯定的断言,于是使用了该模糊限制语,从而减轻断言的程度,显得得体而有礼貌。

　　但是也存在这样的情况:话语本身就是"假"的,也就是说不具备成"真"的条件,如例(22g),加上变动型模糊限制语之后,也不具备成"真"的条件或不改变"假"的条件,如(22h)。

　　B. 模糊限制语中的缓和型模糊限制语并不改变话语的真实条件,所以属于语用范畴,其语用功能是使说话人得以恪守合作原则或礼貌原则等,在清楚地表达会话含意的情况下尽量避免将意见强加于人,避免过于武断。例如:

(23) 警察:十分钟前看见有个男青年往那边跑过去没有?
　　　店主:好像有一个,你再问一问别的人。

(24) 我想你可不可以下午帮我搬些家具。

(25) 经理:下午再讨论吧,上午有些不舒服。
　　　秘书:我觉得您还是去看一看医生吧,经理。

(26) 张三(李四准备开车去超市):帮我顺便捎点方便面,有时间吗?

李四:恐怕来不及,要去机场接个朋友。
(27) 过了花甲怕什么?俗话说,不怕人老,只怕心老。只要思想不老化,还是可以做不少事情的。(选自唐枢主编《中华成语熟语辞海》第一卷)

在以上各例中,缓和型模糊限制语都体现出特定语境下的语用功能。例(23)中,如果不出现"好像"或"可能"之类的直接缓和型模糊限制语,说话人的口气及其话语断言就显得过于肯定,但插入之后,话语就留有余地,万一出错,说话人应该承担的责任自然会轻些;例(24)是一个有礼貌的"请求"言语行为,因为"我想你可不可以"的使用降低了该请求的施为力度,这样就恪守了礼貌原则中的得体准则(参阅第四章);例(25)中,秘书的话语是表示"建议"的言语行为,因为"我觉得"这个缓和型模糊限制语使强加于人的语气得以减弱;例(26)中,李四的应答清楚地表达了"拒绝"的语用含意,但因"(我)恐怕"的使用,降低了该拒绝行为威胁对方面子的力度;例(27)中,说话人在"劝说"一位老者,其中附加了缓和型模糊限制语"俗话说",这有助于提高所说话语的得体性和可接受性,从而提高劝说的力度和效度,还可以避免伤害对方的面子。

C. 模糊限制语的语用功能取决于说话人的职业和身份。比如,医生、律师、科学工作者等,在遇到一些不易解释清楚的现象或事情时,他们会使用一定的模糊限制语;在涉及学科领域,尤其是一些科学难题的谈话时,他们往往不像人们所希望的那样把问题讲得十分肯定或绝对,相反,出自探求的态度,或基于个人的推断,他们会故意含糊其辞,使用各种模糊限制语。从一个角度看,模糊限制语可能成为他们展示业务或学识水平的重要手段;但从另一个角度看,这些人在遇到一些不易作出正确估计或判断的场合,或对某一问题的认识或处理把握不大的场合,或因他们的身份和自己的面子要勉强发表见解的场合,模糊限制语可以帮助他们体面地应付,成为他们最得力的言语手段。另外,在涉及某些至今无法确认或断定的未来事情或现象时,人们也会使用模糊限制语来表示一种推测或预测,如下例中的"很可能"和"有人推测"。因为推测或预测本身具有不确定性,类似缓和语的使用可降低所说话语的主观绝对性,从而提高信息的可接受性。

(28) 世界卫生组织警告说,2007年很可能是继1998年登革热疫情大暴发后,亚洲再次遭遇大规模登革热疫情的年份,且疫情强度远胜于1998年。(选自中国市场监测中心 http://www.chinammn.com.cn)

(29) 姚明身高2.26米,姚明后代的身高呢?<u>有人推测</u>,"姚小明"身高将是2.246米,如果是"姚小莉",身高将是1.992米。(选自新浪网 http://sports.sina.com.cn)

D. 模糊限制语的使用存在其消极的一面。由于知识的局限或由于其他原因,有时人们说话不得不带上模糊限制语,结果导致话语含糊,影响交流的顺利进行。如例(30)中医生(B)和病人(A)之间的对话,因为病人含糊其辞,医生始终无法打听出病人服用了什么药物,于是谈话也就无法顺利进行下去,医生只好不耐烦地说声okay,结束询问。

(30) A:I'm still taking the liquid medicine.
我还在服用那液体药物。

B:The Maalox or the Mylanta?
是Maalox还是Mylanta?

A:<u>I guess</u> that's what it's called. It's <u>kinda</u>① pinkish.
我猜是的。有点呈粉色。

B:Pinkish hub? Let's see what they call it here on the chart... It's not Dilatol, is it?
粉色?看一看图表上的名字什么……不是Dilatol吧?

A:I don't know. It's <u>kinda</u>, it's <u>kinda</u> pinkish.
不知道。有点,有点呈粉色。

B:Pinkish.
呈粉色。

A:You know, <u>kinda</u> pink.
你知道,有点呈粉色。

B:Well, let's see what they gave you. Pinkish color... the one that you take with your water pill every day?
好啦,告诉我他们给你开了些什么药。呈粉色……每天用

---

① Kinda 是 kind of(有点/某种程度)的非正式语体,常出现在口语中。

水服用药丸?
A：Orange juice.
　　橘子汁。
B：Right, right, okay.
　　好,好,行啦。

另外,在一些商业广告中我们会发现一些蓄意使用的模糊限制语,也就是说,利用某些词语或结构的不确定性、指示的多向性等,来制造传递信息的松散性,或故意省缺某些词语,从而制造信息空当。类似现象的出现可能形成信息理解的伸缩性,以达到某种宣传效应,甚至欺骗的目的。比如,以下医药广告中表示信息来源的"据中华中医学会资料调查表明"、"资料也表明"以及"世界卫生组织资料显示",表面上看似可靠、精确而实则具有信息所指的模糊性,一旦所宣传的产品出现问题,广告制作者或广告商可以比较容易地进行文字辩解。

(31) <u>据中华中医学会资料调查表明</u>:许多中老年人得了病以后,对如何服用药物都有一定的误区——那就是患者在患有一种病的时候,就服用一种药,患有多种疾病的时候,就服用多种药。这样实际上给他们身体造成了诸多的伤害。

同时<u>资料也表明</u>:采用多病多药的治疗方法时,由于药物之间所带来的毒副作用,导致脾胃损伤,使人体无法正常吸收营养,体质下降。加上药力之间的冲突,毒副作用加剧,影响肝肾功能,致使肝肾排毒功能降低,机体免疫力越来越低,抗病能力越来越弱,进而造成人体各个脏腑器官日渐衰竭。这样做的结果是不但不能治疗各种疾病,反而会诱发其他疾病的发生,从而缩短人的寿命。

<u>世界卫生组织资料显示</u>:中老年患者平均每人患有三种以上疾病,老年人死亡原因中,有三分之一不是自然死亡,而是因为用药不当!"多药同服"所造成的最终结果是:药效越来越不明显,治疗效果越来越差,平均寿命比正常人大大缩短……。

(选自《南方都市报》,2004年12月21日)

7.3 语用含糊

语用含糊(pragmatic vagueness)是语言交际中十分普遍的现象。无论在国内还是在国外,都出现了很多的相关研究(何自然,1990;俞东明,1997;Franken,1997;Foolen,1991;Fredsted,1998;Thomas,1995;Zhang,1998)。语用含糊就是从语言使用和语言理解的角度讨论语言信息的不确定性。我们讨论的"含糊"(vagueness)来自坎普森(Kempson,1977),是语言不确定特征的总称。有学者热衷于从不同的角度对类似含糊、模糊、笼统、歧义/两可、含混等表示"不清楚"的概念加以区分,其实关键是要认识各种"不清楚"的概念在语用上如何表现含糊的。语言使用的含糊应该从语用的角度,也就是从语言的使用与理解两个角度去分析才有意义。单个词汇意义的不确定性只有在语用中,也即放到特定的语境中才能解决。因此,交际中语用含糊研究包括那些看似是词汇,而实际上是话语的模糊限制语,以及其他看似语义模糊而实际上是语用含糊的现象。

在语用中,含糊包括语言表述的模糊性(fuzziness)、不确定性(indeterminacy)、或然性(probability)、两可性(ambiguity)、约略性/近似性(approximation)、含混(ambivalence)、笼统性(generality)等非二值逻辑所能分析的含糊概念。逻辑—语义符号通常都有明确的定义,但语用中表达的意义却往往是含糊的。在命题逻辑(或称"二值逻辑")中,一个命题只有真假二值,统称为真值。取真值为"真",是真命题;取真值为"假",是假命题。命题的变域实际上是真假两个元素组成的集合,即非真即假。但在语用中,话语命题是非离散性的,处于真假之间或真假难定的语言现象普遍存在。

现实生活中很多事物的界定都模糊不清。比如,人的头和脸的界限在什么地方?有人认为,头和脸以眉毛为分界,这样额就是头的一部分;也有人认为额是脸的一部分,没有额的脸是不可思议的。于是,就出现了用二值逻辑无法解决的两个命题:(a)额为头之一部分;(b)额为脸之一部分。《现代汉语词典》将"额"解释为:"人的眉毛以上头发以下的部分,也指某些动物头部大致与此相当的部位。通称额头。"尽管该释义的前半句没有明确断言额是头的一部分,但从后面部分判断,该词典无疑是把额说成是头的一个部位。有趣的是,在一些英语词典中,forehead(额)的释义几乎都是"face(脸)的一部分"。比如"the part of the face above the eyes and below the hair"(LDCE);"part of face above eyebrows and between temples"(COD);"the part of the face between the eyebrows and the line where the hair normally begins"(WNWD)等。只有 LMED 将 forehead 作为头的一部分,定义为"the front of the vertebrate head, in man above the eyebrows to where the hair begins to grow"。可见,如果从逻辑—语义的角度分析(a)、(b)两个命题,是很难确定其真假的。"确定"与"不确定"在逻辑—语义中是用来给符号和指示对象范围定值(value)的,这很有必要;但是在自然语言中有时无法对命题定值,因为在很多情况下我们只能确定自然语言的所指范围。换句话说,自然语言往往要用含糊概念来表达命题。

7.3.1 语用含糊的类型

语用含糊大致分为如下四种类型:

A. 连续体型

连续体(continuum)型含糊指命题真假之间存在一种界限不明的延伸。因此,语用上只能在连续体的范围内对命题进行大致描述。颜色词的模糊性最能说明连续体型含糊的特性。从理论上讲,色彩的数量是无限的,但语言中表达颜色的词语却是有限的。从语用的角度,只要使用一定数量的颜色词,大体上表达出色彩的差异就够了。因为颜色词数量再多,也无法十分准确地区分出光谱中的无限色彩。需要表达某种颜色,但又缺少专门的颜色词时,语用含糊就会出现。英语中使用表示物体色彩特征的词来表示颜色,如用 gold(金黄色),orange(橙色)表示红带黄的颜色;用修饰语对颜色词的色彩特征作补充描述,如 cobalt blue(钴蓝色),dark brown(深棕色);也有直接用两个颜色词连在一起组成复合词来表达某种混合色,如 yellow-green(黄绿色),purple-blue(紫蓝色)等。同样,汉语中也有金色、银色、橙色、深蓝色、浅绿色、银白色、灰褐色、红棕色等表达法。无论使用哪种方式描述,色彩仍然无法表达得十分准确,因为在整个颜色连续体中很难绝对区分出色彩的特征。著名哲学家罗素曾规定过颜色的识别程序。当某一色彩(S)无法与基色之一(x,y 或 z)区分开来时,该颜色就可以与某一基色视为同色,如在 xSyz 或 xySz 中,S 可看做与 y 同色，即 S=y。其实这只表明色彩分界不明时，不得已而采用的方法罢了，这正好说明语用含糊的存在。

B. 类属范畴型

类属范畴型含糊指某个类属范畴内产生的含糊概念。事物具有上位类属和下位类属。在下位类属的各概念之间可能具有程度或形体上的差异，但只要上位类属相同，就统归为同类事物。因此，语用上如使用上位类属概念词语，势必存在一系列不确定的下位类属概念，从而导致话语含糊。例如：

（32）我看到一条<u>狗</u>。

（33）她坐在<u>椅子</u>上。

不同的听话人对以上命题的所指可能有不同的联想。例（32）中，"狗"是一个上位类属概念词，可以指"警犬"、"牧羊犬"、"哈巴狗"、"狩猎犬"等一系列下位类属概念；同样，例（33）中，"椅子"也属上位类属概念词，听话人可将其联想为靠背椅、折叠椅、扶手椅、转椅、摇椅、沙发椅、长椅等下位类属概念之一。

此外，也存在大量上位类属概念词，如"鸟"、"鱼"等，它们在语用上是含糊的，听话人可自由联想出多种不同的下位类属概念。类属范畴含糊不同于连续体含糊。后者是真假二值之间的含糊概念，而前者是上位类属范畴内因包含多种下位类属概念而出现的含糊联想。

C. 命名评价型

命名评价型含糊指说话人对命题进行主观评价时出现的含糊。这种类型的含糊可分为以下几种：

（a）名物判断价值含糊。例如：

（34）他是个<u>好学生</u>。

（35）那是个<u>美女</u>。

（36）你真是个<u>男子汉</u>。

以上各命题都表达说话人的主观评价。不同的说话人对同一事物或事情存在不同的主观判断，见仁见智，不可能完全吻合。"好学生"的标准是什么？什么样的姑娘才算"美女"？什么样的表现才称得上"男子汉"？类似问题的答案显然是不确定的或绝对等同的。

(b) 抽象概念含糊。"人权"、"自由"、"民主"等类似概念在语用上是含糊的。说话人会因其自身的立场、观点不同，或因理解、判断不同，对这些概念的认识存在一定差别。日常言语交际中，"说谎"、"真理"等构成的命题也可能是含糊的。如例(37)中，张山说谎了吗？

(37) 一天早晨，张山有一场数学考试，但她没有复习好，所以不想上学，于是就对母亲说："妈，我生病了。"

于是，母亲给张山量了体温，是 37.9 摄氏度，她真的病了，后来竟发展为猩红热。在这种情况下，张山说谎了吗？根据科尔曼和凯(Coleman & Kay, 1981)对相同例子的调查，由于"说谎"的概念含糊，受试者中只有 51.6% 的人认为张山在说谎。

(c) 相对概念含糊。所谓相对概念指一些修饰词语所形容的概念是相对的，不可能出现绝对一致的标准。比如，"大"所形容的"大屋子"、"大个子"、"大眼睛"到底有多大？"天已经大亮"有多亮？"大为高兴"有多高兴？"小小年纪"到底算几岁？又如，"这山很高"和"这孩子很高"中的"高"会因语境而异。再如，a weak student(一个差学生)和 a weak boy(一个瘦弱的孩子)中的 weak 概念是不同的，前者指成绩差，后者表示身体弱；a small child(一个小孩)和 a small elephant(一只小象)中的 small 更是完全不同的情形。语用上的类似修饰语是含糊的，人们只能通过对比或联想来获取一个大致的概念。

(d) 近似概念含糊。这里指一些习惯固定的概念，如"前"、"后"、"左"、"右"、"东"、"西"、"南"、"北"、"三角形"、"六角形"、"直线"、"斜线"、"圆"、"方"、"扁"等。在语用上不求精确，只讲近似。比如，"人民南路"和"教育南路"中的"南"就有差别，"环市路"并非绝对呈环状围绕城市的道路。再如：

(38) France is hexagonal.
　　　法国呈六角形。

我们只能将例(38)中的 hexagonal(六角形)理解为一个近似概念，绝不能精确地将其理解为包含了六个六十度的角。

(e) 元语言含糊。元语言(metalanguage)就是用来描述或分析语言的语言。元语言含糊指以元语言作为一般语言所导致的语用含糊，如以

元语言作为一般语言引起的多重歧义:

(39) He didn't clean the room.
　　 他没有清扫房间。

此例通常被理解为"房间脏了,他没有清扫房间"。但按元语言理解,它表示"What he did was not at all clean the room"(他所做的事根本不是清扫房间),其中 clean the room 可能指擦拭房间里的桌椅,也可能是扫地,也可能是掸家具上的灰尘。可见,该话语中 clean 一词有不同的理解。下面这两个例子也算是元语言式的一般语言所引起的语用含糊:

(40) 他不是政治家,而是政客。
(41) 她不是歌唱家,顶多是一个歌星。

例(40)中,"政治家"与"政客"这里指的是同一个人,因人们的立场或观点不同,用词褒贬不一;例(41)中,"歌唱家"与"歌星"也是针对同一个人,类似用词反映了说话人的不同评价标准。这些现象都体现了词语中的含混。

(f) 引述词语含糊。引述词语指直接或间接转述说话人的话语时在引述分句(reporting clause)中所使用的词语。有学者从语用角度对引述分句中如何选择引述动词进行过专题研究(Verschueren,1985),称之为元语用选择(metapragmatic choice)。转述时使用什么样的引述动词也与转述人的立场、观点及所处的语境有关。当转述人对原话语持褒或贬的态度时,他往往会舍弃"××说"之类的中性结构,换用带有明显倾向性的说法,通常还可能附加一些修饰成分,如"乐观地提出"、"庄严地宣告"、"不客气地反驳"、"揭露"、"矢口抵赖"等。尽管引述内容相同,但由于引述人持有不同的立场、观点,所使用的引述动词或褒或贬,很不一致。从语用的角度看,这些词语所表达的情感与立场往往是引述人按照主观认识附加给读者或听话人的,不一定被普遍接受。这仍属命名评价型的语用含糊现象。

D. 模糊限制型

模糊限制语导致的语用含糊均属此类型(参阅 7.2)。比如,从语用方面分析,有的模糊限制语用于对话语的真实程度或涉及范围作出修正;也有的用于说话人对话语内容作主观测度,或提出客观依据以便对话语进行间接评估。模糊限制语分为变动型和缓和型两种,尽管第一种模糊限制语可改变话语的真实条件,而第二种则不改变真实条件,但两者均可在语用上产生模糊概念。下面是一些加上模糊限制语后使原命题出现含糊的例证:

(42) a. He is a gourmet.
   他是个美食家。

   b. He is <u>sort of</u> a gourmet.
   他在一定程度上是个美食家。

(43) a. He is an idiot.
   他是个傻瓜。

   b. He is an idiot, <u>I think</u>.
   我认为他是个傻瓜。

(44) a. He is suffering from pneumonia.
   他正患肺炎。

   b. <u>According to the doctor</u>, he is suffering from pneumonia.
   据医生说,他在患肺炎。

7.3.2 刻意言谈与随意言谈

斯珀伯和威尔逊(Sperber & Wilson 1986a,1995)认为,会话等言谈中存在刻意言谈(literal talk)、随意言谈(loose talk)和寓意言谈(metaphorical talk)之分。我们不应当将它们看做是言谈的不同类别,而应当看做是会话言谈在随意程度(degree of looseness)方面的差异。在言语交际中,除了很少部分言谈是刻意要求人们按原意去理解之外,日常会话中大多数言谈都是比较随意的或松散的,都不同程度地带有约略、模糊、笼统、含混等语用含糊现象。此外,交际中的很多话语还带有寓意,比如隐喻(metaphor)、弱陈(meiosis/understatement)、反讽(irony)、夸张(hyperbole)等,它们传递的信息不是字面的,实际也属于随意言谈。因此,我们可将言谈简单划分为两类:刻意言谈和随意言谈。

刻意言谈用以表达原意,也称"原意言谈";而随意言谈却与原意有不同程度的距离,充满了语言的不确定成分,也就是说,随意言谈的特点是不求刻意,呈现出各种各样程度不同的语用含糊现象。例如:

第七章
模糊限制语与语用含糊

(45) 甲：每月收入多少？

乙：<u>2500 块</u>。

假如在闲谈中甲问乙每月在公司的收入情况。如乙的工资是 2435.47 块，他一般不会刻意说出具体数目，而会说成 2500 块。这就是随意言谈中的约略表示法。约略指多于或少于实际情况，可以用模糊限制语来表达，如说成"大概 2500 块、2500 块左右、差不多 2500 块"等。这正是言谈中普遍使用的近似用法。

再看另一类随意言谈。例如：

(46) 很高兴告诉你李四刚获得了<u>学位</u>。

此例是随意言谈中的"笼统"说法。关于"笼统"，有指类属范围的笼统、命名评价方面的笼统，以及相对概念的笼统等。此例的笼统是类属范围型，因为说话人只讲李四获得了学位，却没有明确告诉对方获得的是什么学位：学士学位、硕士学位，还是博士学位？在一定语境中，比如说话人知道对方已知李四这些年在美国攻读博士，对方肯定明白李四获得的是博士学位，此时如果再具体讲明什么学位，就显得多余了。

随意言谈还会出现下面的情况：

(47) Passenger A: Ask the driver what time we get to Birming-
　　　　　　　　ham.

旅客 A(对邻座 B)：问司机车几点到达伯明翰。

Passenger B: Could you tell me <u>when</u> we get to Birming-
　　　　　　　　ham, please?

旅客 B(对司机)：请在车到达伯明翰时告诉我们，好吗？/请告诉我们几点达到伯明翰，好吗？

Coach driver: Don't worry, love, it's a big place—I don't
　　　　　　　　think it's possible to miss it.

客车司机：不着急，朋友，伯明翰是个大地方，不会错过的。

此例属于模棱两可的现象，即语用歧义（pragmatic ambiguity），因为 when 可能产生两种理解："当……之时"和"在几点钟"。例中，乘客 B 想知道几点可到达伯明翰，但因为他的话语结构可作两可理解，致使司机误解为乘客 B 要求他在客车到达伯明翰时告诉他们一声。

下面话语的含糊现象应同上例(47)的两可现象区分开来：

(48) A: Next door's dog is in our garden.
隔壁邻居家的狗在我们花园里。
B: I must have left the gate open.
我肯定是没有关门。

此例是随意言谈中在言语行为方面的含混现象。含混与两可不同，例(47)是两可，表示因混淆了话语中的词语或结构而出现意义的两可现象，但它表达的言语行为并不含混，即"请求提供信息"的言语行为在该例中是明确的。此处我们说的含混，专指在言语行为表达方面的模棱两可。托马斯(Thomas,1995)指出，例(48)的含混出现在听话人 B 的回答中，他可能在陈述一个事实，也可能是认错或道歉：因忘记关门而后悔，或请求对方原谅。

除上述带有笼统、模糊、约略、两可、含混等语用含糊现象的随意言谈之外，还有另一类非原意的随意言谈。它们的命题形式只有部分真值内容，语句中带有寓意性的语用含糊现象，称为"寓意用法"(metaphorical use)。例如母亲对儿子说：

(49) You are a piglet.
你是头小猪。

这是一个比喻，当然它不是一个具备完全真值的命题，我们不能刻意按照语句的字面意义来理解母亲的意思。要了解说话人使用 piglet(小猪)的意图，就要知道当时的语境，从而知道它在该命题中的寓意。在例(49)中，命题原来要表达的意思很可能是"You are a dirty child"(你是一个不爱干净的孩子)。此例是一个寓意句，属于随意言谈。

当言谈无法按照字面原意理解时，听话人就要根据字面信息或根据上下文作非原意的理解。随意言谈中的寓意句是多种多样的，除比喻之外，还有弱陈、反讽、夸张等。交际中寓意所揭示的都是一些隐含意义。例如，甲酒后把张山的家具搞坏了，甲的朋友乙可能说一句：

(50) He was a little intoxicated.
他有点醉酒。

这是一种弱陈的随意言谈，说话人甲显然有点护短，对当事人乙的破坏行为只说成是"有点醉酒"。类似用法是一种低调陈述(understatement)。

在有的语境中，说话人可能会正话反说，这是一种带反讽的随意言谈。比如，当说话人埋怨对方没有把房间打扫干净时，他会说出这样的话语：

(51) 哇，打扫得真干净。

另外，说话人也可以通过夸张的手法来表达用意，这同样是一种随意言谈，不能按照字面意义去理解。如例(52)的夸张说法，其含意可能是对当事人的爱慕或嘲讽。

(52) From his mouth flowed speech sweeter than honey.
他的讲话比蜂蜜还甜。

以上非原意的随意言谈，其随意程度尽管各异，但都高于刻意表达原意的言谈。随意言谈既然不表示刻意，其表达方式就必然含糊。因此，我们认为随意言谈中的含糊表达可视为语用含糊现象。语用含糊是一个总概念，它常出现在随意言谈之中。我们可将交际中的语用含糊现象简单图示如下：

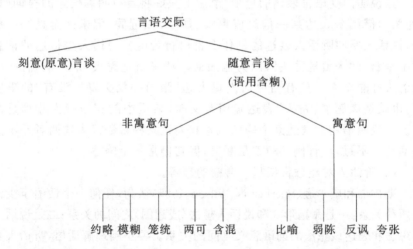

7.3.3 语用含糊现象

语言交际中的随意言谈充满了不确定性，体现的是语用含糊现象。为什么说话人在言语交际中不怎么追求刻意呢？面对可作多重理解的话语，听话人如何最终确定话语的含意呢？下面我们再从说话人的表达和听话人的理解两方面,去分析言语交际中的语用含糊现象。

　　A. 说话人用明确的言词表达模糊的想法或信息。

　　事物的概念在人们头脑中都是明确的,其定义也很清楚。不过,当人们为了表达想法而需要提及某个概念时,往往不会十分讲究这个概念本身的确切定义。原因是他要表达的想法受到语言的限制:人们的想法(逻辑、命题形式和事实假设)不能在自然语言中找到与之直接对应的词语来表达(Sperber & Wilson 1995:285,Note 7)。于是,说话人通过语言来表达自己的想法时,只好使用一些并不完全符合想法的词语,但求听话人对它们不作刻意的理解。例如:

　　(53) 张山是个<u>秃头</u>。

例(53)中,说话人只是含含糊糊地指出张山是个秃头。假设说话人见过张山,知道他头上还是有几根头发的,可是说话人不能也许没有必要将他知道的事实确切地表达出来,他只好以随意言谈的方式,用"秃头"这个具有明确概念的词语,传递实际想要表达的"头接近秃,但未完全秃"的信息。这说明因受语言表达的局限,语用上只好将具有明确概念的言词(如"秃头")借用来表达某一信息或事实(如"头接近秃,但未完全秃")。那么,说话人要向听话人表达的是什么言语行为呢?说话人想传达的信息并不是断言"张山是秃头",因为他知道,说"张山是秃头"是不准确的,张山的头并非全秃。只有当说话人想表达"张山一根头发也没有"的事实时,也就是该例中"秃头"表达确切意义时,话语中的言语行为才算是断言。这说明语用上表达某个确切概念和表达某种言语行为这两者并不是一回事。不过,尽管例(53)不是断言,但它仍是一个陈述。

　　B. 听话人对随意言谈只作含糊的理解。

　　斯珀伯和威尔逊(Sperber & Wilson,1995)认为,任何一个话语至少涉及两种关系:一是命题形式和说话人想法(或意图)之间的关系;二是说话人的想法和表达该想法的词语意义之间的关系。要正确理解话语,听话人必须弄清楚这两种关系。如果命题形式和说话人的想法一致,则表达该想法的词语意义就是字面上的原意;如果命题形式与说话人的想法不一样,表达该想法的词语意义就不是字面上的确切意义。前者是一种刻意言谈,后者是一种随意言谈。如果说话人要表达确切的内容,他就要提供足够的语境信息。不过,在一定语境中,听话人应该清楚话语中说话人所隐含的确切内容。所以,当说话人进行类似例(53)的随意言谈时,听话人一般不会作刻意的理解,而只作含糊的理解。如果说话人需要表达确切的概念或信息,刻意让听话人知道张山一根头发也没有,他就要通过明说(explicature)向对方提供更多的隐含信息,表明他的想法和所说话语的命题形式相一致,如"张山绝对没有头发"、"张山根本没有头发"、"张山一根头发都没有"等。

可见,言语交际中听话人往往首先假定说话人所说话语都是随意的、松散的,假定话语里充满了各种语用含糊,假定话语里有时会出现寓意引起的半真半假的含糊现象。当说话人刻意去表达字面的确切意义时,他就要通过明说提供更多的语境信息;而听话人也许需要付出更多的努力去加工那些语境信息,才会对话语作出确切的理解。

C. 听话人常对间接的二手信息作刻意的理解。

如果说话人向听话人提供的信息是间接获取的二手信息,听话人往往会作刻意的理解。假如说话人甲见过张山之后对乙说了话语(53),乙会认为甲的话语是一种随意言谈,他无须刻意弄清甲所指的"秃头"的程度。不过,因为这是甲告诉他的信息,他本人又未见过张山,他当然可以将甲对他讲的话语(53)向另一听话人丙作这样的描述:"甲说张山是个秃头。"这样转述的结果是:甲说的"张山是个秃头"既是转述句的命题形式,也是甲想传递的内容。当乙将甲的话语"张山是个秃头"对丙直说出来,或向丙传达"甲说张山是个秃头"时,由于丙也没有见过张山,乙传达的秃头就会被丙作为字面的确切意义"一根头发也没有"来理解,乙的话语本身就被丙理解为一种刻意言谈,于是甲使用的话语(53)通过乙作为二手信息说出来,会被丙视为一种断言。

D. 随意言谈中说话人只讲约略,不作断言。

前面的讨论指出,交际中说话人可能借助精确数字或语义结构去表达一定语境下的约略信息。再如:

(54) 甲:全村人均年收入有多少?
　　　乙$_1$:25000 块人民币。
　　　乙$_2$:大概 25000 块人民币。

此例中,表面上乙$_1$的话语看不出是含糊的表达。假如全村人均年收入并不是人民币 25000 块,而是 24359.47 块,其中的数字就是一个含糊的近似数,在语用上等于乙$_2$的话语,这就是随意言谈中表示约略的语用含糊现象。

说话人可以使用准确数字,也可以只说出约略数字。斯珀伯和威尔逊(Sperber & Wilson,1995)指出,说话人只须表达命题的某些隐含,无须对命题的真实性作出断言,这就是说,命题形式并不刻意反映说话人的真实想法,或希望传递的交际信息。说话人不作刻意的言谈,而选择约略的说法,这完全符合他们提出的关联原则。关联原则认为:"每一种明示的交际行为都应设想为它本身具备最佳关联性。"(Sperber & Wilson,1995:158)因此,说话人不需要说出具体的数字信息或传递字面的刻意信息,而只需让对方知道一个大致的范围、程度或级别。

其实,在随意言谈中约略说法表现出来的语用含糊会因语境不同而产生不同的用意。如上例(54)中,说话人乙$_1$告诉对方全村人均年收入是25000块,而其实只有24359.47块。在此情况下,说话人的用意在于提供约略信息。这正是随意言谈中的约略策略(Sperber & Wilson,1995:233)。另一种情况是,说话人无法提供准确信息,比如不清楚全村人均年收入的具体数字,他只能敷衍地向对方说一个约略数字。第三种情况是全村人均年收入正好是25000块,但他并不想让对方知道确切数目,于是会特意附加"大概"、"大约"或"差不多"之类的模糊限制语,如乙$_2$的话语,从而把确切的信息弄得模模糊糊,有意不让对方知道确切信息。不管语用含糊用意属于哪一种,其命题形式和实际收入都不尽相同。因此,就以上情况而言,无论说话人使用"25000块"还是"大概25000块",都应看做是一种随意言谈。

E. 听话人对"非断言性行为"只作约略理解。

我们再从听话人的角度分析约略说法。例(54)中,我们设想乙$_1$对听话人甲说出的话是随意的。当甲听到乙$_1$的回应时,将他话语的命题形式理解为"说话人乙$_1$所在的村人均年收入是25000块"。接着,甲要区分以下两方面的关系:其一是该命题形式与乙$_1$的实际想法之间的关系;其二是该命题形式与客观现实情况之间的关系。听话人甲无法知道说话人乙$_1$所说的命题形式是否就是他的实际想法,或就是客观现实情况。不过,话语的命题形式等于说话人的实际想法或客观现实,这样的情况在随意言谈中是少见的。所以,如果说话人使用约略的含糊说法,听话人就无法推断具体信息了。

就类似例(54)的情况而言,说话人提供的具体信息,听话人会将其视为一种随意言谈,而不会看成是刻意言谈。此外,听话人因为无法断定说话人所说的话语是一个什么样的言语行为(比如,他的话语是否是一个"断言"),多数情况下他都会将对方的话语看成"非断言性行为"。

通过以上分析,可见言语交际中存在随意言谈,而随意言谈中又的确充满了各种各样的语用含糊现象。上面只讨论了模糊与约略两种语用含糊现象,还有很多具体的语用含糊现象有待深入系统的探讨。

7.3.4 语用含糊的作用

人们对客观命题可作含糊表述,有时甚至只有使用含糊表述,话语才显得更得体。换句话说,语用含糊具有一定的积极意义。语用含糊的存在说明这样一种语用特征:客观命题具有中心意义,而围绕中心意义会产生各种外围意义,或出现上下、左右等幅度误差。这类外围意义或幅度误差表现在语用上就是笼统或含糊。根据以下各例,我们可发现笼统或含糊在语用上的积极意义。

(55) 甲:请问超市怎么走?
乙:一直向北走。

虽然乙的回答"一直向北"不够精确,显得含糊,但却很合适,因为说话人不可能也没有必要精确地告诉对方超市怎么去,要走多远,听话人也不会期待如此精确的回答:"按照几何直线,正对北极星直行,按每小时步行10公里的速度,行走10分钟31秒。"

(56) 甲:那件事情什么时候讨论?
乙:我下周会在北京。

此例中乙的应答含糊其辞,尤其是"下周"的具体时间所指,但甲不会因为乙没有准确地告诉时间而认为该话语为假;相反,只要语境合适,"下周"之类的含糊信息就足够了,因为在一定语境下,听话人所关心是一定范围内的相关信息。

语用含糊的积极作用体现在话语的合适性之中,这意味着含糊可以使话语显得更合适、得体。话语的合适性与命题的真假没有必然联系,合适的话语,其命题不一定为真;命题为真的话语,在特定语境下可能是不合适的。衡量语言使用的重要语用原则是话语的合适性,而不是话语命题的真假。下例中,医生确诊病人患了胃癌,这时医生可以直言不讳地说(57a),该断言的命题为真;但医生也可能选择(57b),该断言的命题为假,这样医生就在说谎。

(57) a. 你患了胃癌。
　　　b. 你患了消化道溃疡。

在这种场合,医生对病人说(57a)合适还是说(57b)合适?从道义上说,为了不让病人有思想负担,加重病情,医生使用(57b)的类似话语是常有的。尽管这是谎言,但可以认为是合适的,这再次证明语用含糊的积极作用。

(58) 甲:老张在哪里?
　　　乙:在北京或者上海。

逻辑上乙的话语是一个复合命题,表达式为 p∨q,即"当且仅当 p,q 至少有一个为真时,则 p∨q 为真,否则 p∨q 为假"。因此,如不违反真诚条件,乙是正确的。但在语用上,乙的话语是含糊的,如果他的确不知老张到底在哪儿,但又想尽量提供信息,这样不可避免会含糊其辞。乙的话语尽管模棱两可,违反了格赖斯合作原则中的量准则,但仍是合适的,也符合逻辑中的"∨真值表"。在另一种情况下,如果说话人知道老张在北京而不在上海,但他有意说谎或故意含糊,这样就违反了合作原则中的质准则,乙的话语仍然符合"∨真值表",但不能说它是合适的。

总之,言语交际的语用原则告诉我们,应该精确时含糊不得,应该含糊时就得含糊。中国学者伍铁平(1986)曾引用清人钱泳在《履园丛话》中的一个故事,来说明语言使用中的含糊现象:

(59) 昔有人持匹帛成衣裁剪,遂询主人之性情、年纪、状貌,并何年得科第,而独不言尺寸。其人怪之,成衣者曰:"少年科第者,其性傲,胸必挺,需前长而后短。老年科第者,其心慊,背必伛,需前短而后长。肥者其腰宽,瘦者其身仄……至于尺寸,成法也,何必问耶?"……余谓斯匠可与言成衣矣!

伍铁平怀疑钱泳的结论的正确性,认为做衣服须知精确尺寸,不能以人之经历推断其胖瘦、躬挺,更不能以胖瘦、躬挺作为裁衣之准绳。这个看法正好说明"应该精确时含糊不得"的道理;然而,在现实生活中也有很多"应该含糊时必须含糊"的情况。

第七章
模糊限制语与语用含糊

思考题

1. 什么是模糊限制语？它包括哪些主要类型？
2. 举例并分析英语或汉语日常言语交际中模糊限制语的人际语用功能。
3. 举例并分析英语或汉语报刊语言中模糊限制语的语篇语用功能。
4. 什么是语用含糊？它和模糊、歧义、不确定性等之间有哪些主要区别？
5. 随意言谈和刻意言谈之间的主要区别是什么？
6. 根据英语或汉语语料，分析有哪些现象属于随意言谈？
7. 举例并分析语用含糊在日常语言交际中的积极作用和消极作用。

第 八 章　会话结构及其语用研究

8.1 引　言

　　会话、访谈等言谈是一种口头交际,涉及多个参与者的互动式交际。因而,长期以来会话已成为语用学、话语分析(conversational analysis)的主要对象之一。20 世纪 60 年代后期,人们已开始研究会话的结构模式、语序、邻近语对、话步、插入语列、角色关系等。为此,长期以来人们惯于用会话分析来概括此类研究。不过,传统的会话分析范围过于狭窄,只注重形式与结构的静态研究,缺少以语境为基础的动态分析。

　　对会话进行研究,并取得显著成果的学者应首推美国的萨克斯(Sacks)、谢格洛夫(Schegloff)、杰斐逊(Jefferson)等。萨克斯最早的研究对象主要是有关自杀的录音电话,他建立了较完善的会话分析模式,可用来分析各种互动式言谈。在《会话分析讲座》(1992)中,萨克斯使用了两类语料:(a)有关自杀的电话录音;(b)有关精神治疗的录音材料。另外,课堂会话、会议交谈、法庭对话等都是会话分析的语料来源,不过此类会话与言谈属于组织机构(institutional)类语料,群体性较强。后来,萨克斯、谢格洛夫等转向研究非组织机构类言谈,也即以日常会话为研究对象。

　　20 世纪 90 年代以来,会话分析取得了越来越多的成果,比如哈奇比与伍夫特(Hutchby & Wooffitt,1998)、萨塞斯(Psathas,1995)等人的成果。传统的会话研究主要是规定性的,研究人们应该如何说话,而不是探讨客观交际中人们是如何进行言谈的。作为一种交际方式,会话等言谈具有很强的互动性。因而,对会话的研究应该以互动分析为出发点,在语

第八章
会话结构及其语用研究

言学研究中,也曾有学者强调对会话等交际的互动性研究。比如,戈夫曼(Goffman)提出符号互动论(symbolic interactionism)、海姆斯(Hymes)提出交际人种论(ethnography of communication)、冈普斯(Gumpers)提出互动社会语言论(interactional sociolinguistics)等;还有拉波夫与范希尔(Labov & Fanshel)、辛克莱与库尔哈德(Sinclair & Coulthard)所进行的话语分析,都是以互动分析为主。因此,有的学者提议采用言语交际的互动分析取代会话分析。

哈奇比与伍夫特、萨塞斯等认为,会话分析研究互动式言谈,具体地说,就是对人们日常交际中的言谈进行系统分析。因此,会话分析不限于会话,还以互动式的谈话(如访谈)为探讨对象,也就是说,会话分析研究互动式的会话、访谈等,包括自由会话、医—患对话、新闻采访等,研究目的是探索话语生成的语序、语列、语对、话步、话轮、话轮转换、话轮维护、会话修正等的表现模式与特征,还关注会话中说话人和听话人之间的角色转换、交际策略或言语行为选择、应答方式、话语理解等。此外,会话分析也是揭示言语交际中的信息理解与推导,以及各种社交语言能力。在对会话进行研究时,我们应该注意如下特征及相关问题(Hutchby & Wooffitt,1998):

(a) 互动式会话的组织具有系统性,且是有序的;
(b) 互动式会话中话语的生成具有条理性;
(c) 互动式会话分析应该以自然发生的会话为语料;
(d) 互动式会话分析不应该一开始就受到现存的理论假设或模式的制约。

会话分析关注的一个核心问题就是互动中的话轮,即会话是如何构建的?会话参与者是如何有序地(或无序地)完成话轮的?完成话轮的系统策略是什么?会话及各种形式的言谈都涉及说话顺序,也即语序,会话分析就是要揭示这种语序出现的规律。

如今,会话分析逐渐成为语言学的一个分支领域,而且会话还是社会学、人类学、交际学等学科的研究对象。会话分析研究使用中的语言,因而近年来吸引了人们对它进行语用分析,使其逐渐成为语用学研究的重要对象。由于会话仅是各种互动式言语交际中的一种,因此也有学者不将它视为一个独立的研究领域,只看成语言学研究的一种语料类别。同时,会话所涉及的词语不是单纯的语义单位,而是根据请求、建议、抱怨、拒绝等言语行为的需要而选择的。

　　简言之,会话分析的目的就是探讨互动式会话的生成和理解,揭示会话的组织结构特征,尤其是非语言因素对话语生成和理解的制约等。从功能的角度看,会话中的很多现象都值得深入探讨,尤其是会话中语言形式选择的非语言制约因素。比如,话语权的维护、分配与转移的语用策略,语码转换的语用制约因素,提问与回答的语用解释,请求与拒绝的社交语用分析,话语修正的形式与时机,话题转移方式,话语标记语的语用功能,会话中的否定转移,倒装句的语用功能,附加信息或多余信息的语用功能等。类似现象往往不是单纯的语言制约与选择问题,有的可能涉及会话含意(参阅第三章)、人际关系与礼貌(参阅第四章)、言语行为(参阅第六章)等,另外模糊限制语和语用含糊(参阅第七章)也涉及会话分析的部分内容。因此,很多学者并不同意将会话分析看成一个独立的语言学分支,更多的语用学者倾向于将会话之类的言语交际视为语用学研究的主要对象,尤其是语用分析的语料源泉;更多学者主张,会话分析除了探讨人们的会话结构与组织能力以外,重要的是通过会话去揭示人们的社交能力、言语交际的互动能力,包括会话的组织能力、社交文化能力、策略能力等。为此,我们将会话分析看成语用学研究的部分内容。

8.2　会话中的结构

　　交际中的词语、结构或话语等的功能都是通过特定语境体现出来的。通过对会话结构的分析,我们可以观察到它们在传递信息时的语用功能及其受影响的语境因素,从而帮助我们有效地使用语言和理解语言。分析会话结构,首先需要研究人们进行言语交际时普遍遵循的范式,并研究这些范式存在的理据和语用功能。因此,从语用学的角度考察会话结构,一般会把这些结构同语用学关注的其他内容(如指示语、前提、含意、言语行为等)结合起来,不可能孤立地讨论会话结构。

8.2.1　预示语列

　　预示语列可简称预示语(pre-sequence),它是一种"施为前语列",也即说话人在以言行事之前,先用一定的话语进行探听,看可否向对方实施某一言语行为,因而它是实施某一言语行为之前的辅助语或预备语,说话

第八章
会话结构及其语用研究

人一般会要求对方作出一定反馈。预示语是为表达"请求"、"邀请"、"宣告"、"询问"等言外之力的最典型的会话结构式,可分为"请求预示语"、"邀请预示语"、"宣告预示语"、"询问预示语"等。一般来说,交际一开始人们很少会直接向对方发出请求、邀请或进行宣告等,也就是说,在实施这些行为之前往往存在一定的过渡阶段,以引起对方的注意,或缓和类似行为的施为力度,或试探是否具备实施某一行为的条件等,尤其是在人际关系不对等的情况下,如下级对上级、晚辈对长辈,或当说话人希望降低请求言语行为的力度时,很容易出现预示语。预示语可以是一个话语,也可能是一组话语。下面我们介绍几种常见的预示语。

A. 请求预示语

在语用功能上,请求预示语表明说话人准备向听话人发出某种请求。例如:

(1) A:Mummy!
      妈妈!(预示语)
   B:Yes, dear.
      唉,儿子。(回应)
   A:I want a cloth to clean (the) windows.
      我要块布擦窗子。(请求)
   B:All right.
      行。

(2) A:John!
      约翰!(预示语)
   B:Yeah?
      什么?(回应)
   A:Pass me the salt.
      把盐递给我。(请求)
   B:(Pass the salt.)
      (把盐递给对方。)

(3) 甲:好久不见啦!最近忙吗?(预示语)
   乙:还行。(回应)
   甲:想请你帮忙看看论文的开题报告行不行。(请求)

乙：明天拿到我办公室来吧。

上例中，画线部分就是一种请求预示语。交际中预示语通常会得到对方的某种回应，随后说话人进一步实施某一言语行为。例(1)—(3)中，说话人实施了"请求"的言语行为，听话人也随即作出了口头或行为上的回应。例(1)中，母亲(B)表示许可，并给孩子(A)取抹布；例(2)中，B直接将盐递了过去；例(3)中，说话人叫对方把论文开题报告拿到他的办公室去。根据类似的会话格式，例(1)和例(2)都用呼唤语充当请求的预示语；例(3)利用寒暄语充当预示语。在日常言语交际中，利用寒暄语作为预示语的现象很多。

另外，请求预示语还常见于顾客与售货员之间的会话。例如：

(4) A：Do you have chocolate?
　　　有巧克力吗？（预示语）
　　B：Mmhmm.
　　　嗯，有。（回应）
　　A：Then a chocolate with whipped cream.
　　　那来杯奶油巧克力。（请求）
　　B：Ok.（Then fetch it.）
　　　可以。（然后转身去取。）
(5) 顾　客：有酱油吗？（预示语）
　　售货员：（点头）（回应）
　　顾　客：买两袋。（请求）

例(4)和例(5)中，说话人在实施"请求"这一言语行为之前都使用了不同的预示语。表面上，看似说话人在向对方询问，而实则是后续请求行为的一种预示语。在特定语境中，当顾客知道对方所卖的货物中肯定有自己希望购买的东西时，还是会询问，然后再告诉售货员买多少。因此，我们一般不会将例(4)中A及例(5)中顾客的第一个话语视为一种简单的"询问"或"疑问"，而把它们看成"请求"言语行为的预示语。

B. 邀请预示语

在语用功能上，邀请预示语表明说话人要向听话人发出某种邀请。例如：

第八章
会话结构及其语用研究

(6) 甲：<u>小彭,在干啥?</u>（预示语）

乙：没干什么。（回应）

甲：晚上过来喝两杯(酒)。（邀请）

(7) A：<u>Tom, what are you doing?</u>

汤姆,在做什么?（预示语）

B：Well nothing, we're going out. Why?

没做什么,我们正准备出去溜达。有事吗?（回应）

A：Oh, I was just coming over here to play chess with you, but if you're going out you can't do that.

喔,刚想过来跟你下两盘棋,不过,如果你要出去就算啦。（邀请）

与"请求"一样,"邀请"也同属于此类言语行为。例(6)、(7)中画线部分的话语都是说话人在探听对方是否有空,预示着他准备向对方发出邀请,因此听话人的回应一般都会与对方的邀请相互协调。例(6)中,"没干什么"表明说话人有空,这样甲就能顺利地提出邀请;例(7)中,"well nothing..."也说明 B 有空,由于 A 的邀请预示语得到了 B 的理解,尽管 B 要外出,但他还是想进一步了解对方的意图,因而问"Why?"要求说出相邀的具体内容。

C. 宣告预示语

在语用功能上,宣告预示语表明说话人要告诉听话人某种信息。例如:

(8) 我披上睡袍,双脚在床边摸索,找拖鞋。

"<u>子君。</u>"（预示语）

"什么事?"（回应）

"我有句话说。"（宣告）(选自亦舒《我的前半生》)

(9) 甲：<u>嘿,知道我上午去了哪儿吗?</u>（预示语）

乙：不知道。（回应）

甲：去找他了,问题基本解决了。（宣告）

例(8)中,说话人直接呼叫对方的名字,以引起对方的注意,预示说话人有事情告诉对方,句中画线部分就是一种宣告预示语。在此语境中,对方也明白说话人的意图,于是问"什么事?"这样说话人为顺利地实施后续的宣告言语行为奠定了基础。例(9)中,甲通过询问,预示自己有信息告诉对方,因而在此语境中的询问也是一种预示语。

列文森(Levinson,1983)认为,宣告预示语至少有以下特征之一:

(a) 表明要宣告的内容属于哪一类或关于何人;

(b) 对要宣告的内容作出评价(如好、坏等);

(c) 常指出要宣告的事情发生的日期;

(d) 一般都有一个表示宣告内容的变项,比如出现 wh-词,如 why(为什么),what(什么)等,或出现不定词组,如 a thing happened(发生了件事),或使用非特指的有定词组,如 the news(这则新闻)等。类似变项预示第二轮对答中说话人将向对方宣告某种内容。

就以上特征而言,汉语中也存在相同情况。例如:

(10) 小王:<u>我今天遇到件倒霉事情</u>。(预示语)
　　　小文:什么事?(回应)
　　　小王:手机被偷了。真倒霉!(宣告)

(11) 父亲:<u>儿子,猜爸爸今天买了什么?</u>(预示语)
　　　儿子:什么呀?(回应)
　　　父亲:猜呀。
　　　儿子:巧克力。
　　　父亲:《哈利波特》的影碟。(宣告)

说话人使用预示语的目的可能是多样的,但以上各例中画线部分的预示语都表明说话人有某种信息告诉对方或向对方陈述,所以它们被称为"宣告预示语"。使用预示语的主要动机是探听有无可能向对方实施某一言语行为,如果对方对这种预示回应不力,或不予以配合,随后的言语行为就难以提出与实施。假如前例(4)、(5)中的售货员都作出否定回应,接下来顾客就不可能再发出请求。又如例(6),当听到对方说"没做什么"之后,说话人才发出了邀请;例(7)中,当 B 表明他们要外出之后,一般情况下,A 是不会再说邀请对方下棋的话,只是 B 追问了"why?"之后,A 才随之道出了自己的意图。再如:

(12) 甲:<u>有"万宝路"香烟吗?</u>(预示语/请求)
　　　乙:喔,卖完啦,下午才有。(回应)
　　　甲:(转身到隔壁小店)

此例中,甲的第一次发话应该是一种请求预示语,但因乙对该预示语作了否定回应,这样甲就无法实施原先想提的请求了。

需要注意的是,不是随便什么话都可以用做请求预示语,只有在特定情况下有可能对请求作出否定回应的语列,才能充当"请求前语列"。此外,请求预示语之后的回应不一定局限于话语,比如当顾客想买东西,请求预示语能有效地起预示作用时,售货员往往无须作答而直接就把货物拿给顾客,也就是说,回应也可以是一种非言语的行为。例如:

(13) 甲:有"万宝路"香烟吗?(预示语)
    乙:(转身去取)(回应)

总的来说,预示语就是为后续言语行为或非言语行为的实施进行铺垫的辅助性话语。

8.2.2 插入语列

在会话、访谈等言语交际中,我们常发现提问(Q)—回答(A)并不是一对一的结构模式,也就是说,说话人提问之后,听话人可能不会马上进行应答,其中可能出现一定的插入性话轮。这是会话言谈的典型特征之一。

通常情况下,会话言谈的始发语是一个疑问句,表达某种言语行为,听话人的应答语则是根据始发语表达的言语行为所作出的一种回应。但在实际会话中,人们往往会违反这种典型的会话格式,在其中添加插入语列(insertion sequence),比如使 Q_0—A_0 的问—答模式扩展为 Q_i—Q_{ii}—A_{ii}—A_i。类似 Q_{ii}—A_{ii} 的插入语列可以体现多种语用功能。下面对它们的功能进行分析。

A. 插入语列充当应答语的条件或前提。例如:

(14) 观　众:从这里进体育馆吗?(Q_i)
    管理员:有票吗?(Q_{ii})
    观　众:有。(A_{ii})
    管理员:进去吧。(A_i)

(15) 儿子:妈,我去踢球啦?(Q_i)
    母亲:今天的作业完成没有?(Q_{ii})
    儿子:完成啦。(A_{ii})

母亲:那去吧,早点回来。(A_i)

例(14)、(15)中,第一次提问(Q_i)以后,紧接着都出现了第二次提问(Q_{ii})与回答(A_{ii}),然后才是对第一次提问的应答(A_i)。这里的插入语列(Q_{ii}—A_{ii})充当了应答语(A_i)的条件或前提。

B. 插入语列是一个缓答、求证或思考的过程,其结果可作为应答语的依据。比如,购买物品之后计款,或说话人回答对方提问之前的思考等。请看下例:

(16) 顾客:总共多少钱?(Q_i)
　　　店主:我算一算。(缓答/思考)
　　　顾客:快点。
　　　店主:23块8毛。(A_i)

(17) 甲:请问老字号油条店在哪?(Q_i)
　　　乙:让我想想。(缓答/思考)
　　　甲:我是两年前来过。
　　　乙:一直走,大概200米,再向右。(A_i)

C. 插入语列是一个疑惑/解惑的过程,它可用于应答人不明白说话人的话语意义或用意时,或当应答人需要进一步确认对方的用意时。例如:

(18) 小马:老秦,你前天晚上到哪去了?(Q_i)
　　　老秦:前天晚上?(疑惑)
　　　小马:是呀,打了几个电话都没人接。(解惑)
　　　老秦:不对呀,前天晚上在家呀!(疑惑)
　　　小马:反正打了几次电话。(解惑/确认)
　　　老秦:喔,对,跟一个朋友吃饭去了,差不多过了10点才回来。(A_i)

(19) 顾客:请问商场洗手间在哪?(Q_i)
　　　保安:洗手间?(疑惑)
　　　顾客:是呀,小孩要上厕所。(解惑)
　　　保安:三楼左边。(A_i)

(20) 教　师:在这里办换房手续吗?(Q_i)

房管员:干吗?(疑惑)
教　师:想换房子。(解惑)
房管员:到隔壁找朱科长。(A_i)

以上三例中在第一次提问后,对方都没有直接予以回答,其中出现了带有疑惑/解惑的插入语列。类似插入语列的出现,多数情况表明应答人是想了解说话人的用意,或进一步明确说话人的用意。当应答人弄清楚说话人的用意之后,他最后的应答(A_i)不一定是针对说话人刚开始提问(Q_i)的字面用意进行的,而是根据说话人的施为用意行事的。有时,当应答人明白了说话人的用意之后,也可能无须回答对方的询问,而是报以行动,比如用手指明方向、点头表示许可等。例如:

(21) 顾客:请问商场洗手间在哪?(Q_i)
　　　保安:洗手间?(疑惑)
　　　顾客:是呀,小孩要上厕所。(解惑)
　　　保安:(用手指指向左边)(A_i)

以上我们主要探讨的是会话中单一内嵌插入语列的功能问题。在会话中,多重内嵌插入语列也较常见,这种插入语列表现为(Q_i (Q_{ii} (Q_{iii} (Q_{iv}—A_{iv}) A_{iii}) A_{ii}) A_i)的模式。例如:

(22) 甲:英语期末什么时候考?(Q_i)
　　　乙:你昨天没上课?(Q_{ii})
　　　甲:借一下你的英语笔记行吗?(Q_{iii})
　　　乙:(递给同学甲)(A_{iii})
　　　甲:昨天有些不舒服,没去(上课)。(A_{ii})
　　　乙:好了吗?(Q_{iv})
　　　甲:好些啦,可能是感冒。(A_{iv})
　　　乙:过了下周才考,可能是随堂考。(A_i)

类似多重插入语列的内嵌数量及所体现的交际功能较为复杂。不过可以肯定的是,它们都是说话人在第一次询问以后附加展开的,对方在获取了希望知道或明确的信息之后,才会针对第一次提问进行回应。

8.2.3 停顿

以上情况说明会话、访谈等言语交际的语用分析是必要的。在对会话结构进行分析时,除了关注参与者、时间、地点、会话内容等常见语境因素以外,我们还要特别留意会话中的停顿、间隔或沉默、话语权的维护与转移等现象。类似现象可能是会话中必须出现的,也可能是辅助性的,因为言语交际是受制于多种因素的动态过程。

互动性的会话或访谈涉及说话人和听话人等多方参与者,因此它们与其他言谈(如独白)的主要区别在于:前者存在说话人和听话人之间的角色转换问题;后者则不存在角色转换问题。在互动性的会话与访谈中,说话人和听话人的角色是不断发生变化的。听话人何时发话、如何发话,并转换成说话人的?听话人突然插话,是否意味着他希望对方结束谈话?如果存在多个听话人,他们怎么知道该轮到谁说话了?会话是如何推进或终止的?为什么会顺利持续下去?……这些都涉及言语交际的微观与宏观问题、语言与非语言问题。

言语交际是涉及多种因素的动态过程,因此对其分析不能仅限于语言结构表现及制约,更重要的是探讨其中隐含的语用因素和体现的语用功能。下面,我们简单讨论会话中的停顿及部分功能。

在对话轮的微观分析中,萨克斯、谢格洛夫、杰斐逊等学者注意到,说话人将话语权转让给另一方,即出现"转移关联位置"(transition relevance place)时,存在以下几个情况(Green,1996):

情况一:如果话轮中说话人 S 明确选择了下一个说话人 N,那么 S 就应该停止说话,N 接着说。

情况二:如果 S 的话语或行为没有明确选择下一个说话人,那么其他任何参与者都可以自我选择说话,谁先发话谁就获得话语权。

情况三:如果没人进行自我选择,S 就可能会继续讲下去。

这些规则意味着存在这样几种情况的停顿:

(a)在情况一和情况二中,话语权发生转移时,存在短暂的间歇或停顿;

(b)出现情况三时,会产生较长的间歇或停顿;

(c)话语权没有发生转移时会有间歇或停顿;

(d)当被选择的说话人不说话或默不作声,会产生间歇或停顿,此时也可能是因为说话人无话可说,或以沉默的方式表示不赞同、不乐意等。

不过,在现实交际的会话、访谈中,停顿或暂停的情况是比较复杂的,原因也很多。比如,说话人的某种顾虑或犹疑可能引起停顿。请看下例:

第八章
会话结构及其语用研究

(23) 警察:你究竟打没打?
   疑犯:我……我……(被打断)(停顿)
   警察:究竟打了多少下?
   疑犯:我没打,是王三打的。
   警察:还有呢?

此例中,被警察审讯的疑犯因不愿意透露同伙的劣行,或怕因透露同伙的劣行会遭到同伙的责怪,而显得十分犹疑,回答中出现了短暂的停顿。

下例(24)中,说话人第一次发话后,就出现了短暂的停顿,是因为说话人希望得到对方的认同,稍作停顿以便对方发表意见或表态。有时,当出现多个参与者意见不一致,或出现意见僵持不下时,也容易出现停顿或间歇,且此时的停顿时间往往更长。

(24) 甲:我觉得最好去江边烧烤。(停顿)
   乙:也可以去登晋云山啊。
   丙:其实烧烤最好玩,可边聊天边烧烤。

在有的语境中,停顿的出现表明说话人需要思考,或希望表达的事情没有完全想清楚;同时,也表明说话人想继续发话,通过停顿以维护自己的话语权,这类停顿往往出现在说话人自己连续性的话语之中。例如:

(25) 甲:我觉得有些事情不能只怪别人(暗指在场的张山),呃……
      呃……,其实我们每个人都有责任。我⎡
   乙(插话):   ⎣我也这样认为。
   甲:我们也应该想想自己,对自己要求高一些,是吧?

此例中,甲的第一次停顿"呃……呃……",说明他一边在发表意见一边在思考,同时也是在维护自己的话语权,此时的停顿则表示说话人还未结束说话;当出现第二次停顿"我……"时,被乙打断了,但他很快又抢回了话语权;最后通过"是吧?"征求听话人的意见,表明甲希望转移话语权。"是吧?"就是言语交际中话语权的转移标记。

就会话中话语权的转移问题,我们还对多种"邻近语对"进行分析,比如"提问—回答"、"问候—问候"、"提供—接收"、"呼唤—回应"等。在一对一的谈话中,提问意味着该轮到对方讲话了。在涉及多个参与者时,说话人需要谁讲话,最简单明白的方法就是直接呼叫某人;说话人也可采取

215

提问的方式,或短暂停顿并借用眼神选择下一个说话人,这样会话就可能顺利进行下去。这是面对面交谈中选择说话人的有效技巧。

在互动的英语会谈中,当对方讲话结束时,听话人会经常使用"Where?"(哪里?)"Who did?"(谁做的?)"And when?"(什么时候?)之类的简短提问,要求对方进一步提供信息。此类情况也可视为听话人在维护对方的话语权。当说话人不准备放弃话语权,想继续说话时,他会在停顿之前加上"and..."(还有/以及),"but..."(然而/不过),"or..."(或者),"yet..."(然而)等之类的标记语,表示说话人在维护自己的话语权,谈话还未结束,而且想继续发话。当说话人正在思考之时,会发出Uhhhhhhh,eh,uh,mhm 之类毫无语义意义的声音,表示停顿,一旦发出类似声音,即使说话人现在什么也没说,也表示他仍有说话权。

8.3 会话结构的语用分析

8.3.1 提问的语用功能

会话、访谈等言语交际中的很多现象都值得从语用学的角度展开讨论,比如提问。提问的表现形式与功能是多样的,根据会话的实际情况,从语用功能来看,我们可将常见的提问大致分成如下六种情况:

A. 真实类提问

这是一种提问的直接言语行为,目的在于获取信息,指说话人希望听话人提供问题的真实答案或相关的信息。此类提问是日常交际中最常见的。例如:

(26) 甲:<u>开题报告交了没有?</u>
    乙:交了,刚送去。
(27) 记者:<u>在这儿住了大概多长时间?</u>
    老龚:一个多月吧。一个月都没有就走了,他们逃来逃去的,肯
        定不会住很久的。
    记者:<u>当时你看他们生活水平怎么样?</u>
    老龚:生活水平一般。

B. 反问/反诘类提问
此类提问一般不要求对方予以正面回答或直接提供问题的相关答

案,往往表示说话人认为不但对方知道该问题的答案,而且对方也知道有关人士(包括说话人)都清楚该问题的答案;当涉及众人皆知的问题时,这类提问可表示说话人对某一信息的强调等。例如:

(28) 有谁不知道他的生活作风呀?

反问/反诘提问还存在以下这种情况:说话人认为,不但听话人不知道问题的答案,而且任何人也不可能知道,如例(29);在有的语境下,反问/反诘提问还隐含着说话人的一种责备、谴责或不满情绪,如例(30)—(32)。

(29) 甲:这水多深啊!
　　　乙:谁知道呢?
　　　甲:深得很啦,得小心啊。
(30) 张:有谁知道领导们的隐性收入呢?
　　　徐:是呀,表面上看跟咱差不多。
　　　张:有猫腻。
　　　徐:有机会谁不搞呀?傻子吗?
(31) 母亲:豆豆,什么时候放的学?问你呀?
　　　儿子:(看着生气的妈妈,站着一动不动)
(32) 甲:发电房里面有195型12马力柴油机一台,是照明用的,可惜坏了。
　　　乙:能修好吗?
　　　甲:这机器是另外一个人管,他说修不好。实际上能修好……我看过了。
　　　乙:那你为什么不修?

从会话含意(参阅第三章)的角度看,以上反问的目的都不是在寻求问题的答案,而是隐含一种断言或言外信息。如例(28)隐含了"谁都知道他的生活作风(有问题)";例(29)隐含了"谁都不知道这水有多深";例(30)隐含了"谁都不知道领导们的隐性收入","有机会谁都要搞(钱),谁都不是傻子";例(31)中,看到儿子放学后这么晚才回家,母亲的反问自然隐含了她的不满与责备;同样,例(32)的反问也隐含了说话人对对方的不满或抱怨。因此,类似提问的目的不是要求对方进行直接回答,否则在特定语境中就会被视为不适宜或不恰当,如被认为愚蠢可笑或不友善等。

C. 澄清类提问

此类提问包括这样几种情况:

(a) 表示说话人明知对方在向自己提问,但不清楚对方在讲什么,因而要求对方讲清楚,如例(33);

(b) 不明白对方提问的用意何在,因而通过提问进一步明确,如例(33);

(c) 说话人提问是因为自己没有听清楚对方所讲的事情,因而要求对方重复,有时即使听清楚了,也故意询问,此时多隐含说话人对某事或某人感到的惊讶,如例(34)。

(33) (爷爷和孙女回到家后,孙女就想吃东西。)
  孙女:爷爷,家里有东西吗?
  爷爷:<u>什么?</u>
  孙女:我饿了,爷爷。

(34) 马:他拉回来一车煤。
  钟:<u>他拉回来什么?</u>
  马:我说小冯拉回来了一车煤。
  钟:这小子本事真不小,这么难买。(同时摇头,以示不解)

例(33)中,爷爷可能没有听清楚孙女在说什么,因此提问,想叫孙女再说一遍;也可能爷爷已听清楚孙女的问话,但不太明白其用意,于是提问想弄清楚。可见,提问的目的是要求对方进一步提供信息,可表示听话人没有完全把握或没有听清楚另一方的话语内容,因此要求对方澄清,也可能表示听话人对对方所提供信息感到惊讶。

D. 确证类提问

这类提问不同于以上澄清类提问,它表示说话人已经预想出了问题的答案,但却没有把握,而且相信对方知道该问题的正确答案。常见的反意问句多属于此类提问,如例(35)。另外,对对方提供的信息,说话人可能心存疑问,因而要求对方进行确证,如例(36)。

(35) 查:你喜欢拍照,也会给女朋友拍,<u>是吧?</u>
  谢:会啊。

(36) 高:我现在是半退休生活的样子。

记：真的吗？觉得这样好吗？
　　高：好啊，可以和朋友吃吃饭。我现在正认真制作我的碟，我有权让他们不要来烦我。……

E. 提醒类提问

在有的语境中，说话人提问的目的并不是为了获知问题的答案，而在于提醒对方，此时也可能无须对方提供该问题的答案，只需作出一定的回应就可以了。例如：

(37) 今晚，周少兰有点儿心不在焉了，已经好几次把书刊弄翻在地。陆云卿将书刊拾起来，悄悄地问：
　　"少兰，你怎么啦？"
　　"啊——对不起。"（选自沙舟《爱河》）
(38) 您只吃这么一点？
　　晚上还有应酬，到秀姑峦溪吃饭。
　　秀姑峦溪？这么晚？您没有搞错吧？
　　是啊！要不是好奇，我才不去呢！（选自路遥《人生》）

F. 寒暄类提问

在日常交际中，我们有时会发现说话人明知故问，从信息表达的角度来说，显然是些"废话"，但从维护与提高人际关系的角度来说，又是必要的。因而，此类提问的目的在于寒暄。例如：

(39) 他出车站没走几步，碰见了他们村的三星。他穿一身油污的工作服，羡慕地走来和他握手，问："回来了？"
　　三星说："我开的拖拉机坏了，今早上来城里修理，晚上就又到咱上川里去呀。"
　　"咱村和我们家里没什么事吧？"
　　"没……就是……巧珍前不久结婚了……"（选自路遥《人生》）
(40) 老刘：在散步呀？
　　老马：买菜都回来啦？

以上我们只列举了日常汉语交际中的几种提问，并简单分析了它们的交际功能。从各种情况来看，提问的语境条件、制约因素等是多方面的，功能也是多样的。从人际关系的角度来说，如果说话人与听话人之间存在某种权力关系,就可以通过提问的方式间接地实施请求、建议、责备等言语行为。例如：

(41) 地上怎么这么多书？(责备/批评)

(42) 有谁愿意把门关上吗？(请求)

(43) 下周末去江边烧烤怎么样？(建议)

总的来说,不同语境下的提问具有丰富的语用功能。我们不能简单地根据语法结构或语义规则去分析言语交际中会话结构的意义与功能,可结合会话含意(参阅第三章)、社交礼貌(参阅第四章)等分析会话中的提问。

另外,提问与回答是密不可分的。就二者之间的关系来说,不完全是一对一的关系,不同的提问可能存在相同的回答,而一个提问可能会有不同的答案。因此,它们之间的关系可以简单表述如下：

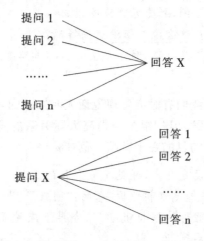

以上我们就言语交际中提问的种类进行了简单分析,但多数提问都需要听话人作出回答,提供相关信息。在有的语境下,提问不一定需要对方提供问题的答案;有时提问可能是一种间接的言语行为,目的是为了实施一定的言语行为,如例(41)、(42)、(43)。再如,例(44)中说话人提问的目的不是要求对方提供问题的答案,而是为了责备甚至训斥对方。

(44) 一到房子,贺敏的两条胳膊就钩住了我的脖子。我极不高兴地推开她,说:"上班时间你找我干什么？有什么了不起的大事

第八章
会话结构及其语用研究

呢?你也不看看这是个什么地方!"(选自路遥《你怎么也想不到》)

因此,就提问的种类来说,我们还可以把它分为以下三种:

A. 需要对方提供信息的提问
  (a) 提供未知信息的提问;
  (b) 提供恰当信息的提问,包括质问、审讯等。
B. 产生一定行为的提问
  (a) 请求/邀请;
  (b) 责备/批评/训斥;
  (c) 建议/提议;
  (d) 引导/命令;
  (e) 提供帮助等。
C. 不提供答案的提问
  (a) 不需要回答的提问;
  (b) 不可能回答的提问。

第一种是需要对方提供信息的提问,这是一种典型提问。说话人提问的目的是为了从对方那里获取未知信息,或确证自己没有把握的某种信息,因而要求对方进行回答。比如,老师对学生、老板对雇员、警察对小偷等的提问,往往需要后者提供相关信息。以上多个例句都可说明这种提问。

第二种提问的目的不是为了获取信息,而在于实施某一言语行为,或要求对方实施一定的行为,比如请求、邀请、建议等。在很多情况下,它和第一种提问一样,都希望听话人作出回应,只不过第二种提问不一定要求听话人进行言语上的反应,而只需要一定的行为。例如:

(45) 王:几点钟了?
　　 张:(伸出五个手指头表示5点钟)

又如例(46)中,说话人提问之后,听话人可以直接实施所期待的行为,而不需要进行回答。同样,如果说话人提问的目的是为了实施某一行为,也不需要进行回答,只需直接实施该行为,如例(47)。

(46) 甲:把书递给我好吗?
　　 乙:(把书递过去)

(47) 王:还有停车位吗?
钱:(用手指了一下靠窗的位置)
王:(把自行车推了过去)

通过以上分析,我们主要想指出的是,会话的结构较为复杂,交际中提问的形式与功能都是多方面的。提问与回答之间也不是一对一的对应关系,对它们的分析应以语境为基础。

8.3.2 附加信息的语用功能

在很多语境中,尤其是在提问—回答的语对中,我们常发现一个会话语对之后还会出现一个附加的后续话步,或附加的后续话语。也就是说,面对对方的提问,说话人在提供相关信息之后,附加了一定的额外信息,这在日常交际中十分常见。我们将此类信息称为"附加信息"。就提问—回答的制约关系来说,附加信息完全可以不出现,有时还显得多余,因为对提问来说,附加信息是多余的、额外的。但从说话人的交际目的或用意来说,附加信息的出现不是无缘无故的,存在语用理据,也具有语用功能。有时,附加信息的出现还在于希望产生一定的语用效应。也就是说,附加信息并不一定就是多余信息。下面我们简要举例说明言语交际中附加信息的常见语用功能,以帮助读者关注会话、访谈等言语交际中的话语或结构的语用功能。

(48) "你究竟有什么事嘛?"我问她。
她说:"下午3点人民剧院有一场电影。现在离开演只剩半个钟头,打电话老是占线,我就跑来了。"
"你这不是开玩笑吗?我上班时间怎能去看电影?"我确实有点生气了。
"不看就算了。不过你可别后悔!"
"什么电影?"
"《甘地传》!"
"《甘地传》?"我一下子急了。
……
我赶快说:"我去!"(选自路遥《你怎么也想不到》)

以上画线部分就是该语境中出现的附加信息。对于提问来说,它们都是

第八章
会话结构及其语用研究

附加的多余信息。但从说话人的交际目的来说,类似附加信息又并非多余的。比如,第一个附加信息"现在离开演只剩半个钟头,打电话老是占线,我就跑来了",是解说说话人(她)跑来单位找他的原因;向对方提出看电影的邀请,但遭到拒绝以后,说话人第二次附加了"不过你可别后悔"的信息,这次附加的信息却产生了一定的语用效应,本来因为在上班时间,对方不打算去看电影,但该附加信息却引发了对方的兴趣,继续追问有关电影的事情,最后还接受了说话人的邀请,这样说话人就巧妙、顺利地实现了交际目的。这就是附加信息所产生的语用效应。再如:

(49) 查小欣:我们先说说你的爱情吧。你的爱情观是怎样的?
　　　谢霆锋:童话式的 happy ever after(永远开心)那种。
　　　查小欣:就是快乐地永远生活在一起那样吗?
　　　谢霆锋:是的。<u>我很希望有个家庭,我不会介意明天结婚,总之是要白头偕老,开开心心,有个稳定的家庭。</u>
　　　查小欣:你觉得对方的样子应该是怎样的呢?
　　　谢霆锋:这很难用一句话形容,总之是在适当的时候做适当的事情。<u>外形真的不是太重要,这些是看感觉的。如果你喜欢一个长头发的女孩,这说明你只是喜欢她的长头发而不是她的人,要是你碰到一个头发更长的拖到地上的,那你就会跑了。</u>(选自《南方都市报》,2005 年 8 月 5 日)

例(49)中,对香港电视台主持人的提问而言,画线部分都可看成一种附加信息,因为他并没有具体询问及要求对方提供类似信息。从所在语境来看,说话人附加该信息的目的是作出进一步的解说,以让对方更清楚地了解自己的思想与观点。

在有的语境中,附加信息所起的作用是转移话题。例如:

(50) 刘(对黄说):你这东西也敢收,现在抓得这么紧?
　　　张:那有啥? 你又不是什么官。
　　　黄:我也这样想的,不是什么官。<u>昨晚电视里报道了前河北省国税局局长李真的案件,那才是不得了……</u>
　　　张(插话):是呀,不过李真也太贪婪啦……

有时,说话人附加额外信息的目的是维护人际关系,而不是提供信息,比如维护说话人的面子;或通过附加信息来缓和现场气氛,以达到维护人际关系的目的。例如:

(51) 甲(向乙抱怨):怎么这么晚才来,我们等你多久了?
乙(看看手表):就 20 分钟嘛。
甲(显得很生气):才 20 分钟?
乙:是呀。哎呀,刚要出门的时候,女朋友又来电话了,没办法,我也想早点到啊。
甲:你这小子。
丙:算啦,来了就算啦,快出发吧。

此例中,说话人乙为自己辩解的目的是缓和气氛,不至于让甲过分生气,这样就维护了大家的人际关系。

在人际交往中,以上现象十分常见,值得深入探讨。需要注意的是,从句法关系以及语义结构的角度来说,附加信息是多余的;但从语用的角度来说,附加信息并不是一种多余信息。以上例释表明,附加信息的出现存在语用理据,与说话人的交际用意或目的密不可分。

8.3.3 会话修正的语用功能

会话修正(conversational repair)是话语、访谈等言语交际中双方在轮流发话时出现的一种互动现象。无论是否存在预示语列或插入语列,会话及访谈的显著特点就是交际双方轮流发话,说话人与听话人的角色不断发生转化。一般来说,说话人与听话人遵循 A—B—A_1—B_1 之类的会话互动模式。轮流发话中,说话人的话语从开始到结束被看做一个话轮。如果会话不断持续下去,一个话轮结束之后,另一个新话轮又会开始,直到整个会话结束。话轮与话轮之间的转换常出现在会话的"转移关联位置"(参阅 8.2.3),也是交际双方实现话语权转移的位置。多种现象表明,会话是一个复杂的互动过程,多数结构及话语的出现并不是语言制约的结果或需要。

在会话分析中,值得注意的一种现象就是"修正"。20 世纪 70 年代末,谢格洛夫、杰斐逊和萨克斯(Schegloff, Jefferson & Sacks,1977)等学者就对会话修正进行过研究,他们的早期成果对会话分析产生了较大影响。说话人可能会因某种原因对自己或对对方提供的信息进行修正,修正可能是说话人主动发起的,也可能是他人引发的。也就是说,从会话修正实施者的角度来说,修正有"自我修正"(self repair)和"对方修正/他人修正"(other repair);但从引发者(initiator)的角度来说,修正又可分为"自我引发的修正"(self-initiated repair)与"对方引发的修正"(other-initiated repair)。这样,我们可进一步将修正分为如下四类:

(a) 自我引发—自我修正:说话人自己意识到或指出自己所讲的话语、提供的信息或表述的观点存在问题,并对此进行自我修正。

(b) 对方引发—自我修正:听话人或第三者意识到并指出说话人所讲的话语、提供的信息或表述的观点存在问题,说话人随后对此进行修正。

(c) 自我引发—对方修正:说话人自己意识到或指出自己所讲的话语、提供的信息或表述的观点存在问题,听话人或第三者随后对此进行修正。

(d) 对方引发—对方修正:听话人或第三者意识到并指出说话人所讲的话语、提供的信息或表述的观点存在问题,并对此进行修正。

所谓"引发",就是指是谁最先指出或意识到被修正的信息所存在的问题。一般来说,我们可以通过以下方式指出某一信息所存在的问题:

(a) 直接法:直接提醒或告诉对方所讲的话语、提供的信息或表述的观点存在问题。

(b) 暗示法:暗示对方所讲的话语、提供的信息或表述的观点存在问题,并指出问题存在的地方。

(c) 否定法:直接否定某一话语、信息或观点的正确性,可以是说话人自我否定,也可以是听话人或第三者否定。

下面举例说明会话中存在的四种修正。

(52) 母亲:童童,2加6等于几?
　　　儿子:9,不对,不对,是8。
(53) 记者:对犯人最有效的教育方式是什么?
　　　警察:根据我的经验,最有效的方式就是启发式教育,只有慢慢启发,才能有效,很多人因为服罪而产生自卑心理,犯人是一个普通群体……(被打断)

记者(插话):普通群体?

警察:不,特殊群体,就得采用一些特殊的教育方式。

(54) 彭:这几张照片不错,很有英国特色,可做明信片。

冉:是我们两人上次在英国剑桥坐城市观光车时拍的,哦,不对……(回想)

冯:剑桥哪有这种建筑。

彭:在牛津拍的,什么剑桥,你去都没去过。

冉:是呀,还是应该去一下。

(55) 何:我们那年头,连吃饭都成问题,哪还有什么享受啊?

陈:是呀,结婚时买了两包1角6分钱一盒的"经济"牌香烟,给几个同事每人发两支,算是请客。

何:还没那么贵,8分钱一盒吧。

陈:我都忘了多少钱一盒,反正很便宜。

例(52)中出现的修正是"自我引发—自我修正",是由同一个说话人(儿子)意识到并完成修正的;例(53)中的修正是"对方引发—自我修正",因为是记者发现并指出说话人(警察)将"特殊群体"说成了"普通群体",也可能是一种口误,但最后是说话人自己修正的;例(54)中,说话人(冉)已经意识到自己可能说错了,但最后是由对方(彭)修正的,属于"自我引发—对方修正";例(55)中,说话人(陈)提供的信息有误,但他本人并没有意识到,是由听话人(何)指出并进行修正的,因此属于"对方引发—对方修正"。

在会话中,我们常会发现说话人的错误用词、口误、听错或误解对方的话语,或说话人提供的信息本身存在问题,或听话人认为对方提供的信息存在问题等,这些情况都可能引发会话中的修正,从而形成会话中的插入语列。如例(56)中,"卖菜—买菜"就是因为会话修正引发的一对旁插语列,属于"对方引发—自我修正"。

(56) 周:我昨天卖菜的时候发现一个小偷,偷手机的。

高:卖菜?

周:买菜。

高:小偷被抓了吗?

周:哪有人敢抓,现在?

第八章
会话结构及其语用研究

在日常会话过程中,经常会出现自我修正或对方修正。一方面,有时说话人不知道如何清楚地表达某一信息或思想,需要不断推敲修正,以让对方更容易理解;另一方面,听话人也需要修正,以不断检查自己的理解是否正确,这属于"理解核实"(comprehension checks)(Markee,2000)。具体而言,当说话人觉得自己提供的信息不准确时,他需要进行自我修正;当听话人没有完全明白对方提供的信息,或理解不完整时,他需要提醒或引导说话人进行修正,此时修正所起的作用是"澄清请求"(clarification requests)或"确证核实"(confirmation checks)。此外,当听话人认为说话人提供的信息不正确或不准确时,他可能对说话人进行修正,此时修正所起的作用是"检验"(verification)。简言之,从语用目的来说,可将修正归纳为两类:(a)为信息表达而进行的修正;(b)为信息理解而进行的修正。

总的来说,会话、访谈等言谈交际中的修正是常见的,形式也是多样的。仅从句法结构、语义关系的角度分析,很难对修正进行合理解释。因此,我们应该坚持语用功能观,因为从言语交际互动性的角度来说,会话修正是一种"会话管理"与"会话调节",体现了交际过程中说话人、听话人甚至第三者之间的互动关系、动态调节与顺应关系。

8.3.4 语码转换及语码混用的语用功能

在各种语言接触,尤其是会话言谈中,说话人可能因某种原因而同时使用两种甚至多种语言[①],从而出现"语码转换"(code-switching)或"语码混用"(code-mixing)的现象。对此类现象的研究始于20世纪70年代后期,有从句法学、社会语言学、心理语言学的角度进行研究的,也出现了语用学分析。下面从语用功能的角度,对语码转换和语码混用进行简要分析。

A. 语码转换

语码转换就是两种甚至多种语言(如英语和汉语、法语和英语)之间,或某一通用语言和某一语言的变体或方言(如英语和粤语、普通话和四川方言)之间的换用,也就是说,在使用一种语言的同时转而使用另一种语言或语言变体。语码转换通常是表达一个相对完整的思想或概念。

[①] 不同的语言就是不同的语码,比如英语、汉语、日语,属于不同的语码。

近年来，随着语用学的发展，人们日益关注如何从语境的动态变化，尤其是语用动机的角度，对语码转换进行语用分析，如维索尔伦（Verschueren,1999）。根据他提出的顺应论（参阅第十章），自然语言具有变异性、商讨性与顺应性，所以在使用语言时人们才能进行语言选择，包括语言类型和语言形式的选择，其中必然涉及语码的选择，而选择又受制于交际目的或动机。因此，语码转换不是一种随意的语言现象，而是人们为了实现某一交际目的而选择的，是社会文化、认知或心理等多种因素作用的结果，也是交际策略的实际体现。

交际中语言选择的制约因素是多样的、复杂的。当说话人使用语言表达某种信息或思想，因某种原因而换用另一种语言时，就出现了语码转换。语码混用也存在相同的语用理据。

在很多场合，我们都不难发现具有丰富语用功能的语码转换。例如：

(57) Child：Do you know what these two flies are doing?
小孩：你知道那两只飞蛾在干什么吗？
Mother：No.
母亲：不知道。
Child：Ils font l'amour.①
小孩：它们在交配。
Mother：OK，OK.
母亲：行啦，行啦。
Child：You know, if I'd said this in Arabic, you would have left the room immediately.
小孩：如果我用阿拉伯语讲出来的话，你一定会马上离开这个房间。

这是小孩与母亲的一个简单对话，其中小孩通过从英语转而使用法语，有效地避免了不宜在公共场合谈论的禁忌话题。在公共场合，言语交际应该遵守一定的社会规约，尤其是人们在涉及一些非自由话题的时候，语码转换便可有效地避免出现尴尬或难堪，同时又能顺利地表达交际信息。这就是一种因受社会规约的影响而出现的语码转换。上例中，小孩清楚

---

① 这是法语，等于英语的"They are making love"（它们正在交配或做爱）。

第八章
会话结构及其语用研究

地知道不应该在公共场所谈论"交配"、"性爱"之类的非自由话题,因而通过语码转换,使用了旁人不易听懂的语码,成功地避免了尴尬。再如:

(58) 一次毕业生讨论会结束后,一位黑人学生向一位白人教师走来,表示希望能获取会员资格,此时老师身边还有几个黑人学生和白人学生。下面是他和这位老师之间的对话:

Black student: Could I talk to you for a minute? I'm gonna apply for a fellowship and I was wondering if I could get a recommendation?

黑人学生:能跟你谈一会儿吗?我想申请会员资格,不知你是否愿意帮我写个推荐。

Instructor: OK. Come along to the office and tell me what you want to do.

老师:可以。到我办公室来,告诉我你想怎么写吧。

Black student(当其他学生离开时,他把头偏向他们说道):

Ahma git me a gig!①

黑人学生:我会得到老师的支持。

(59) 某公司最近出现财务事件,涉及公司老总,但此事还没有最后定论。当肖某与王某两人正在谈论此事时,一位平时与老总关系不错的同事魏某突然出现在他们面前,但魏某根本不懂英语。

肖某:这件事情很复杂,涉及几个关键人物,就看上面怎么处理了。(魏某突然出现)

王某:Including the general manager。

包括公司老总。

肖某:是呀,肯定不会了了之的。

例(58)中,黑人学生向老师提出请求,希望能得到老师的支持与推荐,但他使用了一种英语变体,即黑人英语,而不是标准的英语,这也是一种语码选择和语码转换。也许白人学生与老师根本不明白这句话是什么意思,只有在场的黑人学生才知道,但该语码转换至少具有这样的功能:可

---

① 这是一种黑人英语,相当于标准英语"I'm going to get myself some support"。

· 229 ·

明确表明自己的黑人身份,虽然自己正在与白人老师交谈并请求对方帮忙,但仍属于黑人群体。例(59)中,说话人(王某)因害怕魏某将他和肖某之间谈论的内容告诉公司老总而对自己不利,所以将关键内容(即人物所指)转向对方听不懂的其他语码。显然,类似的语码转换不是无缘无故的,总有某种原由,比如说话人的社会心理动机会影响他在特定语境下的语言行为,包括语码或形式的选择。例(58)中,黑人学生的语码转换就是为了表明自己与其他黑人学生身份地位的一致性。此外,语码转换的发生也可能出自交际语境的特殊需要。如例(59)中,说话人灵机一动,转而使用他人听不懂的语码,可避免使用同一语码可能产生的负面效应。

B. 语码混用

在日常语言使用与交往中,尤其是口语交际中,语码混用的现象十分普遍。所谓语码混用,就是说话人在使用一种语言进行交际时,因某种原因突然选用另一种语言中的词语或结构,从而出现两种语码的混用。不同于语码转换,语码混用不是两种或多种不同语言之间完整的话语或结构的转换,而是局部词语或结构的混合使用,因而表达的不是完整的思想或概念。例如:

(60) Hi,你好呀!This morning,我们对你的 case 进行了 discuss,我们发现,这对我们没什么 benefit。所以我们不得不遗憾地告诉你:与这件事相关的所有 project 都将被 cancel 掉。(摘自《中国 IT 人的时髦说话方式》,《广州日报》,2001年2月20日)

例(60)中就出现了局部的英语词汇与结构,出现了汉语和英语的语码混用。在一定语境中,类似英汉语码的混用不一定是件坏事,并非"IT 时代的洋泾浜"。假如交际双方不想让第三者知道他们所谈论的事情,但又不便直说,因此在涉及关键信息时出现这样的语码混用就不足为奇了。我们可以将类似的语言行为视为交际过程中的动态顺应,即说话人根据交际目的对语言进行的选择。

当说话人使用一种语言(即语码)谈论不适宜的话题,或威胁对方面子而影响人际关系时,语码转换或语码混用是一种礼貌策略。有时,在言语交际中,语码混用的出现也可能源自说话人的语言习惯。比如,说话人本身精通两种语言,但在使用一种语言时,突然想不起或从中找不到某个恰当的词语或结构,于是从另一种语言中选用;或者说话人对正在使用的

语言不是特别精通或平时很少使用,也会不自觉地从另一种语言中借用部分常用词语或结构。例如:

(61) 查小欣:我们先说说你的爱情吧。你的爱情观是怎样的?
谢霆锋:童话式的 happy ever after(永远开心)那种。
……
查小欣:但是不怕以后的女朋友会不开心吗?
谢霆锋:不开心就不要来了,就像我的乌龟一样,接受不了就……sorry 了。
……
查小欣:是因为情伤吗?
谢霆锋:不知道,whatever 都好吧。后来我终于觉得我睡不着觉,体力不好……
查小欣:你现在进入状态了吗?
谢霆锋:现在 OK 啦。
……
查小欣:现在已经有什么事后悔了,是吗?
谢霆锋:每件事都会后悔,因为每件事都不可能 perfect。

(选自《南方都市报》,2005 年 8 月 5 日)

以上访谈中,说话人(谢)生活和工作主要在香港,对英语很熟悉,而且常用英语交流,因而在汉语交际中会不自觉地夹杂一些常用的英语词汇与结构。这也是语码混用出现的一个主要原因。

正如维索尔伦(Verschueren,1999)所言,语言使用的语用学研究就是要弄清楚语言使用的复杂性,其中包括制约语言使用与选择的语言、认知、心理、社会文化等因素。总之,会话中的语码转换和语码混用都是值得探讨的课题,尤其需要从语用学的角度去研究它们出现的理据与功能,这有利于揭示语言使用的复杂性。

8.3.5 话语标记语的语用功能

20 世纪 70 年代后期,随着语用学这门新兴学科的孕育、确立与发展,国外开始出现了对话语标记语(discourse marker)的局部研究与关注。语用学家列文森有过这样的论述,虽然他没有直接使用话语标记语这一术语,但却提及了它们的语用功能(Levinson,1983:87—88):"毫无疑问在英语等绝大多数语言中,都有很多标记某一话语与前面话语之间所存在的某种关系的词语和短语,如位于句首的 but, therefore, in conclusion, to the contrary, still, however, anyway, well, besides, actually, all in all, so, after all 等。人们普遍认为,这些词语至少包含了非真实条件意义……它们常常表示所在话语仅是前面话语的一种回应、延续。"这一论述引起了学者们对话语标记语的关注和兴趣。

20世纪90年代末,话语标记语才逐渐成为会话分析和语用学研究的新兴课题。不少学者放弃了从句法—语义学考察语言选择和意义的传统视角,借助交际语境以及认知因素等,探讨 yeah,well,you know,I see, you mean[①] 等词语或结构的非句法、非语义功能,也即它们在不同语境条件下的语篇功能,尤其是语用功能;或分析它们对信息理解的认知制约。类似词语或结构与所在话语之间缺乏语法上的制约关系,因此它们的作用并不是表达语义信息,也不是表示语法关系。因此,它们被称为"话语标记语"或"语用标记语"(pragmatic marker),属于语法的边缘化现象。

目前对于什么是话语标记语或语用标记语,以及话语标记语和语用标记语之间的区别,还存在分歧,但从近年来的研究成果来看,越来越多的学者认为,它们是口语或会话交流中的常见现象,其作用主要是动态的,以语境为基础。由于出发点或侧重点不同,在不同研究中出现了各种名称,比如语义连接语(semantic conjuncts)、语句联系语(sentence connectives)、逻辑联系语(logical connectors)、暗示词(clue words)、提示语(cue phrases)、话语操作语(discourse operators)、话语小品词(discourse particles)、超命题表达式(hyperpropositional expressions)、会话常规语(conversational routines)、导语(prefaces)、语用联系语(pragmatic connectives)、语用标记手段(pragmatic devices)、语用表达语(pragmatic expressions)、语用操作语(pragmatic operators)、语用标记语(pragmatic markers)等(何自然、冉永平,1999;冉永平,2000d)。我们发现对话语标记语的研究有句法的、语义的,以及语用的,有的是从话语组合、话语生成的角度探讨话语标记语的功能,也有从话语理解的角度分析

---

① 我们很难将它们从字面上直接翻译成汉语,因为它们的功能是随着语境的不同而变化的。

第八章
会话结构及其语用研究

它们的语用制约与语用引导等功能。

在不同语境下,话语标记语的作用与功能是多方面的。比如,就如下的简单分类而言,可略见话语标记语的非句法—语义制约功能:(a)话题标记语(如 speaking of...,incidentally);(b)对比标记语(如 but,on the other hand);(c)阐释标记语(如 above all,in addition);(d)重述标记语(如 in other words,put it in another way);(e)推导标记语(如 as a result,in short);(f)信源标记语(如 allegedly,reportedly);(g)语态标记语(如 ironically,strictly speaking);(h)评价标记语(如 fortunately,sadly)等。从所列举的话语标记语来看,它们所起的作用主要是语用的,且具有功能的多样性,因此有学者直接将它们称为"语用标记语"(Brinton,1996)。英语中的类似研究已有很多,且研究日益深入,并开始从单纯的语用分析转向语用认知研究,而汉语话语标记语的类似研究却十分少见(冉永平,2000d,2002,2003)。

在日常会话、访谈等言语交际中,话语标记语是比较常见的,且具有丰富的语用功能。例如:

(62) 王小姐:以前我俩的关系很好,他经常晚上,一般两三天吧,给我打电话聊天,一聊就是半个小时……

主持人:看来,你们至少有很多话可讲,谈得来。也就是说,你们还是很有共同语言的。(选自广东卫星广播"夜夜夜谈"节目,1998年10月5日)

(63) 她赶忙上前一步,挡在他们之间,但童地的父亲似乎是豁出去了:"行,不跟你说了,我告诉你,老子也要替童地翻案!老子要带着童地摔锅当铁告到北京,哪怕把你们的大牢坐烂!"(选自宋执群《梅雨》)

(64) 若男看看他:"什么问题?"
赵义:"我想问你,我到底为什么要和小妹复婚?"(选自黄允《若男和她的女儿们》)

(65) 你怎么那么草率就答应了求婚!你想,你年轻漂亮,又有文化,他呢,年纪比你大那么多,学历文凭又比你低。你是担心嫁不出去还是怎么的?(选自黄允《若男和她的女儿们》)

例(62)中,"看来"是一个推导标记语,表示它所引导的信息是说话人根据对方的讲话所进行的一种推断;"也就是说"是一个重述标记语,表示它所引导的信息是说话人对前述信息的重新表述,重述后的话语或信息往往更简单、更易理解。例(63)中,"我告诉你"是一个行为标记语,具体而言,属于施为性标记语,在该语境中带有威胁或警告的用意,而不表示说话人真正要告诉对方什么信息。例(64)中,"我想问你"也是一个行为标记语,表示说话人要"问"对方,标志说话人的后续行为是"问"。同样,例(65)中的"你想"也是一个行为标记语,在该语境中带有劝说或劝解的用意,同时它的出现还在一定程度上体现出说话人的亲和力,从而有助于提高劝说的语用效果。从句法关系的制约和语义表达的角度来看,以上话语标记语是可以省缺、可取消的;但从语用功能的表达和语用取效的角度看,它们的出现却是必要的。

另外,汉语中在话语末尾出现的"吧"①、"啦"、"吗"、"啊"、"呢"、"嘛"等往往被称为"小品词"、"语气词"、"叹词"等,这是一种语法分类。从语义的表达上看,它们属于虚词,没有实际语义;从句法上看,它们出现在话语的末尾,并不对句法结构组合形成制约。也就是说,它们的出现既不是语义表达的需要,也不是句法制约的要求,但从语用的角度,类似词语却体现出丰富的语境功能。因此,我们仍可将它们看成话语标记语(冉永平,2004)。例如:

(66) 主持人:什么方式? 告诉大家。A_1
彭经纬:就是刚才王老师说的,那会儿王老师说这事的时候,我还想千万别提到我,上来就给捅了。B_1
徐浩渊:什么事儿难受找什么说? C_1
主持人:就是用小刀拉自己,对吧? A_2
彭经纬:嗯。B_2
主持人:好多次吗? A_3
彭经纬:没有好多次吧,四次,三次。B_3
(选自中央电视台"实话实说"节目:《这个班主任不好当》)

此例中,学生(B)不肯将自残的事情讲出来,而说话人(A)又知道对方采

---

① 现代汉语中"吧"的用法有历史渊源。从使用的时间看,"吧"是民国以后使用的,清代以前写作"罢"。20世纪50年代以后的出版物中,除了具有文言色彩、方言色彩的出版物,一般已很少见到语气词"罢"。

取过什么方式进行自残,在这种情况下说话人(A_2)的主要目的不是通过疑问形式(……对吧?)求信,而是求证,从而推动整个交际的进行;同时又给对方(B_2)和自己(A_2)一定的回旋余地,比如 B_2 可否决 A_2 提供的信息,或讲出其他的自残方式。这些都是说话人根据交际需要与交际进程所采取的一种语用推进策略。随后,说话人(B_3)在否定对方(A_3)的语境假设(多次用小刀拉自己)时,所附带的"吧"增加了该话语的直接缓和语气,也增加了对方合作的可能性,如果缺少"吧",后面也不太可能出现"四次,三次"之类的后续信息。再如:

(67) 可是,你喝起酒来,却小手小脚的。这未免和你的身份不相称吧。

此话语显然是说话人对听话人的一种不满甚至责备,但"吧"的出现缓和了不满或责备的语气,否则责备的语气要强很多。大家可将此话语与取掉"吧"后的话语进行比较,体会其语用差异。

以上我们简单论述了话语标记语在不同语境条件下的语用功能,目的在于引起大家对言语交际中,尤其是汉语中话语标记语的语用功能的注意。总的来说,话语标记语是日常会话中十分常见的现象,其作用是丰富的,但对其认识还远未统一、深入。我们认为,交际中话语标记语的功能主要是语用的,而不是句法制约的需要,也不是为了表达语义。更重要的是,话语标记语可从局部或整体上对话语理解起引导或路标的作用,帮助听话者识别话语的各种语用关系,从而在认识上对话语理解进行制约与引导。无论是英语中还是汉语中都存在大量的话语标记语或语用标记语,它们的语用功能还有待我们进行深入系统的研究,以进一步揭示自然语言的动态性、复杂性。

8.3.6 情态动词的语用功能

情态动词(modal verbs)在交际中所起的作用不仅是语法的,在很多时候还是语用的,因此出现了情态动词的语用学探究,如罗宾·莱可夫(Robin Lakoff,1972)、利奇(Leech,1983)、维索尔伦(Verschueren,1999)等。情态动词的语用功能主要属于语言语用学的探索范围。

情态动词表示说话人对可能发生的行为或出现的状态所持的一种心情或态度,其语义实质是可能性,即它表示主动词的动作或状态不是现存的或事实的,只是存在实现的可能性。这就是情态动词的情态意义(modality)。以英语中的情态动词为对象,帕尔默(Palmer,1976,1979)等人根据它们表示客观事实还是表示主观看法或态度,将其划分为认知情态动词(epistemic modal verb)和非认知情态动词(non-epistemic modal verb)。

说话人通过话语表达对某事或某物的看法或态度时一般会涉及可能性、必然性等情态,也就是说,会使用包括 may,might,must,shall,should,can,could,will,would 等情态动词,其中 may,must,shall,can,will 等属于"主要情态动词"(primary modal verbs),而 might,should,could,would 等则属于"次要情态动词"(secondary modal verbs)。这些情态动词的区别是比较明显的,但我们却很难将它们逐一翻译成语义和功能都对等的汉语。

现代汉语中的情态表达式也十分丰富,如"能"、"能够"、"可以"、"会"、"可能"、"得(dé)"、"敢"、"肯"、"愿意"、"情愿"、"乐意"、"想"、"要"、"应"、"应该"、"应当"、"该"、"值得"、"配"、"别"、"甭"、"好"、"一定"、"得(děi)"、"必须"等(朱冠明,2005),它们同英语中的情态动词一样,在不同语境下的功能十分复杂,因此我们仅以英语中的情态动词为例,简要讨论它们涉及的部分语用功能,为汉语中情态动词的语用学研究抛砖引玉。根据罗宾·莱可夫(Robin Lakoff,1972)的观点,下面讨论几组情态动词在不同语境条件下的语用功能及语用差异。

A. can 和 may 表示的推测功能。例如:

(68) a. Young people may be disco maniacs.
年轻人也许/可能是迪斯科迷。

b. Young people can be disco maniacs.
年轻人会/可能是迪斯科迷。

c. It is possible for young people to be disco maniacs.
年轻人是迪斯科迷,这是可能的。

例(68a)和(68b)都可以释义为(68c);但(68a)和(68b)却不能算是同义。在特定语境下,前者可能是真,因为 may 表示一种弱推测;但后者表示一种强推测,即说话人的主观把握性很大,因此可能是假。另外,在某些语境下两者中只有一种才是恰当的,另一种却不合适,比如(68a)可能出现在下面两种场合：

(a) 说话人的确不知道"年轻人是迪斯科迷"的断言是否为真；

(b) 说话人听说过该断言，也听说过该断言的理由，但由于缺乏证据，因而对断言既不肯定是真，也不肯定是假，采取了中立的立场。哪怕最后证实没有一个年轻人称得上是迪斯科迷，(68a)仍不会因此为假，因为表示推测功能的 may(也许/可能)可使句子的真假区分失去意义。

(68b)的情况有所不同，can 的推测功能是以事实或说话人的见闻等为依据的，当以后的事实证明没有哪一个年轻人称得上是迪斯科迷的时候，(68b)就可能是假的。可见，事实可以否定(68b)，但不能否定(68a)，故 may 和 can 是不同义的。所谓不同义，其实是语用功能不同，因为两者的意义都表示"可能"，它们的句法结构也都一样，但(68a)和(68b)的不同在于语境条件。(68a)的用意比较简单，它直接就可以用(68c)进行释义；(68b)实际上有三重歧义：

(a) 年轻人有时是有时不是迪斯科迷；

(b) 年轻人中有些是有些不是迪斯科迷；

(c) 年轻人中有些有时是有时不是迪斯科迷，另一些则不是迪斯科迷。

同样，例(69)也有三重歧义。

(69) Boys can be noisy in class.
　　　男孩子会在课堂吵闹。

但不是任何情况下 can 都有三重歧义，如例(70)只有以上(b)的歧义。

(70) Boys can be tall.
　　　男孩子可能长得高。

例(70)只有上面几个歧义中(b)的意思，即男孩中有些个子高，有些个子不高。这是可以根据逻辑—语义结构辨认出来的。尽管如此，例(70)中 can 的推测功能与例(68b)和例(69)相同，即以事实为依据。如果有事实证明没有哪一个男孩可以称得上高个儿的话，例(70)也可能为假。可见，在不同的语境下 may 和 can 具有不同的语用功能。

B. must 和 should 表示的推测功能。例如：

(71) a. John must be easy to talk to.
     约翰一定容易交谈。
   b. John should be easy to talk to.
     约翰应该容易交谈。
   c. John is probably easy to talk to.
     约翰可能容易交谈。

例(71a)和(71b)都可以释义为(71c)，但同样(71a)和(71b)也不完全同义。在某些语境中，只有使用其中的一种才是恰当的，尽管 must 和 should 都具有表示说话人推测的功能。当表示推测时，下例中只有(72a)、(72c)是可行的，而(72b)和(72d)则不可行。

(72) a. You must be crazy!
     你一定是着迷啦！
   b. *You should be crazy!
   c. This should be done by later this afternoon.
     今天下午晚些时候此事应该完成。
   d. *This must be done by later this afternoon.

为了区分 must 和 should 的语用功能，我们先看例(71)。假设说话双方都站在约翰的办公室外面，应约同约翰谈话，现正等候会见。说话人想到与约翰的会见，心情上有点紧张，这时说话人无论说出(71a)或(71b)，都可以给听话人以精神上的支持。问题是：说话人到底在什么情况下该用(71a)，在什么情况下又该用(71b)？这要看如何推断说话人对约翰的评价了。假设说话人当时十分靠近约翰的办公室，听到里面不断发出欢快的笑声，这说明约翰和应约者交谈融洽。在这种情况下，说话人对听话人就会使用(71a)，因为其中 must 表示的推测是具有根据的。再假设说话人当时无法获知约翰办公室里发生的情况，但他却了解约翰平时待人接物的态度，他知道约翰为人热情、随和、没有架子，因此凭借对约翰的了解，他会对听话人说出(71b)。这说明 should 具有凭借经验对未来作出推测的功能。

根据以上分析可知，(72a)是合适的，表明说话人是根据实际情况而作出的推断;但(72b)中 should 并没有这样的推测功能,这样的句子也就不通了。(72c)也是合适的,因为这是说话人凭借过去的经验而作出的推断;但(72d)中 must 不具有凭借经验作出推测的功能,因而是不可接受的,但当它表示强制要求时,该话语又是可行的。总之,must 具有现时可证实的推测功能,而 should 则具有未来可以检验的推测功能。

C. 情态动词的语用差异。例如:

(73) a. John may have some cookies.
    约翰可以吃些曲奇饼。
   b. John is allowed to have some cookies.
    约翰可以吃些曲奇饼。

例(73a)是说话人发出的"允许",表示本人的同意;而(73b)只是"报道"了允许约翰吃曲奇饼,但不涉及说话人的态度,他本人也可能反对约翰吃曲奇饼。因此,虽然以上话语的语义相同,但因为 may 和 is allowed to...的使用而体现出语用差异。

(74) a. John will take out the garbage.
    约翰必须把垃圾拿出去。
   b. John is to take out the garbage.
    约翰必须把垃圾拿出去。

例(74a)是说话人发出的"命令";而(74b)则仅是说话人"报道"别人的命令。

(75) a. You must go to school.
    你必须去上学。
   b. You have to go to school.
    你必须去上学。

例(75a)是说话人出自关心而提出的"要求",听话人不一定必须做该事;而(75b)多用于诸如母亲对孩子说话的场合,否则是不礼貌的,因为它等于是说"You yourself have a need to go to school"(你自己需要去上学),并不表示说话人的主动关心。

(76) a. John says you must go to school.

约翰说你必须去上学。

  b. John says you <u>have to</u> go to school.
   约翰说你必须去上学。

  例(76a)指说话人同意约翰的意见,"要求"听话人上学;而(76b)仅是说话人"报道"或"转述"约翰的要求,他本人不一定同意。

(77) a. We all <u>should</u> vote for John.
   我们都应该投约翰的票。

  b. We all <u>are supposed to</u> vote for John.
   我们都应该投约翰的票。

例(77a)是说话人本人认为这是好主意,因而提出此"建议";而(77b)仅是说话人"报道"或"转述"别人提出的建议,他自己可能赞同,也可能反对。

(78) a. John <u>can</u> hear voices telling her to save Tom.
   约翰可以听到叫他去救汤姆的声音。

  b. John hears voices telling her to save Tom.
   约翰听到叫他去救汤姆的声音。

例(78a)带有情态动词 can,表示约翰能听到呼救声,而且说话人和约翰一样也听到呼救声,从而表明呼救声是真的,也就是说,在该语境中 can 的语用功能是以事实为依据作出的说明;但(78b)没有情态动词,表明呼救声可能不是真的,也许只是约翰的幻觉。

(79) a. John <u>will</u> leave for New York on Thursday.
   约翰星期四要去纽约。

  b. John leaves for New York on Thursday.
   约翰星期四要去纽约。

当 will 作为情态动词时,例(79a)表示较为肯定的推测,但推测也并非百分之百的肯定;然而不带有情态动词 will 的(79b)就不同了,它表示的将来行为是肯定的,必将发生的。

  综上所述,情态动词的使用和理解主要依靠语境和它们各自的语用功能,只给情态动词定出句法和语义规则,还不能做到恰当地使用它们。另外,情态动词的正确使用还可影响话语的得体性,体现话语的礼貌程度,建

立或维护人际关系,或顺利地实现交际的目的(参阅第四章)。再如:

(80) a. Post the letter for me.
 给我把这封信寄走。
 b. Can you post the letter for me?
 能替我寄这封信吗?
 c. Will you post the letter for me?
 愿意替我寄这封信吗?
 d. Would you post the letter for me?
 愿意替我寄这封信吗?

总体上看,以上话语的礼貌程度是递增的。例(80a)是祈使形式,表示命令,对方没有选择和拒绝的余地,因此最不礼貌;(80b)中出现了情态动词can,并隐含了说话人认为对方有能力实施该行为的预设信息,而且疑问形式的间接程度比(80a)要高,对方有选择和拒绝的余地,因此比(80a)有礼貌;(80d)使用了情态动词 will 的过去式 would,从而隐含交际双方之间存在的某种心理或社会方面的"距离性",显得更加的间接和委婉,因此(80d)比(80c)更礼貌。

类似例子在现实语言交际中是很多的,在注意它们正确用法的同时,更应该重视它们的恰当用法。此外,在分析情态动词的语用功能时,还可结合交际主体的社会身份、地位,考察具有不同社会身份或地位的交际主体使用情态动词的主要倾向。

8.3.7 条件句的语用功能

条件句是语言交际中的一种常见构式,目前存在多种类型与分类,对其研究视角也是多样的,有句法的、语义的、逻辑的、语用的等,成果十分丰富。以下我们主要以"If P, (then) Q"(如果……,就……)条件句式为例,简要讨论它们超出逻辑—语义范畴以外的语用功能(毛利可信,1980),也就是它们所具有的间接言语行为功能。

A. 条件句表达"警告"或"威胁"。例如:

(81) If you tease the dog, you will get bitten.
 如果你逗弄那条狗,就会被咬。

要表达警告的言语行为,说话人可以使用下述条件式:"如果 P,就 Q"(Q 表示坏事),即"如果逗弄那条狗,就会被咬"。这时听话人通过推论,作出如下决断:"如不喜欢 Q,就需要非 P,因而中止 P"。这个条件式也适用于表达威胁。但表达威胁时,Q 是说话人本人引起的。例如:

(82) If you move, I'll shoot.
　　　如果你动,我就开枪。

该话语发出的威胁使听话人不敢去实现 P;因为实现 P,说话人就会实现 Q,即"只要听话人动一下,说话人就会开枪"。例(81)作为威胁,则意味着说话人要导致 Q,即"说话人会让狗去咬听话人";作为警告,只表示"听话人会被狗咬"。

B. 条件句表达"劝告"。例如:

(83) a. If you don't cover the ace, then you won't win.
　　　　如果你不压倒 A 牌,就会输。
　　 b. If you cover the ace, you will win.
　　　　如果你压倒 A 牌,就会赢。

例(83a)是一种强行劝告,条件式为:"如果非 P,则非 Q(Q 表示好事)"。听话人的推断是:"如果希望 Q,则需要 P,因而实现 P"。(83b)是一般劝告,说话人只是建议听话人不妨打出一张牌来压倒 A,就会赢牌,除此之外,还可能有别的赢牌方法。一般劝告的条件式是:"如果 P,则 Q"。听话人的推断是:"如果希望 Q,可以通过实现 P,或采取其他方法"。

C. 条件句收"言后之果",使对方放心。例如:

(84) Only if you do not tease the dog, you will not get bitten.
　　　只要你不逗弄那条狗,就不会被咬。

说话人指出"只要非 P,就会非 Q",从而使听话人放心。听话人的推断是:"如原来就不希望 Q 发生,即根本不想向狗伸出手,那么只要他(听话人)不伸手逗弄狗,就肯定不会被狗咬",这样就会取得言后之果。下面的例子也属这类条件句。

(85) 只要不说,就不会被人知道。
(86) 只要不得罪他,他就不会欺负你。

在特定语境中,只要听话人听到这些话,不实施某种行为,或立即终止某种行为,满足类似条件,就会获得安全感,从而使自己放心。

D. 条件句表达"命令"或"禁止"。例如:

(87) If you don't want to get bitten, then you must not tease the dog.
如果你不想被咬,就千万别逗弄那条狗。

(88) 如果不想受处分,就别作弊。

例(87)和(88)中说话人的条件式是:"如果不喜欢 Q,必须非 P"。这样,如果不想被狗咬,就不要去逗弄它;如果不想受处分,就不要作弊。听话人无须作什么推断,他要么执行说话人的命令,要么违抗命令。这类条件句其实是表达警告、威胁等言语行为的又一种方式。例如:

(89) 出汗之后马上洗澡是要得病的。(表示警告)

(90) 如果不想得病,出汗之后不要马上洗澡。(表示禁止)

(91) 如不照办,小心挨揍。(表示威胁)

(92) 如不想挨揍,那你就照办。(表示命令)

可以说,表示禁止或命令的条件句比单纯表示警告、威胁的条件句更具威力,在一定语境下可以取得更好的交际效果。

E. 条件句表达"建议"或"请求"。例如:

(93) If a dog bites you/threatens to bite you, you must keep an eye on it.
如果狗要咬你/做出咬你的架势,你得提防。

(94) 如果你感觉不舒服,就一定及时去医院。

这类条件句式有两层意义:"如果 P,则 Q;如果不喜欢 Q,请实现 R"。这两层意思合并起来就是:"如果 P(且不喜欢 Q),请实现 R"。听话人听到这类条件句也无须作推断,他可以接受说话人的建议或请求,或予以拒绝。显然这不同于以上表达命令或威胁的条件句,也与表示劝告的条件句之间存在区别,如例(93)的重点是"提防被狗咬",例(94)的重点是"注意感觉不舒服的时候"。再如类似例子:

(95) 如果感觉疲倦,请喝咖啡。

这句话可以隐含"如感疲倦,就打瞌睡;如不想打瞌睡,请喝咖啡"这样的用意,显然说话人不是在进行劝说,而是在实施建议的言语行为。

总之,不同类型的条件句可以表达不同的意义,也可能传递不同的语用信息。围绕条件句,我们还可进行很多方面的研究,比如条件句如何表达说话人的委婉语气,如何通过条件句给自己"留有余地",如何通过条件句强调或表示预测等,这些讨论都需要结合一定的语境条件。

8.3.8 否定句的语用功能

否定是十分常见的语言现象之一。"语言学中所说的否定,它的基本意义是否认,……根据双方的语法特点和语义特点,根据它们所处的语境,除了表达基本意义以外,往往还引申出其他有关语义,可以表示述无、指反、示否、禁阻等多种意思。相应的肯定式和否定式之间,或者是矛盾关系,或者是反对关系"(陈平,1996:253)。然而,在实际的语言交际中,否定现象及其功能更为复杂。下面主要从语用的角度出发,介绍否定句的三种功能:否定命题、否定前提和否定含意。

A. 否定命题

如果话语内容为"P",说话人要表示"-P",相当于英语的结构式"It is not the case that P",就会将该话语内容予以否定。这就是否定命题,如例(96b)就是对(96a)中命题内容的否定。

(96) a. She made a mistake.
她犯了错误。
b. She didn't make a mistake. (= It is not the case that she made a mistake.)
她没有犯错误。

否定副词也可起到命题内容的否定作用,如英语中的 never(从不)、hardly(一点不)等,汉语中的"从不"、"决不"、"一点不"等,都可加强对命题的否定,也就是说,它们表达一个"否定断言"。例如:

(97) a. 她从不犯错误。
b. 她决不犯错误。
c. 她一点不犯错误。

第八章
会话结构及其语用研究

否定命题并不都属全体否定,有些在语法上被看做部分否定的句子在语用上仍是命题的否定。例如:

(98) A: It might be just a coincidence.
这可能仅是巧合。

B: No, no, everything cannot be a coincidence.
不,不,任何事情都不可能是巧合。

(99) I can't know everything.
我不可能知道任何事情。

(100) All that glitters is not gold.
所有闪光的东西都不是金子。

例(98)中,B 表示的是:(I say(it can't be the case(that everything is a coincidence)));同样,例(99)和例(100)应分别解释为:(I say(it is not the case(I can know everything)))和(I say(it is not the case(all that glitters is gold)))。

如果命题本身是否定的,即话语内容是"- P",再否定这种命题实际上就是"确认"该否定命题。比如,下例中 B 的否定是在肯定 A 提出的否定命题。

(101) A: She is not at all happy working here.
她在这里工作一点也不快乐。

B: No, she isn't.
是的,她不快乐。

在汉语中说话人要确认一个否定命题,往往直接用肯定方式表达。例如:

(102) 甲:这一带没有加油站。
乙:是的,没有。

(103) 甲:他今天没来上班。
乙:是的。他感冒了。

如果要否定或否认一个本身是否定的命题(-P),英语要用"-(- P)",这时两个否定相抵消,等于要用肯定方式肯定相应的命题(P),如下面的例(104)和例(105);但是在汉语中如果否定或否认一个"- P"命题,往往采取直接否定的方式表达,如例(104)和例(105)的汉译表达式(106)

245

和(107)。

(104) A: You don't like Chinese food?
B: Oh, yes, I do! I do like it very much!
(105) A: You've not changed much, John.
B: Yes, I have. I've changed enormously.
(106) A:你不喜欢中国菜?
B:噢,不,我喜欢,我很喜欢中国菜。
(107) A:约翰,你没有多大变化。
B:不,我变了。我变多了。

可见,从语用的角度看,当要确认一个否定命题,英语用否定方式,而汉语用肯定方式;相反,当否认一个否定的命题,即对该否定的命题表示异议,英语要用肯定方式,而汉语则用否定方式。

否定话语的命题,还包括下面这类否定句型:

(108) I don't believe that he will come tomorrow.
我认为他明天不会来。

此话语应解释为:(I believe(it is not the case(that he will come tomorrow)))。可见,它否定的是命题"he will come tomorrow"(他明天会来)。构成这种否定句的动词还有 believe(相信),think(认为),suppose(认为),fancy(认为/相信),expect(希望/期待),imagine(想象),reckon(认为/以为)等动词。在语法上人们通常将这种表示否定命题功能的现象称为转移否定(transferred negation)。例如:

(109) I don't think it's right to make such a hasty decision.
我认为如此仓促地作出决定是不正确的。
(110) I don't suppose you've paid for it yet.
我认为你还没有给钱。

B. 否定前提

要否定话语的内容,可以通过否定命题,也可以通过否定前提。前提被否定,话语的内容自然也被否定了。比如,甲在教学楼的第二层见到乙:

第八章
会话结构及其语用研究

(111) 甲:请问洗手间在哪儿?
乙:二楼没有洗手间。

听到乙的应答之后,甲很可能会上三楼或到一楼去找洗手间。当甲发现三楼或一楼都没有洗手间时,他很可能会责怪乙。其实,这座大楼根本没有洗手间,乙的应答是对的,他没有说谎,但却让甲往三楼或一楼白跑了一趟,因为当甲问洗手间在哪儿时,他设想了"大楼必有洗手间"的前提,既然乙对他说二楼没有洗手间,他自然会以为三楼或一楼总会有。这里的关键是乙没有明确否定前提。如果乙应答说"大楼里没有洗手间",就否定了甲询问的前提,甲也就不会产生误解。

可见,否定前提必须在话语中明确地表达出来,否则就会引起误解,甚至会被对方认为是在说谎。毛利可信(1980)引用了一则笑话,指出没有明确否定前提,会导致不必要的误会。事情发生在餐厅里:

(112) 顾　客:I can't eat this soup.
　　　　　　这汤我不能喝。
　　服务员:(换上一碗汤)
　　顾　客:I can't eat this soup.
　　　　　　这汤我不能喝。
　　服务员:(又换上另一碗汤)
　　顾　客:I can't eat this soup.
　　　　　　这汤我不能喝。
　　服务员:Why can't you eat this soup?
　　　　　　为什么这汤你不能喝?
　　顾　客:Because there is no spoon.
　　　　　　因为没有汤勺。

此例中,如果顾客一开始就明确说出他没有匙子而没法喝汤,即明确地否定前提,餐厅服务员也就不会接二连三地给他换汤了。当然,否定前提有时未必一定就否定内容。下面的例子说明:前提是假,话语内容仍真。

(113) A:How did you manage to stop the machine?
　　　　你是怎么想办法让机器停下来的?
　　B:I didn't even try, it stopped automatically.

我根本就没有想办法，是它自动停下来的。

(114) A：You'll tell me why he sent for you?
你告诉我为什么他派人来叫你？
B：He didn't send for me．It was I who requested him to give me an appointment.
他没有派人来叫我，是我请求他来约我的。

例(113)中，A的前提是"想办法停机"，B的应答却否定该前提，但话语的内容"机器停转"仍然为真；例(114)中，A的前提"他曾派人叫B来"，在B的应答中被否定了，但话语内容"B来了"并没有被否定。

C．否定含意

交际中含意的否定是为了避免产生误解而出现的一种否定方式。当说话人发出话语S后，为防止听话人误解为S'，于是可能会明确地否认S'。这就是否定含意，我们可将其形式化为："S, not that S'"（S，不是S'）。例如，警长A需要向助手B了解有关C的相关情况：

(115) A：C's not on my list of people employed here.
C没有在这份受雇人员的名单之中。
B：Oh，well，you can see him tomorrow．Not that he can tell you anything, I don't suppose.
不过，你明天会见到他。不是说他会告诉你一切，我认为他不会（告诉你一切）。

此例中，B断言A可以在明天见到C，但为防止A指望C能够提供情况而产生误解，故采用否定含意的方式，先行否定对方可能产生的误解。再如：

(116) 我不去参加座谈会，不是我不想去，而是觉得没有资格去。

此例中，"我不去参加座谈会"可能被误认为"我不想去参加座谈会"之类的含意。为了避免这种误解，说话人自我否定了该含意。类似例子还有很多。

D．否定转移

莱可夫与霍恩（Green，1996）探讨了否定的转移问题。以上讨论否定命题时我们已指出，有些动词所否定的命题内容会发生转移，也就是说，否定形式所否定的是同一语句中的其他部分。比如，例(117)中的两个语句具有同样的交际功能;而例(118a)则模棱两可,可表示"Tom lacks the desire to wash dishes"(汤姆没有洗碗的愿望)或"Tom desires not to wash dishes"(汤姆想不洗碗)。

  (117) a. I don't think Tom will arrive on Monday.
     我不认为汤姆星期一会来。
    b. I think Tom won't arrive on Monday.
     我认为汤姆星期一不会来。
  (118) a. Tom doesn't want to wash dishes.
     汤姆不想洗碗。
    b. Tom wants to not wash dishes.
     汤姆想不洗碗。

以上两个例子中,a 和 b 的差异在于,带有否定转移的 a 表示一种"弱断言",清楚地隐含而不是断言相关的否定命题。同样,词形否定(morphologically incorporated negative)(如例 119b)比非词形否定(如例 119a)更能清楚地表示否定命题。

  (119) a. I didn't see anyone there.
     我没见到那里有任何人。
    b. I saw no one there.
     我见到那里没有任何人。

  有关交际中各种语言形式的语用功能,目前仍缺少完整系统的研究。以上各方面只涉及部分话语、结构或词语的语用功能,且讨论远未深入,因此很多方面还有待读者结合它们使用的特定语境,深入分析它们传递的语用信息及其语用功能。

思考题

1. 收集会话片段,分别说明什么是请求预示语、邀请预示语、宣告预示语等,以及预示语和主要言语行为之间的区别。
2. 举例并分析英、汉日常语言交际中提问的不同类型及其语用功能。
3. 从人际交往的角度,分别对提问和回答的语用功能进行分析。
4. 举例说明什么是会话中的自我修正与对方修正,以及修正之前的引导方式。
5. 举例并分析语码转换与语码混用之间的主要区别,并根据维索尔伦的语言顺应论(参阅第十章)探讨它们在交际中的顺应功能。
6. 什么是话语标记语?举例说明汉语中话语标记语的主要类型,并分析它们在不同语境中的功能?
7. 比较情态动词的语法功能和语用功能。
8. 比较英、汉语中否定句的类型及其语用功能。
9. 比较英、汉语中条件句的类型及其语用功能。
10. 语言形式或结构的语用分析对语法教学与学习有何启示和意义?

第九章 跨语言与跨文化的语用研究

9.1 引言

跨文化语用学(cross-cultural pragmatics)是语用学的一个重要分支。它主要研究人们在使用第二语言或外语进行交流时因文化差异而产生的语用问题,因为人们在使用外语这一目标语时,必然会涉及母语与目标语之间的差异、母语文化与目标语文化之间的冲突,从而出现借用母语中的社交礼仪,按照母语的习惯去选择外语的语言形式或交际策略,或直接将母语中的词语、结构或句子迁移到外语中去,或因文化差异而产生的语用失误等。类似现象就是跨文化语用学探讨的重要议题,因此它与外语教学与学习、对外汉语教学与学习等之间有直接联系。

使用不同语言的人们具有不同的文化依附,因此在意义构建、话语理解时会产生不同的期待,这种期待受制于人们的文化图式(cultural schemata)。文化图式是在一定条件下所形成的背景知识结构(Yule,1996)。因此,跨文化语用研究必然会涉及外语使用中因说话人的母语文化图式而引起的语用差异,比如外语交际中的言语行为、语用策略等。

跨文化交际多指交际一方或双方使用非母语进行的言语交际,由于使用外语交际时总会或多或少地伴随着母语的文化特征,所以也称跨文化言语交际。根据布卢姆-库尔卡(Blum-Kulka,et al.,1989)等人的研究,跨语言与跨文化语用研究主要包括:(a) 言语行为的语用研究,简称"言语行为语用学";(b) 社交文化的语用研究,简称"社交文化语用学";(c) 对比语用研究,简称"对比语用学";(d) 语际语或中介语的语用研究,简称"语际语用学"。以上四方面是相互交替、相互影响的,都涉及社会文化差异对外语使用与理解的影响。

不过,英国语言学家利奇(Leech,1983)将语用学简单划分为语用语言学(pragmalinguistics)和社交语用学[①](sociopragmatics)。按照这一分类,以下讨论主要属于社交语用学的研究范围,不过社交语用学不等于跨文化语用学,后者的范围比前者更广泛。下面主要集中讨论语际语的语用研究,以及言语交际中的"离格"现象、语用移情、英汉语用差异、语用失误等社交文化语用现象,以让读者感受英汉文化差异在跨语言与跨文化交际中的语用差异与语用制约,以期对我们的外语教学与学习起一定的参考作用。

9.2 语际语用学

9.2.1 什么是语际语用学

语际语(interlanguage)是介于两种语言之间的一种中介语或过渡语,所以它不是一种独立的语言,至少体现出两种语言或文化的某些特征。可见,语际语指第二语言学习者所形成的有关目标语的非固定的、暂存性知识,包括第二语言的部分特征,也包括学习者的第一语言或母语的某些特征,以及在第一语言与第二语言中都难以找到的独立特征。因此,语际语用学就是从语用学的角度去研究第二语言习得或第二语言学习过程中出现的中介语,包括中介语的类型与特征、产生的原因、给交际带来的负面影响、语用失误等。

语际语用学最早出现于 20 世纪 70 年代末 80 年代初,其实在此之前已有了语际音位学、语际形态学、语际句法学和语际语义学等(Kasper,1996)。如今,语际语用学已成为语用学的一个新兴领域。不仅如此,语际语还是第二语言习得研究的一个重要内容,因此语际语用学可称为语用学与第二语言习得研究的跨面,它们都涉及两种语言、两种文化。我们可将它们的关系图示如下:

---

① 我们把它称为"社交语用学",主要是为了同梅伊(Mey,1993)等人提出的"社会语用学"(societal pragmatics)区分开来。

语际语用学着重探讨人们在特定语境下如何实施第二语言的语言行为和如何理解这些行为,涉及社会语言学、心理语言学、语言教学和语言应用等多种问题。语际语用学也常理解为研究非母语的第二语言操作者在使用和习得第二语言行为时的模式(Kasper,1989a)。据此,语际语用学属于跨文化语用学的范围,包括研究跨文化交际中是否一定会形成中介语、中介语是否来自语言接触等。当然,语际语用学的研究不仅仅限于跨文化交际中操用第二语言时产生的中介语。有学者曾对美国移民使用母语和目标语(即英语)的情况进行调查,发现他们在使用母语或英语进行交际时,都会出现与母语和目标语有关但风格上却与这两种语言迥异的一种中介语(Blum-Kulka,1991);还有学者在对言语交际进行社会语言学分析时,通过跨文化交际的语用研究以及分析数代移民的语用行为差异,最终证实了中介语的存在(Gumperz,1982)。他们发现,年轻一代移民在使用母语时已带有明显的中介语特征,这些年轻移民自己也承认,他们在操母语时已不再遵守母语中约定俗成的文化标准。以上情况说明,语际语用学不但研究跨文化交际中使用第二语言时产生的中介语,而且研究操用第一语言(或母语)时为何也会出现中介语。总之,语际语用学既研究跨文化交际中介语是如何形成的,也研究中介语与母语和目标语之间的关系,以及中介语产生的交际效果。

9.2.2 语际语用学的主要内容

语际语用学属于跨文化语用学的范围。我们可以从多方面对它进行探讨,比如通过语际语的表现研究第二语言中的语用习得,从言语行为的角度分析语际语中的言语行为表现与形式,从话语理解的角度观察语际语的可接受性与可容忍度等。卡斯珀等学者认为,语际语用学研究如何从语用的角度去理解语际语中的话语,考察语际语的言语行为和语用迁移,从而研究跨文化交际中语际语的语用效果。下面简要介绍语际语用学涉及的主要内容。

A. 探讨如何理解语际语中的话语

卡斯珀(Kasper,1996)认为,语用理解(pragmatic comprehension)主要探讨对语用语言和社交语用现象的理解。前者研究学习者如何理解非字面意义的话语,包括对命题内容、以言行事用意的理解,以及对礼貌手段的识别;后者研究学习者如何识别社交语境和语言行为中的各种语用因素。就前者而言,要学会如何对待间接言语行为,懂得语言形式和语境在理解以言行事用意时的作用,谙熟导致理解困难的各种因素。高水平的外语或第二语言学习者常依靠他们的推理能力来理解会话含意(Carrell,1979),理解时的唯一障碍就是他们的"自以为是",这种障碍主要源于文化差异。布顿(Bouton,1988)曾探讨过文化背景对理解间接言语行为的影响,通过对来自不同文化背景,母语不是英语的学生进行试验后,发现来自德国、西班牙、葡萄牙以及中国台湾地区的学生对间接言语行为的识别能力相似,而韩国、日本和中国大陆的学生则属于另一类型。他认为,除了文化背景会影响语用含意的理解之外,如果间接言语行为违反了合作原则中的关系准则(参阅第三章),学生则较容易理解;如果言语行为违反的是量准则,那么无论母语是英语或不是英语的学生都会出现理解上的困难。至于语言形式和语境在间接言语行为理解时的作用,有学者发现,不论学生的语言背景、文化背景如何,也不论英语能力如何,他们主要依靠英语的语言形式;但也有学者认为,小孩对母语和第二语言的语用理解,依靠的是语境信息,而不是语言形式。

至于对礼貌手段的识别,学者们也作过缜密的观察:母语不是英语的学生完全有能力分辨规约手段和语言形式的礼貌程度,尽管在礼貌概念上他们与母语为英语的学生有所不同。例如,在判断句型的礼貌程度(如祈使句、陈述句、疑问句)、礼貌标记词(如please),以及各种礼貌表达式等方面,学英语的日本学生与操英语的本族人之间没有太大的区别,只是在使用时态和情态词进行礼貌性请求时,存在一定差异;受试的美国人认为,用肯定词语所表达的请求比用否定词语表达的请求显得更礼貌,但受试的日本学生则存在不同判定。

外语学习者对礼貌表达方式与程度的认识存在差异,原因是多方面的。要用第二语言表达礼貌,人们一般都会参照母语习惯或母语中约定

第九章
跨语言与跨文化的语用研究

俗成的规则,只是依据的程度不同罢了。比如,日本学生用英语进行有礼貌的请求时,喜欢用否定词语,因为他们用母语请求别人做某事时,为了表现更有礼貌,多用否定结构;而母语为希伯来语的学生用英语表示有礼貌的请求与道歉时,会感觉英语过于直率而惯于套用母语中的一些表达方式,不过随着他们接触英语时间的增多,他们对英语过于直率的容忍度也会逐渐提高。通常情况下,非本族语人使用第二语言时的礼貌方式是否准确,并不一定取决于他第二语言的语言能力,而取决于他在第二语言的国家生活时间的长短以及同第二语言接触的频繁程度。比如,长期生活在美国的日本人所采用的礼貌方式更接近美国人,而大不同于在日本的日本人。可以说,礼貌手段不是语用语言问题,而是社交语用的问题,礼貌手段往往受社会、文化因素的影响。比如,多数语境下,学英语的中国学生摆脱不了以自贬的方式表示礼貌,不过随着中国改革开放的深入,各领域里西方文化的不断渗透以及中西文化交流的增多,这方面的情况已有所改变。根据社交语用中的社会因素去研究礼貌,还包括如何认识礼貌,礼貌是否会随着时间的变化而变化,如有变化,如何反映在表达礼貌的话语之中。总的来说,以上现象都是语际语用学的主要内容之一。

B. 探讨语际语中的言语行为

不管使用第一语言或母语,还是第二语言,为了实施某一言语行为,交际中人们都会采用一定的交际策略,其中不乏借用母语中的某些策略。不过,说话人选择什么样的策略,主要受语境的限制;另外,还受制于他们所掌握的第二语言知识,或受制于他们操用第二语言的熟练程度。当然还存在其他制约因素,比如对第二语言中语用语言特征的了解情况、来自母语或第一语言的社交语用的负向迁移(negative transfer,下面将有论述)、语用失误的表现与类型等,这样就会出现不地道的语言离格现象(linguistic deviations)或出现离格的言语行为(参阅9.3.3)。

语际语用学主要关注受母语或第一语言的影响而产生的中介语。因受母语的影响,使用外语而出现的中介语,在语用策略模式和语言形式等方面,都不同于本族语人的使用情况。有研究表明,外语学习者比本族语人更喜欢采用直接的方式传递语用意图。当学习者实施某一言语行为(如请求、接受、拒绝、建议等)时,为了便于直接表达用意,他们宁愿用中介语而不用母语或第二语言。在礼貌策略的选择上,本族语人与非本族语人之间存在差异,本族语人多以语境为依托,而非本族语人,如学英语的中国学生、日本学生等,可能不太注意语境因素。他们无论是与地位不平等的陌生人,还是与地位平等且熟悉的人用英语交流时,很容易采用相同的策略,比如采用直接的、不委婉的方式去实施请求等言语行为。但在同类型的交际场合,母语为英语的美国人、英国人常会根据不同的语境条件,采取不同的礼貌策略。比如,在表示感谢或感激时,他们会根据感激的不同程度选择不同的表达方式,但母语不是英语的说话人往往难以注意到类似区别,也就不可能使用恰当的语言形式或实施恰当的言语行为。

在英语等外语学习过程中因受母语的影响,或因中介语的干扰,词汇与句法知识的不足容易导致语用语言问题。比如,英语学习者知道某些词语和句型,但却无法通过它们传达恰当的语用意图,或恰当地实施一定的言语行为。另外,日常语用知识(pragmatic routines)的贫乏成了非本族语人在操用该语言时的一大绊脚石,这一观点几乎得到语际语用学研究者的一致认可(Kasper,1989b)。中介语中的日常语用失误表现在以下几个方面(Kasper,1989a):

(a) 一字一句地套用母语或第一语言中的日常用语。比如,德国学生会错误地套用母语中的"Entschuldigen Sie bitte"(劳驾)来表达英语的"I'm sorry"(对不起);中国学生很可能将"你到哪去?"(Where are you going?)"吃饭了没有?"(Have you had your meal?)等类似常用问候语直接借用到英语中。

(b) 将母语或第一语言中的词语直译为外语或第二语言中根本不存在或不合适的词语。比如,日本学生用英语表达强烈的请求时,竟然将"すみません"或"御免なさい"不恰当地直译为英语的"I'm sorry"。

(c) 不善于根据语境要求,恰当地运用第二语言中的常用语言手段。比如,不知如何恰当、有效地实施"感谢"、"拒绝"之类的言语行为。这些都是语际语用学探讨的基本范围。

C. 探讨语际语中的语用迁移

语用迁移(pragmatic transfer)就是外语学习者将母语、母语文化中的有关语用知识直接借用到外语的使用与理解中来。也就是说,语用迁移是母语、母语文化对外语影响的直接结果。在外语学习者以及双语使用者的言语行为模式中常可以看到语用迁移的痕迹,但跨语言和跨文化语用影响的真正原因仍需进一步研究。我们可以根据迁移的结果与目标语之间的关系,将语用迁移分为正向迁移(positive transfer)和负向迁移(negative transfer)。

(a) 正向迁移

在相同语境条件下,当学习者所形成的语用特征在结构、功能、分布等方面与目标语说话人(即本族语人)的特征一样,而且在学习者的第一语言(或母语)中也存在类似特征时,就是正向语用迁移。也就是说,两种语言中出现了相同的语用特征。比如,在实施请求的言语行为时,无论是在英语中还是在汉语中,我们都可以使用直接言语行为,如:"Open the window!"(把窗打开!)也可以使用常规性间接言语行为,如:"Would you mind opening the window?"(你介意把窗打开吗?)还可使用带有语用含意的间接性话语如"It's hot here"(这里太热啦),来暗示对方打开窗户。当学习者根据语境条件,选择以上任何一种言语行为或交际策略时,他们依赖的可能是有关请求的普遍语用知识。正向迁移通常能够顺利地推进交际的进行,或保证交际取得成功。然而,根据现有的研究文献来看,正向迁移是目前人们关注得比较少的议题,人们多关注外语或第二语言使用中存在的问题与障碍。不过,正向迁移是否属于一种语用共性,正向迁移与语用共性之间的关系如何,此类问题还值得深入探讨。

(b) 负向迁移

长期以来,语际语用学将重心放在负向语用迁移的研究上。当外语学习者的中介语在结构、用法、功能、分布等方面的语用特征与第一语言(或母语)所对应的特征相同或近似,但不等同于外语或第二语言时,就会出现负向语用迁移。例如,当中国学生向英国人打招呼直接使用"Have you had your meal?"(吃了没有?)或"Where are you going?"(你到哪儿去?)而不使用"How are you?"或"Good morning!"之类的问候语时,就出现了负向语用迁移,因为他们将汉语中的问候语不恰当地借用到英语中。再如:

(1) American teacher: Your English is perfect.
美国教师:你的英语讲得真棒。
Chinese student: No, no, my English is very poor.
中国学生:不,不,我的英语很差。

(2) British lady: Your skirt is quite beautiful!
英国女士:您的裙子真漂亮!

Chinese lady: You're joking, I've bought it for five years.
中国女士：您在开玩笑，我已经买了五年了。

上例中，美国老师和英国女士都是在实施赞扬的言语行为，但作为听话人的中国学生和女士却按照汉语的习惯予以回答。从语用的角度来说，以上回应都是不恰当的，属于一种社交语用失误。在汉语文化中，人们习惯于拒绝对方的赞扬，否则会被视为不谦虚，甚至不礼貌，因而在英语学习与交流中，中国学生可能按照汉语的社交惯例，去选择话语或会话方式，从而出现不恰当的形式与策略，这就是不同文化差异引起的社交语用负向迁移。

语际语是在操用外语或第二语言时因受母语和母语文化的影响而产生的。目前，多数研究都集中在母语、母语文化对外语或第二语言学习与交流的负面影响上，因而在对待语用迁移时也多关注负向语用迁移，而忽略正向语用迁移。这就是说，人们多注意第一语言（母语）的语用知识如何影响第二语言的语用能力，而没有关注学习者所体现的那些能同时适用于第一语言、第二语言的语用行为和其他的语言表现，也即忽略了语用共性的研究。

不过，负向语用迁移不一定意味着外语学习者的语用能力差。当学习者使用一种与母语完全不同的外语或第二语言进行交际时，如果出现生硬地照搬母语中的句式，或使用一种与该语言完全不同的句式，那就说明学习者的语用能力存在问题；但当语用差异被操用该语言的本族人所接受，那只能说给该语言留下一些异族文化的标记，并不能以此断言学习者的语用能力不佳。比如，外国人说话的口音表明他不是本族语人，但本族语人通常会容忍某些不地道的发音及表达方式，也就是说，本族语人对目标语学习者的一些不地道、不自然的形式或用语，会体现出一定程度的容忍性、可接受性。因此，在跨文化交际中，我们是否必须完全按照本族语人的语用习惯、表达方式，去要求操用外语或第二语言的非本族语人，值得探讨。

D. 探讨跨文化交际中的语用失误

将负向语用迁移和误解、语用失误区分开来是十分必要的。正向迁移和负向迁移反映的是第一语言（或母语）、第二语言（或外语）以及中介语在结构、功能和语境关系等方面的语用特征。正向迁移体现的是中介语、第一语言和第二语言之间的趋同关系,而负向迁移则说明中介语与第一语言之间的趋同、第一语言与第二语言之间的趋异。负向迁移可能引起交际者之间的误解,甚至不解,但误解和负向迁移之间并不存在必然联系,负向语用迁移不同于语用失误,也即负向迁移不等于语用失误。大量的例证表明,两种语言之间的趋异可能引起不同程度的语用失误(参阅9.3.2)。

社会文化规约、社交礼仪等之间的差异,即社交语用差异,比语用语言差异更容易引起交际的负面效果,因为后者仅是一个语言问题(Thomas,1983),也就是说,前者是因交际双方的社会文化差异引起的,后者是因为目标语使用者套用了母语或第一语言中的某些表达方式或使用了不符合目标语的语言形式。当然,外语或第二语言能力强的说话人更容易取得跨文化交际的成功,但仍然避免不了可能出现语用语言和社交语用方面的失误。

语用失误不同于语法错误。卡斯珀和布卢姆-库尔卡(Kasper & Blum-Kulka,1993)指出,我们可以通过以下方法研究语用失误:

(a) 交际失败分析。从音韵、句法、词汇、语用、话语组织、会话结构,以及非语言行为等角度,分析交际失败,并辨别出语用失误。

(b) 语用对比分析。从实施言语行为的角度,进行跨文化、跨语言的比较研究,重点区分两种语言之间的语用差异。

(c) 语际语的语用调查。调查的目的在于分析语言知识和语用行为之间的关系,主要是将外语学习者的中介语和第一语言(母语)、第二语言(外语)进行比较,分析他们在第二语言的使用和理解方面存在哪些主要特征,以及在第一语言的影响下可能出现什么样的中介语的行为模式。

总之,交际失败的真正原因是什么?非本族语人的中介语是好是坏?语用迁移是否必定会导致语用失误?类似问题还有待深入研究。但有一点是肯定的:"差异=负向迁移=错误"的等式是不全面的,从语用学的角度来看也是不恰当的。

9.3 社交文化语用研究

社交语用学与社会语言学存在一定联系。两者不同之处在于研究的重点不同:语用学离不开语言的具体应用,因此社交语用学着重探讨话语表达与意义的社会特征,即研究影响话语生成与理解的社交因素;而社会语言学则从社会的角度研究语言的特征和表现。社交语用学涉及的范围十分广泛,比如不同文化背景下交际者的语言习惯和特点、社交文化条件下如何才能做到语言的得体与合适、不同语言(如英语和汉语)之间的语用差异、使用第二语言或外语时因语言文化差异而出现的语用失误等。

下面重点讨论影响语言使用的社会因素,并简要介绍汉语和英语之间的语用差异、语用失误、语言"离格"、语用移情等。

9.3.1 英汉语用差异

A. 社交应酬方面的语用差异

(a) 招呼用语的语用差异

朋友之间、熟人之间,甚至陌生人之间,见面后相互打个招呼,已成为一种约定俗成的社交礼仪。汉语中,我们除了使用"你好!""你早!"之类的常用语以外,还常说"你来了?""上班去?""下班了?""上哪去?"……吃饭前后的时间,还可以用"吃了吗?"这样的招呼用语。如果我们将以上常用句式直接借用到英语中,对操英语的本族人打招呼,他们会感到惊讶,甚至引起某种反感。比如他们对"Where are you going?""Have you had your meal?""Have you had your lunch?"等之类的话语,常会理解为"询问",甚至邀请,而不会理解为一种友好的"问候"。汉语中这类话语的交际功能相当于英语的"How are you?""Hi!""Hello!"等招呼语,但如果将汉语中的常用问候语通过英语说出来,就存在很大的语用差异,不仅起不到问候的社交应酬效应,而且还可能给交际带来不良后果。比如,一位来中国不久的英美留学生多次听到"Have you had your meal?"之类的汉式寒暄语之后,因误解而不高兴地埋怨说:"你们为什么老问我吃了没有?我有钱。"他以为对方大概是怕他钱不够花才这样问。当他多次听到寒暄语"Where are you going?"后,也抱怨说:"我到哪去是我的私事,你管得着吗?"类似现象都是社交语用差异引起的负面效应。

操英语的本族人见面打招呼时,最常用"Good morning!""How are you?""How are you doing?"等,熟人之间更多倾向使用简洁的"Hi!""Hello!"等。他们也常用"Lovely weather, isn't it?"(天气真不错,是吧?)一类谈论天气的话语和别人搭讪。这时,对方只须顺着说话人敷衍地回应说"Yes, it is"(是呀,不错)就很得体。此外,操英语的本族人向他人打招呼问候时,常与时间概念相联系,比如使用"Good afternoon!""Good evening!"等;而在汉语中人们一般不会或很少向对方说"下午好"或"晚上好"。至于"Good night!"这个晚上道别或就寝前的用语,在汉语中最常听到的就是"再见"、"早点休息",当然有时人们也使用"晚安",但绝对不能直译成"晚上好"。

(b) 道别用语的语用差异

英语和汉语中的道别用语也存在明显的语用差异。比如在英语中,除了使用"Bye!""Bye-bye!""Good-bye!"之外,还使用一些表示祝愿的话语,如"I wish you a pleasant journey/good luck!"(祝大家旅途愉快/好运!)等,或说一声与对方会面后感到愉快的评价性话语,如"It's nice meeting you"(很高兴见到你),"I'm glad to have met you"(很高兴见到你),"It's been a pleasant stay"(在这里过得很愉快)等。而在汉语的道别话语中,人们除了说"再见!""一路顺风!"之类的话语外,很多时候会向对方说一句类似"慢慢走!""走好!"的话语,以示关切、友好。此外,作为客人,在主人热情送别的时候,往往说一声"请回!""请留步!"在相同的语境中,操英语的本族人是不会使用这类话语的。如果我们生搬硬套,用英语说"慢慢走",会使对方感到困惑:为什么要慢慢走?快点走就不礼貌吗?近年来,由于受英语的影响,汉语交际中使用"拜拜!"的现象越来越普遍了。

(c) 恭维与赞扬的语用差异

汉语中在回应对方的恭维或赞扬时,人们多习惯于使用"否认"或"自贬"的方式,根据汉语的语用原则,这说明人们恪守了礼貌原则,因而常被认为是一种谦虚或礼貌的表现,如例(3)、(4)。不过,近年来由于受西方文化的影响,特别是英语的影响,面对他人的赞誉,青年人中直接使用"谢谢!"的现象也很普遍,如例(5)。

(3) 甲:你这件毛衣真漂亮!
　　乙:<u>漂亮什么呀!都穿好几年了。</u>
(4) 甲:听说你俩很会做菜。
　　乙:<u>哪里,都是乱做些家常菜。</u>
(5) 甲:今天穿得这么漂亮啊!
　　乙:<u>谢谢</u>。

但在英语中,面对以上各种恭维或赞扬,对方不会直接否定,更不会自贬,而多是迎合,即表示感谢,如例(6);或流露出高兴之情,如例(7);或将恭维、赞扬归功于第三者,如例(8)。

(6) A:You look smart in your sweater.
    穿上这身运动装真潇洒。
   B:Thank you.
    谢谢。

(7) A:Whose sitting-room do you like better?
    你最喜欢哪间卧室?
   B:I don't think there's much to choose, but on the whole I prefer yours.
    我觉得没什么好选的,不过总的来说,我喜欢你这间。
   A:I'm glad to hear that.
    很高兴听到你这样说。

(8) A:You did a good job last night.
    昨晚你干得不错。
   B:Did I? Thanks to John, he helped me a lot.
    是吗?得感谢约翰,他帮了我不少忙。

因此,在跨语言、跨文化交际中,如果我们完全按照汉语的社交习惯,套用汉语的句式,就会给交际带来困难。比如面对汉语中类似例(3)—(5)的回应,操英语的本族人可能会把汉语中的"否认"看做是对方的无礼,或把表示谦虚的"自贬"看做是自卑或言不由衷的虚伪。反过来,传统上操汉语的人又会把英语中的"迎合",误认为他们不够谦虚或只喜欢恭维。不过,近年来随着中国改革开放的深入,对外交流的增多,人际交往日益受到西方文化的影响,对操英语的本族人的以上回答已司空见惯,"谢谢!"这样的回应也就更常见了。

(d) 邀请与应答方面的语用差异

在汉语文化中,面对别人的邀请,为了显得有礼貌,被邀请人往往不会马上答应,总是半推半就地应承;或表现得模棱两可,既不否定也不肯定。如果将这种情况照搬到英语中,会让操英语的本族人感到困惑不解。比如,一位赴美的中国学生在接听导师的就餐邀请电话时,在电话里不停

第九章
跨语言与跨文化的语用研究

地说"Thank you",还加上一句"All right,I'll try to come"(行,我尽量来),这使得导师着急起来,干脆问他:"Yes or no?"(来还是不来?)遗憾的是那位学生没有反应过来,仍不断地说:"Thank you, I'll try (to come)。"我们应该知道,在对方邀请时,最重要的是明确表示接受或不接受,能按时赴会或不能赴会。因此,对于别人的邀请,首先应回答"Yes, I will (come)"(好的,我来),或"No, thank you"(我不能来,谢谢你),而不能像汉语中那样不置可否地说一声"Thank you"或"I'll try (to come)",那样就会出现语用失误,让对方感到为难。

类似的情况还出现在接受对方"提供"时的应答。当操英语的本族人问"Will you have a cup of coffee?"(想喝杯咖啡吗?)我们就不能按汉语的习惯,只用一个"谢谢"(Thank you)来表示同意。一般来说,用"Yes, please"(好吧)表示接受,用"No, thank you"(不用了,谢谢)表示拒绝。只是说"Thank you",会含糊其辞,会使对方不知所措,不知是否应给对方递上一杯咖啡。

在汉语文化中,"劝食"的方式也容易让操英语的本族人百思不得其解。一般来说,在宴席上主人会一而再、再而三地请客人多吃些,甚至亲自将菜肴夹到客人的碗里。这种劝食往往被视为主人好客与热情的表现。可是,在西方文化中这种劝食方式是不恰当的。还有,席间人们常说"来,尝尝这个菜"、"慢慢吃,多吃点"、"慢慢吃"、"多吃点儿,别客气"等,这些话用英语说出来就是"Come on, taste this","Take your time and eat more","Eat slowly","Help yourself and have more"一类的话语,会让客人感到尴尬和不安。在这种场合,如果主人是操英语的本族人,一般会先征求客人的同意,才递上食物,有时只说一两声"Help yourself"(请便),往往就不再"劝食"了。此外,宴请结束时,汉语中主人还会问客人是否吃饱了,有时还一再叮咛客人要吃饱,甚至担心地问客人"没吃饱吧?""你可能还没吃好";作为客人自当说一声"吃好了"、"吃得很好"、"吃得很饱",从而间接地对主人的菜肴表示赞赏,并向主人的殷勤招待道谢。然而,在西方情况就不同了,人们更多是利用相聚的机会在席间交谈,主人是不会问客人是否吃饱、吃好的,而客人也无须告诉主人他已饱食一顿,除了表示"I enjoy the meal/the party"(我喜欢这样的晚餐/聚会)之外,更多是表示他度过了一个愉快的夜晚,或表示有机会结识某人而感到高兴,并为此向主人道谢。

关于邀请,还有一点要指出的是,操英语的本族人特别是美国人,在握手道别时,会说上一句"Give me a call sometime"(有时间给我打电话),或"Let's have lunch sometime"(咱们什么时候一起吃个便餐)。这些只是客气话,对方不一定要给说话人打电话,说话人也不一定会惦记约请对方吃饭。沃尔芙森(Wolfson,参阅 Thomas,1983)曾记录了上百个美国人发出的"邀请"的例子,发现只有不足三分之一的邀请是真正的邀请,真正邀请都明确提到时间、地点和安排。可见,没有具体时间、地点的邀请只是客气话罢了,不必认真。

(e) 道谢与道歉方面的语用差异

汉语中的"谢谢"和英语的 Thank you 使用场合不尽相同。在汉语交际中,人们在商店购物、餐馆用餐、旅店投宿、租用交通工具等场合,一般主动向售货员、服务员、司机等人表达谢意,感谢他们为自己服务;但在操英语的本族人心目中,售货员、服务员、司机等理应向顾客表达谢意,感谢顾客的光顾,因此在西方国家的类似场合,售货员向顾客表示感谢的现象是很常见的。由于中国商店的职工或服务人员不注意这种语用差别,当操英语的顾客热情地向他们道谢时,他们往往会按照中国传统的应酬方式,回应一声"不用谢,这是我们应该做的",还以为这已经很礼貌了。其实他们应主动向顾客表示谢意,或听到感谢的话语时表示接受,这才显得得体。如果我们在接受客人的道谢时说"That's my duty"(那是我应该做的/那是我的职责),这样的应答会给客人带来不快,因为"That's my duty"通常是值班人员的用语,其含意是"责任在身,不得已而为之"。因此,满怀谢意的客人自然会被这样不领情的话语弄得尴尬万分,得体的应答是"I'm glad to be of help"(很高兴帮你做点什么)之类的话语。

英语中人们在公共场合发言之后,一般也要向听众道谢,感谢他们耐心听完他的讲话,以及对他所表示的尊重。同样的场合,操汉语的演讲人更多是准备接受听众对他的感谢。当然,这也是有道理的,因为演讲人付出了劳动,听众也从中获益,听众自然应该向他表示感谢。不过,现在人们使用"谢谢"之类的话语也越来越多了。

此外,在收受礼物时,汉语中人们总是先推辞,以示"礼貌",直到对方坚持相赠时才表示接受。接受礼物之后,一般不会当面打开,这也是出自"礼貌"。而操英语的本族人刚好相反,他们也讲究礼貌,但采取的是"迎合"的方式,表现为高兴地接受礼物,并会当面打开礼物,以博取赠送人的欢心。此时,他们当然会向赠送人表示感谢,并对礼物赞赏一番。

至于道歉,汉、英语中的语用差异也很明显。英语中的"Excuse me"(对不起/劳驾)常用于向陌生人打听消息;用于请求打断别人发言、请求退席、请求让路;用于不由自主地当众咳嗽、打喷嚏;用于讲演、朗读时讲错、读错词语等。"Excuse me"与"Sorry"在语用上似有明确的分工。如果不小心踩了别人的脚或碰撞了别人,只能说"Sorry"或"I'm sorry"。但汉语中的"对不起"却适用于以上英语中说"Excuse me"和"I'm sorry"的所有场合。

B. 人际关系方面的语用差异

(a) 家庭成员之间称谓/呼语的语用差异

在操英语的本族人家庭中,孩子年幼时称父母为 Daddy 和 Mummy;稍大时改称 Dad 和 Mum;再大时,常再改口叫 Father 和 Mother。也有称呼 Papa 与 Mama 的。同辈兄弟姐妹或年龄相仿的父母辈亲属,一般可互相称呼名字,也可使用爱称,如用 John 替代 Johnny,Bob 替代 Robert,Sam 替代 Samual,Pat 替代 Patricia,Lizzy/Liz 替代 Elizabeth 等。但在汉语文化中,弟妹一般不叫兄姐的名字,有时在名下附上哥、姐、弟、妹以表长幼,或者根据排行冠以数字,如二哥、三哥、大姐、二妹等。但在英语中却不能把 second elder brother(二哥),third younger sister(三妹)等当做称呼。

在汉语中,对不熟悉的或受尊敬的人,人们有时使用亲属称谓,以表亲切或敬重,如对陌生的男性长者称为"叔叔"、"老伯",对陌生的年纪较大的妇女称为"阿姨"等。20世纪六七十年代,甚至还可以听到"解放军叔叔"、"护士阿姨"等称谓,现在多简称"叔叔"、"阿姨"。如果我们将这些称谓习惯套用到英语中,就会出现语用失误,比如 Uncle PLA(解放军叔叔),Aunt Nurse(护士阿姨)之类的称谓会使操英语的本族人感到莫名其妙。不过,由于中国地域广阔,家庭成员之间的称呼存在很多地方差异。在操英语的本族人中,儿女为父母分担家务有时会向父母索取报酬,父母不但照付,而且还会向儿女表达谢意;几岁的小孩帮助母亲做点小事,母亲也会当面道谢。这些现象在汉语交际中是难得出现的。

(b) 非家庭成员之间称谓/呼语的语用差异

在汉语中,我们可以尊称对方为李教授、王师傅、张秘书、刘经理;但在英语中,除了 Doctor(医生),Judge(法官),Professor(教授)等几个传统惯用称呼语之外,是没有 Accountant Wu(吴会计),Manager Liu(刘经理),Secretary Zhang(张秘书)之类的称谓的。在汉语中,很多时候人们仅简单使用"先生"、"小姐"直接称呼陌生人。此外,操英语的本族人对不熟悉的人多用姓氏称呼,熟悉之后用名字称呼。姓氏前须冠以 Mr,Mrs,Ms,Miss,或冠以 Professor,Doctor 一类的职务名称,不可以单独使用姓氏称谓,比如 John Smith 可称作 Mr John Smith 或 Mr Smith,也可以直接使用 John,但不能单独使用姓氏 Smith。汉语中也可以用姓氏称呼,如李先生、黄小姐,对熟悉的人可在姓氏前冠以"老"或"小",如老李、小黄,但通常也不单独直呼某人的姓氏,除非对地位低下或年龄偏小的听话人。由于英语中姓氏在后,而汉语中的姓氏在前,一些不了解汉语的外国人有时会错误地单独称呼中国人的姓氏,如称 Li,Wang 等,有时也会在中国人的名字(不是姓氏)前冠以 Mr,Mrs,Ms 或 Miss 一类的称谓,比如 Mr Yiping(一平先生),Miss Yali(雅丽小姐)。后一种称呼(即"一平先生"、"雅丽小姐")在汉语中是可以的,但不能出现在英语中,比如不能说 Mr John,Miss Mary,因为 John 和 Mary 都不是姓氏,而是名字。有时,在汉语的报章杂志或汉译电视片中会见到"珍妮小姐"、"玛丽博士"之类的称呼,其中"珍妮"与"玛丽"都是名,而不是姓,这显然是用汉语中的姓名称谓称呼外国人,属于负向语用迁移。

非亲属称谓方面的汉英语用差异还突出地表现在如何称呼上了年纪的人。汉语中的"张老"、"李老"是对年长者的尊称,而"老张"、"老李"则是同辈人之间表示熟悉的称谓。但无论"张老"还是"老张","李老"还是"老李",用英语的 Old Zhang 或 Old Li 来表达,都是语用失误。因为"张老"虽老,更含尊敬义,而英语的 Old Zhang 在西方文化中却丝毫没有表示尊敬的味道;"老张"不老,用 Old Zhang 来称呼一位中年人,甚至年轻人,更让操英语的本族人感到莫名其妙。在英语交际中,有人将"老张"、"老李"译作 Lao Zhang,Lao Li,虽然避免了将称谓对象"老化",但却会使不熟悉汉语称谓特征的外国人误以为某人姓"张"名"老",或姓"李"名"老"。

此外,中国文化一向尊老爱幼,人们希望老人安度晚年,"长寿"成了对老人的美好祝愿,但如果把此类文化特征带到国外,就会出现意想不到的负面效果。比如,一位中国访问学者曾把一个象征"老寿星"的无锡泥人送给一位刚在加拿大认识的年纪较大的朋友,祝贺他的生日。这位学者的用意很清楚,他按中国的文化习惯,祝愿他的朋友健康长寿。但当这位外国朋友当面打开礼物后,原来的笑脸反而消失了,并严肃地说:"Did you wish me to be as old as that clay figurine? I'd prefer to be always young!"(你希望我像这个泥人一样老吗?我却希望自己永远年轻!)

(c) 敬语和谦辞方面的语用差异

汉语中人们在处理人际关系时常用敬语或谦辞,以表示礼貌或对他人的尊重。英语中也存在表示尊重和礼貌的形式,但不像汉语那样有如此多的专用敬语和谦辞,比如"请教"、"高见"、"光临"、"久仰"、"拜读"、"拜见"、"大作"、"贵校"、"拙作"、"愚见"、"寒舍"、"便饭"、"寡人"等敬语与谦辞,在英语中却不可能找到语用等值相同的类似词语或用语。同样,在特定语境中表示尊重或礼貌的英语情态动词,如 will,would,may,might,can,could 等,在汉语中也没有等值的词语。

汉语中的谦辞或谦语还常见于做报告、发表见解时使用的一些并无实际意义的客套话。比如,发言结束时说"浪费大家时间了"、"不妥之处,请大家指正"、"以上只是个人的粗浅看法,很不全面"、"欢迎诸位批评指正"、"挂一漏万"、"抛砖引玉"等。但在英语中,在同样的场合下人们就不会使用类似的话语,也许他们会说"I hope you'll enjoy my talk"(希望大家能喜欢我的讲话),或"Comments are welcome"(欢迎大家提出宝贵意见),但最常用的结束语还是"Thank you"。

总之,在人际交往中,对他人的尊重与礼貌是必不可少的,但在不同语言文化、不同社交场合中,其表现方式或重点是不同的。因此,我们不应产生这样的错觉,认为敬语和谦辞多的语言比敬语和谦辞少的语言更能表示尊重或礼貌,误以为汉语比英语更礼貌。

(d) 禁忌和隐私等方面的语用差异

英、汉语之间语用差异的表现还可归因于对禁忌和隐私的不同观念。在英美等西方国家,年龄、收入、婚姻、爱情、子女状况、体重、宗教信仰等属于非自由话题,涉及个人隐私,因此日常交际中人们都会自觉回避,更不会故意询问或打听。而在汉语交际中,我们对这些事情似乎都可以公开,也经常相互询问,以表示对对方的关心和关爱。

另外,在西方,除非主人主动邀请,一般不允许外人进入卧室;办公桌上的东西不允许别人乱动,哪怕是熟人或朋友也不能随意翻动。而我们对这些事情似乎比较随便。比如,在中国北方部分地区,尤其在农村,请客人坐到炕上是一种热情好客的表现;甚至在城市,由于住房等条件的限制,主人招呼客人"屋里坐"时,床沿也未必是绝对的禁区。至于朋友、同事偶尔翻阅主人办公桌上的报章杂志,也不会太犯禁。这些都属于社交文化方面的语用差异。在西方,私人禁忌的事情不宜乱说、随便询问或打听。此外,表示对他人的关心或同情时,也应注意分寸。比如,当你乘坐一位美国朋友正在驾驶的小汽车时,好心地叮嘱他说"Be careful"(小心),对方很可能对你不高兴,甚至发脾气,因为这样的话语会被理解为指三道四、发号施令或不放心对方的驾驶;而在类似情况中我们却常说"小心!""开慢点!""这里车多,注意!"等叮嘱的话语。当然,随着国际交流的不断增多,有些方面也在逐渐发生变化,比如对年龄、婚姻、收入、宗教信仰等个人隐私,人们已不再像以前那样随便打听或过问了。

9.3.2 语用失误

言语交际中因没有达到完满的交际效果而出现的差错,统称"语用失误"(pragmatic failure)。我们不用"错误"(error),而用"失误"这一说法,因为失误不是语言本身的语法错误引起的,即不是语法结构出错而导致的词不达意。语用失误主要归因于说话的方式不妥,或不符合表达习惯,或说得不合时宜。根据托马斯(Thomas,1983)的观点,语用失误大体上分为语用语言失误和社交语用失误,它们都属于跨文化语用学的重要内容。前者主要由不同语言之间的差异或它们之间的相互影响引起的;而后者主要由不同语言所依附的文化差异或社交文化习惯引起的。

A. 语用语言失误

使用语言时,人们总会结合语境,恰当地遣词造句,力求准确表达话语的用意。以英语为例,语用语言失误就是非本族语人使用的话语不符合本族语人的语言习惯,误用了英语的其他表达方式;或不懂得英语的正确表达方式,而按母语的语言习惯去生成话语、选择话语,从而出现了与语境要求不得体的话语。比如,某中外合资公司的一位中方秘书工作干得很出色,她的经理 Mr Smith 感到十分满意,于是对她说"Thanks a lot, you've done great work"(多谢,你工作干得很出色),而秘书立即回应说"Never mind"(不介意)。她本想表示"没关系"、"不用谢"之类的意思,但遗憾的是她错用了"Never mind"。其实"Never mind"常用于对方表示道歉、说话人一方表示不介意的场合,其言外之力在于安慰。显然,这位秘

第九章
跨语言与跨文化的语用研究

书错用了语言形式,出现了语用语言失误。

语用语言失误可分为两个层面:第一层面的语用语言失误指说话人措辞不当,或使用了歧义词语,导致听话人误解了说话人在特定条件下的话语意义或所指范围;第二层面的语用语言失误指听话人误解了说话人要表达的言外之意,或话语的言外之意没有表达清楚。这两个层面的失误都与语言本身有关。一方面,说话人以为听话人能够充分理解自己的话语;另一方面,听话人却偏偏误解了说话人的用意,作出了错误的语用推断。

(a) 第一层面的语用语言失误。例如:

(9) A: Ask the driver what time we get to Birmingham.
问一下司机我们什么时候能到伯明翰。
B: Could you tell me when we get to Birmingham, please?
能否告诉我什么时候到达伯明翰吗?
C: Don't worry, love, it's a big place, and it's impossible to miss it!
请别着急,朋友,伯明翰是个大地方,不会错过的。

例(9)中,A 与 B 是乘坐同一长途客车的旅客,C 是司机。B 用 when 分句向司机转达了 A 的意图:想知道具体什么时间(when)能到达伯明翰;但司机却以为 B 要求他在到达伯明翰的时候(when)告诉他一声。显然司机误解了 B 的意图,而误解源于 when 的歧义,司机将 B 的询问理解成:"到伯明翰的时候,请告诉我一下好吗?"如果 B 继续使用"what time"(什么时间),就可避免产生误解。再如:

(10) Sorry, I haven't finished it yet. Could you wait for a while?
对不起,我还没有写完。能否等一下?

以上话语听起来好像是说话人在请求对方稍候一两分钟,以便写完最后一个句子或补上自己的名字,但实际上是一位中国学生向外籍教师请求推迟几天再递交学期论文。这位学生措辞不当,误用 wait for a while(等一下/等一会儿)来表达 extend the deadline a few days(将最后期限推迟几天),造成了语用失误。例(9)、(10)中出现的语用失误都是话语在特定语境中意义出现偏差而导致的,所以属第一层面的语用语言失误。

269

(b) 第二层面的语用语言失误。例如：

(11) A：Is this coffee sugared?
　　　　咖啡放糖了吗？

　　　B：I don't think so. Does it taste as if it is?
　　　　我觉得没放，尝起来像是加过的吗？

此例中，B 以为 A 询问的目的是想知道咖啡里是否放了糖。其实 A 的用意是责怪对方忘了在咖啡里放糖，这是一种施为用意。如果 B 正确理解了该用意，他应该表示歉意，并主动去取糖或告诉对方糖在何处。但遗憾的是，B 误解了 A 要表达的用意。再如：

(12) Teacher：Who would like to answer the question, George?
　　　　　　谁愿意回答这个问题，乔治？

　　　George：No, I wouldn't.
　　　　　　我不愿回答。

此例中，教师提问的意图是想请乔治回答问题，但乔治将教师的请求误解或故意理解为一种询问。

导致第二层面的语用语言失误的原因，除了听话人误解说话人的施为用意以外，也可能是说话人没有把自己的言外之意表达清楚。后一种情况常发生在说话人使用非母语进行交际的场合。比如，在英语交际中，学习英语的中国学生可能会出现言外之意表达不清楚的语用失误。例如：

(13) A：Is this a good restaurant?
　　　这家餐馆不错吗？

　　　B：Of course.
　　　那当然。

(14) A：Is it open on Sundays?
　　　星期六开门吗？

　　　B：Of course.
　　　那当然。

(15) A：Are you coming to my party?
　　　你来参加我的聚会吗？

B: Of course. (= Yes, indeed. /It goes without saying. /I wouldn't miss it for the world.)
那当然。

一般情况下，of course 表示理所当然，并表示对对方询问的肯定回答，如例(13)、(14)，相当于"Yes, indeed"(的确不错)或"Yes, certainly"(那当然)，如例(15)。但不是在任何场合 of course 都等同于"Yes, indeed"，如例(13)、(14)。使用 of course 和使用"Yes, (indeed) it is"的言外之意是不同的。例(13)中，B 答以"Of course"，可能隐含"What a stupid question!"(怎么问这样一个愚蠢的问题!)例(14)中，B 的回答甚至可以隐含"Only an idiot would ask!"(只有傻瓜才会这样问!)这表明 of course 之类的结构是不能滥用来表示肯定的，否则它的言外之意会使听话人觉得对方出言不逊，没有礼貌。也就是说，错用词语或结构会导致交际中的语用失误。

英语学习者往往喜欢用多种方式表达同一个意思，但一定要注意它们使用的不同场合。比如，如果不分场合随意选用"Can/Could you...?"(你可以/愿意……吗?)和"Perhaps you could..."(也许你愿意……)表示请求，就会出现语用失误，因为后者并不表示请求，而是表示"要求对方接受"。下例中，学生请求导师批阅论文只能用(16 a)，不能用(16 b)，因为后者一般用于长辈对晚辈、上级对下级，表达近乎"命令"的言语行为，偶尔在同辈或熟人之间使用，或者用以表达讥讽、挖苦等间接言语行为。

(16) a. Could you possibly read through this by Friday?
可以星期五之前批阅吗?

b. Perhaps you could read through this by Friday.
也许星期五之前你可以批阅。

第二层面的语用语言失误还表现在滥用完全句，忽视了完全句可能表达的间接用意。英语学习者尤其是初学者，总爱使用完整的句子回答问题(这可能是受了不正确的教学训练的结果)。例如：

(17) A: Have you bought your coat?
你买外套了吗?

B: Yes, I have bought my coat.

　　　　是的,我买外套了。

此例中,B回答"Yes, I have"即可。如果死板地使用完全句应答,会让对方觉得他在不耐烦地使性子,或在耍脾气(Kasper,1981)。从会话含意的角度看,滥用完全句违反了合作原则中的量准则,例中B的重复部分属于多余信息。由于违反了合作原则,听话人就会去推导它的语用含意,从而误以为B在使性子或在耍脾气。

　　第二层面的语用语言失误还表现在说话的分寸上,即话语的直率与礼貌程度。说话不合分寸导致的语用失误还有一部分属于社交语用失误,是交际双方的文化背景差异引起的(参阅9.3.2B),但也有一部分属于第二层面的语用语言失误。比如,对一位死者家属表达同情时,最好说得含糊、笼统些,如例(18)就比(19)得体、有分寸。

(18) I was sorry to hear about your Grandma.
　　 听到关于你祖母的事情,我很难过。

(19) I was sorry to hear that your Grandma killed herself.
　　 听说你祖母自杀了,我很难过。

　　有时,使用过分礼貌的形式,或用礼貌的语言说一些不礼貌的内容也会有失分寸,导致语用失误,如例(20)。相反,有时语言形式也许不很礼貌,但只要语气、态度诚恳,并使对方受益,也不算失误,如例(21)。

(20) I wonder if you could possibly lend me two yuan since we've been friends for years.
　　 既然我们是多年的朋友,不知是否可以借我两块钱。

(21) Do have another drink.
　　 一定再喝一杯。

　　礼貌级别(参阅第四章)与正式、非正式场合有关。一般来说,正式场合的语言要求使用礼貌级别较高的话语形式,而非正式场合则不必使用过于礼貌的形式。这是英、汉语中都存在的一条语用原则。如果违反该原则,听话人可能从中推导话语的含意,从而导致语用失误。例如,夫妻之间、好友之间就不宜使用过于礼貌的语言,否则听话人会以为对方在讽刺、挖苦。

　　B. 社交语用失误

第九章
跨语言与跨文化的语用研究

社交语用失误指跨文化交际中因不了解双方的社交规约、礼仪准则或风俗习惯等文化差异,导致语言形式选择上的不恰当。它与双方的身份、地位、话题等有关。

首先,社交语用失误的产生是因为说话人照搬本族语或母语文化中约定俗成的礼貌规范与社交准则。例如,汉语中"谢谢"的英语对等形式是"Thank you",但它们的用法却不完全相同。在受到别人祝贺或赞誉时,"Thank you"是英语中最常用的答语,但汉语中人们却习惯使用"过奖,过奖"、"惭愧,惭愧"一类的自贬词语来应答,表示礼貌与谦虚。同等情况下,在英语交际中如果我们不用"Thank you",而是把汉语中某些客套话硬搬过去,说一句"You flatter me"(过奖了)或"I feel ashamed"(本人感到很羞愧/惭愧),那就很不得体。又如,一位赴美访问的女学者在宴会上听到旁人称赞说"That's a lovely dress you have on"(你的礼服真漂亮),此时如果她不用"Thank you"这种迎合的方式应答,而是按照汉语的语用习惯回应说"No, no, it's just a very ordinary dress"(哪里,哪里,只是一件很普通的礼服),势必会导致语用失误,因为此类话语暗示着说话人在嘲笑对方不懂衣服样式的好坏,缺乏审美观与鉴赏力。

再如,房东 Smith 太太在自家楼下碰见中国的两位留学生,她手里提着满满两袋刚从超市买的东西,于是出自礼貌,这两位留学生分别向她说了如下内容相同的话:

(22) a. Oh, you've bought so much!
   哦,买这么多!
   b. What a lot you have bought!
   买得真多!

讲汉语的本族人之间这样说是常见的、合适的,但对操英语的本族人说这些话,一点没有恭维或羡慕之意,因而在以上条件下例(22)就显得不恰当了。

社交语用失误也会表现在说话的分寸上,这是交际双方的文化背景差异引起的。例如,几位中国学生请外籍教师为自己修改准备写给国外大学的入学申请书时,使用了类似的话语:

(23) a. You see I've never written such a letter before, so I've probable made lots of mistakes.
   您知道,我以前从没写过这样的书信,因此可能有很多错。

273

b. I'm sorry to interrupt you. I've never written such a letter before, so I've probably made lots of mistakes.
对不起,打扰您了。我以前从没写过这样的书信,因此可能有很多错。

c. I wonder if you are free or not. I've never written such a letter before, so I've probably made lots of mistakes.
不知您是否有空。我以前从没写过这样的书信,因此可能有很多错。

以上表示请求的话语都采用了迂回的方式,而不是直接发出请求。在这些学生看来,开门见山地向老师提出修改信件的请求是不够礼貌的,这显然是汉语的语用原则在起作用,即礼貌原则中的得体准则重于合作原则中的量准则。但操英语的本族人一般不会故意违反量准则来信守得体准则,因此对中国学生的迂回请求,他们通常会要求对方进一步作出解释:"So what?"(那又怎么样呢?)"Then do you want me to do something for you?"(那你想让我为你做什么?)当然,操英语的本族人有时也会使用迂回、间接的方式提出请求。

社交语用失误还表现在不注意听话人的身份或社会地位。比如,对熟人和对身份或社会地位较低的人使用过于礼貌的表达方式,如例(24);或对陌生人使用过于随便的表达方式,如例(25b):

(24) Would you be kind enough to lend it to me?
请你把杂志借给我一下,好吗?

(25) a. Excuse me, would you mind taking me to the airport?
对不起,您愿意送我去机场吗?

b. Take me to the airport!
送我去机场!

如果说话人向一位十分熟悉的朋友借阅办公桌上的一本杂志,使用类似例(24)的请求方式就不合适了,只有对不熟悉或地位较高的人使用才得体。同样,在西方,如果对出租车司机说(25a)这样的话语,就显得过于礼貌,与所处语境不相称,也会形成社交语用失误。在此场合,人们只须说一句"Airport, please"(请到机场)就可以了。这样的社交语用失误不能简单地归因于中英文化差异的影响,因为汉语交际中人们向熟人借阅杂志也不会使用过于礼貌的话语;打车去机场也不会问司机是否介意。这类语用失误应多从说话人的心理状态方面分析:与操英语的本族人交际,多少会感到拘束,因此处处小心,很容易将自己摆在总是尊重对方的地位。

不过,以上两类语用失误的区分不是绝对的,由于语境不同,交际双方各自的意图以及对话语的理解都可能有差异,因而某个不得体的话语从一个角度看,可能是语用语言失误,但从另一个角度看,也可能是社交语用失误。例如,当商店售货员对顾客说"Can I help you?"(我可以帮你吗?)或"What can I do for you?"(我能为你做点什么?)操英语的本族人会将它们看做是售货员主动提供服务的礼貌用语。如果售货员把汉语中招呼顾客的用语"您想要点什么?"套用到英语中,对操英语的顾客说"What do you want?"他们会觉得这位中国售货员缺乏礼貌。"What do you want?"与"您要点什么?"这两句话的语义相同,但言外之力是不同的。前者对操英语的本族人来说,是不礼貌的询问;但后者只要语调得当,在汉语中却是相当得体的商场用语。可见,这既是语用语言失误,也是社交语用失误。

9.3.3 语用失误与外语教学

从以上分析与例释可见,语用语言失误和社交语用失误对中国的外语教学,比如英语教学,以及对外汉语教学等,有着重要启示与指导意义。下面我们仍结合英语教学与学习,简要讨论语用失误与外语教学之间的主要关系。

我们要求学生讲一口流利的英语,尽量少犯语法错误,这是外语教学的基本任务,但这还远远不够,因为学习外语的最终目的在于交际,并要取得交际的成功。学生讲英语时出现的语法错误,或语音语调不标准,可能会影响交际,但这类错误仅是表层错误,听话人很容易发现,而且由于对方知道说话人不是本族语人,所以一旦发现也会谅解,最多认为说话人的英语不够熟练、不标准或不地道。但很多语境下的语用失误可能给交际带来直接的负面效应,比如因用语不得体而产生误解。如果不注意交际语境,准确地、得体地使用英语,在交际中就可能出现冒失、唐突等不礼貌现象,破坏交际气氛或直接导致交际失败。语用失误还容易使对方认为说话人的品质、意图等有问题。正因为有可能出现这样的负面效应,在使用英语时我们应尽可能避免出现语用失误，以免影响交际的顺利进行。

我们认为，中国学生在使用英语时容易出现语用失误，是与中国的英语教学没有足够重视培养语用能力和提高跨文化交际的语用意识有很大关系。一些语用原则必须融会到日常英语教学内容与过程之中，强调语言形式与策略选择的语境性、灵活性、得体性，强调语言知识与语用知识的灌输与练习，让学生明白除了语言知识以外，语用知识也是学好一门外语的重要方面。也就是说，我们应注意向学生灌输并培养他们的语用意识。

A. 语用语言失误与外语教学

长期以来，我们在外语教学中总是希望学生有一个清楚的语法概念，不论在什么场合，多强调使用完整句，结果就会出现类似前面例(17)那样的语用失误。因此，在英语教学中，我们应注意提醒学生如何使用省略句，特别应指出省略结构所表达的特殊功能。例如：

(26) a. Have you seen John lately?
你最近看到约翰了吗？
b. Seen John lately?
最近看到约翰了吗？

(27) a. Why do you paint your house purple?
你为何把房子漆成紫色？
b. Why paint your house purple?
为何把房子漆成紫色？

例(26a)这个完整句可有多种用途，比如表示询问、请求，或仅是修辞上的反问或感叹，但(26b)这个省略句只用于表示请求；说话人请求对方提供有关约翰的近况；(27a)这个完整句也可有多种用途，比如询问、暗示或责备对方不应把房子漆成紫色，但省略结构(27b)则只能用做表示后一种意思，即责备对方不应把房子漆成紫色。

克里帕尔和威多逊(Criper & Widdowson, 1975)曾指出："外语教学中存在一种倾向，那就是在语言形式和交际功能之间划等号……致使学生错误地认为，要发命令就一律使用祈使句，要提问就一律使用疑问句。"如果在教学中注意克服这种倾向，恰当给学生介绍一些语用知识(比如有关直接言语行为与间接言语行为的语用区别)，培养他们的英汉语用差异意识,就可大大减少语用语言失误。言语交际的方式常是灵活多样的,绝非直来直去。例如,下面句子的内容和形式都不同,但都可表达命令或请求的施为用意,但如何要求学生根据实际场合选用适当的句式,又是外语教学中值得注意的问题。

(28) You haven't finished your homework.
你作业还没做完。

(29) You should not be late next time.
下一次你不应该迟到了。

(30) Do you want to come in?
你想进来吗?

(31) Why don't you come over?
你为何不过来?

(32) The door is open.
门开着。

语用语言失误有一些来自语用的错误转移,即错误地套用汉语的表达方式,或不加选择地乱用具有不同语用特征的英语同义结构。这些因错误转移而导致的语用失误,也与英语教学或英语学习有关。比如,将"Never mind"简单地理解为"没关系",错误地用于应答别人的答谢(参阅9.3.2);将"Of course"和"Yes, indeed"、"Could you...?"以及"Perhaps you could..."完全等同起来(参阅9.3.2),而不注意它们之间的语用差别。如果在教学过程中引导学生注意某些语言结构的语用差异,注意汉语和英语中各类言语行为的实施方式,交际中就可以减少甚至避免类似的语用失误。比如,我们到一位西方朋友家做客,对这位朋友的妻子缝制的窗帘表示赞赏,使用如下话语就显得不很合适:

(33) Well, I didn't expect your wife could make such pretty curtains.
说真的,我没想到你妻子能做出这么漂亮的窗帘。

在操英语的本族人看来,例(33)意味着说话人一向认为那位朋友的妻子笨手笨脚,不会做针线活,这次缝制出漂亮的窗帘,是他意想不到的。此话语多表示赞赏,或表示意想不到的惊讶,有时也可能是反语,表示讽刺。

又如,在一个晚会上,留学生迈克(Mike)很风趣、健谈,于是一位中国学生赞赏他说:

(34) You know quite a lot and have a smooth tongue.
你见识很广,油腔滑调。

此话语中,中国学生把 a smooth tongue(油腔滑调)误解为了"健谈",结果赞赏变成了侮辱。

再如,in my opinion(依我看/以我之见)和 it seems to me(在我看来/对我来说)等属于模糊限制语中的直接缓和语,我们在向学生介绍其意义与用法的同时,应指出它们还适用于表示说话人的主观推测或判断,只注意语法上的正确而忽略交际场合,可能导致语用语言失误。由于受汉语表达方式的影响,中国学生往往忽略英语中部分常用模糊限制语的语用功能,结果使用英语时言语生硬,甚至使操英语的本族人听了感到不快。加强这方面的教学,可以提高语言表达技巧,避免出现不必要的语用语言失误,因为模糊限制语具有句法—语义功能以外的语用功能(参阅第七章)。

语用语言失误涉及多方面的语言差异与表现。以上很多例子已表明,如果只强调语言能力而忽略语用能力的培养,即使能讲一口流利的英语,交际效果仍然不会理想。在英语等外语教学中,我们应强调这样两方面的内容:一方面,强调英、汉语之间的语用差异、语言使用的语境制约因素,培养学生的语用意识,提高语用能力,并让学生认识到学好一门外语仅掌握语言知识是不够的,还必须能恰当地运用;另一方面,在教师的指导下,帮助学生克服常见的语用语言失误,同时通过语用原则的讲解与灌输,避免将汉英语用差异混同起来。

B. 社交语用失误与外语教学

关于社交语用失误,本章9.3.1已提及,下面仅作一些补充。

传统的语言教学不注意语言的交际价值,也就是说,在培养学生的语言能力的同时,教师没有足够重视学生的语言交际能力,很少强调学生应注意如何说话、何时说话和为什么说这些话。培养中国学生的英语交际能力,关键在于帮助他们了解英、汉语之间的文化差异。为此,在英语教学中,应该帮助学生区分哪些是自由话题,哪些是非自由话题,对此,不同的国家、不同的社会、不同的文化有不同的判别尺度。在西方,日常交往

第九章
跨语言与跨文化的语用研究

中直接打听一个陌生人的经济收入、年龄、宗教或政治信仰、婚姻状况等是对隐私的侵犯,因为它们属于与提问者无关的内容,甚至在朋友之间也不能随便打听涉及隐私的有关信息。但在中国,这方面的信息一般是可以直接打听的,无须刻意迂回或避讳。下面再补充因不注意区分自由话题和非自由话题而导致的语用失误一例,以此说明在英语教学中注意文化差异的必要性。

(35) You look nice and younger wearing this dress.
这身穿着不错,你看起来年轻多了。

布朗(Brown)女士年近四十,身穿一套新衣来到课室,于是一位学生对她说了话语(35)。显然这位学生是希望博得对方的欢心,但却事与愿违,布朗女士听后并不感到高兴。老年人喜欢别人祝愿他年轻,这是常情,因此如果对一位七八十岁的老妇人说上面这句话,她准会很高兴,但对年近四十的中年妇女就不适宜了,因为这样的恭维会使她觉得说话人原来认为她老了,只是这身穿着打扮才显得年轻;或者会使她以为说话人在阿谀奉承。但是,在汉语交际中,这样的话题是完全自由的。

关于自由话题与非自由话题,教学中可以结合教材内容介绍,也可以采用讲座的形式,系统讲述西方国家的社交礼仪、文化习俗,尤其是与中国不同的文化习俗。要使学生意识到,与言语行为有关的礼貌等观念在不同文化背景下具有不同的交际价值(参阅 9.3.2B)。此外,在 9.3.1 节中我们谈到汉、英两种语言在社交应酬和人际关系方面的语用差异,这也是中国学生应该了解的交际准则。在教学中,为培养学生的交际能力,首先应让学生对此有所认识与重视。交际中,说话人的发音、用词或结构错误都是表层错误,最多被认为是"英语说得不好"(speaking badly);但如果不遵守英语的语用原则,就可能被认为是"表现不好"(behaving badly),甚至是不真诚、存心欺骗或居心不良(Thomas,1983)。因此,我们必须让学生明白,不同文化存在不同的语用原则。

总之,语用语言知识和社交语用知识、语用语言失误和社交语用失误等方面的信息对外语教学、对外汉语教学等具有重要启示与指导意义,对提高学生的交际能力有重要影响。为了提高语用知识,避免语用失误,我们可以结合语言教学给予指导;也可通过多种渠道加以介绍,比如观看英语电影、录像,阅读现代文学作品,充分发挥外籍教师的作用等,还可采用讲座的形式就社交知识、语用知识进行专门讲解与指导等。此外，走出课堂，参加对外交往，比如有外教参加的英语晚会，组织语用能力调查，也是了解和提高交际能力和语用能力的有效途径。①

9.3.4 离格英语

由于英语不是我们的母语，加之语言交际受社会文化等因素的制约，所以我们在使用作为外语或第二语言的英语时，难免会出现一些从语法角度来说是正确的而带有中国特色的离格英语。离格现象就是不地道、不自然，因而必然涉及以上介绍的语用失误，但又不同于语用失误。

根据托马斯(Thomas,1983)的意义框架，离格可分为两类：第一层面的离格和第二层面的离格。前者指说话人用英语表达某一主题或传递信息时不准确或怪异；后者指听话人对说话人的以言行事用意的误解。例(36)—(40)就是第一层面的离格。

(36) During the "Cultural Revolution", my father was a capitalist-roader and held in the cowshed.
"文革"期间，我父亲被打成走资派，关进牛棚。

(37) I worked hard in order to keep my iron rice bowl from breaking up.
我努力工作，就是为了不砸自己的铁饭碗。

(38) The old teacher is happy to see his peaches and plums all over the country.
老教师很高兴看到桃李满天下。

在操英语的本族人看来，例(36)、(37)中的 capitalist-roader(走资派)、held in the cowshed(被关进牛棚)和 iron rice bowl(铁饭碗)是一些怪异的组合，他们无法在自己的母语中找到类似的表达形式或概念；例(38)中的 peaches and plums all over the country(桃李满天下)也是典型的汉式隐喻，他们也会觉得离奇，无法在母语中找到相同的比喻。再如：

(39) They do not dare to touch a tiger's back side.

---

① 何自然、冉永平编著的《语用学概论》(第1版,1988:245—263)7.3.3节中提供了"英语语用能力调查"材料，可供读者参考。

他们不敢摸老虎屁股。

(40) The monk may run away, but the temple can't run with him.
跑了和尚,跑不了庙。

操英语的本族人可能会明白以上话语所表达的意思,但却不会这样说。此外,还有些英语句子带有明显的汉语文化心理,且不符合英语的语用习惯,他们未必会接受。

再看第二层面的离格。例如:

(41) You arrived here yesterday.
你是昨天到达这里的。

(42) Have you got used to our food?
习惯这里的饮食吗?

(43) Because of certain reasons, it may not be possible.
因为种种原因,此事可能不行。

(44) I'm sure you understand our problems.
我相信你理解我们的难处。

(45) I'm sorry to have bothered you so long.
对不起,打扰你这么久。

(46) You have to take a rest now.
你得休息了。

例(41)、(42)是我们同外国朋友见面打招呼时常用的话语,但操英语的本族人不会在类似场合使用,他们多用"How are you?"等。如果我们突然冒出此类话语,他们必然会觉得唐突;如果他们稍懂汉语文化及社交规约,也许能够理解其中的含意。同样,当他们听到话语(43)和(44)时,语境和汉文化修养也许会帮助他们明白这些话是有礼貌的拒绝,但在相同场合下他们是不会使用这些话语的。例(45)和(46)是常见的中国式告别用语,操英语的本族人也许能够领会、顺应,也许会觉得莫名其妙,或感到不快等。

以上所举的英语例子都不存在结构上的语法错误,但本族语人听后总会觉得离格。为什么会出现类似的离格英语呢?原因是多方面的。

A. 话题原因

话题决定信息,信息决定语言表达。当话题与中国国情有关,自然会出现一些外国没有的事物,如"四个现代化"、"小康水平"、"精神污染"、"三个代表"等,用英语表达,只好说成"four modernizations","fairly comfortable standard of living","spiritual pollution","three representatives"。在《北京周报》、《中国日报》(英文版)上不难发现类似结构或用语。操英语的本族人可能会认为那是离格英语。可是,在很多语境下,不"离格"能把这些带有中国特色的事物或概念用英语准确地表达出来吗?这值得探究。

  B. 文化背景原因

  交际双方的文化背景(年龄、性别、民族、信仰、社会地位及相互关系等)会影响话语的表达,说话人会情不自禁地流露出自身的民族特征,因此中国人在使用外语(比如英语)交际时,不可避免会夹杂一定的"汉化"词语及用语。比如在恭维对方时,类似例(47)的话语是不难发现的。

  (47) You have recently put on weight.
    你最近长胖了哦。

这样的英语当然显得离格、不地道。不过,如果听话人不带明显的民族文化偏见,很可能会尊重这些唐突语句的文化价值。

  C. 交际环境的原因

  语言交际要"入乡随俗"。在英语国家讲英语时,我们应力求语言准确、得体,得到本族语人的认同。但是,在我们自己的国土上用英语进行交际时,要求使用绝对纯正、不带汉语痕迹的英语,可能有点苛求。一位美国朋友曾告诉我们说,中国友谊商店里的售货员对他说"What do you want,please?"(请问,您想要点什么?)他觉得很正常,尽管在美国听到这样的话语时会觉得对方唐突、粗鲁。

  D. 交际目的或意图的原因

  语言准确才能清楚地表达目的或意图。比如,在国外一些中餐馆的菜牌上,或一些讲解中国烹饪的书籍上,难免会出现一些让操英语的本族人或当地人感到陌生的、带有汉语文化特色的英语。那样的英语应算作离格,但类似的离格应该是合情合理的。至于中国出口的商品,如果商标、广告体现或保留了本土的语言文化色彩,而忽略出口对象国的文化习俗,仍会出现语言离格。此类离格会带来严重的后果,不能等闲视之。

  当然出现离格英语的原因是多方面的,表现形式也是多样的。提倡使用地道、标准的英语,是我们外语教学与学习的根本目的。其实,离格英语并不可怕,关键是如何对待。需要注意的是,第一层面的离格涉及中国国情,尤其是特有事物与概念;另外,第一层面的离格还有一类是由于遣词造句不当,夹杂了一些汉语文化特征。这样生成的英语句子显得的确离格。究其根源,归根到底是英语水平不高所致。尽管这类离格英语会因本族语人的移情心理而被容忍、顺应(参阅 9.3.5),但是不能为此而文过饰非。第二层面的离格应给予特别的重视。英语水平虽高,但不注意跨文化语用知识与差异的学习和了解,就很容易出现第二层面的离格英语。由于说话人能流利地使用英语,一旦出现这类语言离格现象,操英语的本族人对此的容忍度往往较低,结果,常常令对方感到困惑、尴尬、吃惊、不快、反感或恼火等。总之,语言与文化的关系极其密切,我们在要求学生学好英语的同时,应该加强对本国和异国文化的了解。

9.3.5 跨文化交际的语用移情

A. 顺应与移情

用语言表达意义是一个根据语境条件进行顺应的动态过程。维索尔伦(Verschueren,1999)指出,语言使用过程就是一个选择过程,因为语言具有顺应性特征。交际必然涉及各种顺应,其中语言顺应包括交际双方都能适应的语用问题,表现在语言系统的语音、词汇、结构等各个层面(参阅第十章),这是语用语言学涉及的范畴。此外,语言顺应还包括交际双方在复杂的社会文化因素作用下的语用问题,这是社交语用学涉及的范畴。在跨文化交际中,这两方面都值得研究,因为它们都与如何对待文化差异有关。前面我们在讨论语用差异和语用失误时,主要强调遵守英语等目标语的语用原则,了解英、汉语之间的语用差异,减少甚至克服语用失误。

近年来,跨文化交际中的语用差异与语用失误日益受到中国外语界的重视。不过,我们往往只强调问题的一方面,即强调外语使用的正确性与得体性,而忽视了问题的另一方面:在跨文化交际中,作为外语或第二语言的英语是否非地道不可? 为了清楚地表达思想而使用了不太地道、有些离格的英语时,是否都算语用失误? 是否必须克服不可? 这些是值得进一步探讨的问题。

在很多情况下,即使我们使用的英语没有语法错误,但仍会让操英语的本族人觉得欠自然、不地道,这主要是因为受母语中语用习惯的影响,套用汉语句式,或照搬汉语中的社交礼仪。对英语还没有学到家的学习者来说,这种情况比较普遍。因受汉语、汉文化的影响,在跨文化交际中,中国学生不可避免会使用一些不够地道的英语,比如"中国英语"或"汉式英语"。其实,就非本族语的英语学习者来说,英语的地道与否、自然与否,也只是相对的。有时,本族语人却会欣然接受不地道的离格英语。

在跨文化交际中,移情心理可能会让本族语人容忍非本族语人在使用该语言中出现的离格现象,甚至还可能顺应、仿效那些所谓的离格,实现交际的成功。这说明存在跨语言、跨文化交际的语用移情(pragmatic empathy)。一个懂英语的中国人遇到操英语的本族人时,总会使用英语同对方交谈;同样,一个略懂汉语的外国人遇到中国人时,也可能千方百计地用不太地道的汉语进行交流。但因为所用语言都不是母语,自然会出现某些离格的话语,从而显得唐突、不自然,甚至失言,但作为本族语人的一方一般都会表现出一定的容忍,交际照样进行下去。当一个懂英语的中国人同一个母语为英语,但懂汉语的外国人交流时,常会使用双语,而且不断地进行语码转换,汉语中来一点英语,英语中也来一点汉语。所有这些属于交际中的语言顺应现象,是交际双方相互移情的结果。

英语为外语的一方如何同英语为母语的一方进行交际,以及英语为母语的一方是否容忍英语为外语的一方所使用的不完全地道的话语,比如是否容忍"中国英语"或"汉式英语",值得探讨。当英语交际的环境在非英语国家,如在中国,我们作为外族人同母语为英语的本族人交谈时,心理上的语用移情就很重要。我们会尽可能把希望表达的思想用正确的英语表达出来,但我们既然是外族人,英语不可能绝对地道,再加上如果交谈的内容与中国国情、文化密切联系,很多信息就难以通过地道的英语展现出来。这时,成功的交际就需要依赖操英语的本族人的语用移情。

可见,语用移情指言语交际的双方情感相通,能设想并理解对方的用意。它既有语用语言移情问题,也有社交语用移情问题,涉及说话人如何刻意从听话人的角度去吐露心声、表达用意,也涉及听话人如何设身处地来理解说话人言谈的心态和意图。语用移情不仅存在于跨语言、跨文化交际之中,在汉语交际中也是常见的,但以下讨论仍以英语交际为主。

B. 语用语言移情

语用语言移情指说话人运用语言刻意从听话人的角度去表达某种心态和意图,以及听话人从说话人的角度准确地领悟话语的用意。例如,甲和乙两位客人赴宴,被安排在同席的相邻座位,甲出自礼貌,会从乙的角度使用得体的话语 48(a)。

(48) a. What a bit of luck that I'm placed next to you.
能坐在你身旁,我感到很荣幸。
b. What a bit of luck that you're placed next to me.
能坐在我身旁,你感到很荣幸。

例(48a)是甲的移情说法,他认为自己被安排在乙的旁边是一种荣幸,有抬举之意;如果甲不采用移情手段,而使用(48b),就会让乙觉得甲趾高气扬,俨然以尊长、长者自居,自然会给人际交往带来负面效应,因此交际中难以见到这样的话语。可见,同样一个命题,语用效果大不一样。又如:

(49) a. I'll be delighted to come.
我很高兴来。
b. I'll be delighted to go.
我很高兴去。

朋友相邀便宴,如果乐意前往赴约,只能从对方的角度来说话,比如在选择 come(来)和 go(去)之时,就应该使用前者,如例(49a);如果不用移情说法,以自己为基点来说话,如例(49b),即使不在主人家里设便宴,这句话也不恰当。

再如,对第三者发表评论时,说话人要对被谈论的人表示一定的尊重。尽管那是说话人自己的看法,也应使用移情的说法,如例(50a);如果改用(50b),就会明显表示说话人的主观和不留余地。

(50) a. John is sure to succeed.
约翰保证会成功。
b. I'm sure John will succeed.
我保证约翰会成功。

汉语交际中,也存在语用语言方面的移情用法,比如指示语的选择与运用(参阅第二章)。我们可把类似具有语用功能的指示语称为"移情指示语"(empathetic deixis)(Lyons,1977)。例如:

(51) 你要记住,我们是学生,我们的主要任务是学习。

(52) 这个人性格内向,不善言表,你问他十句,他才答你一句。

(53) 谁欺负宝宝了,爸爸/妈妈找他说理去。

例(51)中,说话人将自己摆到听话人一边,"我们"实际上指对方"你",这种移情的话语让对方听起来备感亲切,能够增加话语的劝说力;例(52)中,说话人从听话人的角度出发,把自己摆在听话人一边,将"我"说成"你",这样的移情说法既能尊重对方,又利于增进双方的人际关系;例(53)中,说话人站在幼儿一边,用幼儿的口吻说话,"宝宝"代替了"你",实指幼儿本人,"爸爸/妈妈"代替了"我",实指说话人自己。

语用移情的微妙之处在于说话人或听话人总是从对方的角度进行语言的编码与解码、语言的选择与理解。也就是说,交际中不论是话语生成,还是话语理解,都离不开语用移情。比如,如果谈话双方都知道张三和李四是夫妇,谈论的话题是张三,则可以说"张三的年龄比李四大";如果谈论的话题是李四,则改说"李四的年龄比张三小"。但当听话人只认识张三,或只认识李四时,同样一个意思,要分别改说"张三的年龄比他的老婆大"或"李四的年龄比她的老公小"才算恰当。因此,下面两组句子存在不同的语用移情预设:

(54) a. 张三打了李四。(预设:听话人认识张三和李四)

　　 b. 张三打了他的老婆。(预设:听话人只认识张三)

(55) a. 李四的老公打了她。(预设:听话人只认识李四)

　　 b. 张三的老婆被他打了。(预设:听话人只认识张三)

上例说明,听话人要正确理解话语,尤其是说话人的用意,也需从说话人的角度出发,不能忽视说话人的心态,这就是听话人的移情。比如,例(56a)和(57a)可以是说话人有礼貌的请求,也可表示说话人主观意志之外的一道命令,它们比(56b)和(57b)更具可接受性。

(56) a. You are requested to stand up.
　　　　请你站起来。

　　 b. I request you to stand up.
　　　　我请你站起来。

(57) a. You are dismissed.

第九章
跨语言与跨文化的语用研究

你被开除了。
b. I dismiss you.
我开除你。

C. 社交语用移情

社交语用问题涉及交际双方的社会文化背景和人际关系，当然也涉及语境。社交语用方面的移情主要指言语交际双方都设身处地，尊重对方的思想感情和观点，从而在言语交际过程中相互默契，达到预期效果。

社交语用方面的语用移情在跨文化交际中十分普遍。比如，在与操英语的本族人进行交往时，我们常会注意尊重对方的语用习惯，见面打招呼时，不用汉语中常见的"Where are you going?"（上哪去?）或"Have you had your meal?"（吃了吗?）等，而用"It's a nice day, isn't it?"（天气不错，对吧?）之类的话语寒暄，这就是一种社交语用移情。特别是当我们身处对方国土，这种摆脱自身文化习惯的语用移情，实际上是入乡随俗的普遍现象。反过来说，当操英语的本族人身处中国时，听到中国人用英语冒出一句带有中国味的寒暄语"Have you had your meal?"或"Where are you going?"他也许不会觉得反感，反而会感受到异国浓情而欣然接受。如果是这样的话，显然也是语用移情的心理在起作用。

社交语用移情对跨文化交际具有特殊的意义。近年来，中国外语界越来越重视跨文化交际中的语用失误。比如，注意提醒学生不要随便向操英语的外国朋友谈论诸如经济收入、年龄、宗教或政治信仰、婚姻状况等所谓的非自由话题。这说明我们已注意到跨文化交际中的语用移情问题。但是，就非自由话题而言，不同国度、不同社会、不同文化往往有不同的判定标准，因此还需要进一步开展国别文化教育。在用英语等外语进行交流时，我们会或多或少、自觉或不自觉地参照汉语文化的习俗来遣词造句，因此可能触及操英语的本族人忌讳的非自由话题，或带有典型的中国文化色彩，使用让对方感到陌生的表达方式。面对类似现象时，操英语的本族人的感受如何呢？恼火，不快，还是予以理解与原谅？我们主张，在用英语交流时应尽可能遵守英语中的语用原则，尊重对方的民族文化习惯，特别是当我们身处英语国家时更应如此，以便顺利沟通。这是语用移情的重要表现。

移情要求交际双方设身处地地尊重对方话语的用意。在中国生活、工作的英美外国朋友同我们打交道时,有时也会发现我们使用的英语在用词或构句方面多少带有中国特色。作为听话人,如果他们意识到自己身在异国,注意到跨文化交际的语用移情,就不应对因文化差异偶尔混杂在英语中的异国特色感到诧异,也不会因听到离格英语而不快或反感。比如,要用英语表达《沙家浜》中的"阿庆嫂"时,只能译成"Sister Ah Qing"。再如,中国学生早上见到外籍老师时可能使用问候语"Good morning, teacher!"等离格英语,尽管它不如"Good morning, sir!"之类的说法地道,但在中国的环境里应该是可容忍的。因此,我们认为,对于"中国英语"或"汉式英语",身在中国本土的操英语的本族人也应入乡随俗,进行语用移情。这涉及"中国英语"或"汉式英语"的可接受性和容忍度问题。

此外,在进行翻译时,也会遇到因文化差异等原因引起的棘手问题。比如"巧媳难为无米之炊"的两种英语译文:

(58) a. Even the cleverest housewife can't cook a meal without rice.
   b. Even the cleverest housewife can't make bread without flour.

从语用移情的角度来说,前一种译文充分体现了中国文化习俗,比如中国人主要食用米饭(rice),因此译文出现了 rice 一词,对熟悉中国文化习俗的读者来说,该译文是能够接受的。后一种译文也注意到了语用移情,不过考虑到读者对象是操英语的西方读者,因此在译"无米之炊"时灵活地选用了 bread(面包)和 flour(面粉)。西方读者也可能会出自移情的心理,对后一种译文产生困惑:难道中国人也像我们西方人一样,都是以面包为主食吗? 可见,翻译离不开语用移情。

很多时候,用英语表达富有一定形象的汉语用语,特别是成语、惯用语、歇后语或典故时,尽管语言结构无可厚非,但对操英语的本族人来说,总显得有些离格。此时就需要读者或听话人具备一定的语用移情心理,否则难以准确理解。比如"跑了和尚,跑不了庙",直接译成"The monk may run away, but the temple can't run with him",形象新奇,且意思准确明白。又如,要用英语表达汉语中利用谐音而形成的歇后语,或表达以中国历史人物寓意的形象说法时,就应强调语用移情,或直陈用意,或变换形象,力求译文能让对方明白。比如"外甥打灯笼,照舅"、"说到曹操,曹操就到"等,可分别译成"back in the old rut"和"talk of the devil and he will appear",听话人在理解上就可能少费踌躇。再如,"中国是块肥肉,谁都想吃",这是以前人们在谈到外来侵略者或帝国主义列强想侵占地大物博、资源丰富的中国时,常用的一个比喻。如果直译为英文"China is a piece of fat, everybody wants to have it",不了解中国文化历史的操英语的本族人就会觉得奇怪,为什么用大家不喜欢的"肥肉",而不用大家喜欢的"瘦肉"去形容好东西呢?甚至不熟悉历史的中国年轻人也会感到纳闷不解。因此,如何将类似的汉语恰当地翻译成英语,值得深入探讨。

总之,语用移情因人、因事而异,因语境而不同。在跨文化交际中,说话人与听话人之间有不同的社会文化背景,认知心理不完全相同,因此不可避免会出现带有中国味的离格英语。为了交际的和谐与成功,我们应该重视跨文化交际和翻译中的语用移情。

思考题

1. 简述跨文化语用学的主要研究课题。
2. 什么是语际语用学?它包括哪些主要研究内容?
3. 为什么在外语或第二语言学习过程中会出现负向语用迁移?举例说明。
4. 举例说明汉、英语在社交应酬和人际关系方面的语用差异。
5. 如何看待中国学生使用外语时出现的离格现象?
6. 举例说明语用移情在跨文化交际中的主要作用。
7. 语用移情对英译汉、汉译英有何启示?举例说明。
8. 结合外语学习、外语教学或对外汉语教学,谈一谈了解语用学的重要作用。
9. 收集中国学生的英语语用失误,进行分类并分析出现语用失误的主要原因。
10. 编制一份英汉语用差异问卷调查表,就语用差异的离格程度和容忍程度,分别在中国学生或英语教师和母语为英语的外国人中进行调查,然后进行分析与对比。

第 十 章　语言顺应论与关联理论

10.1 引　言

话语生成与话语理解是语言学及其分支学科关注的两大主题。为此,围绕交际中的话语生成与话语理解,人们提出了不同的交际模式或理解模式。在国内外的语用学研究中,目前最引人注意的就是语言顺应理论(linguistic adaptation theory,简称"顺应论")与关联理论(relevance theory)。前者主要涉及语言交际中语言形式及策略的选择,也就是说,语言顺应论关注的主要是话语的产出;后者主要涉及语言交际中的话语理解,尤其是语用信息的认知推理。由于它们具有较强的解释力,因此给语用学研究带来了新的活力。下面,我们对这两种理论的主要内容进行全面介绍,以便读者更好地把握其理论精髓。

10.2 语言顺应论

语言顺应论是国际语用学学会秘书长维索尔伦(Verschueren)在20世纪80年代开始酝酿、90年代后期推出的语用学理论。该理论集中体现在他的著作《语用学新解》(1999)之中,可以说,这是他过去二十年来语用学研究及语用学思想的总结,以新的视角解说语用学。

10.2.1 语用综观论

按照语用学的传统分类去组织语用学研究是不科学的,这是维索尔伦的主要观点之一。因为传统课题往往只是从不同角度对同一语言现象进行研究,而不是从不同的视角去研究不同的语言现象。比如,言语行为与合作原则的研究对象就存在有相似与重合的地方,言语行为所涉及的"预备条件"其实就是合作原则中量准则的第二条次则(参阅第三章),而"真诚条件"则是合作原则中的质准则;间接言语行为的解释其实也不外是合作原则的具体运用。由此可见,我们不应孤立地去研究不同的语用现象,划分不同的研究课题。

另外,维索尔伦认为,传统语用学将意图作为决定意义的唯一因素,这一点不尽妥当。因为在言语交际中,表达意图只是说话人的事情,但说话人表达意义与听话人理解意义是同等重要的;加上交际本身是一个极其复杂的过程,意义就更不可能单独依靠意图而产生,其中的因素实在太多。因此,我们应同时从认知、社会、文化的视角去研究语言意义。因此维索尔伦把语用学进一步定义为"从认知、社会和文化的整体出发,研究用以表达行为方式的语言现象的有关用法"(Verschueren,1999:7)。

可见,维索尔伦提倡语用学研究的综观论,即将语用学研究渗透在语言中能表达意义的各个层次,所以他主张全面、综合地研究语言使用的复杂性及其奥秘。

10.2.2 语言选择及其特性

使用语言就是选择语言。语言的使用,说到底是"一个不断选择语言的过程,不管这种选择是有意识的还是无意识的,也不管它出于语言内部的原因还是出于语言外部的原因"(Verschueren,1999:55—56)。语言选择具有以下特点:

(a)选择发生在语言结构的任何层面,从语音、语调到词汇或语法结构的选择,从语码到话语、篇章的选择等;

(b)选择不仅包括语言形式的选择,而且包括交际策略的选择;

(c)选择过程是有意识的行为过程,也就是说,语言选择时,存在不同程度的顺应意识;

(d)选择存在于话语生成和话语理解两个方面,也就是说,在交际过程中交际双方都要作出选择;

(e)语言一旦被使用,随即进入运用过程,即选择过程,语言使用者只能选择心目中最合适的、最需要的对象进行交际,也就是说,语言使用具有一定的倾向性,被选对象不可能有等量的被选机会,有的被选对象有优选机会；

(f) 语言使用者在语言手段和策略方面进行的不同选择会导致与它相关的其他语言或非语言因素的变化，也就是说，选择会受到社会与文化等因素的影响和制约。

语言使用者之所以能够在语言使用的过程中进行各种恰当的选择，是因为语言具备以下三个特性：可变性、商讨性、顺应性。语言的可变性指语言具有一系列可供选择的可能性；语言的商讨性指选择不是机械地或严格按照形式—功能关系进行，而是在高度灵活的原则与策略的基础上完成的；语言的顺应性指能够让语言使用者从可供选择的选项中作出灵活的变通，从而满足交际需要。因此，在描述和解释语言使用时，我们应该关注四个方面的信息：(a) 语境关系的动态性；(b) 语言结构的顺应性；(c) 顺应的动态性；(d) 顺应过程的意识程度。语用描写与语用解释的任务实际上是从这四个方面进行综合性研究。具体来说，它们包括语境顺应、结构顺应、动态顺应和顺应的意识程度。

10.2.2.1 语境顺应

语境顺应指语言使用过程中语言选择必须与语境相互顺应。语境关系顺应可作如下图示（Verschueren,1999：76）：

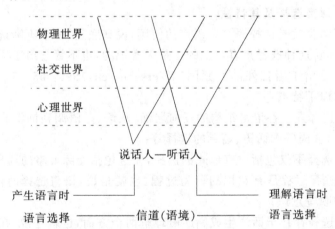

维索尔伦认为，语境可划分为交际语境与语言语境。交际语境包括语言使用者(如说话人与听话人)、心理世界、社交世界、物理世界等因素。说话人与听话人是语境的焦点之所在，因为只有在说话人与听话人在场的情况下才有思想交流，才会使用语言，语境关系才会被激活。其实，说

第十章
语言顺应论与关联理论

话人与听话人并非人们想象中那样简单划一。就说话人而言,他提供的信息会有许多可能的来源,所以说话人可选择不同形式来发出信息;而从听话人方面看,他可以是真正的说话对象,也可以是第三者、旁听者,甚至是偷听者。不同类型的听话人会在一定程度上影响着说话人的语言选择。

心理世界包括交际双方的个性、情绪、愿望和意图等认知和情感方面的因素,这些因素在语言学的语用学研究中起着非常重要的作用。社交世界指社交场合、社会环境对交际者的言语行为规范所要求的原则和准则。交际者的语言选择必须符合社交场合、社会环境和语言社团的交际规范。在所有的社交世界的因素中,文化是一个相当重要的因素,因为语用学所谈论的语言使用者不是抽象的、理想化的语言使用者,而是生活在具体的社会文化中的活生生的人,他们的言语行为受到社会、文化规范的制约。所以,语境顺应也自然包括文化方面的因素。物理世界中最重要的因素是时间与空间的指称关系。就时间而言,它包括事件的时间、说话的时间和指称的时间。时间往往具有不确定性的特征。空间指称包括绝对的空间关系、说话人的空间、指称空间,以及交际双方在物理世界中所处的位置、与言语行为有关的体态语(如身体姿势、手势等)、交际双方的生理特点与外表形象等。这些因素都会影响交际形式的选择和语言的选择,包括口头和书面之间的选择。以上交际语境因素都会不同程度地影响语言使用者在使用与理解语言时所作出的语言选择。

上图标示的(语言)信道,即语言语境,指语言在使用过程中根据语境因素而选择的各种语言手段。语言语境主要指上下文,包括以下三方面的内容:

(a) 篇内衔接。包括连词、逻辑关系、省略、重复、替代、例释、对比、比较、前指、互指等的使用,以达到语篇语义相关;

(b) 篇际关系或互文性(intertextuality)。包括语篇主题、文体类型或语体风格等的选择与表达;

(c) 线性关系。即序列关系,包括话语、话步等出现的先后顺序。

总的来说,语境最重要的特点是它产生于交际双方使用语言的过程,也就是说,语境并不是交际发生之前就给定的,而是随交际过程的发展而不断变化。所以,维索尔伦所持的语境观正是动态的语境观。这与关联理论所理解的语境观是不谋而合的(参阅10.3)。

10.2.2.2 结构顺应

结构顺应指在语言各层次的结构方面作出的顺应,以及构建原则的选择,包括以下四个方面:

(a) 语言、语码和语体的选择。这是进行其他结构选择的先行条件。只要我们进行言语交际,就必须使用语言,因此作出的第一个选择就是使用哪种具体的语言、语码和语体。要对具体的语言、语码和语体作出选择,语言使用者不仅要考虑自己的语言能力、语言偏好及实用程度,而且要考虑社会因素。在双语或多语的社会中,语言的选择涉及说话人的政治立场、意识形态、所持的语言态度和语言政策等重大问题。

(b) 话语构建成分的选择。这个过程具体地体现在语法的各个层次上,其中包括声音结构(语音语调、重读、节奏、停顿、音质等)、词素与词汇、分句与句子、命题与超句结构(即大于句子的语言单位)等的选择。

(c) 话语与语段的选择。包括言语行为和语篇类型的选择。

(d) 话语构建原则的选择。既包括句子的组织问题,也包括语篇的连贯与关联的问题,以及其他诸如信息结构、句子顺序、主题结构等的排列选择。比如,新、旧信息结构的排列顺序、主位的标记化或前景化的选择。

以上四个方面的语言选择是从语言结构来讲的,但它们的选择与运用是综合性的,不是孤立的,需要相互依托、相互顺应,可以说,每一方面的选择都是一种顺应结果。

10.2.2.3 动态顺应

动态顺应是维索尔伦所持语用学理论的核心,语境顺应和结构顺应实际上提供了顺应的内容,然而这些内容必须在具体的顺应过程中,即动态顺应中,才具有意义。

任何语言使用都是在具体语境的动态过程中完成的。语境关系与语言选择(即语言使用)之间的相互顺应表现在以下三个方面:

(a) 为了顺应不同语境的变化,交际双方需要选择相应的语言形式;

(b) 为了顺应特定语境而作出的语言选择,又会产生新的语境(如产生出会话含意);

(c) 如果语境条件获得实现,原先的语言选择也就没有必要了(如"许诺"这一言语行为实现以后,原来实施允诺的语言也就失效了)。

以上三个方面说明,动态性与语境关系(如心理世界、社交世界和物理世界)之间的关系十分密切,说话人等交际者需要根据特定的语境条件,选择说话的内容、场合、说话方式等;说话人的认知状态、对事物的信念、对话题的兴趣与偏爱等都会影响交际的走向及顺应的动态性。另外,动态性与语言结构之间的关系密切,说话人会根据交际目的选择语言形式,安排话语的信息结构,也会根据语境条件选择不同的话语或语段。

除了要考虑语境因素和语言结构因素以外,在话语生成及意义表达时,说话人还要考虑语用策略的选择,也即因人、因事、因时、因地的不同,进行恰当的语言选择,表现符合现实交际语境的意义。具体地说,意义的生成过程就是话语与语境因素之间的互动过程,不同的语境因素可以制约语言及策略的选择,从而改变话语的意义或影响交际的效果;同时,不同的语言或策略的选择也可能影响语境的变化。这说明,交际过程是一个动态的顺应过程。

10.2.2.4 顺应的意识程度

在维索尔伦看来,语言使用、语言或策略的选择及顺应,这一交际的一体化过程必然涉及说话人的认知心理因素。这就是交际中顺应的意识程度(salience)问题。"意识程度"这一概念说明,不同的言语行为在交际者的心目中并非占有同等重要地位,这里有社会的因素,也有认知的因素,而任何语用学理论都不会将社会因素和认知因素严格对立起来(Verschueren,1999:173—174)。社会因素和认知因素相互作用,形成交际者一定的社会心理,从而成为意义生成与语境顺应的依据。交际中,任何语言与策略的选择都可从社会和认知两方面找到解说:一方面不存在脱离社会因素影响的抽象认知;另一方面,社会因素不经过认知处理,也不可能对语言选择产生影响。

语言使用的顺应过程所涉及的认知问题包括感知与表征、计划或策划(planning)、记忆。对周围的客观世界进行感知,并进行表征是人们进行正常交际的前提。说话人等交际者先要对会话内容有所感知;感知到的事物还需要表征出来,使之成为可理解的内容,或成为被理解的对象,以求实现交际目的。计划或策划就是心理因素对即将发生的语言行为所产生的影响,它是"向前看",我们需注意它的三个特征:(a)计划或策划并非总是事先确定好的,也可与语言行为同步;(b)计划或策划是有目的的,但意识程度可能不同;(c)无论在语言使用过程中还是语言理解过程中,计划或策划都会发生。与计划或策划相反的是,记忆正好是"向后看",说话人往往需要凭借记忆来顺应过去的往事,也就是说,记忆指心理因素对已发生的语言行为的影响。在语言使用中,记忆的作用表现为识别与回忆。

由于社会心理因素的存在,语言选择、顺应的意识程度都会因此不同;同时不同的社会心理或心理过程会对语言使用产生不同的意识程度。这体现了交际中心理意识的语用特征。顺应可能是有意识的,也可能是无意识的。此外,社会意识或社会规范可能影响交际者在语言顺应过程中的语言选择。在语言选择、顺应时,说话人等交际者还会表现出一定的自我意识,这是一种元语用意识(metapragmatic awareness)。在语言使用过程中,元语用意识的产生与表现同语言行为的选择密切相关,可以说,它是顺应过程中的一种自我监控意识。

10.2.3 语言顺应论例释

下面我们参照维索尔伦提出的语言顺应论,以日常言语交际中的情景会话为例,分析交际中说话人与听话人双方甚至多方之间的信息推进及其语言选择的语境顺应性,以及以语境为基础的动态交际过程,以期抛砖引玉。先看下例:

(1) 主持人:干了什么事?A_1
　　学　生:别说了。B_1
　　主持人:大概哪个方向?A_2
　　学　生:那什么……B_2
　　主持人:你悄悄地告诉我。A_3
　　学　生:不告诉你。B_3
　　主持人:是不是觉得说了难为情?A_4
　　学　生:嗯……B_4(选自中央电视台"实话实说"节目:《这个班主任不好当》)

从交际进程的推进来看,以上会话主要以问—答的方式展开的。提问或询问是言语交际中常见的信息推进形式,它与对方之间的回应不可能是一一对应的静态关系。在有的语境条件下,提问不一定需要对方提供问题的答案,有时提问则仅是一种策略,其目的是实施一定的间接言语行为，比如建议、请求、引导或劝诱等。此例中，主持人（A）询问学生（B）在遇到困难时是否采取过某种极端的方式，比如自残，来解决问题。主持人的第一次询问（A_1）遭到拒绝以后，会话并没有因此结束，相反他却采用了含糊但颇具诱导性的询问方式："大概哪个方向？"（A_2），而不提具体事情，但其目的仍是劝诱对方把自残的事情讲出来。类似提问方式的变化就是一种语境顺应。在学生犹豫之际（B_2），主持人又采取了更加情感化的话语方式（A_3），向对方发出使役性请求。当再次遭到拒绝后（B_3），说话人顺势就其原因进行追问（A_4），其目的是打消对方的顾虑，把自残的经过讲出来，从而推进交际的进行。这一切都是交际过程中即时出现的变换形式，双方都需要根据交际意图和对方的反馈随时进行灵活的选择。可见，任何语言形式的选择都不是事先固定的，语境是动态的。说话人（主持人）在一定交际目的的支配下，随着交际的推进，比如对方的回应，需要不断进行话语形式的选择及策略的选择，以顺应交际的发展。对于听话人（学生）来说，当说话人向他发出询问（A_1）后，他会逐渐清楚对方希望获知什么信息，并能根据对方的询问及目的进行相应的顺应，否则交际是不可能进行下去的。听话人（学生）从一开始的拒绝，到后来的犹豫，再到最后的承认，都是交际动态发展的结果。再如：

(2) 嘉　　宾：其实没有什么特别难为情的，因为很多人都有过这样的时候。而且如果你能说出来，可能能帮助更多的人……说不定还是上千上万的孩子呢！C_1
　　　主持人：我上学的时候就用右脚踩过自己的左脚。觉得不开心时，你是用的什么方式排遣内心的烦恼？A_5
　　　学　　生：我呀？B_5
　　　主持人：什么方式？告诉大家。A_6
　　　……
　　　主持人：就是用小刀拉自己，对吧？A_7
　　　学　　生：嗯……B_7（选自中央电视台"实话实说"节目：《这个班主任不好当》）

此例是例(1)的延续。旁观者（嘉宾）看到学生面对主持人的提问，显得闪烁其词，似有疑虑，于是插话（C_1）想消除学生的顾虑。旁观者（嘉宾）的这一见机行事，本身就是一种语境顺应的结果。而此时，主持人也顺应了交际的发展,采取了更加移情的方式,讲述自己过去面临困难时采取的方法,但此时他的主要目的不是告诉对方自己的经历,而是为了提问(A_5)的需要。后来,学生再次犹豫(B_6),主持人抓住机会将该学生自残的方式直接说了出来(A_7),但同时附加了一个确证性提问(对吧?)。此时提问(A_7)的目的主要是让对方承认自残的事实与方式,从而推进谈话的进行。这是该言语交际发展的必然结果,其间出现的各种语言选择在语用功能上具有顺应性、协调性,说话人选择不同形式的话语或策略就是顺应交际的发展。此类分析是一种以语境为基础的顺应论分析。

10.2.4 小结

维索尔伦的语用观是一种语用学综观论(pragmatic perspective),它为语用学研究提供了一个新视角,尤其是语言顺应论的提出和阐释,具有重要的理论意义与应用价值。

首先,语用学是一门跨学科的学问。维索尔伦认为,语用学的目的是解释人们在使用语言时产生的意义,分析其中的认知、社会和文化之间的相互作用。这样,要理解语用学,就必然涉及语言学、社会学、心理学、人类学等人文学科,语用学的跨学科性也就不言而喻了。另外,分析语用学的跨学科性时,不能仅用纯粹的理论加以解释,重要的是通过具体的语言实例、语言事实进行生动的说明。

第二,维索尔伦一改传统语用学的分类与研究方法,指出语言使用中的可变性、商讨性与顺应性,并根据"语言使用就是不断地进行语言选择"的观点,提出了语言顺应论,并分析了语言选择中的语境顺应、结构顺应、动态顺应及顺应的意识程度等,为语用学研究提供了一个实用的理论框架。

第三,作为一种语用学的理论框架,语言顺应论具有覆盖面广的特点,可以说,该理论框架几乎把过去传统语用学研究中的全部内容都贯穿起来,是对语言使用及研究的语用功能综观。

第四,维索尔伦也同时强调认知科学在语用学研究中的重要性,以及语用与认知之间的不可分离性。随着认知科学的发展,语言交际与认知之间日益体现出密切的联系,也受到人们的关注,比如斯珀伯与威尔逊(Sperber & Wilson,1986a,1995)推出关联理论,探讨如何理解语言、如何推导交际信息等,开始了语用现象的认知诠释,出现了认知语用学(参阅10.3)。

10.3 关联理论

20世纪80年代以来,语言功能的认知研究日益成为认知语言学的重要内容。语用学的两大研究主题就是话语生成与话语理解。格赖斯(Grice,1975)的会话含意理论以说话人为出发点,提出意向性交际,设想说话时人们遵守合作原则,并设想在违反该原则的情况下听话人要推导出话语含意(参阅第三章)。后来,在利奇(Leech,1983)、列文森(Levinson,1983)、荷恩(Horn,1988)、斯珀伯与威尔逊(Sperber & Wilson,1986a,1987,1995)等人的研究中,有关含意的推导论得到进一步的充实、修正与发展。其中,影响较大的是法国的斯珀伯(Sperber)和英国的威尔逊(Wilson)在专著《关联性:交际与认知》(1986a,1995)中提出的关联理论。该理论是最近二十年来给语用学界带来较大影响的语用学理论,为此语用学出现了新的研究热点。

10.3.1 关联理论的交际观
10.3.1.1 语码模式与推理模式
语码模式(也称"代码模式"或"代码论")与推理模式(也称"推理论")是两种不同的交际模式。前者以符号为输入信息,输出信息是与语码符号有关的信息;而后者则是以一系列前提为输入信息,输出信息是一些在逻辑上与前提有关,或至少得到前提保证的结论。根据推理模式,结论不是通过语码与前提联系的,语码符号不能保证它们所传递的信息,而话语理解中的前提就是一种语境信息。

从亚里士多德到现代符号学,所有的交际理论都以语码模式为基础,语言就是一种语码,它的存在使交际成为可能。比如,英语、汉语就是两种不同的语码,其中声音与意义有关,意义也同声音密切联系,因此如果A想对B传递某种信息,A就需要根据大脑中储存的思维信息去搜寻与特定意义有关的声音,然后向B传递这种声音,于是B又从自己的思维信息中去搜寻与该特定声音联系的意义,这样B就获取了A的信息。也就是说,说话人将意义编码成声音,听话人又将声音解码成意义,这就是一种言语的交际过程。类似的语码模式认为,交际活动仅是交际主体(如说话人与听话人、作者与读者)依据语言的句法规则和语义规则进行编码与解码,这样交际的成功就取决于听话人解码的信息与说话人编码的信息是否一致。这样,交际很少涉及非语言语境因素。

　　语义表征属于语法、语义学探讨的主要内容,而语用学则研究话语的产生与理解。因此,语用学就必须对如何消除歧义、多余信息或附加信息,补全省略信息,确定指称意义,识别以言行事用意,以及如何获取喻意等进行解释。离开具体语境的语义学解释对此无能为力,因此很多学者认为理解是一个认知推理过程。格赖斯(Grice,1975,1989)等当代语言哲学家提出了推理模式,认为推理是实现交际的基础。比如,他指出交际中说话人不仅只是在明说什么,更重要的是通过明说的话语隐含了言外之意,这类隐含信息只有通过语用推理才能获取。后来,塞尔(Searle,1969)、巴赫与哈尼什(Bach & Harnish,1979)等人使言语交际理论获得了新发展,他们对言语交际的贡献最后奠定了推理模式的基础。这些研究表明,只根据单一的交际模式往往缺乏说服力。因此,斯珀伯与威尔逊等学者始终坚持认为,推理过程是信息处理的基本过程,而对编码信息的解码则附属于该过程。例如:

　　(3) 晚啦!

当甲在广州白云机场候机厅突然听到陌生人乙对一位同伴说"晚啦!"时,甲知道该话语是什么意思吗?也许是到达的飞机晚点了,要乘坐的飞机晚点了,朋友来晚了,时间不早了,或者是暗示对方时间不早了,咱们先弄点吃的吧,等等。甲可能在不同的地方多次听到或使用过该话语,但每一次的含意都不一样。所以,在不同场合下,任何类似话语都可能传递不同的隐含信息,即交际信息或交际意义。因此,很有必要将话语的字面意义与说话人通过该话语传递的交际意义区分开来,后者是话语字面意义以外的语境信息。那么,如何获取说话人的交际意义呢?推理是唯一的办法,传统的解码论只能帮助获取话语的字面意义;此外,所有人类交际信息的获取,无论是语言的还是非语言的,在本质上都以推理为基础。因而,在言语交际中,说话人依靠的就是听话人的推理能力,否则不可能成功地实现交际。

　　根据语码模式,交际中说话人只是对信息进行简单的编码,听话人接收后进行解码。而推理模式则强调信息听话人等信息接收者对交际意图的推理。单一的语码模式坚持语用模块论(Fodor,1983),也即语用仅是语法规则的延伸与扩展。然而,斯珀伯与威尔逊则反对语码模式论,强调交际中语境因素的重要性,这与将大脑视为一个解码系统的传统观点相对立。非言语交际足以证明,语码并不是交际的唯一必要因素。例如:

(4) 甲:今天感觉怎么样?
乙:(从桌上拿起一个药瓶,递给甲看)

语码从属于推理。交际中的理解过程包含两个阶段:(a)解码;(b)推理。解码就是根据符号提取信息,信息与符号之间的联系是通过语码实现的,而推理则是利用语言知识、逻辑知识、百科知识,从前提关系中得出结论的过程,缺少百科知识等语境信息,推理是不可能成功实现的。百科知识是以"积木"的形式存在于每个人的认知环境中,而且这些认知环境随着客观环境、认知能力、记忆等的不同而不同。

此外,尽管语码模式和推理模式属于两种不同的交际模式,但它们并非不兼容,我们可以将它们结合起来研究语言的使用与理解。"交际中的语码可为信息理解的第二个阶段——推理——提供各种假设与证据。如果我们将交际视为一个识别说话人的信息意图的过程,那么最好不要把语言解码视为严格意义上的理解的一部分,而把它当成主要为理解过程提供信息输入这样一个阶段"(Sperber & Wilson,1987:705)。但是,强调以推理为中心的理解观也意味着,推理不能绝对保证听话人可以正确理解对方希望传递的信息,这样就可能产生误解。任何交际理论都可能存在某些不完备性,存在冒险因素,因为话语理解不是一个简单的解码问题,形式与意义、形式与功能等之间往往不是一对一的关系,理解过程是假设的形成与验证过程,其中不能保证理解结果完全符合说话人所期待的关联。因此,交际理论是要确定一定的原则,以便听话人以此为依据,进行理解时的合理选择。关联理论认为,满足关联期待的理解是听话人有理由选择的唯一理解,然而合理的选择并不等于是永远正确的(Wilson,1994)。

10.3.1.2 信息意图与交际意图

斯珀伯与威尔逊从来没有将他们的理论仅限于会话、访谈等言语交际。在他们看来,语言仅是人们赖以交际的手段之一,而非唯一手段。此外,交际涉及意图的表现与识别,从心理学的角度来说,意图是可以通过一定行为实施的心理表征。

对"交际"这一概念的认识是理解关联理论的中心内容之一。斯珀伯与威尔逊的交际观是在对格赖斯的意向性交际观批评的基础上建立起来的。根据格赖斯的观点,交际者 C 通过刺激(如话语)x 向听话人 A 传递了一定的非自然意义,当且仅当 C 存在以下意图:

(a) x 会使 A 产生反应 r;

(b) A 识别了(a);

(c) A 对(a)的识别至少在某种程度上激发 A 作出反应 r。

在格赖斯看来,只有当说话人具有以上(a)、(b)和(c)三种意图时,才能算交际。然而,交际涉及意图以外的其他东西,比如,交际需要说话人生成一定的话语,以展现自己的意图,而且对听话人来说,这些意图是可获知的。在该理论中,只有当听话人识别了以上意图(b),而且交际双方必须具有理性和一定的推理能力,在这样的条件得到满足以后,才能保证意图的实现。

对格赖斯思想的批评,斯珀伯与威尔逊主要集中在上述三种意图以及制约话语生成与理解的合作原则上。他们认为,只根据两种意图就可以定义交际,也即,一方面根据信息意图和交际意图去谈论交际;另一方面根据说话人的明示信息去解释交际。他们还认为,只利用一条原则就可以替代合作原则及其准则,这就是他们提出的关联原则(参阅10.3.5)。

交际不同于简单的信息传递。如果交际者仅向对方提供有关希望传递的信息的直接依据,那他就不是在进行交际,而只是在进行简单的信息传递。如果要实现交际,他就必须向对方提供有关希望传递的信息的间接依据,并提供希望传递该信息的有关意图的直接依据,以便听话人等接受者能够推导交际者的意图。比如,交际者不能仅让对方听到自己嘶哑的声音,就认为传递了自己得喉炎这一信息(Sperber & Wilson,1995:22)。"……我们已经向大家展示了传递信息的两种方式,一种是提供有关需要传递的信息的直接依据,这不应该被视为一种交际形式。……另一种传递信息的方式,就是提供有关需要传递信息的意图的直接依据,这是一种交际形式。"(同上:23)当然,交际是否一定依赖语码,是无关紧要的,因为语码交际仅是一种明示—推理交际的加强形式。不过,斯珀伯和威尔逊并没有具体规定交际者如何才能向对方明白地展示自己的意图,他们也没有提出区分以上两种证据的具体标准。

交际者的明示行为后面都存在意图。意图分为两种:信息意图

(informative intention)和交际意图(communicative intention)。"交际者生成一定的刺激(如话语),目的就是让听话人明白或更加明白一系列的设想"(同上:58),这就是信息意图,简单地说,就是提供交际内容的意图。例如:

(5) 我们已经开始停课复习了。

甲把以上情况告诉乙,目的是让对方知道该信息,这就是甲的信息意图。此外,"……还希望使听话人和说话人相互明白交际者存在该信息意图"(同上:61),这就是交际意图,即让听话人明白说话人有一个传递信息意图的意图。比如,上例中,甲还想让乙明白自己存在该信息意图,从而让乙对自己的信息意图作出一定的反应,比如推导出甲现在很忙,没时间玩,或因为已经停课了,所以甲现在不忙,可以自由支配时间,等等。可见,信息意图是话语的字面意义或自然意义,它与话语的明示有关,为听话人的推理提供直接依据;而交际意图是话语的另一层次上的意义,与听话人话语理解时的推理有关。成功的交际只需要获取说话人的交际意图就可以了。也就是说,当且仅当信息意图对交际双方来说都是互明的,或实现交际意图时,说话人才能够成功地进行交际。

在信息意图中,说话人希望自己所生成的话语能够对听话人产生一定反应;而在交际意图中,说话人希望听话人能够识别他的信息意图,然后才能够让听话人推导他的交际意图。作为说话人,他希望听话人能够发现自己向对方传递某一信息的意图;而作为听话人,他又会努力去获取说话人向他传递某一信息的意图。交际的成功与否不在于听话人是否知道话语的语言意义,而在于能否根据语言意义推导出说话人的交际意义或交际意图。一个成功的交际者(如说话人、作者)应该具备将传递信息的意图明示给对方(如听话人、读者)的能力,也就说,说话人应该让听话人明白自己有传递一定信息的意图。信息意图的互明假设是人类交际行为的重要部分。因此,明示交际的每一个行为都存在这样一个前提,即它本身具有最佳关联性。然而,关联性不同于合作原则中的各条准则,也不是一条准则,也不是交际中说话人可以随意遵守或违反的。

10.3.1.3 明示—推理模式

如前所述,交际不同于一般的信息传递,直接提供信息不能称为交际。比如,我们熟悉的交通信号中,红灯表示暂停,绿灯表示行驶。交际是一个涉及两个信息处理主体(说话人与听话人)的过程,那么有两个问题是人们必须关心的:(a)交际信息是什么?(b)交际是如何实现的?这个问题比第一个问题更重要。关联理论的交际观可以概括为两个方面:(a)对交际的产生进行解释;(b)对如何取得交际的成功给出答案。斯珀伯与威尔逊成功地将格赖斯的思想转化为一个较具体的心理模式,从而为研究人类交际开辟了一条新的途径。这条途径就是从人类认知的特点出发(沈家煊,1988)。

识别句法结构、语义表征仅是话语理解过程的一部分。进而,斯珀伯与威尔逊(Sperber & Wilson,1986a,1995)指出,语用学不仅要探讨与推理有关的隐含信息,而且还要探讨话语的明示意义。在正常情况下,说话人等交际者希望信息听话人等接受者相信,值得注意那些对他们来说具有关联性的信息;而且,听话人只应注意那些显得关联的信息。交际者以最佳关联为目的,也就是说,他们的目的是让接受者在信息处理时付出尽可能少的努力,获取足够的语境效果。因此,交际者会尽量让自己的语言输出(如话语)去顺应听话人处理信息的这一需求,以减少听话人理解话语时所付出的认知代价或心理努力。这是交际者与接受者之间的互动关系,这种关系必然会对信息输入的处理模式产生影响,这是从接受者的角度来说的。自然语言的使用是交际者和接受者之间的一种互动过程,然而,语句处理的心理模式却很少或根本没有对这一事实进行解释,或仅根据接受者的反应去解释信息输入的处理,而忽略信息输入的交际者。交际是一种保证取得关联性的明示行为,对听话人来说,交际就是一个识别说话人的交际意图的推理过程。可见,关联理论把(言语的或非言语的)交际视为一种认知活动,交际能否成功取决于双方认知环境(cognitive environment)的相互明白。对个人来说,认知环境就是一系列可以感知或推知的事实,也是一系列能够表征的假设,它是交际中人们的认识源泉,是获取正确推理结果的基础。可见,认识主体对认知环境具有一定的主观能动性。

斯珀伯和威尔逊把交际视为一种明示—推理过程(ostensive-inferential process)。明示与推理是交际过程中的两个方面,前者与说话人有关,后者则与听话人有关。

A. 说话人的明示行为

从说话人的角度来说,交际是一种明示过程,即示意过程,就是说话人"清楚地表示自己有明白地表示某事或某信息的意图"(Sperber & Wilson,1995:54)。可见,明示就是把信息意图明白地表示出来,它是一种特殊的行为。例如:

  (6) 甲:需要买东西吗?
    乙:我这个周末不在家。
  (7) 甲:晚上看电影去吗?
    乙:要送女儿去弹钢琴。

例(6)中,乙清楚地告诉了甲这个周末他不在家的信息,也就是说,乙明白无误地向甲传递了他的信息意图,以让对方明白"我这个周末不在家",这就是言语交际中说话人的明示行为;同样,例(7)中说话人乙明白无误地告诉了对方"要送女儿去弹钢琴"的信息。也就是说,说话人通过类似话语明白地表达了一个意图。不过,话语表示的信息意图不是说话人最终希望传递的信息,往往需要听话人根据他提供的明示信息进行推理,推理出说话人的交际意图,比如"不需要去超市买东西"(例 6)、"晚上不去看电影"(例 7)。可见,交际涉及理解过程中的推理,以获取说话人的交际意图。在语言交际中,说话人必须生成一定的话语,通过该话语向听话人展示自己的交际意图,并让对方获取该意图,这就是一个明示过程。

  说话人的明示行为存在两种意图(参阅 10.3.1.2):(a) 信息意图,即提供交际内容的意图。它可以帮助听话人明白一系列的语境假设;它就是话语的字面意义,即与话语的"明说"是一致的;(b) 交际意图。是让对方明白说话人有一个传递信息意图的意图,它往往包含话语的隐含信息。也就是说,说话人不仅要表明自己有传递某种信息的意图,而且更要向对方表明自己有传递这种信息意图的意图或目的。例如:

  (8) 甲:走,踢球去。
    乙:我明天要考试。

此例中,甲邀请乙去踢球,乙并没有直接拒绝对方的邀请,而是讲出了拒绝的理由。乙把他明天要考试这一信息直接传递给了对方,使他知道自己明天要考试这一新信息。这是一种明示行为,乙的这个意图就是信息意图。但更重要的是,乙需要通过该话语让甲知道自己存在该信息意图,并让对方从该话语中推导其隐含意义,从而放弃邀请。这就是乙的交际意图。

如果说话人生成话语的目的是为了传递某种交际意图的话,那他就有必要首先使双方相互明白话语的信息意图。使用话语的明示过程就是说话人通过某一话语向听话人表示自己的这种意图,以期待听话人对该话语加以注意,这往往与话语的"明说"有关。再如:

(9) 甲:去不去广州?
    乙:听说塞车了。

对话中,乙明说了"听说塞车了"这一信息,使甲明白该信息,这就是乙的信息意图。这也是一种明示行为。通过这种明示,听话人就会从中推导出该话语的含意,即说话人的交际意图:"不去广州,因为塞车了。"听话人获取交际意图的过程,就是根据说话人的明示话语,进行推理的交际过程。这就是明示—推理过程。

B. 听话人的推理

从听话人的角度来说,交际又是一个推理过程,即根据说话人提供的明示信息(即字面意义)去推导说话人的交际意图。也就是说,推理就是听话人根据说话人提供的明示信息去获取说话人所隐含的意图。听话人的推理是关联理论交际观的核心,因为交际的成功离不开听话人的成功推理。如例(9)中,听话人甲根据说话人乙提供的明示话语"听说塞车了",推导出"我不去广州,因为塞车了"这个含意。这就是言语交际中听话人的推理过程。如果听话人的推理结果与说话人的意图相一致,也就是说,如果说话人通过话语明白地表达了自己的意图,而听话人又根据该话语明确了说话人的意图,这就是一种"互明"(mutual manifestness),即交际双方之间的相互明白(参阅10.3.2)。

语言交际中,听话人是如何进行推理的呢?根据关联理论,语境假设是推理的前提。在明示行为中,说话人的主要目的就是去改变听话人的认知环境,即一系列对听话人来说能够在其大脑中引起反应并被认为是正确的事实。比如例(7)中,说话人乙通过向甲提供一条表面上不相关的信息"要送女儿去弹钢琴"而改变了听话人甲的认知环境,推理时他可以根据这一明示信息,获得如下的语境假设 a 和隐含前提 b,并在此基础上推理出隐含结论或交际意图 c:

a. 乙要送女儿去弹钢琴。

b. 如果晚上乙要送女儿去弹钢琴,他就不会去看电影。
c. 晚上乙不去看电影。

需要注意的是,每一个人的认知环境由三种信息组成:逻辑信息、百科信息及语言词汇信息。由这三种信息构成的认知环境存在个体差异,因而对同一话语的理解就可能产生不同的结果。根据以上分析,我们可发现,明示—推理交际涉及说话人的示意与听话人的推理两个方面,也即,交际就是说话人的示意过程与听话人的推理过程。通过说话人的示意,听话人就会从中获取一定的新信息,从而改变自己的认知语境(cognitive context),语境效果也就产生了。如例(9)中,乙的回答就产生了这样的语境含意或语境效果:乙不去广州了,或劝说甲不去广州等。产生了语境效果就说明该话语具有关联性。因此,交际的成功必须依靠关联性,依靠说话人的明示与听话人的推理。前者通过明示行为向听话人展示意图,从而为听话人提供推理的依据;而听话人必须根据说话人的明示行为,再结合语境假设进行推理,求得语境效果。这也说明,人类交际是一个认知过程、一个明示与推理相结合的过程。

从以上说话人的明示行为和听话人的推理两个方面可见,说话人就是信息源,而听话人则是信息目标。关联理论对交际的解释既考虑到了说话人,也顾及了听话人。同时,明示还同语码有关,因此关联理论的交际观既没有完全抛弃语码模式,又强调了推理的作用。所以,关联理论的交际观比格赖斯等学者的观点更全面、更有说服力。

10.3.2 关联理论的语境观

语用学就是研究使用中的语言,也即特定语境条件下的话语生成与理解。因此,语境是语用学的一个重要概念。但究竟什么是语境,目前还没有完全统一的界定,因为语境参数具有动态性、可变性。

长期以来,语境被分为语言语境与非语言语境,包括上下文、语言知识、社会文化背景知识、说话人与听话人(或作者与读者)、交际的时间和地点等因素。很多学者坚持语境是已知的或给定的,也即语境是在交际行为发生之前就已确定(西槙光正,1992)。传统语境中的各种要素是实现语用推理的重要因素,这一点没有引起人们的过多怀疑。然而,类似语境观并不能完全说明语用推理的实际过程,不能反映交际时说话人、听话人等交际主体的认知心理状态。

为了揭示语言交际的认知状态,斯珀伯与威尔逊提出了不同于传统的语境观。根据关联理论,在交际过程中交际主体所形成的各种假设称为"认知语境假设"。在语言交际中,对话语理解起主要作用的就是构成听话人认知语境的一系列假设,而不是具体的情景因素。因此,从这种意义上讲,语境不仅限于客观环境等非语言语境、话语本身及上下文等语言语境。而且,语境不是交际中双方事先知道的固定因素,为此斯珀伯与威尔逊提出了一个更为动态的语境观,将语境视为一个在互动过程中为了正确理解话语而形成、发展的心理建构体(psychological construct),是听话人有关世界的假设子集,也就是说,语境是一系列存在于人们大脑中的假设。理解每一个话语所需要的语境因素是不同的,因此语用学的一个中心问题就是关注话语理解中听话人是如何为每一个话语建构新的语境。

根据语码模式,听话人使用的语境与说话人设想的语境应该是相同的,也就是说,交际是一对一的关系,比如一个形式对应一种意义或功能。交际双方能够做到这一点吗?说话人与听话人可能存在某些共同的假设,而且交际时可能会利用这些假设。但问题是,说话人与听话人如何将双方共同的假设与各自不同的假设区分开来?双方必须对第一次共有的假设进行第二次假设;第二次假设以后,双方还必须进行第三次假设,也即,假设对方知道双方的第二次假设;这样,循环往复地进行假设。刘易斯(Lewis,1969)把双方的共有假设称为"共知"(common knowledge),希夫尔(Schiffer,1972)则把它称为"互知"(mutual knowledge)。语码模式并没说明如何将互知信息与非互知信息区分开来。

可见,根据语码模式,实现交际不可少的条件就是说话人与听话人之间的"互知"。互知就是交际中随着交际内容的变化,即随着语境信息的变化,双方必须随时互知每一条语境信息。然而,互知会形成一种没完没了的循环假设:A 知道 p;B 知道 A 知道 p;A 知道 B 知道 A 知道 p;这样无限地循环下去。因为语境不是固定的,而是互动的,因而这样的互知是难以完全实现的,交际双方就难以相互获知对方知道的一切,不能相互识别哪一些是双方已经知道的信息。例如 A 对 B 讲了话语(10),根据语码模式的互知论,双方就要进行类似 a-e 这样的循环假设。

(10) 张三很友好。

第十章
语言顺应论与关联理论

a. A 知道"张三很友好"。
b. B 知道"A 知道张三很友好"。
c. A 知道"B 知道 A 知道张三很友好"。
d. B 知道"A 知道 B 知道 A 知道张三很友好"。
e. A 知道"B 知道 A 知道 B 知道 A 知道张三很友好"。
……

难以实现双方的完全互知,问题就在于:说话人如何将双方自知的信息同大家共知的信息区分开来。为此,从心理学的角度来说,互知假设不合常理,于是斯珀伯与威尔逊用互明替代了互知。互明就是双方共同明白的事实或信息,或是双方对共同明白的事实的表现。这些表现就是关联理论中的认知环境。在言语交际中,说话人需要获取大量的语境信息,并形成一定的语境假设,这些语境信息和语境假设对交际双方来说都是相互明白的,因而就形成了一个互明的认知环境。

不过,也有学者(如 Mey & Talbot,1988)批评说,我们很难将互知和互明清楚地区分开来。只要交际双方的认知环境在某些方面存在相同之处,就会形成互明的语境假设,交际双方就能够进行合理的推导,即说话人进行的语境假设与听话人所进行的语境假设是相同的,因为双方具有共同的认知环境。因此,在互动的言语交际中存在双向语境的影响:说话人决定语境,同时语境又制约话语的意义或含意,也就是说,对听话人的推理产生影响。

对说话人来说,交际中都存在一定的初始语境,主要包括前序话语。在对话语的命题内容进行处理时,为了寻求关联性,听话人必须对初始语境进行扩展与延伸。话语理解过程中,语境的延伸可能为寻找最后的关联信息带来好的或坏的结果。由于语境变化可以提高或降低所处理命题内容的关联程度,因此为了达到最佳关联程度,必须进行语境选择。听话人对语境进行扩充与延伸,目的是从说话人的话语中提取语境含意[①]。初始语境可以从很多方面加以扩展或延伸,比如前序话语、百科知识、给会话语境增加新信息。每一次语境信息的增加都会出现两种可能:听话人付出更多或更少的推理努力(即认知努力),最终降低或增加话语的关

---

① 斯珀伯与威尔逊(Sperber & Wilson,1986a:107—108)区分了逻辑意义和语境含意。前者不涉及语境因素,而后者不能只依赖语境或一定的前提条件,必须是二者共同作用的结果。

联性。

如前所述,关联理论中的语境是一个内容十分广泛的概念,包括认知中的各种信息,具有动态特征,也就是说,它不是听话人在理解话语之前预先确定的。从本质上看,话语理解涉及听话人对语境假设的不断选择、调整与顺应。例如:

(11) 甲:小朋友,这么早就放学了?
　　　乙:今天没上学。
　　　甲:为啥没去呢?
　　　……

此例中,说话人甲是根据自己对乙的认知语境假设来生成话语的,然而他原来所选择的语境假设(即"乙今天应该上学")是错误的。因此,表面上看甲的第一句询问应该是不关联的,因为他没有得到所期待的回答,即证实自己的认知语境假设。但这并没有影响交际的继续进行,因为乙的回答使甲获取了新信息:乙今天没有上学。于是,这一新信息与甲原来的认知语境假设相互矛盾。这就是一种语境效果,所以甲的询问也具有关联性。根据乙的话语所传递的新信息,甲需要对自己的认知语境假设进行重新调整和选择,于是才出现了第二次询问,交际就这样进行下去了。所以,成功的交际过程其实就是说话人与听话人不断根据话语所取得的语境效果去验证、调整,以及选择认知语境假设的过程。例(11)可再表述为:

甲:询问——语境假设:乙今天应该上学 ⎫
乙:回答——新信息:乙今天没有上学　　⎬ 相互矛盾
甲:再询问——　　　　　　　　　　　　验证、调整认知语境假设
……　　　　　　　　　　　　　　　　　↓
　　　　　　　　　　　　　　　　　　　交际继续或结束

以上说明,交际过程中认知语境信息是动态的,是在话语理解过程中听话人根据说话人的明示行为或明示话语重新构建语境的过程。在语境假设的重新构建中,听话人会利用百科知识、逻辑知识以及语言知识等,帮助生成与当前话语信息相关的语境信息或假设,因为根据关联理论,话语理解是一个根据话语所提供的信息或假设去寻找话语的最佳关联性的认知推理过程。在这一过程中,听话人需要通过一系列的语境假设,去处

理说话人的话语所提供的新信息或新假设,获取该新信息或新假设所产生的语境效果,从而推导话语的隐含信息,理解说话人的交际意图。所以,对话语理解起主要作用的就是听话人的认知语境假设。

语境假设就是认知假设。根据说话人的明示信息,听话人凭借认知语境中的逻辑信息、百科信息及语言词语信息等,进行语境假设。由于人们的认知结构不同,这些信息组成的认知环境也就因人而异,对话语的语用推理自然会得出不同的隐含结果。语境假设的过程需要推理,而推理是一种思辨过程。大脑中的演绎系统就是大脑的中枢加工系统本身,它根据不同的输入手段提供的信息进行加工,比如综合所获取的新、旧信息等,作出推理。在言语交际中,说话人通过明示行为向听话人展示自己的信息意图,为推理提供必要的理据;而听话人则根据对方的明示行为进行推理,获取说话人的交际意图。人类交际的目的就是要改变对方的认知,为此说话人所提供的新信息或假设应该是新的,更重要的是要能改变听话人的语境假设,即产生语境效果,那么话语就具有关联性。语境效果是新信息与旧信息、新假设与原有假设等之间相互作用的结果,其实是形成一种新的语境。这一过程被称为"语境化"(contextualization)。通过该过程,旧的语境假设或旧信息不断得到修正、补充与优化。

在交际中存在不确定因素的情况下,听话人会自觉或不自觉地运用逻辑知识、百科知识以及语言知识等进行推导,而这种系统化的知识性推导主要依靠的就是认知语境假设。在很多时候,话语的不确定性也表明语言本身的不完备性,这种不完备性往往是由以认知语境为基础的推理补充、调整的。总之,关联性是始终制约人类交际的基本因素,可看做一个常量,而语境则是一个变量,是一个心理结构体。语言的交际过程就是一种认知语境假设的参与过程,其中涉及语境假设的选择、延伸、调整与顺应等,所以它可以揭示交际的认知状态。说话人与听话人在认知语境上越是趋同,交际就越容易成功。所以,我们认为,交际过程实际上是双方认知语境假设的趋同过程,只有这样才能实现说话人所传递的话语信息与听话人理解结果之间的最大近似性(冉永平,2000c)。

10.3.3 关联性、认知努力与语境效果

10.3.3.1 关联性问题

很多学者曾从不同角度对信息传递中的"相关性"或"关联性"

(relevance)这一概念进行过解释。20世纪70年代,该概念出现于形式语义学理论之中,但它并不涉及语用信息的相关性。在语篇及会话分析中,关联被视为命题与语篇/话语主题之间的一种关系,它对意义连贯与交际的成功起着重要作用,其实这一定义也隐含在合作原则的关系准则之中。80年代,人们对关联问题越来越关注,已注意到格赖斯在合作原则中提出的关系准则,以及沃思(Werth)提出的会话关联(Yus,1998);伯格(Berg,1991)等学者从交际效率的角度将关联定义为与会话目的有关的话语的有用性,也即有用就有关联。

关联理论的总目标就是"发现植根于人们心理的可以对彼此之间如何实现交际进行解释的隐含机制"(Sperber & Wilson,1986a/1995:32)。它试图回答以下问题:为什么交际双方各自的交际意图能被对方识别?为什么交际双方配合得如此自然,既能生成话语,又能识别与理解对方的话语?斯珀伯与威尔逊提供的答案是:第一,交际中说话就是为了让对方明白,所以要求"互明";第二,交际是一个认知过程,交际双方之所以能够配合默契,明白对方话语的暗含信息,主要因为存在一个最佳的认知模式——关联性。这就是说,要找到对方话语同语境假设之间的最佳关联,通过推理获取语境含意,最终取得语境效果,达到交际成功。例如:

(12) 甲:想来点咖啡吗?
　　　乙:咖啡让人清醒。

此例中,乙到底是想喝咖啡,还是不想?甲需要明白他的用意,就离不开推理,为此甲需要根据对方话语的字面意思,同时结合语境,生成一系列的语境假设:

a_1. 乙想睡觉。　　　　　　　b_1. 乙不想喝咖啡。
a_2. 乙不想睡觉。　　　　　　b_2. 乙想喝咖啡。
a_3. 乙想让自己头脑保持清醒。　b_3. 乙想喝咖啡。

要从 a_1,a_2 或 a_3 这样的假设中去确定乙的语境含意(即语境结论)b_1,b_2 或 b_3,甲需要寻找话语和语境之间的最佳关联性。

关联理论既不以规则为基础,也不以准则为标准,而是基于这样四个简单的假设(Wilson,1994:44):

(a) 每一个话语可能产生不同的理解,且与语言编码所包含的信息一致；

（b）听话人不可能同时理解话语所表达的全部意义，有的意义需要他付出更多的努力才能获取；

（c）听话人会用一种简单的、普通的标准来评估自己的理解；

（d）这一标准足以帮助听话人确定对该话语的唯一理解，排除其他解释。

例如：

(13) 甲：小王好像还没有女朋友。

　　　乙：他经常往深圳跑。

乙的回答可能产生如下理解：

a. 小王有女朋友在深圳。

b. 小王在深圳有很多事情要处理，没时间找女朋友。

c. 小王在深圳有很多事情要做，他没必要找女朋友。

a-c 中，究竟哪一个是说话人乙希望传递的交际信息，需要听话人甲根据所形成的语境假设进行推理，以确定说话人所期待的理解与语境效果。这一标准就是关联性。在交际中，通过吸引听话人的注意力，说话人实际上暗示他所提供的信息具有足够的关联性，值得对方加以注意。

可见，在言语交际中，听话人需要对说话人的交际意图进行各种假设。说话人在生成话语时，形成了话语要传递的交际意义，听话人要对说话人希望传递的信息进行推理与选择。这样就形成了在特定语境条件下说话人话语的语境效果与听话人认知努力之间的一种关系。如何衡量听话人理解话语时所付出的推理努力或认知努力，引起过很多学者的讨论。斯珀伯和威尔逊只是谈论了它与关联性之间的关系，并没有对努力的程度进行严格的定义。语言的复杂性、语境的大小以及语境的可及性等，可以确定听话人需要付出多少努力，但都必须以具体条件为前提，不能抽象地谈论听话人的认知努力。

10.3.3.2　认知努力与语境效果

关联性与听话人理解话语时所付出的推理努力（即认知努力）以及所取得的语境效果（即认知效果）之间存在密切联系。

根据关联理论，人类认知以关联为取向。在言语交际中，关联信息就是值得听话人加以注意的信息，说话人的每一个明示交际行为一开始就要求对方加以注意,而且在正常情况下听话人只会注意那些相关信息。因此,关联性是认知过程中输入信息的一个特征。认知往往需通过平衡"付出"与"受益"之间的关系,以获取更大的效果。因此,在言语交际中,说话人一方面需要让自己讲出的话语对听话人来说显得更加关联,从而更好地取效,另一方面又要让自己讲出来的话语能够减少听话人理解时所付出的努力。

根据关联理论,听话人理解话语的目的就是寻找对自己的语境假设来说是关联的信息,而说话人可以利用话语去制约听话人对关联信息的寻找。因此,听话人要获取足够的语境效果,就需付出一定的推理努力。在信息处理时,人们会尽量以最少的努力去获取最大的认知效果,也就是说,人类认知以关联及最大程度的关联信息为取向。对听话人来说,关联程度的大小可以根据推理努力或认知努力和语境效果进行判断,可直观地用公式表示为:

$$关联性 = \frac{语境效果}{推理努力}$$

可见,推理时所付出的努力越少,语境效果越好,关联性就越强;反之,推理所付出的努力越多,语境效果就越差,关联性就越弱。

由此可见,关联性就是语境效果与听话人所付出的推理努力之间的一种关系。当话语表示的新信息出现以下三种情况,并影响到说话人现存的语境假设时,他就要付出努力去获取语境效果。也就是说,如果交际信息以某种方式与听话人现存的某种假设之间相互作用,那么该信息就是具有关联性的信息。下面我们举例说明产生关联性的三种情况。

第一种情况:

(14) a. 如果外面下雨,我就呆在家里。
     b. 外面正在下雨。
     c. 我就呆在家里。

此例中,如果 a 是现存的语境假设,是处理新信息 b 的语境条件,当你发现室外的确在下雨时,b 就是一个新信息。这时,新信息 b 在现存假设 a 中是关联的,为此在 a 这个语境条件下,b 就隐含 c,即 c 就是一个语境含意(即语境效果)。所以,当某一新信息在一定语境条件下产生语境含意时,它就具有关联性。所产生的语境含意越多,就越具有关联性。

第二种情况：

(15) a. 外面在下雨。
　　 b. 外面正在下雨。

当你认为外面正在下雨时，a 是一个现存的语境假设；当你发现室外的确在下雨时，b 就是一个新信息。此时，新信息 b 就进一步加强或证实了现存假设 a，从而取得了关联性。所以，当某一新信息在一定语境条件下加强或证实了现存假设时，它就具有关联性。加强或证实的假设越多，而且加强的程度越大，就越具有关联性。

第三种情况：

(16) a. 外面在下雨。
　　 b. 外面现在没下雨。

当你认为室外正在下雨时，a 就是一个现存的语境假设，但当你发现室外没下雨时，此时新信息 b 就与假设 a 相互抵触或矛盾，从而就会放弃原有假设 a，这样 b 也就取得了关联性。所以，当某一新信息在一定语境条件下与现存假设相互矛盾，从而放弃该假设时，该信息就取得了关联性。新信息排除的语境假设越多，程度越强，其关联性就越强。

以上三种情况的结果可统称为"语境效果"。也就是说，只要某一新信息或话语在一定条件下取得了任何一种语境效果，它就具有关联性，产生的语境效果越大，关联性就越强。因此，新信息取得关联性的条件可归纳如下：

(a) 在一定语境条件下，新信息与现存的语境假设相互作用，产生语境含意；

(b) 在一定语境条件下，新信息加强或证实了现存的语境假设；

(c) 在一定语境条件下，新信息与现存的语境假设相互矛盾或抵触。

此外，我们再看以下情况：

(17) a. 如果外面下雨，我就呆在家里。
　　 b. 外面正在下雨。（情况一）
　　 c. 外面正在下雨，院子里有些小树。（情况二）
　　 d. 我就呆在家里。

当出现情况 b 或 c 时，在现存假设 a 的条件下，b 就比 c 更具关联性，因为

c中出现了与现存假设无关的信息"院子里有些小树"。但b与c都可产生语境含意d。所以,仅根据语境效果来确定话语是否具有关联性,还不能完全说明问题。

关联性与语境效果、推理努力(认知努力)之间的主要关系体现为:

(a) 在同等条件下,话语的语境效果越大,其关联性就越强;

(b) 在同等条件下,听话人处理话语时所付出的推理努力越少,其关联性就越强。

以上说明只有当新信息在特定语境中取得了一定的语境效果时,该信息才算与该语境有关联;而且取得的语境效果越大,表明话语与该语境的关联越强。然而,语境效果并不是随意就获取的,听话人要在推理时付出一定的努力才可能获得语境效果。在付出努力之后,话语是否就获得说话人所期待的语境效果,取决于以下三种因素:

(a) 要看话语是否复杂;

(b) 要看语境是否明确;

(c) 要看在该语境下为求得话语的语境效果,付出了多少推理努力。

例如:

(18) a. I have no brothers or sisters.
我没有兄弟姐妹。

　　b. I have no siblings.
我没有兄弟姐妹。

(19) 甲:你夏天怕热吗?

　　乙:我在重庆长大的。

在语义上,例(18a)与(18b)是等值的;在结构上例(18a)要比(18b)相对复杂,但前者却比后者更容易理解,因为(18b)中出现了一个低频词 sibling(兄弟姐妹),在话语理解时人们往往要比对高频词 brothers or sisters(兄弟姐妹)付出更多的认知努力,因此话语的复杂性实际上指话语理解时的心理复杂度;例(19)中,说话人乙间接回答了甲的提问,他的回答隐含了这样的语境假设或暗含前提:甲应该知道重庆人不怕热。如果甲知道重庆人不怕热,他不需付出很多的努力,就很容易找到"怕热"与"重庆"之间的关系,从而得出语境结论:乙不怕热。

10.3.4 关联原则、最大关联与最佳关联

前面已指出,交际是一个说话人的明示与听话人的推理过程,即明示—推理过程。而交际又是以关联为取向的。在交际中,说话人的明示交际行为,比如话语生成,必须引起听话人的注意,目的是为了让听话人明白自己的信息意图,最终实现交际意图,而听话人则应该认为引起自己注意的明示话语具有关联性。这就是一种"关联假设"(presumption of relevance)。交际就是希望说话人的话语与听话人的认知语境之间实现最佳关联。因此,斯珀伯与威尔逊提出了如下最佳关联假设和关联原则(Sperber & Wilson,1986a)。

最佳关联假设:

(a) 说话人希望向听话人明确表明的假设集{I},具有足够的关联性,值得听话人付出一定努力,去处理该明示刺激(如话语)。

(b) 该明示刺激是说话人传递假设集{I}时所使用的,具有最大关联的明示刺激。

(最佳)关联原则:

每一个明示的交际行为都应该设想它具有最佳关联。

后来,以上关联原则被改为关联的交际原则(communicative principle of relevance),称为第二原则;另外增加了一条原则——关联的认知原则(cognitive principle of relevance),称为第一原则(Sperber & Wilson,1995:260;Wilson,2000:212—213)。这两条原则实际上说明的就是最大关联与最佳关联的差别。

第一原则——认知原则:人类认知倾向于同最大关联相吻合。

第二原则——交际原则:每一个话语或明示的交际行为都应设想它本身具有最佳关联。

第一原则与认知有关,第二原则与交际有关。第一原则是交际原则的基础,它可以预测人们的认知行为,足以对交际产生导向作用;交际原则就是最佳关联原则。那么,为什么要提出两条原则,而不是原来的一条呢?或者说,"最大关联"与"最佳关联"之间有何区别?将关联原则由原来的一条改为两条的目的是让大家注意最大关联与最佳关联之间的差异,而在早期的理论框架中,斯珀伯与威尔逊未能突出这一点,只强调了第二条原则,并称之为关联原则。这引起了人们的一些误解。人们往往

忽略了最大关联与最佳关联之间的差异,并以为他们只主张最大关联这条单一的原则,以管束交际和认知两个方面。

最大关联与最佳关联的区分是关联理论的一个主要内容。最大关联就是听话人理解话语时付出尽可能小的努力,去获得最大的语境效果;而最佳关联就是理解话语时付出有效的推理努力之后,获得足够的语境效果。一般情况下,人类认知与最大关联相吻合,因而我们只能期待交际产生一个最佳关联。因此,斯珀伯与威尔逊希望通过区分两条原则之间的差异,来消除这样的误解。

每一个话语都会建立起一种关联,围绕着关联就可以定出理解某一话语的标准。斯珀伯与威尔逊提出最佳关联的概念,这正是听话人在理解话语时希望获得的。但是,话语要取得最佳关联,必须满足以下两个条件:

(a) 话语的语境效果足以引起听话人的注意;
(b) 听话人为取得语境效果而付出了推理努力。

不管听话人会产生什么样的需求,我们不可能总是希望说话人生成最大关联的话语,他也许不愿意或不能够提供最大关联的信息,或以最恰当的方式呈现该信息,这一点是很清楚的。最佳关联这一概念的提出是为了研究:根据理解话语时所付出的努力和语境效果,听话人应该产生什么样的期待。根据关联的交际原则,每个明示的交际行为都应设想它本身具有最佳关联。所寻找的关联主要指最低限度的关联(即满足说话人的期待),只要找到它就不再找了。但后来斯珀伯与威尔逊认识到,一个话语产生的关联会比说话人期待的关联要大。为了取得完满的语境效果,在寻找类似关联的过程中,听话人需要进一步追求较高层次的关联。于是,他们又提出了如下最佳关联假设(Sperber & Wilson,1995;Wilson,2000):

(a) 明示(如话语)刺激具有足够的关联性,值得听话人付出一定努力加以处理。
(b) 明示刺激与说话人的能力和偏爱相一致,因而它具有最大关联。

根据以上关联假设,如果某一话语具有最佳关联,它必须首先具有最大关联。例如,小马感觉身体不舒服,于是就去看医生,当医生对他作了检查以后,可能会说:

(20) 你生病了。

(21) 你患了轻微流感。

(22) 你患了轻微流感,2008年奥运会在伦敦①举行。

以上三个话语都与小马有关。然而,在该相同语境条件下,话语(21)却比话语(22)更具关联性,因为它能产生较多的认知效果;小马可根据(21)引出(20),甚至根据(20)可能推知其他的结果。话语(21)比(22)更具关联性,也因为它只需付出较少的努力。虽然从(21)和(22)都可以推导出相同的结论,但该结论从(21)比从(22)更容易推导出来,因为理解(22)需要进行某些额外信息处理,类似额外信息对病人来说是多余的,且其中包含了错误信息,将"北京"说成了"伦敦",因此对额外信息的处理需要小马付出更多的认知努力。可见,只有话语(21)是最大关联也是最佳关联的话语,因为对它的理解,只须付出较少的努力就能获得最大的效果,而且在该条件下它的语境效果比话语(20)更充分;话语(22)包含了不必要的多余信息,理解时自然需要付出不必要的认知努力,因此话语(21)具有最佳关联。

根据关联的认知原则,人们会将注意力放在那些看似关联的信息上;根据关联的交际原则,说话人对某人发话时期待话语具备最佳的关联性。当话语具备足够的关联,值得听话人进行加工处理,特别是当话语具有最大关联,说话人愿意并且能够把它说出来时,此时该话语就具有最佳关联。听话人为了准确理解话语而刻意追求的是最好或最大的语境效果。一般来说,最好或最大的语境效果就是听话人当时无法从别的话语或语境中获得的效果;语境效果的好坏又取决于听话人对现存语境假设的认知。例如:

(23) 老王把买来的"夫妻肺片"②放在桌上,饭也没来得及吃,就去办公室了。

此话语中的"夫妻肺片",如果听话人去过川菜馆,熟悉川菜,就知道它是什么,他会轻而易举地找到它与吃饭之间的关联性,从而获得最佳的语境

---

① 作者故意使用错误的"伦敦",而不是正确的"北京"。

② "夫妻肺片"是典型的川味拌菜,但它的用料不是猪肺或牛肺。据传说,30年代成都市一对姓郭、张的夫妻,以制售麻辣牛肉肺片为业,两人从提篮叫卖、摆摊招客到设店经营。他们所售肺片实为牛头皮、牛心、牛舌、牛肚、牛肉,并不用肺做。为区别于其他肺片,便以"夫妻肺片"称之。

效果。再如,某教授进入讲演大厅,准备开始讲演,但他站到讲台上对听众说的第一句话却是:

(24) 先生们,女士们,我不得不告诉大家,大楼着火啦!

在此语境中,教授提到的"大楼"是有所指的,不同的指称会引起不同的语境效果。当听众听到"大楼",他们首先想到的自然是他们现时所处的、准备听讲演的这座大楼。显然,他们现时所处的这座大楼着火了这样的语境效果足以引起听话人的注意。一般来说,听话人首先考虑的是如何马上逃出这座大楼,而不会像在正常情况下那样专心致志地继续听讲演。例(24)本身表明这不是说话人的正常讲演,于是就会产生与听讲演完全不同的语境效果。因此,在听讲演这样的语境条件下,该话语具有最大关联,但缺乏最佳关联。

有时听话人可能不容易理解说话人的意图。语境与话语内容之间可能出现完全不同的匹配或组合;面对不同的匹配或组合,听话人要付出认知上的努力,进行推理思考,以取得最好的语境效果。此外,说话人也要注意不让自己的话语误导听话人,避免误解话语的意图,为此必须注意使话语获得最佳关联。最佳关联来自最好的语境效果。因此,人们对话语和语境的假设、思辨、推理越成功,话语的关联性就越清楚,无须付出太多的努力就能取得更好的语境效果,正确地理解话语,获得交际成功。显然,斯珀伯与威尔逊想用这条原则来揭示语言交际的规律,通过推理获知话语的隐含信息或交际意图,从而取代格赖斯理论中通过合作原则的遵守与违反去理解话语的含意。

不过,交际中不是每个话语都具最佳关联。比如,当甲准备出门时,乙提醒甲外面正在下雨,但甲早就知道了。此时乙的话语就不会产生最佳的语境效果,因为该信息对甲来说,关联性并不明显,也就是说,乙的话语具有最大的关联性,但并不是最佳的关联性。可见,最大关联并不一定等于最佳关联。

10.3.5 关联理论与格赖斯语用论

A. 斯珀伯与威尔逊对格赖斯语用论的发展

格赖斯的合作原则与会话含意理论(以下简称"格赖斯语用论")对语用学产生了重要影响。随着语用推理的提出,人们将语用学的研究重点

第十章
语言顺应论与关联理论

从话语生成转向话语理解,毫无疑问这对现代语用学产生了重要影响。然而,格赖斯语用论留下了一系列亟待解决的问题,特别是关于合作原则及其各准则的性质与来源模糊不清。合作是否是交际必需的?说话人提供的信息必须要真实、充分、相关、清楚明白吗?什么叫相关?对类似问题,格赖斯并没有进行详细的解释。此外,合作原则及其各准则是否具有普遍性?如果是,那么它们是否是人类天生就应具有的?是否具有文化特征?如果具有文化特征,为什么又存在差异?这些差异又是如何引起的?斯珀伯与威尔逊对这一连串的问题进行了探索。

根据格赖斯的观点,交际双方都应该知道交际的基本准则,即合作原则中的质、量、关系与方式等准则及其次则,而且听话人要能够识别说话人是否明显违反了某一或某些准则,产生了会话含意。但斯珀伯与威尔逊却认为,关联原则是对明示—推理交际的总概括,交际双方无须知道管束交际的关联原则,更不必有意去遵守它,即使人们想违反关联原则也不可能违反,因为每一种明示的交际行为都应设想它本身具有关联性。听话人在理解话语的推理过程中,就需要产生这样的假设。因此,在格赖斯的语用论中,如果话语传递的是非字面意义,听话人就需对该话语进行多级处理,即首先获取字面意义,再根据字面意义去推导含意,从而理解说话人的交际意图。然而,根据关联理论,听话人可直接获取非字面意义,无须按照常规方式对话语的字面意义进行加工处理,原因是字面意义不是说话人意欲传递的交际信息,它不具备关联性,也即不可能帮助听话人取得与关联原则一致的语境假设。

关系准则是合作原则中的一个重要准则。尽管格赖斯对此进行过讨论,但该准则在会话含意理论中没能同其他准则一样受到重视。什么是相关?以及相关的特点、性质等,在合作原则的四个准则中,格赖斯未能交代清楚。正因为他的理论中有许多没有解答的问题,斯珀伯与威尔逊从另一个角度,对话语含意理论与合作原则及其各准则进行了修正和补充。比如,他们认为,人们交际时并不总是按照交谈所要求的目的和导向进行合作的;他们不相信"说话必须要真实"这样的准则,而且不相信存在说话人必须遵守的准则。此外,格赖斯关心的是交际中的含意,而关联理论既关注交际中的隐含信息,也关心交际中的明说意义。

另外,格赖斯没有注意交际中的语境或语境假设问题。交际过程中语境或语境假设是一个变项,不是事先确定的,是由说话人与听话人双方在交际过程中确定的;同时,语境也是推理过程的组成部分,因此语境同样受语用总原则——关联原则的统辖,这个原则影响到对话语中明说和隐含两方面内容的理解。总之,虽然格赖斯的语用学说很有说服力,但仍然留下了很多需要进一步探索的问题,作为认知语用学理论基础之一的关联理论与之相比存在较大差异。

自格赖斯的合作原则及会话含意学说问世以后,引发了有关语用推理与话语理解的研究。在格赖斯看来,话语可以传递字面内容以外的信息,听话人能够识别话语所隐含的信息,因为人类交际受制于一定的普遍原则,如合作原则。也就是说,格赖斯提出利用会话含意理论去解释一系列问题的大致构架。斯珀伯与威尔逊(Sperber & Wilson,1981:155)认为:"可以毫不夸张地说,有关话语理解的理论是格赖斯的 William James 系列讲座的直接结果。"

总的来说,关联理论是斯珀伯与威尔逊在对格赖斯语用论吸收、批评的基础上形成的系统性理论。斯珀伯与威尔逊认为,格赖斯语用论的价值在于,不是认为交际中人们必须遵守合作原则这一总原则,而是指出话语的语义表征和它在特定语境下的交际意义之间的信息差是通过推理弥合的,而非简单的编码与解码。在格赖斯推理论的基础上,斯珀伯与威尔逊进一步提出了明示—推理模式,成功地发展了他的基本思想,使关联理论成为更具解释力的交际与认知模式。

B. 关联理论与格赖斯语用论之间的主要差异

格赖斯语用论与关联理论之间存在某些显著差异,我们归纳如下:

(a) 格赖斯过于强调遵守合作原则中的各条准则。他把质准则或真实准则看得特别重,认为如果违反该准则,按西方的文化标准,足以构成道德问题。但是,斯珀伯与威尔逊却认为,关联才是交际中最基本的一条原则,因此交际是以关联为取向的。这不是因为说话人必须遵守这条准则,而是因为关联是认知的基础。

(b) 格赖斯过于强调违反准则的作用。他列举了一系列违反准则的情况,提出说话人可以故意地或公开地违反某一准则,其目的是让听话人识破并理解其违反准则的意图,比如获取含意。斯珀伯与威尔逊对此持反对意见,他们认为反语、隐喻等现象是喻意表达,属于随意言谈(loose talk)(参阅第七章),与违反准则无关。

(c) 格赖斯只强调交际中话语的隐含信息,而忽略话语的"明说"。

但斯珀伯与威尔逊却对明说给予同样的注意。歧义的消除、指称的确定等,是格赖斯所说的明说问题,与隐含信息无关。关联理论对明说与隐含、真实条件意义与非真实条件意义等的区别,有过大量的论述。

(d) 格赖斯语用论对交际中的语境假设(即语境)问题还留下一连串的疑问。关联理论认为,语境是推理过程的一个重要组成部分,听话人理解话语所产生的语境假设并非事前固定不变,因此它也受总的语用原则——关联原则的统辖,制约话语的明说与暗含信息(参阅10.3.2)。

另外,格赖斯语用论中的合作原则(参阅第三章)与关联原则(参阅10.3.4)之间存在的主要区别,也可简单归纳为:

(a) 关联原则不像合作原则那样强调交际需要合作,也不强调违反准则以后可能产生的隐含信息,但对什么是成功的交际,关联原则却比合作原则讲得更清楚。

(b) 关联原则是人们在交际场合自觉遵守的、行之有效的原则,而合作原则却是人们在交际场合可以违反的甚至故意违反的原则。

(c) 关联原则不但使交际双方懂得对方明说了什么,而且还明白对方话语里暗含了什么;合作原则却把隐含信息当做故意违反合作原则的结果。这样,实际交际中就会出现以违反合作原则来遵守合作原则的现象。

10.3.6 关联理论的价值与不足

A. 关联理论的意义与价值

(a) 关联理论是一种交际理论,用来解释明示—推理的交际过程,交际成功必须依靠关联性,这一解释更接近人类认知主体的本质,即符合普遍的认知心理与人类认知的基本事实。关联理论根据信息处理的一般认知理论去解释话语理解,在该模式中语言仅是交际成功的一个因素,而不是唯一因素,它的作用不是传递信息,而是对信息处理所需要的各种语境进行制约。斯珀伯与威尔逊根据人类认知的特点,指出认知往往力求以最小的心理投入,获取最大的认知效果,因此理解话语时,听话人只会关注并处理那些具有足够关联性的话语,而且倾向于在具有最大的关联语境中对其进行处理,并构建与这些话语有足够关联的心理表征。

(b) 关联理论具有多源化的理论背景,比以往的语言交际理论获得了更多的理论支撑,其解释力更强。从语言哲学、认知心理学、交际学等多学科的角度对交际,尤其是语言交际,进行解释,这无疑是一种有益的理论尝试。此外,关联理论还吸收了当代认知科学、心理学及行为科学的某些成果,如借鉴福德尔(Fodor)等认知学家的研究成果,侧重探寻推理的心理机制;该理论还包含人类交际行为的"经济原则",即交际中人们总希望以最少的投入,去获取最佳的交际效果。总之,将语用研究与认知结合起来,这是探讨自然语言交际的一种必然与归属,因此关联理论为我们提供了方向性的引导。语用学何处去?斯珀伯与威尔逊为我们提供了重要启示。

(c)斯珀伯与威尔逊在批判的基础上继承并发展了该理论,指出传统的编码—解码过程附属于认知的推理过程。在格赖斯的推理模式中,语境是交际双方共知的、预先设定的。然而,斯珀伯与威尔逊更强调交际中语境的动态特征,将语境视为一个变项,包含一系列变化中的命题,关联性则是一个常项、一种必然,因此关联理论的语境观不同于人们对语境的传统认识,语境被视为一个心理建构体,由一系列假设构成,理解话语时所进行的推理就是在语境假设与新信息之间进行的,语境假设的选择、调整与证实受关联原则的支配。此外,关联理论提倡说话人改变听话人的认知语境,这也符合人们的交际需要。

(d)关联理论将语用学研究的重点从话语生成转向话语理解,并认为语言交际是一个认知—推理的互明过程,话语理解本身就是一种认知活动。从认知科学的角度探究语言交际无疑是一种开创性的尝试。关联理论不仅对格赖斯理论进行了修正与补充,它更重大的意义在于丰富了语用学理论,为语用学发展作出了令人瞩目的贡献。霍恩(Horn,1996:316)认为:"关联理论是一个强大的理论建构,它重新审视了语用推理在话语理解中的作用,及其与认知科学诸多方面的关系。"

(e)关联理论具有广泛的应用价值。在利用关联理论解释语言使用中的语法问题,最引人注意的就是对话语标记语或语用标记语的分析(Blakemore,1987,冉永平,2000d)。此外,关联理论可对语态、时态、体态、情态动词、助动词、插入语等进行认知语用分析;还可利用关联理论分析语篇的文体特征;对一定语境条件下的指称结构、省略形式等,也可利用该理论进行较好的解释。关联理论对文学作品、广告传媒、翻译等不同形式、不同层次的交际都具有较强的解释力,其中在翻译研究方面取得的成绩最为明显(Gutt,1991)。另外,关联理论还可从不同于格赖斯理论的角度,对隐喻、转喻、幽默、反语、夸张等喻意性非字面言谈进行分析。

总之,自从关联理论面世以来,如果我们全面考察语言学尤其是语用学的研究成果,都会发现该理论已表现出强大的生命力,不仅在西方语言学界引起人们的广泛关注,而且在中国的外国语言学研究中已被广泛运用。关联理论推动了语用学向前发展,为认知语用学奠定了重要的理论基础。

B. 关联理论的不足

任何有关交际的理论或模式都是不完备的,关联理论也不例外,需要进一步发展。根据关联理论,言语交际中的关联信息是听话人从话语出发,结合认知语境假设,经过推理提取的。然而,斯珀伯与威尔逊的讨论仍未触及诸多问题。比如,听话人是如何扩充自己的假设图式,也就是说,听话人对话语进行解释的机制是什么?对任何一个新信息,人们都可能产生不同的语境假设,因为在处理新信息时,人们的大脑并非一片空白,总会存在某些已知的初始假设(语境假设的一部分),说话人的话语会让听话人从这些初始假设出发,朝着不同的方向扩充,并从构成认知语境的一系列假设中进行恰当的选择。然而,各种假设是如何产生的?如何确定它们出现的顺序?或者说,为什么听话人会对话语首先产生某种理解,而不是别的解释,而这种理解往往就是最具关联性的信息?关联理论未对这些问题进行深入的透视。然而,这些问题并非关联理论特有的弱点,它们是认知心理学等普遍存在的弱点与不足。

斯珀伯与威尔逊将话语的关联性看做一种必然,话语理解的结果是由认知主体在特定的交际过程中根据语境变项选择、确定的。然而,关联理论并没有对这一结果的必然性与或然性作出清楚的解释。关联性是一个相对的、有程度之分的概念,它取决于话语所获得的语境效果的大小及处理该话语所付出的推理努力或认知努力。在同等条件下,语境效果越大,关联性就越强;处理话语时所付出的努力越小,关联性也越强。因此,语境效果与推理努力是制约关联性的两个正反因素。可是,关联理论似乎又告诉我们,话语所产生的语境效果决定听话人需付出多大程度的努力,而语境效果反过来又由努力的程度决定。这样,决定话语关联性的语境效果与推理努力就陷入了难以自救的矛盾循环之中,二者究竟哪一个决定哪一个就显得有些模糊。此外,在斯珀伯和威尔逊的解释中,如果关联性这一概念不与特定的语言交际现象联系起来,就显得很抽象,难以把握。

　　斯珀伯与威尔逊提出关联理论的目的在于,从宏观上建立话语理解的认知理论框架,为认知科学提供基础。由于出发点不同,关联理论认为话语处理时人们只需根据关联的交际原则与认知原则,以关联为取向,同时发挥认知主体的能动性,因此在有的方面该理论就难免论述较为笼统、模糊,它不像格赖斯(Grice,1975,1981)、霍恩(Horn,1988)、阿特拉斯与列文森(Atlas & Levinson,1981)、列文森(Levinson,1991)等人所提出的语用理论那样,能从微观上对语言交际进行探寻,包括具体的原则、规则,甚至提出按部就班的推理程序或步骤。

　　此外,根据关联理论,关联原则是不可能违背的,而格赖斯的会话理论强调交际的规约性或常规性,交际中的合作原则及其准则是可能违背的。于是,有学者认为,关联理论中交际者之间的差异仅被看做是个人认知环境和各自认知能力的不同,显然关联理论不强调社会文化因素,忽略了这些社会文化因素对寻找关联信息的制约作用。比如,人们普遍认为,礼貌是一个社交问题而不是认知问题,并认为关联理论自始至终未涉及社交语用问题,而只集中在明示—推理的讨论上(Goatly,1994);有学者甚至认为从认知的角度去解释交际,而不考虑社会因素,因此关联理论是一种缺乏社会性的理论模式。对这样的误解,斯珀伯在2000年5月20日的"关联理论网上通讯"中进行了解释,指出关联理论与社会因素相容,它并没有忽视社会文化因素对信息处理的作用,只不过它关注的主要问题是如何成功地实现交际,并没有否认人的社会属性。令人欣慰的是,埃斯坎德-维达尔(Escandell-Vidal)等学者已尝试从认知的角度,结合关联理论,探讨交际中的礼貌现象,并指出"关联理论可以为礼貌的一般理论提供一个恰当的框架"(1996:638)。关联理论需要解释的是,礼貌何时与理解取得关联,也就是说,礼貌何时可以成为一种信息,礼貌效果或非礼貌效果是何时产生的、如何产生的。从认知的角度出发,斯珀伯与威尔逊认为,不存在固有的礼貌形式,礼貌或非礼貌效果是语言形式和认知环境相互作用的结果。类似研究还有待开拓、完善。

　　与其他的交际理论或信息处理模式一样,关联理论也存在缺陷。但至今,它仍是一个解释力很强的理论框架。该理论问世以后,就有人欢呼,认为它可以解决语言学的许多问题,同时也有人批评说它太笼统、太模糊。针对关联理论的种种不足与缺陷,我们不应过多抽象地讨论,而应该以使用的语言现象为基础,去检验该理论的解释力。比如,如今日渐兴起的实验语用学(experimental pragmatics)(Noveck & Sperber,2004)就是利用一些更为科学的实验手段去证实会话含意理论、常规含意理论、关联理论等对各种语境条件下词汇、结构或话语理解的解释力,在此基础上讨论它们的理论缺陷。这是一种更为科学的研究方法,这为我们提供了范例和努力的方向。

思考题

1. 谈一谈维索尔伦的语用功能综观论。
2. 如何理解语言结构的顺应性、顺应的动态性?
3. 试析关联理论的起源,尤其是它的语言哲学基础。
4. 如何认识言语交际中语码模式与推理模式之间的区别与联系?
5. 什么是关联理论的语境观?它与传统语境观之间有何区别?
6. 试析关联理论中"关联"与合作原则中"关系准则"之间的联系与区别。
7. 关联理论是否可以取代格赖斯的合作原则?二者之间存在何种关系?
8. 最大关联是否等同于最佳关联?举例说明。
9. 关联理论在哪些方面可以对会话含意理论进行补充?
10. 关联理论的主要贡献与缺陷表现在哪些方面?

第 十 一 章
语言使用与模因现象

11.1 什么是模因

模因论(memetics)是基于达尔文的进化论思想解释文化进化规律的一种新理论。它从历时和共时的视角对事物之间的普遍联系以及文化传承性这种本质特征的进化规律进行诠释。"模因"(meme)是模因论中的一个核心术语,是理查德·道金斯(Richard Dawkins)在1976年所著的《自私的基因》中首次提出的。模因是由"基因"(gene)一词仿造而来。meme 源自希腊语,意为"被模仿的东西",将它翻译为"模因"正是它的内涵所在。"模"即是"模仿","因"即是"基因"。

模因是一个文化信息单位,那些不断得到复制和传播的语言、文化习俗、观念或社会行为等都属于模因。根据道金斯(Dawkins,1976)的观点,模因是一个复制品(replicator),是一个文化进化单位。人们的观念能够以与生物进化相类似的方式进化。有些观念比另外一些观念更具生存力;观念可以因误解而产生变异;两种观念可以重组而产生新的观念,这种新的观念带有原来的母观念的某些因子(elements)。由于模因是一个非常抽象的概念,因此,模因论对于模因的描述很多时候均采用隐喻的方式。比如,模因往往被描述为"病毒"(viruses),它可以感染其他人的大脑或传染到其他人的大脑中,一个人一旦被类似病毒所感染,这些病毒就会寄生在他的头脑中;在往后的岁月里,他又会将这种"病毒"传播给其他人或下一代。这种病毒会改变被传染者的行为,同时引发他们着力宣扬这种行为模式。比如,对某种事物,如标语口号、时髦用语、音乐旋律、创造发明、流行时尚等,只要有人率先带头使用,人们就会自觉不自觉地跟着

第十一章
语言使用与模因现象

模仿起来,并传播开去,成为"人云亦云"、"人为我为"的模因现象。我们说模因是思维病毒,因为它从一个宿主过渡到另一个宿主,不断变化形态,但始终保持其固有的模式。我们无法指出模因是些什么,但是当我们看到某种现象出现并传播时,我们就能够看出那是模因作用所导致的。

  模因定义的形成分两阶段:前期被认为是文化模仿单位,其表现型为曲调旋律、想法思潮、时髦用语、时尚服饰、搭屋建房、器具制造等模式;后期的模因被看做是大脑里的信息单位,是存在于大脑中的一个复制因子。在现实世界里,模因的表现型是词语、音乐、图像、服饰格调,甚至手势或脸部表情。模因只是一些思想,它本身没有明确的目标或意图,就像基因只是一种化学物质一样。它们的共同点是,基因和模因都来自复制,而且不断被复制。当某种思想或信息模式出现,在它引致别人去复制它或别人对它重复传播之前,它还不算是模因。只有当这种思想或信息模式得以传播、仿制才具有模因性。总之,任何一个信息,只要它能够通过广义上称为"模仿"的过程而被"复制",它就可以称为模因(Blackmore,1999:66)。

  模因有正确和错误之分、有益和有害之分。但总的来说,模因常是利多于弊。有害模因要传播开来,它必须是强大的,要强大到足以支配人们的欲望、制造出恐惧和产生出企图。有害的模因表现为社会不良现象的传播,如色情、暴力、怪诞发式等。有一些模因,如某种信念、行为,可能是中性的,无所谓好坏;它们的存在是因为它们本身就是一种模因,在人群中得到广泛传播。一些不具备判断价值的事物竟然被认为具有某种价值而得到传播和保留(如封建、迷信、盲目崇拜),那可是人类普遍存在的一个弱点。既然有一些模因是流传的想法或盲目传播开的信息,所以它不一定是真实的。模因的真实性与模因传播的成败之间并无关系。

  模因与模因之间会相互支持,集结在一起形成一种关系密切的模因集合,这就是模因复合体。模因的表现可以是单个的模因,也可以是模因复合体,大脑里的信息内容直接得到复制和传播的是模因的基因型,而信息的形式被赋予不同内容而得到横向扩散和传播的,则是无数的模因表现型。

  成功的模因如同成功的复制基因一样,具有长寿性(longevity)、多产性(fecundity)、复制的忠实性(copying-fidelity)三大特征。长寿性是指模因在模因库内存留很久,也就是模因能在纸上或人们的头脑中流传的时间很长,如宗教律法可能连续流传数千年。多产性是指模因的传播速度快和传播的范围广,如流行的旋律,传唱的次数多,传唱的人数就多。模因的多产性决定于人们对它的接受程度,决定于它的存活价值。两相比较,模因的多产性比长寿性要重要一些,因为只有模因首先具有多产性,然后才能谈得上长寿性。所谓复制的忠实性是指模因在复制过程中往往会保留原有模因的精要,而不是丝毫不发生变化,如同一种科学观念,从一个人的头脑传递到另一个人的头脑时,多少会发生一些变化,但仍会保留原有科学观念的精髓,如果变得面目全非了,就不会被视为同一种科学观念了。

11.2 模因对语言使用的影响

语言是传递模因的工具,它本身也可能成为模因。关于模因与语言之间的关系,国外已出现了较多的研究文献,其中具有代表性的就是布莱克莫尔(Blackmore)的《模因机器》。她从多方面探讨了模因对语言的影响,主要观点包括:

A. 我们是被模因驱动着而说话的。有以下三个理由:

(a) 说话是宣传模因的一种有效途径。那些能被说出来的模因比那些不能被说出来的模因更容易、更经常得到人们的复制。因此,这些模因就会在整个模因库中不断扩大,从而导致我们说个不停。

(b) 从有关说话的规则和社会实践来看,鼓励人们多说话的指令(如避免群体沉默的尴尬、与人交谈以示礼貌等),比要求人们保持沉默的指令(如认为闲谈是没有意义的、保持礼节性的安静或是对沉默的精神信仰等)更有效。持有前一种模因的人会说更多的话,由他们说出来的东西更有可能被更多的人听到,因此更有可能被别人所持有。

(c) 支配说话的模因,或那些能够与支配说话的模因和谐共处的模因,将在整个模因库中不断被传播、扩展,而那些支配沉默的模因将逐步被淘汰。

B. 人类的语言能力是受到模因的驱动而产生并发展的,而且语言的功能还在于传播模因。布莱克莫尔认为,当模仿开始进化之后(大约始于250万年至300万年之前),除基因之外的另一种新的复制因子便诞生了。而模因的出现改变了基因在其中接收与选择的环境,迫使基因产生

第十一章
语言使用与模因现象

出越来越好的用以传播模因的器官结构。由于最初被复制的各种技能具有生物学意义上的有用性,所以成功的模因决定基因的成功。只有那些能够促进成功模因传播的基因,才有更多的机会得到复制,才是最成功的基因。所谓成功的模因,就是在复制的忠实性、多产性、长寿性等维度上表现值最高的模因。由于模因的进化速度比基因的速度快得多,这就造成大脑容量的不断增加,大脑进化的结果,必然使得大脑越来越善于传播那些最成功的模因。而正是为了更好地传播模因,人类选择了语言作为传播工具。这是因为:

(a) 语言能够增强模因的多产性。人类通过口语化的语言传播信息,比通过手势语、身体姿态、面部表情以及其他任何可以利用的符号手段来传播信息,能够产生更多的复制品。

(b) 口语语言的数字化保证和加强了口语化复制的忠实性。语言通过利用离散的单词构成,而不是利用连续的声音构成,这就使语言的复制过程变得更加精确。

(c) 语法通过单词的不同组合方式赋予其不同的意义,可以增加彼此有区别,不仅能够被说出而且能够被复制的句子的数量,也就是说,语法是增进语言传递过程中复制的忠实性和多产性的一种手段。

C. 文字的产生依赖以语言为基础的模因,其长寿性的进化过程,也需借助该模因。不同语言文字体系之间存在相互竞争。在有多种文字符号体系共存的情况下,假若其中某一个体系能够产生更多、更好、生存时间更长的复制品,那么该体系就会在各种体系中脱颖而出,并由此占领整个世界,而包含于这种文字体系中的观念,也便借此得以传播、扩散。这一竞争过程的结果必将产生巨大的压力,致使其中某一个复制系统最终获得完全的支配权,而其他的体系则趋于消亡。

以上布莱克莫尔关于语言与模因之间关系的观点新颖独到,尽管涉及面还不是很广,但足以构成研究模因和语言关系的基础,可为研究模因对语言的影响提供很好的理论指导。布莱克莫尔在阐述模因对语言的起源和语言进化的影响时,实际上揭示了语言产生和发展的一些重要规律。语言的产生和发展是受模因驱动的,语言总是按照保证模因复制的忠实性、多产性、长寿性三个标准发展的。这对我们解释和研究语言的发展变化是很有启发的。世界上现存的语言的发展具有许多共同特点,这就是词汇量不断扩大,语法日趋严密化,语音体系不断简化。语言发展的这些

特点可以用模因论来解释。它们是模因驱动的结果,主要表现在如下几个方面:

(a) 自模因产生以后,它在复制过程中会通过合并、变形、分裂、传播中的误差等变异形式不断产生新的模因。为了快速而准确地传播这些新产生的模因,语言所采用的最便捷的办法就是增加新的单词。因为离散的单词能保证语言复制的精确性,同时语言中已有的音位、语素和构成规则又能提供强大的构词能力。因此,词汇量的增加也就非常自然了。从历史上看,凡是社会处于急剧变化,各种思想和文化处于非常活跃的时期,也就是模因大量产生和传播的时期,会产生大量的新词新语。如中国的五四时期,外国的新思想、新文化不断传入中国,各种新旧思想和文化相互竞争,相互碰撞,产生了大量的新词新语。

(b) 语法本来就是为了提高模因复制的精确性和多产性而出现的,它可以使有限的单词经过语法的组合生成无数的、彼此有区别的句子。语法的严密化同样是适应提高模因复制的精确性、多产性要求的结果。譬如汉语,从古到今,语法日趋严密化,如增加了"着"、"了"、"过"等动词"体态"的语法形式,出现了处置式("把"字句),产生了名词、代词词尾(们),丰富了量词等。这使汉语的表达更丰富、更精确。

(c) 语音系统的简化,也是适应成功模因多产性要求的结果。语音体系通过合并、分化、减少等方法趋于简化,降低了发音的难度,便于更多的人模仿,也相应提高了模因的多产性。例如,古代汉语在向现代汉语发展的过程中出现了声母的浊音清化,双唇鼻音韵尾 m 的消失(合并到 n),调类的减少(由平、上、去、入 4 类减少到平(包括阴平和阳平)、上、去 3 类)。这样就相应减少了发音部位和发音方法,从而降低了发音难度,便于人们学习和掌握。相应地,通过这种语音简化了的现代汉语来传播模因速度更快、范围更广、数量更多。

模因论还可以用于解释各地域方言之间的竞争。各种方言并存,方言之间的竞争不可避免。强势方言一定是在复制的忠实性、多产性和长寿性方面的表现值很高的方言。具体说,强势方言必须具有比弱势方言更简化的语音体系,以利于人们模仿学习;应拥有更丰富的词汇量,能非常准确而快速地复制不断产生的新的模因;还应有不断完善的语法体系,能够使该方言具有强大的生成词语和句子的能力,使表意能力更趋丰富和细致。例如,粤方言在中国改革开放初期,曾一度成为一种影响很大的强势方言,大有粤语北上之势。其原因除了粤语方言区的经济实力相对较强以外,还在于处于改革开放前沿的广东和经济、社会相对发达的香港和澳门,接受外国先进生产技术和管理经验相对比较早、比较多,因此粤方言中吸收和创造了比其他方言更多的反映新事物的词汇,具有较强的传播复制新模因的能力。粤方言中有很多词语进入了其他方言,甚至进入了普通话,如"的士"、"巴士"、"炒鱿鱼"、"T恤"、"发烧友"等。但粤方言毕竟是一种发展速度相对较慢的方言,其语音方面更多地保留了古汉语语音的特征,如保留了入声、塞音韵尾、双唇鼻音韵尾,拥有十分复杂的韵母和声调调类,与现代汉语共同语相比,粤方言的韵母和声调均超出共同语的三分之一以上,光声调调类就多达9个甚至10个。粤方言的语音方面的特征无疑会增加学习者学习的难度,不利于粤方言的传播,最终还是会影响到对模因的传播和复制。正因为如此,曾经一度"强盛"的粤方言,始终无法与北方方言抗衡。而现代汉语共同语之所以以北方方言为基础方言,以北京语音为标准音,除了北方方言区的政治、经济、文化处于主导地位等原因外,还有一个原因是北京语音具有更简化的语音体系,北方方言具有更丰富的词汇量,建立在北方方言基础上的现代白话文具有更完善的语法体系,因此这样建立起来的共同语既便于人们学习,又具有很强的生成能力和丰富的表现力。

11.3 语言模因的复制与传播

模因作为文化基因,靠复制、传播而生存,语言是它的载体之一。模因有利于语言的发展,而模因本身则靠语言得以复制和传播,可见模因与语言有着极其密切的关系。从模因论的角度看,语言模因揭示了话语流传和语言传播的规律。更进一步说,语言本身就是模因,它可以在字、词、句乃至篇章层面上表现出来。自然语言中的模因主要是从三个方面体现的:教育和知识传授、语言本身的运用、通过信息的交际和交流。

11.3.1 教育和知识传授促成的模因

道金斯(Dawkins,1982:109)说过,模因是存储于人脑中的信息单位。后来他更进一步表明(Dawkins,1986:158),模因自我复制的途径是从一个人的大脑复制到另一个人的大脑,从人的大脑复制到书本,又从书本传播到人的大脑,再从人的大脑传播到电脑,又从一个电脑复制到另一个电脑……由此可见,存储于大脑中的信息是模因,而通过各种传递方式传播出去的信息也是模因;语言中的模因就是在教育和知识传授过程中表现出来的;我们从别人那里学来的单词、语句以及它所表达的信息在交际中又复制、传播给另外的人。当这些信息在不断地复制、传播的时候,模因也就形成了。

教育和知识传播来自学校和社会。例如,从学校和书本中学会的成语、隐喻在人们日常交往中得到反复的复制和传播,这正是模因的表现;而人们学会了某些新词语或感知了新词语所代表的事物之后,这些词语在使用中得到复制和传播,也会形成模因。又如,2003年出现的一种非典型性肺炎,因其传染性强、病死率高,引起社会的极大关注,这种传染病就被简单复制为"非典"。于是"非典"这个说法在人们交往中广泛传播,成了一个语言模因,专指具有某些特定病征的非典型肺炎。再如英语的clone是一个生物学术语,指与母体相同的无性繁殖,可以泛指"做出一种与原型(母体)完全相同的东西"。当人们学会clone表达的这个意义并将它译为"克隆"在汉语语用中出现之后,因它比按原意翻译来得简捷、便当,于是便形成一种模因现象而被不断地复制和传播,最终还收进了《现代汉语词典》。人们不但从首先听到的"克隆羊"学会复制出"克隆文"(指抄袭)、"克隆片"(指翻拍或续拍旧的影片),而且还见到"克隆"在语言中不断被复制而形成有趣的模因现象。例如:

(1) a. She's an exact clone of her sister!
她和她姐绝对的克隆。(试比较:她很像她姐。/她和她姐像是一个模子倒出来的。)
b. This is an IBM clone.
这是一台克隆IBM。(试比较:这是一台仿IBM。/这是一台IBM的赝品。)
c. Some manufacturers clone its new product.
有一些厂家克隆它(IBM)的新产品。(试比较:有一些厂家仿冒它的新产品。)

人们一旦将学来的新的词语或外来词语引进自己的语言,满足交际、交流的需要,那些新出现的表达方式就会被广泛接纳和复制,形成语言模因。

11.3.2 语言运用过程促成的模因

　　人们将存在于大脑中的信息模因在语用中不断重复、增减、变换、传递，或从一组旧的模因集合重组成新的模因集合，使语言的单个模因或模因复合体在使用过程中此消彼长，通过各种媒体不断地复制和传播。例如，"保姆"在《现代汉语词典》里释义为"受雇为人照管儿童或为人从事家务劳动的妇女"。这个词在日常语言中也会改称为"阿姨"，在幼儿园工作的还会被称为"保育员"、"老师"，在别人家里从事家务劳动的，除了称呼"保姆"、"阿姨"之外，如今还尊称为"家政服务员"。但不管怎样称呼，从事这类职业的大都是妇女这一点似乎是一个不变的模因。当我们在语用中提及保姆、阿姨、幼儿园老师、家政服务员的时候，我们大脑中储存的信息自然是女士。可是，我们在报章中惊奇地发现这样的标题和报道：

　　(2) **"男阿姨"从大学来**

　　　　"幼儿园阿姨"这个固定词组，近两年已被一群五大三粗的须眉汉改写了，他们还以男性的刚阳气质和高出一个层次的文化素质而赢得了幼教"女儿国"里大人小孩的认同。(选自《广州日报》，1997年1月12日)

　　(3) **京城有人观念新　下岗男工干家政**

　　　　在崇文区工会组织的家政服务员行列里，我忽然发现了一个男子汉的身影。他高高的、壮壮的，瞧上去憨厚老实。难道，他也去干家政？当**男保姆**？他回头冲我笑笑："怎么，不相信呀？"(选自《北京日报》，1998年5月22日)

上例中的"男阿姨"、"男保姆"正是语言本身运用过程促成的新模因变体，它们在人们言谈交际中不断地复制和传播着。

11.3.3 交际和交流过程促成的模因

　　这里说的是根据语境即兴而发，随后得到广泛复制和流传的信息。这类语言模因也有可能在跨语言和跨文化的交流中出现。一种语言模因可以通过交际和交流而在另一种语言中传播。这种现象大都从国际间商务和文化往来开始。这类跨语言、跨文化的模因传播到异族中，其广泛程度在不同民族,甚至在同一民族不同地区的群体中都有所不同。外来的语言模因一旦成为本民族语言的词汇和结构,相互间往往会出现为抗拒或接受而互斗的局面;而同一语言在不同地域也会因人们的语言习惯和对语言的态度不同,在一定时期表现出两种语言模因并存。对模因本身来说,这是它们能否实现自我复制和生存的过程。例如,香港地区的粤方言中有"质素"的说法,但在标准汉语中只说"素质"、"质量",同样操粤方言的广州地区人士也只使用"素质"、"质量"。但在珠三角的局部地区却受香港的影响,也流行着"质素"的说法,既指素质,又指质量。再如,中国内地常说的"有可能……"、"会……"等中性的情态词语,在香港地区却几乎完全被一般表示褒义的"有机会……"所取代。于是就有"你有机会死去"、"你有机会倒霉"、"你有机会迟到"、"你有机会受伤"等与表示贬义的词语搭配,从而形成只在那个地区流行的一个特殊的语言模因,听起来感到别扭。例如:

(4) 当你想入升降机(电梯)时,升降机门正在关闭,你通常会怎样做?机电署的调查显示,百分之二十一受访者选择用手或物件阻止门关上,百分之五更会尽快冲入升降机,但市民采用这些方法,<u>有机会被升降机门夹伤</u>。(选自香港《明报》电子版,2000年12月23日)

再如,"埋单"是广东方言,它与后来才流行的"买单"意思不同,两者不宜混用①。但模因的作用使这两个说法双双进了《现代汉语规范词典》(2004)和《现代汉语词典》(2005),被人们随意互用,在语义上甚至有扩大为"负责"的倾向。下面是这两种说法在同一报纸相邻几天刊出的不同新闻中同时出现的情况:

(5) 第三者责任险:无过错责任谁<u>买单</u>?(选自《广州日报》,2004年10月22日)

(6) 未核实存款人身份证明,42万元被冒领……冒领存款谁来<u>埋单</u>?(选自《广州日报》,2004年10月17日)

人们在交流中不知不觉地复制、传播的语言模因,有一些有较强的生命力,得以广泛流行,而另一些昙花一现之后就消失,逐渐甚至很快就被

---

① 上海《咬文嚼字》杂志(2004/11:36—42)对此有过讨论。

第十一章
语言使用与模因现象

遗忘。随着时间的推移,即兴出现之后很快就消失的模因,相信会在下面滥用的"X吧"中发生。

根据英语的bar(酒吧)复制出来的"X吧",其中与原意稍为近似、与"喝"有关的营业性场所有:啤酒吧、洋酒吧(但没有"白酒吧")、水吧、咖啡吧、茶吧(带西式风味的小茶馆)、鲜果吧(供应鲜果汁的地方)、书吧(提供图书供阅览的场所)、网吧/电脑吧(使用互联网供娱乐或查询信息的场所)、露吧(休憩喝饮料的露天场所)。此外还复制出一些与"喝"无关的场所,例如可制作工艺、自娱的场所:影吧/照吧(照相馆)、陶吧、瓷吧、玻璃吧、布吧(纺线、织布、蜡染)、泥人吧、首饰吧(选购宝石及金银首饰的场所)、水车吧(踩水车及体验农村生活的地方);提供从事文体康乐活动的营业性场所:乒乓吧、钢琴吧、健身吧、剑击吧、猎人吧;提供艺术观赏的便利的营业性场所:名画吧、漫画吧、奇石吧、歌剧吧;提供社交交谈或聚会的场所:话吧(营业性的电话间)、自助吧(吃自助餐的地方)、新潮吧、怀旧吧、球迷吧、炒股吧(股票交易聚会的地方);参与现场制作或品尝食品的地方:巧克力吧(现做现卖各色各样巧克力的地方)、冰淇淋吧、西菜吧、氧吧(提供吸氧服务的营业点)、试吧(服装店的成衣试穿室)。这个语言模因的复制、传播能力较强,其词义覆盖范围越来越广,但优胜劣汰的规律在考验着其生命力。在众多的"X吧"中必然会有一些是弱势模因,但另一些以"吧"开头的时尚词语(新的模因复合体)可能在传播的过程中应运而生:从"(做)吧女"(上述营业场所的女服务员)到"(演)吧戏"(在上述营业场所表演文娱节目),应有尽有。

11.4 语言模因复制和传播的方式

模因是一个抽象的概念,它通过复制和传播来体现自身的存在。因此,凡是获得广泛复制和传播的现象都是模因现象,语言在交际中是不断得到复制和传播的,所以就存在语言模因现象。我们研究语言模因,是要从模因论的角度审视语言及其相关的现象,开展模因与语言界面的研究。语言模因的复制和传播方式就成了我们研究的关键话题。语言模因复制和传播的方式可以是内容相同、形式各异,或者是形式相同、内容各异(何自然,2005:54—64)。从另外的角度说,不管语言模因的形式和内容如何,其复制和传播方式基本上是重复与类推两种。

11.4.1 重复

模因以重复的方式复制和传播,很大程度上是受相似语境的诱发,表现为语言结构形式的直接套用或同义异词的近似复制。

A. 直接套用

这类信息可以在合适的场合下不改动信息内容而直接传递。它包括各种引文、口号、经典台词,转述别人的话语,引用某些名言、警句等。比如,有一个时期流行这样一个标语:"高高兴兴上班去,平平安安回家来。"本来是在机关企业单位的车队里对司乘人员发出的一句安全行车口号,但这句祝愿的话很快就被原封不动地搬用到涉及安全行车、行船、乘坐飞机,甚至出差办事的场合。可见当现实语境与原语境相似或相近时,模因就会利用这个环境,以直接套用的方式来自我复制和传播。

一些优秀电影或电视剧的经典台词往往成了直接传递的活跃的模因。如影片《地道战》中的台词"高,实在是高",就经常被直接套用来表示夸奖。请看下例:

(7)"数学诺贝尔"得主　高,实在是高!(选自《晶报》,2005年8月24日)

此例是2005年的国际数学家大会开幕式上大会主席对澳大利亚华裔数学家陶哲轩获得"菲尔茨奖"时所作的评论,直接套用了影片《地道战》那句台词。再如:

(8)太空跑马拉松　高,实在是高!(选自《华西都市报》四川在线,2007年4月18日)

这则新闻标题也直接套用了那句台词,为的是称赞美国女宇航员苏尼特·威廉斯。她在距离地球表面约338公里的空间站内借助一台跑步机以4小时23分46秒跑完了马拉松赛程。

同样的例子还有:《回归传统的英格兰队;高,实在是高!》(《东方体育报》,2006年6月4日);甚至直接被套用到翻译文本上,将英语的"Great! just great!"翻译为"高,实在是高!"

B. 同义异词

同义异词即信息相同但词形不同。这种传播方式的典型例子常见于交际中不同时期、不同地方对同一事物的不同说法。例如,日常交际中,

第十一章
语言使用与模因现象

在不同时期汉语对同一信息会有不同的说法,如对餐厅、食肆女服务员的称呼就很典型。这个模因在不同时期曾先后以"同志"、"工友"、"师傅"、"服务员"、"大姐"等称呼出现,她们也曾被称为"小姐"。可是由于"小姐"会引起不健康的联想而被迫放弃,于是这个模因的表现形式出现了各种各样的变异:广东有人把女服务员叫"靓女",湖北一些地方却因一首流行歌曲的联想,把她们称为"翠花",诸如此类,不一而足。不过,复制、传播的各种变体的原始核心信息(如女服务员)或基本意义始终相同。不同的语言表达形式只是给这个核心信息不停地更换外衣,在不同的外衣里面不断重复着相同的信息内容。如果它们表示的信息不是同一概念或事物,如用"师傅"表示司机,"靓女"统称女孩子,那它们便不算同义异词的复制和传播,不属于同一种语言模因现象。

总之,语言模因以重复方式复制、传播,既可以是语言表达结构上的重复套用,也可以反复指称相同的信息内容。

11.4.2 类推

模因以类推作为复制和传播的方式更加普遍。模因往往通过类推的方式创造出新的模因变体来加以传播。类推有两种,即同音类推和同构类推。

A. 同音类推

这种类推充分调动语音诸要素,对词语声音加以选择、组织、调整和配合。同音类推的模因就是模仿词语发音而形成的新模因变体,大都是从一般到特殊的类推。例如模拟汉语成语类推出适应新语境的谐音四字词组。请看下例:

(9) 在剪彩仪式上,民建联就别出心裁,让各嘉宾从箱内每人抽取一个字,结果八个字合成一个颇具含意的挥春:"虎(粤语与'苦'同音)尽甘来","兔(粤语与'吐'同调)气扬眉"。这一创意行为,引来市民的热烈欢呼。(选自《香港大公报》,1999年2月14日)

这种按需炮制出来的同音类推仅是一些应景之作,流传不会长久。但同音类推这种作为模因传播的重要方式之一,却是很普遍的现象,特别见于广告宣传,如"骑(其)乐无穷"(摩托车广告)、"咳(刻)不容缓"(治咳药广告)、"千里江铃(陵)一日还"(江铃牌汽车销售广告)等。

再如,人们从"跑步前进"类推出"跑部钱进",用以调侃当今某些单位向上级谋利益的不正当的社会现象。请看下例:

(10) a. 治理"跑部钱进",制度规范是关键(选自《工人日报》,2005年12月6日)

b. "跑部钱进"折射行政权力运作失范(选自《网易网》,2006年1月31日)

c. "跑部钱进",不跑不前进(选自《南方都市报》,2005年12月5日)

例中的"跑部钱进"这个模因巧妙地利用了"跑部"与"跑步"、"钱进"与"前进"之间的谐音关系,引发联想,并且产生多种模因变体,如"要想富,多跑部"、"跑部公关"、"大跑大发展、小跑小发展、不跑没发展"等。

B. 同构类推

同构类推主要指模仿已知的语言结构,复制出一种具有新内容的模因变体。在同构类推中充当模因母体的语言结构一般都具有强烈的语用效果和明显的修辞色彩特征,是一些给人以较深语言感受的经典名句、名段或名篇,因而易于被仿造,成为衍生能力很强的模因。

以同构类推方式复制和传播的语言模因更常见于媒体宣传,往往是一些嘲讽、挖苦的语句。这种在结构上被广泛模仿、复制和传播的同构类推模因有以下特征:来自名言、名句,创造性地加以模仿,以歌颂或鞭挞社会某种现象为目的。这种语言经常一语中的,点出要害,使人读后唏嘘不已,产生强烈的效应,要么发人深思,要么幽默搞笑,难以忘怀。

下面这个同构异义模因来自互联网,按中国现代著名作家朱自清的《匆匆》一文的首段句式结构仿制,但内容与之毫无关系。

(11) 燕子去了,有再来的时候;杨柳枯了,有再青的时候;桃花谢了,有再开的时候。但是,聪明的,你告诉我,我们的日子为什么一去不复返呢?……(选自朱自清《匆匆》)

a. 朱自清《匆匆》之电脑故障版:

硬盘小了,有再换的时候;内存低了,有再加的时候;屏幕窄了,有再买的时候。但是,聪明的,你告诉我,为什么刚买的电脑就出现故障呢?……(选自http://tieba.baidu.comlf?kz=94286037)

b. 朱自清《匆匆》之com版:

股票跌了,有再涨的时候;工作没了,有再找的时候;老婆跑了,有再娶的时候。但是聪明的,你告诉我,我们的风险融资为什么一去不复返呢?……(选自 http://culture.163.com/edit/010419/010419-49484.html)

c. 朱自清《匆匆》之猪肉版:

老婆离了,有再找的时候;孩子跑了,有回来的时候;煮熟的鸭子飞了,有飞回来的时候。但是聪明的,你告诉我,那块上好的猪肉为什么一去不复返呢?……(选自 http://wencai.blogdrive.com/wencai/299730.html)

不可否认,网络、报章杂志以及电视等传媒为模因的大量复制提供了方便、快捷的通道,在很大程度上为模因的此消彼长提供了条件。特别指出的是,网络在模因传播过程中扮演着极其重要的角色。语言使用者可以根据自身的表达需要对已有模因进行复制,复制有直接模仿,即重复与类推两种主要形式。值得注意的是,重复本身也是创新,重复是一种延异的重复;没有创造的重复或者没有对已造物进行改变的重复几乎是不可能存在的,即使重复的是一模一样的东西,但被重复的旧东西往往因语境的改变而产生新含意。事实上,改变与创新正是现代重复概念的核心所在。除此之外,如前所示,语言使用者还可以在原有基础上通过类推的形式创造出新模因。当然,模因在传播过程中可能会发生变异。模因的变异有形式的也有内容的变异。无论形式或内容发生的变异,都与语言使用者的表达需要息息相关。从这个层面来看,模因同样具有认知语言学意义上的体验性特点。此外,模因的传递不仅仅依赖其自身的条件,许多时候,它也可能是人为力量强加的结果,是人为操纵的结果。不过,模因的一个重要保证就是它必须不断得到复制,因为模因毕竟是在复制中得到生存的。而这一切又是与社会实践活动紧密联系在一起的,模因既是社会实践的产物,又是社会实践的潜在驱动力,它能够催生出新的社会实践活动,并产生或好或坏的影响。

11.5 语言模因对修辞的影响

模因不仅影响语言的产生和发展,而且影响语言的运用。修辞是一种提高语言交际效果的言语活动,可以说是为模因的成功传播服务的。成功的模因必然是在修辞方面获得成功的模因。因此,模因对修辞具有重要影响。

11.5.1 模因是驱动修辞的原动力

各种模因在相互竞争中为了获得更多的具有一定保真度的复制品,为了保留更长的时间,可能出现两种情况:(a)通过寻求与相似模因构成模因复合体的方式扩大影响,提高人们对它的接受程度和自身的存活价值。例如,一种外来模因要被人们所接受,它必然要与本族人们头脑中已有的相似模因结合,形成更具影响力的模因复合体,这样才更容易被接受和传播,否则就可能被视为异端而遭到本土模因的抵制。(b)利用语言传播提高其复制的忠实性、多产性、长寿性。修辞作为提高语言交际效果的一种积极的言语活动,正是模因驱动的结果。在语言保持相对稳定的情况下,以语言为基础的模因主要通过提高言语活动的交际效果来达到上述目的。例如,一种模因的产生,总是希望在不失去其原意的情况下,传播的速度更快、范围更广,流传的时间更长。而要达此目的,就要求传播必须是成功的。于是修辞就不可缺了。一切修辞的目的都可以看做是提高模因复制的真实性、多产性、长寿性等维度的表现值。从模因论看,修辞的标准,如准确性、形象性、生动性等,就是成功模因对语言表达所提出的要求。修辞的准确性可以保证复制的忠实性,而修辞的形象性和生动性是为了提高模因的可接受程度,从而有助于模因的多产性和长寿性。《左传·襄公廿五年》说:"志有之,言以足志,文以足言。不言,谁知其志?言之无文,行而不远。"这段话中所讲的"文",即文采,就是良好的修辞效果;"远"既指传播距离之远,也指流传时间久远。"言之无文,行而不远"说明良好的修辞效果是保证模因多产性和长寿性不可缺少的。

11.5.2 模因的复制特点影响辞格形成

模因主要是通过模仿得到传播的。成功的模因连同其成功的表达式都会被大量复制。由于语言是传播模因的工具,成功的模因所借助的成功的表达式自然也会为其他模因所利用。再者,成功的表达式本身也会构成模因。于是同一种表达式就会在不同的模因复制中反复出现。这些反复出现的成功表达方式最终可能成为特征明显的辞格。根据布莱克莫

第十一章
语言使用与模因现象

尔(Blackmore,1999)的观点,模因在传递过程中的模式既包括"对结果的复制(copy-the-product)"(表现型),也包括"对指令信息的复制(copy-the-instruction)"(基因型)。模因的这两种传递模式均对辞格的形成产生影响。

首先,模因"对结果的复制"的传递模式影响辞格的形成。这在挪用(或称移植)和仿拟格(仿词、仿句、仿体)中体现得最直接。挪用和仿拟格正是在模仿现成的语言表达式的基础上形成的,被模仿的一般是正在流行的词语和佳句名篇。也就是说,这些词语、句篇或是因为传播了成功的模因而流行,或是因其本身成为成功的模因而具有流行性,或二者兼而有之。

挪用就是把用于彼场合的名言佳句巧妙地用于此场合。例如,随着通俗歌曲《跟着感觉走》的流行,一时间"跟着感觉走"也成了一句流行语,这个本来用于描写情感的句子被广泛用于各种场合,出现了"市场跟着感觉走"、"企业经营跟着感觉走"、"购肥别跟着感觉走"、"健身,不能跟着感觉走"、"金融生活莫要跟着感觉走"、"春节天气忽冷忽热,穿衣跟着感觉走"、"青光眼病人不能跟着感觉走"等多种说法。

仿拟是故意模仿现成的词语、句篇而仿造新的词语、句篇。例如,早在革命战争年代就出现的"军嫂"一词,从修辞的角度分析,由于它带有对军人妻子默默奉献精神的肯定和赞美,同时又由于"嫂"是对已婚少妇的称呼,于是,这个用"职业特征语素＋嫂"的表达方式既新颖又具有很强的构词能力,先后出现了模仿"军嫂"的"警嫂"(人民警察的妻子)、"空嫂"(在民航客机上从事空中服务的中年女性)、"呼嫂"(在电信寻呼台工作的中年女性)、"地嫂"(在地铁公司从事服务工作的中年女性)、"护嫂"(在医院协助护士从事护理工作的中年女性)、"巴嫂"(在公共汽车上售票的中年女性)、"月嫂"(从事侍候月子、护育婴儿等家政服务的中年女性)、"面嫂"(开面馆的中年女性)、"织嫂"(提供缝补、编织等服务的中年女性)等多种仿拟用法。上述说法多数已进入词汇层次。又如,随着电视连续剧《爱你没商量》的成功播出,"爱你没商量"这一表达式很快流行起来并出现在各种场合。不仅这样,还因为"爱你没商量"这种表达方式本身具有高度浓缩性、独特性,所以继"爱你没商量"后,又有"宰你没商量"、"骗你没商量"、"用你没商量"、"网你没商量"、"赚你没商量"、"罚你没商量"、"套你没商量"、"吃你没商量"、"逗你没商量"、"迷你没商量"、"炒你没商量"、"离你没商量"等多种仿拟说法。再如,伴随著名歌手叶倩文演唱的通俗歌曲《潇洒走一回》的流行,"潇洒走一回"的表达式也很快流行起来,于是便有了"潇洒游一回"、"潇洒漂一回"、"潇洒玩一回"(游乐)、"潇洒吃一回"、"潇洒活一回"(进取的人生态度)、"潇洒老一回"(老有所为)、"潇洒逛一回"(逛街购物)、"潇洒飞一回"(坐飞机或太空旅行)、"潇洒潜一回"(潜水)、"潇洒试一回"、"潇洒踢一回"(踢足球)、"潇洒显一回"(液晶显示)、"潇洒炒一回"(炒股)、"潇洒涨一回"(股票上涨)、"潇洒涮一回"(骗婚)、"潇洒赌一回"等难以计数的仿拟说法。除仿拟辞格外,通过"对结果的复制"的传递,也即通过对现有语言表达式的模仿和变换而形成的辞格,还有断取、引用、降用、借语、借用、飞白、模拟、拟误、拈连、换义、别解、反译、返射等。这些辞格的共同特点就是其模仿依托于现成词语、句篇的结构形式。

其次,模因"对指令信息的复制"的传递模式也影响辞格的形成。模因还驱动修辞通过模仿已有语言表达式的内在机制形成辞格。通过后一种方式形成的辞格包括比喻、借代、夸张、比拟、排比、对偶、层递、顶真、反复、回环、双关、反语、婉曲、错综、对比、映衬、通感、警策等。这些辞格的形成有一个共同特征,就是它们不是对现有言语表达结构形式的直接模仿,而是对这一类表达方式的内在机制(即指令信息)的模仿。例如,比喻的指令信息就是"用别的不同的事物的相似点来说明所要说明的事物"。它在模仿过程中除了复制指令信息和运用必要的喻词(如"像、如、犹如","是、变成、等于"等)外,可以不移植原有比喻表达式中的任何现成语句。例如,运用比喻描写女子的容貌美,《诗经》是这样描写齐庄公的女儿庄姜的:"手如柔荑,肤如凝脂,领如蝤蛴,齿如瓠犀,螓首蛾眉,巧笑倩兮!美目盼兮!"(《诗经·卫风·硕人》),而《红楼梦》是这样描写林黛玉的:"泪光点点,娇喘微微。闲静似娇花照水,行动如若柳扶风。"前后所用比喻除了指令信息(用彼事物的相似点说明此事物)和喻词"如"相同之外,其余语句都不相同。

11.5.3 模因驱动修辞的创新与变异

各种模因之间相互竞争,为了使自身得到更快速、更广泛的传播,除了借助已有的表达式以外,还必然在修辞上力求创新与变异,才能吸引更多的接受者。不论是强势模因还是弱势模因,无不在语言表达上力求让

第十一章
语言使用与模因现象

人耳目一新。于是,突破固有表达模式的新鲜表达式层出不穷,褒词贬用、大词小用、小词大用、古词今用、今词古用、俗词雅用、雅词俗用、此词彼用、反词正用、正反合用、矛盾合用、抑扬合用等,都是词语的创新与变异组合模式;同音替代、近音模仿、近音替代、误音正用、同音借用等,是语音的创新与变异用法;偶句相连、整句铺排、同句反复、句句递进、句式倒装、成分省略、半截子话等,是句式的创新与变异用法。这些创新与变异用法,有的已发展成为辞格,有的还在继续发展。例如,"美眉"(妹妹,指女孩或女士)、"油墨"(幽默)、"稀饭"(喜欢)、"酱紫"(这样子)、"果酱"(过奖)、"斑竹"(版主)、"木油"(没有)、"爱老虎油"(I love you,我爱你)、"886"(拜拜了)、"995"(救救我)、"1314"(一生一世)、"25184"(爱我一辈子)、"019425"(你依旧是爱我)、"03456"(你相思无用)、"0451392"(你是我一生最爱)等,属于语音创新与变异中的近音替代。这些创新用法吸引人的目光,目的是引人关注,以提高所在模因的多产性。

11.6 语言模因的修辞效应

语言模因要自我生存或产生新的模因变体(即自我复制和传播),就得使用各种重复和类推方式,最终产生各种语言现象。我们把模因在复制和传播过程中使用的方式和手法看做语言的修辞现象,即语言模因产生的修辞效应。这种效应说明语言模因复制、传播的广泛性和可行性,并说明是强势的还是弱势的模因。带有修辞手法的语言要比平淡的语言更能引起人们的注意,刺激人们模拟的欲望。语言模因的修辞效应无所谓正面或负面,它们都是模因自我生存或产生新模因的表现。

11.6.1 赶时髦——效应之一

修辞学中的词语移用指因表达需要打破时代、地域限制而出现的巧移词语。某些语言模因的形成过程也近似于移用,它往往打破语境的束缚,把原本适用于甲语境的源语结构挪到乙语境,产生社会语用中"赶时髦"的修辞效应。例如,人们乐于将热播的电视节目、新上映的电影大片、普及的网络行话、品名等作为源语,与日常语言混在一起复制和传播,形成新的模因变体,出现在社会语用中,产生"赶时髦"的模因效应。

例如,PK 进入汉语之后,词性被乱用,原来只是一个外来名词的缩

345

略词,现在却当成汉语的名词、动词、形容词来使用,表达决一雌雄、比个高低、末位淘汰等多种意思。从"终极 PK"、"模特 PK 大赛"到"让 PK 来得更厉害些吧!"等各种用法和说法充斥媒体、网络,它的流传一时成了汉语目前最为强势的语言模因之一。PK 至今还在不断被复制和传播,让人明显感到那是在"赶时髦"。例如:

(12) a. 北大女生 PK 金庸　无知?炒作?(选自《华西都市报》,2006 年 11 月 27 日)

b. 北大女硕士步非烟且慢 PK 金庸(选自《浙江在线》,2006 年 11 月 28 日)

除了 PK,以下的说法也是"赶时髦"的表现:

(13) a. 删除昨天的烦恼,确定今天的快乐,设置明天的幸福,存储永远的爱心,取消世间的仇恨,粘贴美丽的心情,复制醉人的风景,打印你的笑容!(选自 http://www.zhxshj.cn/ben-candy.php?fid=9&id=120)

b. 感情欠费;爱情停机;诺言空号;信任关机;关怀无法接通;美好不在服务区;一切暂停使用;生活彻底死机。(选自 http://hi.baidu.com/langyun84/blog/item/720ca96262e214d9e6113acf.html)

c. 如感到心里挖凉挖凉的,请拨打俺的手机号!谈工作请按 1,谈感情请按 2,谈人生请按 3,给俺介绍对象请按#,请俺吃饭请直接说,找俺借钱请挂机!(选自 http://qzone.qq.com/blog/834349471-1224941525)

其他的"赶时髦"例子还有很多,源语有出自电影《天下无贼》的"黎叔很生气,后果很严重",出自《大话西游》的"给我个理由先",出自《饮食男女》的"人生不能像做菜,把所有的料都准备好了才下锅",出自《阿甘正传》(*Forrest Gump*)中的"生活就像一盒巧克力,你永远不知道下一块将吃到什么样的(Life was like a box of chocolates. You never know what you're gonna get)"等,这些语言被复制、传播成为模因时,就形成了"赶时髦"的效应。"赶时髦"是无所谓好坏的,有的"赶时髦"的说法最终成了家喻户晓的名言,有的只是一些短暂的强模因,昙花一现,或流传范围不广。

11.6.2 语码混用——效应之二

过去,在特定地区或特定人群的交际(如在中国的双语、双方言区,香港或海外华人聚居地的人群交际)中,常存在语码转换或语码混用现象。这类语言模因复制、传播过程中产生的语用现象也很像修辞手法中的移用,包括异词汉用、方言通用、古词今用、今词古用等。如今,随着国家改革开放政策的执行,语言模因的这类修辞效应还表现为汉语与他国语言(主要是英、日语语词)的混用。这种语码混用现象不但在各种各样的人群中流行,而且在国内,特别是在沿海各省市,在改革开放前沿地区,在大众传播工具中都有所表现。例如:

(14) a. 祝狗年的你棒棒的 body,满满的 money,多多的 honey,少少的 silly,天天很 sunny,无忧无虑像 baby,狗年多 happy!(手机短信)

b. 先生问我 I don't know,成日(=整天)挂住(=想着)look girl(o),考试食(=吃)个大 zero.(香港中学生流行语)

其实,语码混用现象之所以能在人们交际中流传而成为模因,很大程度上是记者们所促成的。例如,在新闻报道中常常见到记者写的一些英、汉语夹杂的报道,如有些记者偏不喜欢用汉语中现成的"……对……",而爱用英语中的"...versus..."或"...vs..."来表示,不喜欢说"不",而爱用英语的"No"。《广州日报》(1997/04/12)就出现了这样的大字标题:"氧吧,深圳说 NO"。这种不伦不类的说法并不可取,把"NO"改为"不"不是更好吗?

中、日语混用的例子常见于食品广告和个体店铺名。例如,康师傅公司推出的果粒饮品系列叫"康师傅鲜の每日 C 葡萄汁",广州市有个发廊连锁叫"靓の一族美发店"等。语码混用常被认为是不好的修辞手法,但在语言模因复制和传播过程中这种手法就不知不觉地产生了。一些带有语码混用的语言模因有时还是强势模因,如人们不说"再见"而说"Byebye",表示惊讶时不用"哎哟"而改喊"Wow!",表示赞同不说"是"而说"Yeah"等。

11.6.3 类比——效应之三

语言模因的类比效应集修辞手法中的义法、异用、同异和比拟于一体，指利用某事物（如商品品牌、人物、角色等）的知名度构成异用或同异类比语言形式，让人们通过语句表面的浮现意义去想象出深藏在语句之中的缺省语境，从而推断出缺省意义。例如，"女郎"一词源于《乐府诗集》里的《木兰诗》："同行十二年，不知木兰是女郎"，指年轻能干的女子。类似词语模因经过人们长期的复制和传播，一直存活到现在。请看以下片段：

(15) 台湾漫画家朱德庸的漫画作品之一叫《涩女郎》，由该漫画改编的电视剧叫《粉红女郎》。自引进第一部007电影之后，人们把该片与主角詹姆斯·邦德搭档的女演员称为"邦女郎"，此后，"×女郎"就专指影视圈被挑中或被器重的漂亮女演员了。例如，成龙挑中与之合作拍片的女演员被称为"龙女郎"，被周星驰选中与之合作拍片的女演员称为"星女郎"，被导演张艺谋重用的女演员就称为"谋女郎"。最近还有"琼女郎"之说，指台湾女作家琼瑶选中的女演员，出演由她的小说改编成电影或电视剧的女主角。(选自 http://games.qq.com/a/20040823/00012.html)

11.6.4 嵌进——效应之四

嵌进效应相当于修辞手法中的"镶嵌"，就是将固定的语词复制，嵌入或直接引用到篇章之中。这种语用现象是模因传播过程中产生的嵌进效应，它与词语中插入虚字、数目字、特定字、同义字、异义字而获取特殊修辞效果的做法很相似。在模因复制传递中触发的嵌进效应，往往涉及时兴的事物，比如把年轻人乐于饮用的饮料名称嵌入祝福语篇之中。请看下例：

(16) 祝来访的朋友们：百事可乐！万事芬达！天天娃哈哈！月月乐百事！年年高乐高！心情似雪碧！永远都醒目！中秋节快乐！
(选自博客网 www.bokee.com)

再如，借用IT（信息技术）行业中的电脑硬件、品牌、软件名称等来形容不同年龄段的男性在社会上所具备的心态和应有的志向，如例(18)。不过在不同的语境里，该例也许会产生某种另类解读。

(17) 男人二十是奔腾,三十是日立,四十是方正,五十是微软,六十是松下,七十才是联想。(选自博客网 www.bokee.com)

当然,从修辞角度分析语言模因传播中产生的效应不止这些。上述四种效应,再加上另一种可称作"仿拟"的修辞效应,在日常语用中出现的频繁较高。第五种所谓的仿拟效应,是指以不同于源语的内容套用到源语的固定结构中,就像修辞手法中的引用或套用。这类修辞效应我们在前面谈及同构类推时已有涉及,这里只再补充两例。

(18) 昨天诚可贵,明天价更高。若为今天故,二者都要抛。(仿拟匈牙利诗人裴多菲之名句,选自《中学语文教学参考》,2004年5月)

(19) a. 春眠不觉晓,处处蚊子咬。夜里一翻身,压死知多少!(仿拟唐诗人孟浩然之《春晓》,选自 http://qzfywxt.fyfz.cn/blog/qzfywxt/index.aspx?blogid=223973)

b. 春眠不觉晓,处处蛀虫咬。夜来反腐声,官落知多少!(同上)

模因传播的修辞手法,或称模因产生的修辞效应,既能产生好的模因,也可以产生坏的模因。对不断被复制和传播的语言模因现象,修辞学研究者如何评价呢?语言模因流传是客观现实。我们能接受和容忍语言模因的修辞效应传播吗?这是我们需要思考的问题,因为它涉及的不但是如何判别修辞手法产生的修辞效果问题,而且涉及语言规范和语言政策问题。

11.7 研究语言模因的意义

模因现象及模因论研究在中国语言学界还是一个新的课题。到目前为止,我们只见到高申春等翻译的《谜米机器》(2001),也就是布莱克莫尔(Blackmore)的著作 *The Meme Machine* (1999)的译本;互联网上还可以读到理查德·道金斯(Richard Dawkins)的 *The Selfish Gene* (1976)的中译本《自私的基因》(卢允中、张岱云译)。此外,还有数篇介绍模因论和模因现象的文章(如何自然、何雪林,2003;韩江洪,2004;王斌,2004;谢朝群,2007等)。桂诗春教授很早就提醒我们要注意并研究模因,他在给顾嘉祖、陆昇主编的《语言与文化》作序时也不忘提到模因,并指出模因与大脑、语言和文化等之间存在密切联系,值得深入探讨。

11.7.1 模因与翻译

把模因论引入翻译领域的研究是目前关于语言模因论的热点话题之一。将模因引入翻译理论研究首推彻斯特曼(Chesterman,1996,1997)。彻斯特曼提出的翻译模因论将翻译理论进化(即理论的更迭和演变)过程看做是翻译模因(translation memes)不断复制和传播的结果(Chesterman,1996:63—71,1997:7)。翻译模因指与翻译实践和理论相关的模式、规范、策略和价值观念等。彻斯特曼的另一大贡献就是归纳出翻译模因库中的五种超级模因(supermemes):源语—目标语模因、对等模因、不可译模因、意译—直译模因、写作即翻译模因(1997:7—14),并揭示出翻译理论的发展变化规律:翻译模因库中存在的成功翻译模因,既是对以前模因的复制和继承,同时也有所创新以永葆生命力。

从模因论的角度看,翻译过程可以看做将源语模因以译文为表达方式向目标语模因传播的过程。原文是承载原作者思想和文化背景的模因综合体,译者将它们翻译出来,首先须解读源语模因并被感染,成为这些模因的宿主,再用目标语对源语模因进行重新编码,以另一种载体传播源语模因。这就是说,译者首先要吃透原文,了解原作思想和文化背景,再把原作转换为目标语译文,这个译文必须是符合目标语的表达习惯,并为目标语读者所接受和理解。因此,成功的翻译判断标准应该是:模因的新载体(译文)能使新的宿主(译文读者)通过转换过的语言(目标语)成功解码这些模因,使源语模因由此变成译语模因而得到传播。

翻译模因的复制过程涉及两种语言、两种文化,是一个增值或删减的动态过程。翻译也存在基因型和表现型模因两种转换、复制和传播的方式:前者表现为源语与目标语的转化是一种原信息的等值或等效的纵向直接转换,涉及语义等值、等效模因和语用等值、等效模因的传播过程;后者则表现为信息从源语到目标语的转化过程是一种非对等的横向复制和扩散,在不抛弃原文核心模因的基础上表现出多种类推的模因变体,如意译模因、节译模因、略译模因、译述模因、译评模因等。

11.7.2 模因与语言教学

模因论对语言教学,特别是外语教学颇有启发。在模因论的指导下,过去一些丢弃了的、被认为不合理或不可取的传统教学模式和教学主张

第十一章
语言使用与模因现象

也许要重新作出评价,甚至要恢复和再次提倡。此外,还有一些教学模式和主张在过去的教学法中虽有所提及,但对其重要性没有给予应有的强调,现在须要重新审视和思考。

A. 重复—背诵

"熟读唐诗三百首,不会作诗也会吟","书读而记,记而解,解而通,通而作"等古训都为我们实施背诵教学提供了很好的依据。背诵本来就是中国的传统教学模式,我们的经验是,少儿时熟背的语言材料,不管是汉语的还是英语的,直至垂老之年仍能在大脑中复制出来,在言语交际中应用。

学习者要被语言模因成功地同化,背诵是很重要的途径;背诵下来的语言也是模因,在适当的语境场合,它是可以作为现成的语言材料加以套用的。模因在传播过程中往往会产生某些变异,这又使背诵下来的模因有了发挥、变化、创新的可能。

另一方面,背诵就是重复,只有重复才可以强化语言的记忆,所以在语言教学中提倡背诵,就是提倡重复,通过重复,学生所学就能记牢,在实际运用语言时就可以随时引用记牢的语言表达方式。从模因论看语言教学,背诵应该是学习语言的重要手段,学生只有多重复所学,就能背诵,有了背诵下来的语料,就能随时据语境产生联想,通过联想,就可以尝试将记住的语料活用和创新。

可见,根据模因复制、传播的规律,语言背诵教学不但不应放弃,而且还应大力提倡。

B. 联想—语境

除了背诵,我们从模因论里还可以悟出联想对语言学习的积极意义。学语言本身就是语言模因复制、传播的过程,学到手的各种语言表达手段,要靠复制来与别人交流,达到传播的目的。模仿、复制不只是百分百的"克隆",而是模因集合的重组。有一些模因保存着原有内容,以不同形式出现;而另一些模因则以相同的形式传递不同的内容。因此,可以说模因的复制具有不精确性。这给我们在教语言和学语言过程中留有创新、发挥的余地。模因的复制和传递方式启发我们,要教会学生根据不同语境掌握不同的表达方式来表达相同的思想,同时还要教他们学会依照英语的地道表达形式来与别人交流各种各样的不同思想。

模因论使我们认识到,据语境而作出联想是语言教学中启发学生活学活用语言的重要手段。当我们在课堂上教会学生某个话题的语言,就应要求学生在实际生活中遇到相同或类似的话题时能联想起课堂上所学的内容。这就是据语境联想的教学手段。有些英语口语训练教材的编排比较合乎模因传播规律：给出典型句型或范句，让学生举一反三，根据不同的语境套用所学句型或模仿所学范句。应该说，这样的学习是有成效的。

C. 模仿—创新

模仿与创新并不矛盾，创新往往借鉴过去已有的成果或发明，以过去的成果或发明作为基础，创新绝非无中生有。因此，不要把模仿单纯看做是消极的现象，而要重视模仿对创新所起的促进作用。

由于模因复制具有不精确性，也就是说，模因复制过程的模仿不一定是精确的重复，而是隐含着模因宿主的发挥和创造，这就是社会语用中不断出现新词新语的原因之一。这样，在语言教学中就要允许学生先模仿，再在模仿的基础上按照一定的语境条件和语用原则大胆发挥和创新。当新词语及其所代表的事物在语用中得到复制和传播，新的模因就会形成。语言就是这样发展的，而语言教学也正需要引导学生参与模仿—创新的过程，教他们学习已有的语言模因，同时也引导他们注意新出现的模因现象。因此，我们认为，从模因的角度来探讨语言教学的问题，应当大胆允许学生模仿，在模仿的基础上鼓励创新。

此外，我们在语言教学中也可以拓宽语言教学的表达手段范围，譬如，除了规范的文字，可以适当使用时兴的网络语言，更新语言模因，吸引学生的学习兴趣。关于这点，有的地区、城市已经在语文教材的编写中有所体现。据报载[①]，北京9区县的高中语文课本2007年就收进岑运强的《新鲜的网络语言》一文，对":—)"和":—("等网络符号作了介绍。教科书的编者还更新了流传多年的文本模因：用金庸武侠小说《雪山飞狐》取代《阿Q正传》，余华小说《许三观卖血记》取代《陈焕生进城》，海子诗歌《面朝大海，春暖花开》取代《孔雀东南飞》，等等。这正体现了语言模因间的激烈竞争。这种现象孰好孰坏，见仁见智，但文化进化的规律同生物进化的规律总是一样，那就是：优胜劣汰，适者生存。总之，模因的深入研究将给语言教学带来新的启示。

[①] 详见《广州日报》，2007年8月17日。

11.8 小　结

模因论为语言引入了信息复制的观点。在语言模因作用下,新词语得到复制,创造新词语的创意也同样得到复制,形成了人和语言的互动模式,我们可以从中窥探语言的变化和发展。以往的言语交际理论侧重研究会话中的言语理解和言语策略,但忽视了新词语在交际中所起的模因复制与传播作用。模因论对言语交际的研究提供了新思路,特别是对研究网络交际时代的言语行为特征会有所启发。

模因复制和传播的两种方式——重复和类推,都具体表现为"内容相同,形式各异"和"形式相同,内容各异"。这些表现可以解释模因作为文化基因的自我复制和进化发展的规律。深入研究这些规律有助于解释社会语言现象的产生和消亡。模因的复制和传播会导致语言对社会交际产生正面或负面的影响。语言中模因的力量一旦得到认识,就需要相应的语言政策和语言规划来引导,从外部抑制恶意模因的自我复制,从而创造良好的语言环境。

语言模因见于教育和知识的传授、语言本身的运用和语言的交际与交流。因此,研究语言中模因的复制与传播将对语言教学、外语教学和翻译教学等产生影响,有助于观察语言自身的表现,发现语言发展和进化的规律,有助于在社会文化的交际与交流中学习语言。

思考题

1. 什么是模因？什么是语言模因？
2. 分析模因的由来,以及模因的主要特征与类型。
3. 为什么说语言是一种模因现象？语言模因复制和传播的主要方式有哪些？
4. 分析语言模因对修辞的影响以及语言模因的修辞效应。
5. 结合交际中的语言现象,分析社会实践与语言模因之间的相互关系。
6. 语言模因现象对外语教学或对外汉语教学有何重要启示？
7. 举例说明汉语广告中的模因现象及其广告效应。
8. 交际中的模因现象是语言问题还是文化问题？
9. 列举翻译中的语言模因现象,并讨论模因对翻译研究的启示。
10. 从模因论的角度,分析现代科技发展对语言发展的重要影响。

参考书目

Aitchison, J. 1981. *Language Change: Progress or Decay*. British Isles: Fontana.

Atlas, J. D. & S. C. Levinson. 1981. It-clefts, Informativeness and Logical Form: Radical Pragmatics. In P. Cole (ed.) *Radical Pragmatics*. New York: Academic Press.

Attardo, Salvatore. 2000. A review of Pragmatics: Critical Concepts (Vol. 5). *Journal of Pragmatics* 32: 363—366.

Austin, J. L. 1962. Performative-constative. In C. E. Caton (ed.) (1963) *Philosophy and Ordinary Language*. Illinois: Illinois University Press.

Austin, J. L. 1962/1968. *How to Do Things with Words*. Cambridge, Mass. : Harvard University Press.

Bach, K. & M. Harnish. 1979. *Linguistic Communication and Speech Acts*. Cambridge: MIT Press.

Bar-Hillel, Y. 1954. Indexical Expressions. *Mind* 63, reprinted in Bar-Hillel (1970) *Aspects of Language*. Amsterdam: North-Holland.

Berg, J. 1991. The relevant relevance. *Journal of Pragmatics* 16: 411—425.

Bird, Graham H. 1994. Relevance theory and speech acts. In Savas L. Tsohatzidis (ed.) *Foundations of Speech Act Theory*. Routledge: 292—311.

Blakemore, D. 1987. *Semantic Constraints on Relevance*. Oxford: Blackwell.

Blakemore, D. 1992. *Understanding Utterances*. Oxford: Blackwell.

Blackmore, S. 1999. *The Meme Machine*. Oxford: Oxford University Press.

Blum-Kulka, S. 1991. Interlanguage pragmatics: The case of requests. In R. Phillipson, E. Kellerman, L. Selinker, M. Sharwood Smith & M. Swain (eds.) *Foreign/Second Language Pedagogy Research* (255 — 272). Clevedon and Philadelphia: Multilingual Matters.

Blum-Kulka, S. , J. House & G. Kasper. 1989. *Cross-Cultural Pragmatics:*

Requests and Apologies. Norwood, N. J.: Alex.

Bouton, L. 1988. A cross-cultural study of ability to interpret implicatures in English. *World Englishes* 17: 183—196.

Brinton, L. J. 1996. *Pragmatic Markers in English*. New York: Mouton de Gruyter.

Brown, G. & G. Yule. 1983. *Discourse Analysis*. Cambridge: Cambridge University Press.

Brown, Penelope & S. C. Levinson. 1978. Universals in Language Usage: Politeness Phenomena. In Esther N. Goody (ed.) *Questions and Politeness: Strategies in Social Interaction*. Cambridge: Cambridge University Press.

Brown, Penelope & S. C. Levinson. 1987. *Politeness: Some Universals in Language Usage*. Cambridge: Cambridge University Press.

Carnap, Robyn. 1948. *Introduction to Semantics*. Cambridge, Mass.: MIT Press.

Carrell, P. L. 1979. Indirect speech acts in ESL: Indirect answers. In C. A. Yorio, K. Perkins & J. Schachter (eds.) *On TESOL'79*. Washington, D. C.: TESOL: 297—307.

Carston, Robyn. 1988. Language and cognition. In F. Newmeyer (ed.), (1988) Vol. III: 38—68.

Carston, Robyn. 1991. Implicature, explicature, and truth-theoretic semantics. In Steven Davis (ed.) *Pragmatics: A Reader*. Oxford: Oxford University Press:33—51.

Carston, Robyn. 1998. The semantics/pragmatics distinction: a view from relevance theory. *UCL Working Papers in Linguistics* 10.

Carston, Robyn. 2000. The relationship between generative grammar and pragmatics. *Language and Communication* 20:87—103.

Chen, Rong. 1993. Responding to compliments: A contrastive study of politeness strategies between American English and Chinese speakers. *Journal of Pragmatics* 20: 49—75.

Chesterman, A. 1996. Teaching translation theory: the significance of memes. In Cay Dollerup & Vibeke Appel (eds.) *Teaching Translation and Interpreting*. Amsterdam: Benjamins.

Chesterman, A. 1997. *Memes of Translation*. Amsterdam: Benjamins.

Chomsky, N. 1972. *Language and Mind*. New York: Harcourt Brace Jovanovich.

Chomaky, N. 1977. *Essays on Form and Interpretation*. London: Fontana.

Cloak, F. T. 1975. Is a cultural ethology possible? *Human Ecology* 3: 161—82.

Cole, P. 1978. *Syntax and Semantics* 9: *Pragmatics*. New York: Academic Press.
Cole, P. 1981. *Radical Pragmatics*. New York: Academic Press.
Cole, P. & J. Morgan. 1975. *Syntax and Semantics* 3: *Speech Acts*. New York: Academic Press.
Coleman, L. & P. Kay. 1981. Prototype semantics. *Language* 57, No 1.
Coulthard, M. 1985. *An Introduction to Discourse Analysis*. London: Longman.
Criper, C. & H. Windowson. 1975. Sociolinguistics and Language Teaching. In J. P. B. Allen & S. Corder (eds.) *Papers in Applied Linguistics* 2. Oxford: Oxford University Press.
Davis, Steven. 1991. *Pragmatics: A Reader*. Oxford: Oxford University Press.
Dawkins, R. 1976. *The Selfish Gene*. New York: Oxford University Press.
Dawkins, R. 1982. *The Extended Phenotype*. Oxford: Oxford University Press.
Dawkins, R. 1986. *The Blind Watchmaker*. Harlow, Essex: Longman.
Duranti, A. 1999. *Linguistic Anthropology*. Cambridge: Cambridge University Press.
Escandell-Vidal. 1996. Towards a cognitive approach to politeness. *Language Sciences*, Nos. 3—4: 629—650.
Fauconnier, Gilles. 1985. *Mental Spaces: Aspects of Meaning Construction in Natural Language*. Cambridge: MIT Press.
Fauconnier, Gilles. 1997. *Mappings in Thought and Language*. Cambridge: Cambridge University Press.
Fillmore, Charles J. 1971a. *Santa Cruz lectures on Deixis*. Reproduced, 1975. Indiana: IU Linguistic Club.
Fillmore, Charles J. 1971b. Verbs of judging. In Charles J. Fillmore & D. T. Langendoen. (eds.) *Studies in Linguistic Semantics*. New York: Holt, Rinehart & Winston.
Fillmore, Charles J. 1985. Frames and the semantics of understanding. *Quaderni di semantica* 6: 222—253.
Fodor, J. A. 1983. *The Modularity of Mind*. Cambridge: MIT Press.
Foolen, A. 1991. Metalinguistic negation and pragmatic ambiguity: Some comments on a proposal by Laurence Horn. *Pragmatics* 1: 217—237.
Franken, Nathalie. 1997. Vagueness and approximation in relevance theory. *Journal of Pragmatics* 28: 135—151.
Fraser, B. 1978. Acquiring social competence in a second language. *RELC Journal* 9: 1—21.

Fraser, B. 1990. Perspectives on politeness. *Journal of Pragmatics* 14: 219—236.

Fredsted, Elin. 1998. On semantic and pragmatic ambiguity. *Journal of Pragmatics* 30: 527—541.

Gazdar, Gerald. 1979. *Pragmatics, Implicature, Presupposition, and Logical Form*. New York: Academic Press.

Geach, P. & M. Black. 1960. *The Philosophy Writings of Gottlob Frege*. Oxford: Blackwell.

Gibbs, R. W. 1983. Do people always process the literal meaning of indirect requests? *Journal of Experimental Psychology: Learning, Memory and Cognition* 9: 524—533.

Goatly, Andrew. 1994. Register and the Redemption of Relevance Theory: The Case of Metaphor. *Pragmatics* 4: 139—181.

Goffman, E. 1976. Replies and responses. *Language in Society* 5: 254—313.

Goody, Esther N. 1978. *Questions and Politeness: Strategies in Social Interaction*. Cambridge: Cambridge University Press.

Green, M. Georgia. 1989/1996. *Pragmatics and Natural Language Understanding*. New Jersey: Lawrence Erlbaum Associates, Inc.

Grice, H. P. 1967. Logic and conversation. In P. Grice (1989) *Studies in the Way of Words*. Cambridge; Mass. : Harvard University Press.

Grice, H. P. 1975. Logic and conversation. In P. Cole & J. Morgan (eds.) *Syntax and Semantics* 3: *Speech Acts*. New York: Academic Press.

Grice, H. P. 1978. Further notes on logic and conversation. In P. Cole & J. Morgan (eds.) *Syntax and Semantics* 9: *Pragmatics*. New York: Academic Press.

Grice, H. P. 1989. *Studies in the Way of Words*. Cambridge, Mass. : Harvard University Press.

Grundy, P. 2000. *Doing Pragmatics* (2nd edition). New York: Oxford University Press.

Gu, Yueguo. 1990. Politeness phenomena in modern Chinese. *Journal of Pragmatics* 14: 237—257.

Gumperz, J. J. 1982. *Discourse Strategies*. Cambridge: Cambridge University Press.

Gutt, Ernst-August. 1991. *Translation and Relevance*. Oxford: Blackwell.

Halliday, M. A. K. 1974. *Georgetown University Round Table on Language and Linguistics*. Washington: Georgetown University Press.

Halliday, M. A. K. 1978. *Language as Social Semiotic*. London: Edward Arnold.

Halliday, M. A. K. & R. Hasan. 1976. *Cohesion in English*. London: Longman.

Hatch, Eveyln. 1992. *Discourse and Language Education*. Cambridge: Cambridge University Press.

Have, Paul Ten. 1999. *Doing Conversation Analysis*. London: SAGE Publications.

Hickey, Leo. 2001. *The Pragmatics of Translation*. 上海:上海外语教育出版社。

Higashimori, Isao & Deirdre Wilson. 1996. Questions on relevance. *UCL Working Papers in Linguistics* 8. London: University College London.

Holmes, Janet. 1990. Apologies in New Zealand English. *Language in Society* 19: 155—199.

Horn, L. R. 1988. Pragmatic theory. In F. Newmeyer (ed.) Vol. I: 113—145.

Horn, L. R. 1991. Presupposition and implicature. In S. Lappin (ed.) *The Handbook of Contemporary Semantic Theory*. Oxford: Blackwell.

Horn, L. R. 1996. Presupposition and implication. In S. Lappin (ed.) *The Handbook of Contemporary Semantic Theory*. Oxford: Blackwell.

Hutchby, Ian & Robin Wooffitt. 1998. *Conversation Analysis*. Cambridge: Polity Press.

Hymes, D. 1974. *Foundations in Sociolinguistics*. Philadelphia: University of Pennsylvania Press.

Innis, R. E. 1985. *Semiotics: An Introductory Anthology*. London: Hutchinson.

Jefferson, G. 1989. Preliminary notes on a possible metric which provides for a standard maximum silence of appropriately one second in conversation. In D. Roger & P. Bull (eds.) *Conversation: An Interdisciplinary Perspective*. Clevedon: Multilingual Matters.

Ji, Shaojun. 2000. Face and polite verbal behaviors in Chinese culture. *Journal of Pragmatics* 32: 1059—1062.

Jurafsky, D. 2004. Pragmatics and computational linguistics. In L. R. Horn & G. Ward (eds.) *The Handbook of Pragmatics*. Oxford: Blackwell: 578—604.

Kadmon, N. 2000. *Formal Pragmatics*. Oxford: Blackwell.

Kasher, Asa. 1991a. Pragmatics and the modularity of the mind. In Steven Davis (ed.) *Pragmatics: A Reader*. Oxford: Oxford University Press: 567—582.

Kasher, Asa. 1991b. On the pragmatic modules: A lecture. *Journal of Pragmatics* 16: 381—397.

Kasher, Asa. 1994. Modular speech act theory: programme and results. In C. K. Oh & D. A. Dinneen (eds.) *Syntax and Semantics* 11: *Presupposition*. New

York: Academic Press: 95—111.
Kasher, Asa. 1998. *Pragmatics: Critical Concepts* V: 386. London: Routledge.
Kasper, G. 1981. Teaching induced aspects of interlanguage learning, *paper presented at AILA'81*, Lund, Sweden, August 9—14, 1981.
Kasper, G. 1989a. Variation in interlanguage speech act realization. In S. Gass, C. Madden, D. Preston & L. Selinker (eds.) *Variation in Second Language Acquisition: Discourse and Pragmatics*. Clevedon and Philadelphia: Multilingual Matters: 37—58.
Kasper, G. 1989b. Interactive procedures in interlanguage discourse. In W. Oleksy (ed.) *Contrastive Pragmatics*. Amsterdam: Benjamins: 189—229.
Kasper, G. 1996. Interlanguage pragmatics. *ROLIG-papir* 57. Roskilde Universitetscenter.
Kasper, G. & S. Blum-Kulka. 1993. *Interlanguage Pragmatics*. Oxford: Oxford University Press.
Keenan, Edward L. 1998. Two kinds of presuppositions in natural language. In Asa Kasher (ed.) *Pragmatics: Critical Concepts* IV. London: Routledge: 8—15.
Kempson, R. M. 1975. *Presupposition and the Delimitation of Semantics*. Cambridge: Cambridge University Press.
Kempson, R. M. 1977. *Semantics Theory*. Cambridge: Cambridge University Press.
Koyama, Wataru. 1997. Desemanticizing pragmatics. *Journal of Pragmatics* 28: 1—28.
Kuroda, S. Y. 1979. Katz and language on presuppopsition. In C. K. Oh & D. A. Dinneen (eds.) *Syntax and Semantics II: Presupposition*. New York: Academic Press: 185—199.
Lakoff, George. 1972. Hedges: a study in meaning criteria and the logic of fuzzy concepts. In P. J. Levi Peranteau & G. Phares (eds.) *Papers from the Eight Regional Meeting*. Chicago: Chicago Linguistic Society.
Lakoff, George. 1974. Interview. In Herman Parret (1974) *Discussing Language*. The Hague: Mouton.
Lakoff, George. 1987. *Women, Fire, and Dangerous Things*. Chicago: University of Chicago Press.
Lakoff, Robin. 1972a. Language in context. *Language* 48: 907—927.
Lakoff, Robin. 1972b. The pragmatics of modality. In P. J. Levi Peranteau & G. Phares (eds.) *Papers from the Eight Regional Meeting*. Chicago: Chicago

Linguistic Society.

Lakoff, Robin. 1973. The logic of politeness. In claudia Corum, T. C. Smith-Stark & A. Weiser (eds.) *Papers form the Ninth Regional Meeting of the Chicago Linguistic Society*. Chicago: Chicago Linguistic Society.

Lakoff, Robin. 1974. Remarks on *this* and *that*. In Michael Lagaly, R. Fox & A. Bruck (eds.) *Papers from the 10th Regional Meeting of the Chicago Society*. Chicago: Chicago Linguistic Society.

Langacker, R. 1966. Pronominalization and the chain of command. In D. Reibel & Sanford Schane (eds.) *Modern Studies in English*. New Jersey: Prentce-Hall.

Leech, Geoffrey. 1981. *Semantics*. Harmondsworth: Penguin.

Leech, Geoffrey. 1983. *Principles of Pragmatics*. London: Longman.

Levinson, S. C. 1983. *Pragmatics*. Cambridge: Cambridge University Press.

Levinson, S. C. 1989. A review of *Relevance*. Journal of Linguistics 25: 455—472.

Levinson, S. C. 1991. Pragmatic reduction of the binding conditions revisited. *Journal of Linguistics* 27: 107—161.

Lewis, D. 1969. *Convention*. Cambridge, Mass.: Harvard University Press.

Lyons, J. 1977. *Semantics* Vols. 1 & 2. Cambridge: Cambridge University Press.

Mao, Luming. 1994. Beyond politeness theory: "Face" revisited and renewed. *Journal of Pragmatics* 21: 451—486.

Markee, Numa. 2000. *Conversation Analysis*. Hillsdale: Lawrence Erlbaum Associates.

Marmaridou, Sophia S. A. 2000. *Pragmatic Meaning and Cognition*. Amsterdam/Philadephia: John Benjamins.

Martinich, A. P. 1985. *The Philosophy of Language*. Oxford: Oxford University Press.

McCawley, James D. 1968. The role of semantics in grammar. In Emmon Bach & Robert Harms (eds.) *Universals in Linguistics Theory*. New York: Holt, Rinehart & Winston.

McCawley, James D. 1993. *Everything that linguists have always wanted to know about logic but were ashamed to ask* (2nd edition). Oxford: Blackwell.

Mey, J. L. 1993. *Pragmatics: an introduction*. Oxford: Blackwell.

Mey, J. L. & M. Talbot. 1988. Computation and the soul. *Journal of Pragmatics* 12: 743—789.

Miller, G. A. 1974. Psychology, Language and Levels of Communication. In A. Silverstein (ed.) *Human Communication: theoretical explorations*. Hillsdale:

Lawrence Erlbaum Associates.

Morgan, J. 1975. Some Interactions of Syntax and Pragmatics. In Cole & Morgan (eds.) 1975.

Morris, C. W. 1938. *Foundations of the Theory of Signs*. Chicago: University of Chicago Press.

Morris, C. W. 1971. *Writings on the General Theory of Signs*. The Hague: Mouton.

Neale, S. 1992. Paul Grice and the philosophy of language. *Linguistics and Philosophy* 15: 509—559.

Nerlich, B. & D. D. Clarke. 1995. *Language, action and context*. Amsterdam: Benjamins.

Noveck, I. A. & D. Sperber. 2004. *Experimental Pragmatics*. New York: Palgrave.

Palmer, F. 1976. *The English Verb*. London: Longman.

Palmer, F. 1979. *Modality and the English Modals*. London: Longman.

Peccei, Jean Stilwell. 1998. *Pragmatics*. London: Routledge.

Perkins, M. R. 2005. Clinical pragmatics: an emergentist perspective. *Clinical Linguistics and Phonetics* 19: 363—366.

Psathas, George. 1995. *Conversation Analysis: The Study of Talk-in-Interaction*. London: SAGE Publications.

Quirk, R., S. Greenbaum, G. Leech & J. Svartvik. 1973. *A Grammar of Contemporary English*. London: Longman.

Quirk, R., S. Greenbaum, G. Leech & J. Svartvik. 1985. *A Comprehensive Grammar of the English Language*. London: Longman.

Radford, A. 1981. *Transformational Syntax: A Student's Guide to Chomsky's Extended Standard Theory*. Cambridge: Cambridge University Press.

Rosaldo, Michelle Z. 1982. The things we do with words: Ilongot speech acts and speech act theory in philosophy. *Language in Society* 11: 203—237.

Rosenberg, J. & C. Travis. 1971. *Readings in the Philosophy of Language*. New Jersey: Prentice-Hall.

Ross, J. R. 1969. The cyclic nature of English pronominalization. In D. Reibel & Sanford Schane (eds.) *Modern Studies in English*. New Jersey: Prentce-Hall.

Sadock, Jerrold M. 1988. Speech act distinctions in grammar. In F. J. Newmeyer (ed.) *Linguistics: The Cambridge Survey* II. Cambridge: Cambridge University Press: 183—197.

Schegloff, E. A. , G. Jefferson & H. Sacks. 1977. The preference for self correction in the organization of repair in conversation. *Language* 53: 361—382.

Schiffer, S. 1972. *Meaning*. Oxford: Clarendon Press.

Schillp, P. A. 1963. *The Philosophy of Rudolf Carnap*. La Salle Illinois, Open Court.

Schulz, Ralph. 1999. *Relevance Theory and Grice's ideas*. Manuscript presented at the seminar *Relevance Theory*. Bangor: University of Wales.

Searle, J. 1965a. What is a speech act? In Steven Davis (ed.) 1991: 254—264.

Searle, J. 1965b. Indirect speech acts. In Steven Davis (ed.) 1991: 265—277.

Searle, J. 1969. *Speech Acts: an essay in the philosophy of language*. Cambridge: Cambridge University Press.

Searle, J. 1975. Indirect Speech Acts. In P. Cole & J. Morgan (eds.) 1975.

Smith, Benita Rae & Eeva Leinonen. 1992. *Clinical Pragmatics*. Chapman & Hall: Nelson Thornes.

Smith, N. & Deirdre Wilson. 1980. *Modern Linguistics: the Results of Chomsky's Revolution*. Harmondsworth: Penguin.

Spencer-Oatey, H. D. M. 1992. *Cross-cultural politeness: British and Chinese conceptions of the tutor-student relationship*. Ph. D. thesis. Lancaster University.

Sperber, Dan & Deirdre Wilson. 1981. Irony and the use-mention distinction. In S. Davis (ed.) 1991: 550—563.

Sperber, Dan & Deirdre Wilson. 1982. Mutual knowledge and relevance in theories of comprehension. In N. V. Smith (ed.) *Mutual Knowledge*. London: Academic Press.

Sperber, Dan & Deirdre Wilson. 1986a. *Relevance Communication and Cognition* (1st edition). Oxford: Blackwell.

Sperber, Dan & Deirdre Wilson. 1986b. Loose talk. In Steven Davis (ed.) 1991: 540—549.

Sperber, Dan & Deirdre Wilson. 1987. Precise of *Relevance: Communication and Cognition*. Behavioural and Brain Sciences 10: 697—754.

Sperber, Dan & Deirdre Wilson. 1995. *Relevance: Communication & cognition* (2nd edition). Oxford: Blackwell.

Stalnaker, Robert C. 1974. Pragmatic presupposition. In Steven Davis (ed.) 1991: 471—481.

Stemmer, Brigitte. 1999. An On-line Interview with Noam Chomsky: On the nature of pragmatics and related issues. *Brain and Language* 68: 393—401.

Stern, H. H. 1983. *Fundamental Concepts of Language Teaching*. Oxford: Oxford

University Press.

Strawson, P. F. 1952. *Introduction to Logical Theory*. London: Methuen.

Thomas, Jenny. 1983. Cross-cultural pragmatic failure. *Applied Linguistics* 4: 91—112.

Thomas, Jenny. 1995. *Meaning in Interaction: An Introduction to Pragmatics*. New York: Longman.

Tsui, Amy B. M. 1994. *English Conversation*. Oxford: Oxford University Press.

Turner, Ken. 1999. A review of *Concise Encyclopaedia of Pragmatics*. *Journal of Linguistics* 35: 634—639.

Varney, M. 1991. When is a mistake not a mistake? An argument for "Chinglish" as a positive advance in the development of the English language. *ELT Newsletter* 23.

Verschueren, Jef. 1999. *Understanding Pragmatics*. London and New York: Arnold.

Walters, J. 1979a. The perception of politeness in English and Spanish. *On TESOL'79*: 289—296.

Walters, J. 1979b. Strategies for requesting in Spanish and English-structural similarities and pragmatic differences. *Language Learning* 9: 277—294.

Widdowson, H. 1989. Knowledge of language and ability for use. *Applied Linguistics* 10: 128—137.

Wierzbicka, Anna. 1985a. Different cultures, different languages, different speech acts. *Journal of Pragmatics* 9: 145—178.

Wierzbicka, Anna. 1985b. A semantic metalanguage for a cross-cultural comparison of speech acts and speech genres. *Language in Society* 14: 491—514.

Wilson, Deirdre. 1994. Relevance and understanding. In Gillian Brown, et al (eds.) *Language and Understanding*. Oxford: Oxford University Press: 35—58.

Wilson, Deirdre. 2000.《关联与交际》,《现代外语》第2期。

Wilson, Deirdre &. Dan Sperber. 1986. Inference and implicature. In S. Davis (ed.) 1991: 377—393.

Wolfson, N. 1989. *Perspectives: Sociolinguistics and TESOL*. New York: Newbury House.

Yule, George. 1996. *Pragmatics*. Oxford: Oxford University Press.

Yus, Ramos Francisco. 1998. A decade of relevance theory. *Journal of Pragmatics* 30: 305—345.

Zhang, Qiao. 1998. Fuzziness-vagueness-generality-ambiguity. *Journal of Pragmatics* 29: 13—31

〔英〕布莱克莫尔,2001,《谜米机器》,高申春等译,长春:吉林人民出版社。

曹凤霞,2002,《时间副词"曾经"、"已经"的时态用法》,《松辽学刊》第12期。
陈　平,1996,《英汉否定结构对比研究》,载李瑞华编《英汉语言文化对比研究》,上海:上海外语教育出版社。
陈宗明,1997,《中国语用学思想》,杭州:浙江教育出版社。
程雨民,1983,《格赖斯的"会话含义"与有关的讨论》,《国外语言学》第1期。
〔英〕道金斯,1976,《自私的基因》,卢允中、张岱云译,http://cnread.net/cnread1/kpzp/d/daojinsi/zsdj/。
冯广艺,1999,《语境适应论》,武汉:湖北教育出版社。
高一虹,1991,《我国英语教师的文化依附矛盾》,《北京大学学报》(专刊)第1期。
韩江洪,2004,《切斯特曼翻译规范论介绍》,《外语研究》第2期。
何自然,1990,《浅论语用含糊》,《外国语》第3期。
何自然,1991,《言语交际中的语用移情》,《外语教学与研究》第4期。
何自然,1993,《跨文化交际中的语言"离格"现象刍议》,《外语与外语教学》第2期。
何自然,1996,《什么是语际语用学》,《国外语言学》第1期。
何自然,1997,《语用学与英语学习》,上海:上海外语教育出版社。
何自然,2000,《再论语用含糊》,《外国语》第1期。
何自然,2000,《语用学探索》,广州:世界图书出版公司。
何自然,2005,《语言中的模因》,《语言科学》第6期。
何自然、何雪林,2003,《模因论与社会语用》,《现代外语》第2期。
何自然、冉永平,1999,《话语联系语的语用制约》,《外语教学与研究》第3期。
何自然、阎庄,1986,《中国学生在英语交际中的语用失误——汉英语用差异调查》,《外语教学与研究》第3期。
何自然、于国栋,1999,《语用学的理解——Verschueren的新作评价》,《现代外语》第4期。
胡文仲,1985,《文化差异种种》,《教学研究》第3期。
胡文仲,1988,《跨文化交际与英语学习》,上海:上海译文出版社。
胡文仲,1992,《文化教学与文化研究》,《外语教学与研究》第1期。
胡文仲,1994,《文化与交际》,北京:外语教学与研究出版社。
胡壮麟,1980,《语用学》,《国外语言学》第3期。
黄次栋,1986,《前提关系及其教学意义》,《外国语》第2期。
黄　晖,1989,《近时西方语言哲学述评》,《外语教学与研究》第1期。
黄家修、谢宝瑜,1990,《翻译的原则与词语的引进》,《现代外语》第1期。
江　怡,1999,《维特根斯坦:一种哲学的文化》,北京:社会科学文献出版社。
〔日〕井上义昌,1960,《英米语用法辞典》,东京:开拓社。
君　良,1979,《英语中的称呼》,《英语学习》第4期。

李文中,1993,《中国英语与中国式英语》,《外语教学与研究》第4期。
〔英〕利奇,1981,《语义学》,李瑞华等译,上海:上海外语教育出版社。
刘保山,1982,《英语中的施为句》,《现代外语》第3期。
吕叔湘,1999,《现代汉语八百词》(增订本),北京:商务印书馆。
冉永平,1996,《言语交际中的FTA现象与调控策略》,《重庆大学学报》第2期。
冉永平,1998,《语用意义的动态研究》,《外国语》第6期。
冉永平,2000a,《言语交际中说话者意义述略》,载《语言学论文集》(第六辑),广州:华南理工大学出版社。
冉永平,2000b,《〈临床语用学:揭示交际失误的复杂性〉评介》,《外国语》第1期。
冉永平,2000c,《语用过程中的认知语境及其语用制约》,《外语与外语教学》第8期。
冉永平,2000d,《话语标记语的语用学研究综述》,《外语研究》第4期。
冉永平,2002,《话语标记语 you know 的语用增量辨析》,《解放军外国语学院学报》第4期。
冉永平,2003,《WELL 的语用功能分析》,《外国语》第3期。
冉永平,2004a,《言语交际的顺应——关联性分析》,《外语学刊》第2期。
冉永平,2004b,《言语交际中"吧"的语用功能及其语境顺应性特征》,《现代外语》第4期。
冉永平,2005,《当代语用学的发展趋势》,《现代外语》第4期。
冉永平、张新红,2007,《语用学纵横》。北京:高等教育出版社。
沈家煊,1988,《讯递和认知的相关性》,《外语教学与研究》第3期。
〔法〕索绪尔,1982,《普通语言学教程》,高名凯译,北京:商务印书馆。
涂纪亮,1996,《现代西方语言哲学比较研究》,北京:中国社会科学出版社。
王 斌,2004,《密母与翻译》,《外语研究》第3期。
王宗炎,1988,《英汉应用语言学词典》,长沙:湖南教育出版社。
伍铁平,1999,《模糊语言学》,上海:上海外语教育出版社。
〔日〕西槙光正,1992,《语境研究论文集》,北京:北京语言学院出版社。
〔日〕小泉保,1990,《言外言语学:日本语语用论》,东京:三省堂。
谢朝群,2007,《语言模因说略》,《现代外语》第1期。
熊学亮,1999,《认知语用学概论》,上海:上海外语教育出版社。
徐家祯,1986a,《浅论"前提"及影响"前提"的因素》,《逻辑与语言学习》第1—2期。
徐家祯,1986b,《试论中英语中"前提"的不同表现形式》,《逻辑与语言学习》第3—4期。
于根元,1999,《语言哲学对话》,北京:语文出版社。
于国栋、吴亚欣,2000,《从 Noam Chomsky 论语用学的性质看语用学》,《现代外语》第3期。

余　维,1997,《时间指示的语用对比分析》,《世界汉语教学》第 2 期。
俞东明,1997,《语法歧义和语用模糊对比研究》,《外国语》第 6 期。
张绍杰、杨忠,1990,《语用学的形成、确立及其发展》,《外语学刊》第 4 期。
赵艳芳,2001,《认知语言学概论》,上海:上海外语教育出版社。
朱冠明,2005,《情态与汉语情态动词》,《山东外语教学》第 2 期。

人名对照表
（按汉字拼音字母顺序排列）

阿特金森 Atkinson, J. M.
阿特拉斯 Atlas, J.
埃斯坎德-维达尔 Escandell-Vidal
艾奇逊 Aitchison, Jean
安德森 Anderson, A.
奥斯汀 Austin, J. L.
巴尔-希列尔 Bar-Hillel, Y.
巴赫 Bach, K.
伯德 Bird, Graham H.
伯格 Berg, J.
柏拉图 Plato
布顿 Bouton, L.
布莱克莫尔 Blakemore, D.
布莱克莫尔 Blackmore, S.
布朗 Brown, Penelope
布卢姆-库尔卡 BlumKulka, S.
戴维森 Davidson, D.
戴维斯 Davis, Steven
道金斯 Dawkins, Richard
杜兰蒂 Duranti, A.
范希尔 Fanshell, D.
菲尔莫尔 Fillmore, Charles J.
佛孔尼尔 Fauconnier, Gilles
弗兰肯 Franken, N.
弗雷格 Frege, F. L. G.

弗雷泽 Fraser, B.
福德尔 Fodor, J. A.
盖兹达 Gazdar, G.
冈普斯 Gumpers, J. J.
戈夫曼 Goffman, E.
格赖斯 Grice, H. P.
格林 Green, M. Georgia
哈夫 Have, Paul Ten
哈尼什 Harnish, M.
哈桑 Hasan, R.
海姆斯 Hymes, D.
韩礼德 Halliday, M. A. K.
豪斯 House, J.
赫珂 Hickey, Leo
赫里蒂奇 Heritage, J.
霍恩 Horn, L.
基南 Keenan, Edward L.
吉布斯 Gibbs, R. W.
加德纳 Gardiner, A. H.
伽特 Gutt, E.
杰斐逊 Jefferson, Gail
卡德蒙 Kadmon, N.
卡纳普 Carnap, Rudolf
卡斯顿 Carston, Robyn
卡斯珀 Kasper, G.

卡通伦 Karttunen
坎普森 Kempson, R. M.
康德 Kant, I
科儿 Cole, P.
克拉克 Clarke, D. D.
克里帕尔 Criper, C.
库尔哈德 Coulthard
库罗达 Kuroda, S. Y.
夸克 Quirk, R. S.
拉波夫 Labov, W.
莱昂斯 Lyons, J.
莱可夫 Lakoff, George
莱可夫 Lakoff, Robin
莱因哈特 Reinhart, T.
莱因诺宁 Leinonen, Eeva
利奇 Leech, Geoffrey N.
列文森 Levinson, Stephen
刘易斯 Lewis, D.
罗萨多 Rosaldo, Michelle Z.
罗素 Russell, Bertrand
马默瑞斗 Marmaridou, Sophia, S. A.
梅伊 Mey, Jacob
米勒 Miller, G. A.
摩尔 Moore, G. E.
摩根 Morgan, Jerry L.
莫里斯 Morris, Charles W.
纳力奇 Nerlich, B.
尼尔 Neale, S
帕尔默 Palmer, F.

皮尔斯 Peirce, C. S.
乔姆斯基 Chomsky, Noam
切斯特曼 Chesterman, A.
萨多克 Sadock, J. M.
萨克斯 Sacks, Harvey
萨塞斯 Psathas, George
塞尔 Searle, J. R.
塞勒尔 Sellner, Manfred
史密斯 Smith, Benita Rae
斯潘塞-奥蒂 Spencer-Oatey, H. D. M.
斯珀伯 Sperber, Dan
斯特劳逊 Strawson, P. F.
斯托纳克尔 Stalnaker, R. C.
索绪尔 Saussure, F. de
唐奈兰 Donnellan, K. S.
托马斯 Thomas, Jenny
威多森 Widdowson, H.
威多逊 Widdowson, H.
威尔日比卡 Wierzbicka, Anna
威尔逊 Wilson, Deirdre
维索尔伦 Verschueren, Jef
维特根斯坦 Wittgenstein, Ludwig
沃尔夫森 Wolfson, N.
沃尔特斯 Walters, J.
希夫尔 Schiffer, S.
谢格洛夫 Schegloff, Emanuel A.
辛克莱 Sinclair, J.
亚里士多德 Aristotle
尤尔 Yule, George

常用术语对照表

I. 汉—英术语对照表（按汉字拼音字母顺序排列）

B

百科信息 encyclopaedic information
表达类（以言行事）expressives
表述句 constatives
表述类（言语行为）expositives
（含意的）不可分离性 non-detachability
（含意的）不可取消性 non-cancellability
（含意的）不确定性 indeterminacy

C

裁决类（以言行事）verdictives
插入语列 insertion sequence
阐述类（以言行事）representatives
承诺类（以言行事）commissives
纯语用学 pure pragmatics
词语信息 lexical information

D

代码模式 code model
得体准则 tact maxim
等级含意 scalar implicature
地点指示 space deixis
动态语用学 dynamic pragmatics
断言类（以言行事）assertives
对比语用学 contrastive pragmatics
对方修正 other-repair

E

二元关系 dyadic relation

F

发展语用学 developmental pragmatics
反讽/反语 irony
方式准则 manner maxim
非规约性 non-conventionality
非自然意义 non-natural meaning
讽刺 sarcasm
符号 sign
符号关系学 syntactics

符号学 semiotics
负面礼貌策略 negative politeness strategy
负面面子 negative face
负向迁移 negative transfer

G

概念意义 conceptual meaning
功能语言学 functional linguistics
共知 common knowledge
构成性规则 constitutive rule
关联/关联性 relevance
关联理论/关联论 relevance theory
关系准则 relevant maxim
规定语法 prescriptive grammar
规约含意 conventional implicature
规约性 conventionality
规则 rule

H

含混 ambivalence
含蓄动词 implicative verbs
含意 implicature
合适性条件 felicity condition
合作原则 cooperative principle
后指用法/后照应用法 cataphoric use
互补性 complementarity
互动语用学 interactive pragmatics
互明 mutual manifestness
互知 mutual knowledge
互指 co-referential
话轮 turn-taking
话语标记语 discourse marker
话语分析 discourse analysis
话语意义 utterance meaning
话语指示 discourse deixis
缓叙 meiosis
会话 conversation
会话分析 conversation analysis
会话含意 conversational implicature
会话结构 conversational structure
会话修正 conversational repair
会话原则 conversational principle
或然性 probability

J

（实施言语行为的）基本条件
　　essential condition
计算语用学 computational pragmatics
记号 symbol
间接言语行为 indirect speech act
交际目的 communicative goal/purpose
交际能力 communicative competence
交际意图 communicative intention
交际用意 communicative force
交际原则 communicative principle
近指 proximal term
经济原则 principle of economy
旧信息 old information
句法学 syntax
句子意义 sentence meaning

K

慷慨准则 generosity maxim
可变性 variability
可接受性 acceptability
（含意的）可取消性 cancellability

(含意的)可推导性 calculability
可行性 feasibility
刻意言谈 literal talk
空间指示 space deixis
夸张 hyperbole
跨文化语用学 cross-cultural pragmatics

L

类比结构 analogous construction
离格 deviance
礼貌 politeness
礼貌策略 politeness strategy
礼貌原则 politeness principle
连贯 coherence
两可性/歧义 ambiguity
量准则 quantity maxim
临床语用学 clinical pragmatics
笼统性 generality
逻辑信息 logical information
逻辑语义学 logical semantics

M

蒙塔古语法 Montague grammar
面子 face
明示—推理过程 ostensive-inferential process
明说 explicature
命题内容 propositional content
命题行为 propositional act
模糊限制语 hedge
模糊性 fuzziness
模因 meme
模因论 memetics

目标语 target language

N

内嵌施为句 embedded performatives

P

篇际关系/互文性 intertextuality
评价动词 verbs of judging
普通语用学 general pragmatics

Q

恰当性 appropriateness
谦逊准则 modesty maxim
前提 presupposition
前提触发语 presupposition trigger
前指用法/前照应用法 anaphoric use
情态动词 modal verbs
情态意义/情态性 modality

R

人称指示 person deixis
人类文化方法论 ethnomethodology
人际动态学 interpersonal dynamics
认知环境 cognitive environment
认知效果 cognitive effect
认知语境 cognitive context
认知语用学 cognitive pragmatics
认知原则 cognitive principle
弱陈 meiosis

S

三元关系 triadic relation
商讨性 negotiability

社会语用学 societal pragmatics
社交世界 social world
社交语用学 sociopragmatics
社交指示 social deixis
施为动词 performative verbs
施为假设 performative hypothesis
施为句 performatives
施为目的 illocutionary goal
施为用意 illocutionary force
时间指示 time deixis
实验语用学 experimental pragmatics
实用主义 pragmatism
手势用法 gestural use
顺应理论/顺应论 adaptation theory
顺应性 adaptability
说话人意义 speaker meaning
随意言谈 loose talk

T

特殊含意 particularized implicature
调节性规则 regulative rule
同情准则 sympathy maxim
同义反复 tautology
投射规则 projection rule
推理 inference
推理模式 inferential model
推理努力/处理努力 processing effort

W

威胁面子的行为 face threatening act
委婉语 understatement
未知信息 unknown information
文化人类学 cultural anthropology
文化图式 cultural schemata
物理世界 physical world

X

衔接机制 cohesive device
显性施为句 explicit performatives
心理世界 mental world
新格赖斯会话含意理论 neo-Gricean theory of conversational implicature
新格赖斯语用学 neo-Gricean pragmatics
新信息 new information
信息意图 informative intention
信息照应 information bridging
行动类（以言行事）behatives
行使类（以言行事）exercitives
形式语用学 formal pragmatics
修辞学 rhetoric
叙实动词 factive verbs
宣告类（以言行事）declarations
选择限制 selectional restriction

Y

言语交际 verbal communication
言语情景 speech situation
言语行为 speech act
言语行为理论 speech act theory
一般含意 generalized implicature
一致准则 agreement maxim
移情 empathy
移情指示语 empathy deixis
已知信息 known information
以言成事 perlocutionary act
以言行事 illocutionary act

以言行事目的/施为目的 illocutionary goal
以言指事 locutionary act
意思 sense
意图 intention
意向性 intentionality
隐含结论 implicated conclusion
隐含前提 implicated premise
隐性施为句 implicit performatives
隐喻 metaphor
语法性 grammaticality
语际语/中介语 interlanguage
语际语用学 interlanguage pragmatics
语境 context
语境含意 contextual implicature
语境化 contextualization
语境假设 contextual assumption
语境效果 contextual effect
语境意义 contextual meaning
语境因素 contextual factor
语句 sentence
语句意义 sentence meaning
语码模式 code model
语篇性 texturality
语言离格 linguistic deviation
语言信道 linguistic channel
语言学转向 linguistic turn
语言语境 linguistic context
语言语用学 linguistic pragmatics
语义前提 semantic presupposition
语义学 semantics
语用标记语 pragmatic marker
语用代码 pragmatic code

语用等级 pragmatic scale
语用含糊 pragmatic vagueness
语用含意 pragmatic force
语用类属 pragmatic category
语用能力 pragmatic competence
语用歧义 pragmatic ambiguity
语用迁移 pragmatic transfer
语用前提 pragmatic presupposition
语用推理 pragmatic inference
语用行为 pragmatic act
语用学 pragmatics
语用学综观 pragmatic perspective
语用移情 pragmatic empathy
语用语言学 pragmalinguistics
语用原则 pragmatic principle
预备条件 preparatory condition
预示语 pre-sequence
寓意言谈 metaphorical talk
元交际行为 metacommunicative behaviour
元指用法 meta-phoric use
原则 principle
远指 distal term
约略性 approximation
蕴涵 entailment

Z

赞誉准则 approbation maxim
哲学语用学 philosophical pragmatics
(实施言语行为的)真诚条件 sincerity condition
真实条件 truth condition
正面礼貌 positive politeness
正面面子 positive face

正向迁移 positive transfer
指令类 directives
指示结构 deictic expression
指示性 indexicality
指示语 deixis, indexicals
质准则 quality maxim
中介语/语际语 interlanguage

主题 topic
状态变化动词 change-of-state verbs
准则 maxim
自然意义 natural meaning
自我修正 self-repair
字面用意 literal force

II. 英—汉术语对照表（按英文字母顺序排列）

A

acceptability 可接受性
adaptability 顺应性
adaptation theory 顺应理论/顺应论
agreement maxim 一致准则
ambiguity 两可性/歧义
ambivalence 含混
analogous construction 类比结构
anaphoric use 前指用法/前照应用法
approbation maxim 赞誉准则
appropriateness 恰当性
approximation 约略性
assertives 断言类（以言行事）

B

behatives 行动类（以言行事）

C

calculability （含意的）可推导性
cancellability （含意的）可取消性
cataphoric use 后指用法/后照应用法
change-of-state verbs 状态变化动词
clinical pragmatics 临床语用学
code model 代码模式/语码模式
cognitive effect 认知效果
cognitive environment 认知环境
cognitive context 认知语境
cognitive pragmatics 认知语用学
cognitive principle 认知原则
coherence 连贯
cohesive device 衔接机制
commissives 承诺类（以言行事）
common knowledge 共知
communicative competence 交际能力

communicative force 交际用意
communicative goal/purpose 交际目的
communicative intention 交际意图
communicative principle 交际原则
complementarity 互补性
computational pragmatics 计算语用学
conceptual meaning 概念意义
constatives 表述句
constitutive rule 构成性规则
context 语境
contextual assumption 语境假设
contextual effect 语境效果
contextual factor 语境因素
contextual implicature 语境含意
contextual meaning 语境意义
contextualization 语境化
contrastive pragmatics 对比语用学
conventional implicature 规约含意
conventionality 规约性
conversation 会话
conversation analysis 会话分析
conversational implicature 会话含意
conversational principle 会话原则
conversational repair 会话修正
conversational structure 会话结构
cooperative principle 合作原则
co-referential 互指
cross-cultural pragmatics 跨文化语用学
cultural anthropology 文化人类学
cultural schemata 文化图式

D

declaration 宣告类(以言行事)

deictic expression 指示结构
deixis, indexicals 指示语
developmental pragmatics 发展语用学
deviance 离格
directives 指令类(以言行事)
discourse analysis 话语分析
discourse deixis 话语指示
discourse marker 话语标记语
distal term 远指
dyadic relation 二元关系
dynamic pragmatics 动态语用学

E

embedded performatives 内嵌施为句
empathy 移情
empathy deixis 移情指示语
encyclopaedic information 百科信息
entailment 蕴涵
essential condition (实施言语行为的)基本条件
ethnomethodology 人类文化方法论
exercitives 行使类(以言行事)
experimental pragmatics 实验语用学
explicature 明说
explicit performatives 显性施为句
expositives 表述类(言语行为)
expressives 表达类(以言行事)

F

face 面子
face threatening act 威胁面子的行为
factive verbs 叙实动词
feasibility 可行性

felicity condition 合适性条件
formal pragmatics 形式语用学
functional linguistics 功能语言学
fuzziness 模糊性

G

general pragmatics 普通语用学
generality 笼统性
generalized implicature 一般含意
generosity maxim 慷慨准则
gestural use 手势用法
grammaticality 语法性

H

hedge 模糊限制语
hyperbole 夸张

I

illocutionary act 以言行事
illocutionary force 施为用意
illocutionary goal 以言行事目的/施为目的
implicated conclusion 隐含结论
implicated premise 隐含前提
implicative verbs 含蓄动词
implicature 含意
implicit performatives 隐性施为句
indeterminacy （含意的）不确定性
indexicality 指示性
indirect speech act 间接言语行为
inference 推理
inferential model 推理模式
information bridging 信息照应

informative intention 信息意图
insertion sequence 插入语列
intention 意图
intentionality 意向性
interactive pragmatics 互动语用学
interlanguage 中介语/语际语
interlanguage 语际语/中介语
interlanguage pragmatics 语际语用学
interpersonal dynamics 人际动态学
intertextuality 篇际关系/互文性
irony 反讽/反语

K

known information 已知信息

L

lexical information 词语信息
linguistic channel 语言信道
linguistic context 语言语境
linguistic deviation 语言离格
linguistic pragmatics 语言语用学
linguistic turn 语言学转向
literal force 字面用意
literal talk 刻意言谈
locutionary act 以言指事
logical information 逻辑信息
logical semantics 逻辑语义学
loose talk 随意言谈

M

manner maxim 方式准则
maxim 准则
meiosis 弱陈/缓叙

meme 模因
memetics 模因论
mental world 心理世界
metacommunicative behaviour 元交际行为
metaphor 隐喻
meta-phoric use 元指用法
metaphorical talk 寓意言谈
modal verbs 情态动词
modality 情态意义/情态性
modesty maxim 谦逊准则
Montague grammar 蒙塔古语法
mutual knowledge 互知
mutual manifestness 互明

N

natural meaning 自然意义
negative face 负面面子
negative politeness strategy 负面礼貌策略
negative transfer 负向迁移
negotiability 商讨性
neo-Gricean pragmatics 新格赖斯语用学
neo-Gricean theory of conversational implicature 新格赖斯会话含意理论
new information 新信息
non-cancellability (含意的)不可取消性
non-conventionality 非规约性
non-detachability (含意的)不可分离性
non-natural meaning 非自然意义

O

old information 旧信息

ostensive-inferential process 明示—推理过程
other-repair 对方修正

P

particularized implicature 特殊含意
performative hypothesis 施为假设
performative verbs 施为动词
performatives 施为句
perlocutionary act 以言成事
person deixis 人称指示
philosophical pragmatics 哲学语用学
physical world 物理世界
politeness 礼貌
politeness principle 礼貌原则
politeness strategy 礼貌策略
positive face 正面面子
positive politeness 正面礼貌
positive transfer 正向迁移
pragmalinguistics 语用语言学
pragmatic act 语用行为
pragmatic ambiguity 语用歧义
pragmatic category 语用类属
pragmatic code 语用代码
pragmatic competence 语用能力
pragmatic empathy 语用移情
pragmatic force 语用含意
pragmatic inference 语用推理
pragmatic marker 语用标记语
pragmatic perspective 语用学综观
pragmatic presupposition 语用前提
pragmatic principle 语用原则
pragmatic scale 语用等级

pragmatic transfer 语用迁移
pragmatic vagueness 语用含糊
pragmatics 语用学
pragmatism 实用主义
preparatory condition 预备条件
prescriptive grammar 规定语法
pre-sequence 预示语
presupposition 前提
presupposition trigger 前提触发语
principle 原则
principle of economy 经济原则
probability 或然性
processing effort 推理努力/处理努力
projection rule 投射规则
propositional act 命题行为
propositional content 命题内容
proximal term 近指
pure pragmatics 纯语用学

Q

quality maxim 质准则
quantity maxim 量准则

R

regulative rule 调节性规则
relevance 关联/关联性
relevance theory 关联理论/关联论
relevant maxim 关系准则
representatives 阐述类(以言行事)
rhetoric 修辞学
rule 规则

S

sarcasm 讽刺

scalar implicature 等级含意
selectional restriction 选择限制
self-repair 自我修正
semantic presupposition 语义前提
semantics 语义学
semiotics 符号学
sense 意思
sentence 语句
sentence meaning 句子意义
sentence meaning 语句意义
sign 符号
sincerity condition (实施言语行为的)真诚条件
social deixis 社交指示
social world 社交世界
societal pragmatics 社会语用学
sociopragmatics 社交语用学
space deixis 地点指示/空间指示
speaker meaning 说话人意义
speech act 言语行为
speech act theory 言语行为理论
speech situation 言语情景
symbol 记号
sympathy maxim 同情准则
syntactics 符号关系学
syntax 句法学

T

tact maxim 得体准则
target language 目标语
tautology 同义反复
texturality 语篇性
time deixis 时间指示

topic 主题
triadic relation 三元关系
truth condition 真实条件
turn-taking 话轮

U

understatement 委婉语
unknown information 未知信息

utterance meaning 话语意义

V

variability 可变性
verbal communication 言语交际
verbs of judging 评价动词
verdictives 裁决类(以言行事)

声 明

对于本教材所使用的受著作权法保护的材料,尽管本社已经竭尽全力去获得使用许可,但由于缺少联系方式,仍有些材料未能获得著作权人的许可。为满足课堂教学之急需,我们在这些材料未获得许可的情况下出版了本教材,并按照国家相关标准将稿酬先行列支。我们对此深表歉意,并请相关著作权人在看到本教材及本声明后尽快与我们联系,我们将立即奉上稿酬及样书。

联系人:刘　正
地　址:北京市海淀区成府路205号
　　　　北京大学出版社209室
邮　编:100871
电　话:010—62753334

北京大学出版社
2009年8月

北京大学出版社语言学教材总目

博雅21世纪汉语言专业规划教材:专业基础教材系列
　　语言学纲要(修订版)　　叶蜚声、徐通锵著,王洪君、李娟修订
　　语言学纲要(修订版)学习指导书　　王洪君等编著
　　现代汉语(第二版)(上)　　黄伯荣、李炜主编
　　现代汉语(第二版)(下)　　黄伯荣、李炜主编
　　现代汉语学习参考　　黄伯荣、李炜主编
　　古代汉语　　邵永海主编(即出)
　　古代汉语阅读文选　　邵永海主编(即出)
　　古代汉语常识　　邵永海主编(即出)

博雅21世纪汉语言专业规划教材:专业方向基础教材系列
　　语音学教程(增订版)　　林焘、王理嘉著,王韫佳、王理嘉增订
　　实验语音学基础教程　　孔江平编著
　　现代汉语词汇学教程　　周荐编著
　　简明实用汉语语法教程(第二版)　　马真著
　　当代语法学教程　　熊仲儒著
　　修辞学教程(修订版)　　陈汝东著
　　汉语方言学基础教程　　李小凡、项梦冰编著
　　语义学教程　　叶文曦编著
　　新编语义学概要(修订版)　　伍谦光编著
　　语用学教程(第二版)　　索振羽编著
　　语言类型学教程　　陆丙甫、金立鑫主编
　　汉语篇章语法教程　　方梅编著(即出)
　　汉语韵律语法教程　　冯胜利、王丽娟著
　　新编社会语言学概论　　祝畹瑾主编
　　计算语言学教程　　詹卫东编著(即出)
　　音韵学教程(第五版)　　唐作藩著
　　音韵学教程学习指导书　　唐作藩、邱克威编著
　　训诂学教程(第三版)　　许威汉著

校勘学教程　管锡华著
文字学教程　喻遂生著
汉字学教程　罗卫东编著（即出）
文化语言学教程　戴昭铭著（即出）
历史句法学教程　董秀芳著（即出）

博雅 21 世纪汉语言专业规划教材：专题研究教材系列

实验语音学概要（增订版）　鲍怀翘、林茂灿主编
现代汉语词汇（重排本）　符淮青著
现代汉语语法研究教程（第五版）　陆俭明著
汉语语法专题研究（增订版）　邵敬敏等著
现代实用汉语修辞（修订版）　李庆荣编著
新编语用学概论　何自然、冉永平编著
外国语言学简史　李娟编著（即出）
近代汉语研究概要　蒋绍愚著
汉语白话史　徐时仪著
说文解字通论　黄天树著
甲骨文选读　喻遂生编著（即出）
商周金文选读　喻遂生编著（即出）
汉语语音史教程（第二版）　唐作藩著
音韵学讲义　丁邦新著
音韵学答问　丁邦新著
音韵学研究方法导论　耿振生著

博雅西方语言学教材名著系列

语言引论（第八版中译本）　弗罗姆金等著，王大惟等译
语音学教程（第七版中译本）　彼得·赖福吉等著，
　　　　　　　　　　　　　张维佳、田飞洋译
语音学教程（第七版影印本）　彼得·赖福吉等著
方言学教程（第二版中译本）　J. K. 钱伯斯等著，吴可颖译
构式语法教程（影印本）　马丁·休伯特著
构式语法教程（中译本）　马丁·休伯特著，张国华译